Patrick Roth

Die Christus Trilogie

Kommentierte Ausgabe

Herausgegeben und kommentiert von
Michaela Kopp-Marx

W0187914

WALLSTEIN VERLAG

Jesus sprach: »Wer mir nahe ist,
der ist dem Feuer nahe,
und wer fern ist von mir,
ist fern vom Königreich.«

Thomas-Evangelium, Log. 82

Riverside

Christusnovelle

ER, Gott, rief den Menschen an und
sprach zu ihm:
Wo bist du?
Er sprach:
Deinen Schall habe ich im Garten
gehört und fürchtete mich,
    weil ich nackt bin,
und ich versteckte mich.

Im Anfang 3, 9.10

Rock of Ages, cleft for me,
Let me hide myself in thee.

American Gospel Hymn

I

Ich sehe eine Höhle. Und darin, während draußen
in den Gassen der Hügel die Springflut Regens übers
Wild-Trockene hinschießt, seh ich Glut. Und gut zwanzig
Schritte in die Sicherheit ihres dunklen Überhanges hinein,
liegt gesammelt die Glut der Höhle. Zusammengesammelt,
steinumringt, windumstoben. Und es hört Regen die Höhle.
Und staut sich das Echo hinten, wohin sie dem Glutschein
entkommt und dunkler wird und dunkelt, unsichtbar macht,
was hier aufhält die Höhle. Aber fernher kam Donner.

Und aus dem dunkleren Teil, wo sich sein Echo hellt,
kommt der Mann. Ist ein Alter. Und vermummt an Gestalt,
kalkgraue, aschenverschmierte Lumpen am ganzen Körper,
kommt er zu tragen, vornübergebeugt, die Last. Kommt
schweren Schritts und zieht eine Leiter, langsam, beschwerlich, die, rückengetragen, im langen End kauzig-rauh nach-
schleift, als sei sie Last nur am Mann, am Boden aber schon
Pflug. Als gälte es, aus dem trocken-brüchigen Lehm heute
noch Ernte zu ziehen, eigensinnigerweise.

Und angekommen am Eingang der Höhle, beäugt der
Alte die Wand, sucht darin obenhin. Nach einem Zeichen?
Einem Versteck? Und scheint bald fündig und stellt dann
die Leiter. Und nimmt auf vom Boden, bevor er noch steigt,
ein Männergewand, das schon gefaltet bereit dort lag. Und
steigt die Leiter hinauf. Und hält, unter der nächstletzten
stehend, auf der siebenten Sprosse, und lehnt gegen die Leiter. Und greift aus der Seite sich, einer lappigen Falte des
Lumpengewands, Nagel und Stein. Und schlägt den Nagel

dort in die Wand, auf der Höhe etwa der letzten Sprosse der Leiter. Und hängt daran auf das Kleid, hoch oben, das sich entfaltet. Ein einfach Männergewand. Und läßt den Stein fallen und klettert hinab.

Und nochmals, von unten, prüft er die Höhe des Kleids. Und als die Fingerspitzen des Alten reichen nicht an den Saum, da ist ers zufrieden. Und zieht ab die Leiter, zurück. Und das lange Ende schleift nach, aber achtlos, nicht länger rückengetragen von ihm. So als sei schon gesät und die Ernte schon sicher. Und verstaut sie hinten im Dunkel der Höhle.

Und taucht, so getan, aus dem Dunkel dort auf, und nähert der Glut sich des Feuers. Und hockt davor hin und bläst hinein in die Flamme und wärmt sich die Hände.

Und ab und zu, schläfrig, tonbetört, schaut er hinaus in den Regen.

Zeit ist vergangen, da hört er Stein, niedergehaun vom Berg. Und rappelt sich auf, geht vornhin zum Eingang und schaut hinab. Da packt ihn, was er sieht. Denn er hat erkannt: es kommt Einer, kommen Welche! Und er zittert, wird schwach, als er sieht, und lehnt eine Weil in die Wand sich, wie in einen Freund. Wird aber nicht beruhigt, sondern: wünschend, die Leiter stünd neben ihm noch, auf Zehenspitzen heischt er, durchs Regenfadengewirr hinabhin, ein Bild sich zu holen der Ankömmlinge.

Und jetzt – wo ist das Schwer-Beschwerliche jetzt seines Gangs? – eilt er zurück zur Feuerstelle, hockt sich dahinter, dem Eingang zu. Und sogleich hat er Augen für nichts als das Feuer, das zusammengesammelte, steinumringte. Und hockt stille dort, reglos, als säß er schon Jahre.

Und zwei Männer erreichen, durchnäßt und vom Aufstieg erschöpft, die Höhle. Und sind jung, treten ein, Andreas und Tabeas, naßquerend die Ackerfurchen der Leiter.

Und der Alte, die Augen im Feuer, bemerkt sie nicht. Unsicher gehen die Männer hin, auf ihn zu. Er aber bemerkt sie nicht. Und Andreas blickt auf den Tabeas. Denn sie meinen, daß, wider die Rede der andern, ein Wunder geschehen, und der Alte hier, im Gebet versunken, vor ihnen ruhe. Und warten auf sein Auftauchen und daß er sie bemerke. Und er bemerkt sie nicht.

Von Andreas, der näher steht, tropft der gesammelte Regen, den sein Kleid gesammelt und aufgesogen. Nein, von beiden, von Tabeas ebenso, rinnen die Tropfen des ins Gewand versackten Wassers. Und rinnt ein Bächlein davon, wie sie dastehn und voll Achtung sind für die Andacht des Alten und sich nicht zu bewegen, nicht ihn zu stören wagen. Rinnt spöttisch die Schritt hin zum Steinring, zischt auf an der Hitze des Steins, mitten hinein in Schweigen und Ernst. Und macht Tabeas lachen.

Andreas aber, weil der Alte auch jetzt noch nicht aufschauen will, spürt dessen Widerwillen und sieht hin durchs Gebet, daß es keines ist, sondern Widerwille, und spricht vors Feuer tretend zum Alten:

– Sei gegrüßt, Diastasimos. Denn wir kommen in Frieden.

Der Alte bemerkt nicht. Schaut nicht einmal auf.

– Diastasimos?

Und bleibt reglos, wie er war. Und Tabeas hält den Andreas, der schon unwillig ist über solchen Empfang, weil er immer schnell unwillig ist und nur langsam bereut. Und Tabeas setzt sich diesseits des Feuers und bedeutet dem Andreas, ihm nachzutun. Und zögernd streckt Tabeas seine Hände aus, sie über dem Feuer zu wärmen. Läßt aber den Alten jenseits nicht aus den Augen, wie der sein Feuer, die Mitte, nicht aus den Augen läßt. Dann sagt Tabeas:

– Dank, Diastasimos. Denn dein Feuer, nachdem der Regen uns auf dem Berg überrascht hat, tut uns gut.

Und Diastasimos schweigt. Aber Andreas, den Alten endlich aufzuwecken, klatscht in die klammen Hände und reibt sie sich warm über Glut. Und als Tabeas, nachdem er aus seiner Tragtasche Schreibtafel und Stilus entnommen, neu beginnt und, von Heiserkeit unterbrochen, mit dem

Namen des Alten, *Diastasimos* also, keine zwei Silben weit kommt, da brüllt es ihn an! Und herrscht die Lumpengestalt, die da hockt, die da aufblickt jetzt, herrscht beide sie an:

– Also, was wollt ihr?

Und genießt ihr Erschrockensein. Will mehr davon, raunt, schnaubt:

– Hmmmh?! ... Hmmmmhh?!!

Und wiederholt so und ähnlich, herausfordernd, in allerlei raunender, schnaubender Tonart sein *Hmhmmmh*, wie es alter Männer giftiger Brauch, wenn sie junge befremden oder loswerden wollen. Und so immer wieder, als sei er verrückt oder zum Mindesten alt-kindisch, ungeeignet zu einem Gespräch mit Besuchern. Bis er einhält damit, wie verjüngt seine Stimme vor ihnen auffahren läßt, tänzelnd und höhnisch redend – sie letztlich, indem er so Kraft beweist, doch ermutigend, daß sie den Weg nicht umsonst gekommen:

– Noch vor Sonnenaufgang riet mir eine Stimme: »Diastasismos, versteck dich vor ihnen. Denn sie kommen die Hügel hinaufgeklettert zu deiner Höhle, dich zu fangen. Verhülle dich, denn sie schreiben dich auf. Schreiben dich auf ... oder graben dich zu. Denn sie verfassen Schrift!«

Und Tabeas versucht, den Alten zu beruhigen. Er solle doch keine Furcht tragen. Wird aber im Beschwichtigen von Andreas unterbrochen, der sich an Diastasimos wendet, neugierig über das eben vom Alten Behauptete.

– Sag, hörst du solche Stimmen öfter?

– Ich sprach nur von *einer*. Sei also unbesorgt. Und versuche nicht, sie mir auszutreiben! Ich werde mich nicht vor euch winden und kenne eure Sorte.

Und Andreas und Tabeas werden wieder still, wissen noch nicht, wie sie den Alten zu nehmen haben. Da fragt er sie aber:

– Und? Wie nennen sie euch?

– Tabeas, aus Jerusalem.

– Andreas …

Der Alte unterbricht ihn, zahlts ihm zurück.

– Auch kein schöner Name.

Andreas will auffahren, aber schon hat ihn Tabeas angefaßt, dort am Ellenbogen. Und widerwillig, als wisse er wohl, was zu tun sei, zieht er weg seinen Arm, antwortet so:

– Haben wir dich, Diastasimos, etwa verstimmt, uns danklos hier niedersetzend, und sollten wir, Tabeas und ich, Andreas *Markus,* uns glücklich preisen, dich in der Höhle hier überhaupt anzutreffen, in der du seit langen Jahren lebst, fern der Stadt und selbst die aus dem nahen Bethanien meidend? Meinst du, wir sollten froh sein, dich nicht auf- und davongehen zu sehen?

– Allerdings, Bürschchen. Glücklichpreisen solltet ihr euch.

– Oder meidest du nicht *gezwungenermaßen*? Und meidet man *dich* nicht gezwungenermaßen und schließt dich aus der Gemeinschaft der Juden und auch der Heiden, gezwungenermaßen? Denn so verlangt es das Gesetz, Diastasimos, welches den Eintritt in die Stadt unter Todesstrafe stellt *jedem* Aussätzigen. Wohin hättest du dich versteckt, wenn nicht unter die Lumpen, mit denen du dich vor uns vermummst, und was etwa zu verhehlen hättest du dich aus deiner Höhle hinauswagen wollen?

Und Diastasismos wendet sich ab von Andreas, spricht zu Tabeas, als sei einem wie Andreas gar nicht zu antworten.

– Er weiß schon alles, dein Freund. Ihr hört auf *eure* Stimmen. Die meine aber, »mutiger« Andreas, »mutiger« Tabeas, die ihr in die »Höhle des Aussätzigen« zu treten euch überwunden habt, die zeigte mir an, daß es *Zeit* sei.

– Zeit? Wie meinst du?

– Zeit ist es nicht nur für euren Besuch, sagte die Stimme, sondern: zu vertauschen Gelübde und Lehre. Und euch, die ihr kommt, mir das eine abzuringen, will ich das andere gern verpassen. Denn ich habe der Stimme wohl gehorcht und habe mich versteckt. Nur seht ihrs nicht. Statt dessen werft ihr einander Blicke zu – mir entgeht keiner! – als sei der Aussätzige hier auch noch geistesgestört.

Und Andreas will jetzt gehört werden, dem Alten zu widersprechen, ihn aufzuklären über den wahren Grund ihres Kommens. Und Diastasimos gibt ihm Zeit, zweimal – aber nur für einige Worte.

– Alter, glaubst du, wir …

– »Geistesgestört«, sagten eure Blicke, lehr mich nicht anders!

– Nun hör mir doch zu, wir …

– Aber *damit* habt ihr ja Erfahrung, mit solcher Sorte. Bei den im Geist Gestörten kennt ihr euch aus, nicht wahr?

So rieb sich der Hohn des Alten an Andreas Einsprüchen blank, weil er unbeirrt ihn nicht zur Rede kommen ließ:

– Denn euren Herrn und Meister, hatte man den nicht oft grade so genannt und hat man nicht in der Heiligen Stadt gesagt, er höre Stimmen? Und gar welche von Gott? Und die hätten ihm gesagt, daß er sei jener Stimme Sohn und also König der Seinen, der Jünger, aber mehr noch: aller Juden? *Mehr* noch: der Heiden und aller Welt, wie ich seit einigen Tagen höre, daß es geplant? Erfahrung habt ihr, geprüft seid ihr wahrhaft in solchen Stimmen, höre ich. Drum wunderts mich, ihr könnt nicht sehen, *wie* ich versteckt bin. Denn ich bin euch versteckt, und meine Stimme sagte mir so.

– Du argwöhnst gegen uns ohne Grund, antwortet Tabeas nach respektvoller Pause. Zweifelten wir dein Zeugnis und Denkvermögen an, wir hätten uns nicht die Mühe gemacht. Auch in Bethanien erinnert man sich deiner. Wer aber im einzelnen von dir erzählt, auch dir von den Geschehnissen der Stadt berichtet, konnten wir nicht in Erfahrung bringen. Sind es die dir manchmal das Essen bringen?

Diastasimos schweigt.

– Nur daß du nicht irr oder *stumm* geworden … das wußten sie dort sicher zu sagen.

– In Bethanien? Wollt ihr sagen, man erinnert mich in Bethanien?

– Jeder weiß dort auch von der Höhle, die abseits liegt des Wegs von Jericho herauf nach Jerusalem.

Wir hätten sie selbst sonst kaum gefunden. Auf deine Frage aber, warum wir gekommen sind und »was wir hier wollen«: Im Namen unseres Herrn, des gekreuzigten und wiederauferstandenen Jesus, sind wir gekommen.

Und der Alte schweigt eine Zeitlang. Und Tabeas meint, er sehe ihn lächeln. Schließlich hört er ihn murmeln, verstehts aber nicht. Und bittet den Alten zu wiederholen, denn auch Andreas hat nichts gehört. Und der Alte nickt, immer noch lächelnd, spricht:

– Hat ers euch geheißen?

Und Andreas, der das Gift schon spürt, und der, wie Tabeas, das Lächeln des Alten glaubt deuten zu können:

– Wie meinst du?

– Hat ers in euer Ohr euch gelegt, daß ihr euch aufmachen sollt zu mir, mich zu heilen?

Andreas und Tabeas schauen einander an, verlegen, unsicher, denn sie hatten nur seinen Hohn erwartet. Jetzt aber klingt eine Bitte darin, die macht sie verlegen. Und Andreas spricht:

– Nein. Sondern Thomas, einer der Zwölf, hat uns den Auftrag gegeben. Aber …

– Aber? Ihr schaut so verdrückt, raus damit!

Da sagt Tabeas:

– Wir kamen nicht eigentlich, dich zu heilen, Diastasimos.

Und Andreas fügt schnell hinzu:

– Denn dein Unglaube ist berühmt.

– So? Ist er das? »Nicht zu heilen«, da bin ich ja beruhigt. Ihr plant also keine Schattenhuscherei mit mir, wie sie euer Simon in Jerusalem treibt, dem sie, höre ich, Kranke hinlegen, daß er sie im Vorbeigehen überschatte. Antwortet!

– Nein, sagt Andreas. Wir sind gekommen …

– Auch nicht, mich tot umfallen zu sehen, wenn ich nicht

mit allem herausrücke, wies dem Ananias und seinem Weib soll ergangen sein?

– Da bist du nicht gut informiert, Diastasimos, denn damals …

– Willst du, junger Tabeas, wetteifern mit der Wahrheit meiner *Stimme*? Oder sie Lügen strafen und auf jenen Acker hinauswünschen, auf den einer von euch hinabfiel und in zwei soll geborsten sein, nur weil er getan, wie ihm von eurem Herrn selbst befohlen war?

– Woher willst du das wissen und wers ihm geheißen? meint wütend Andreas. Warst du dabei?

– Den Judas kannte ich.

– Kann nicht sein.

– Oh, doch, du nasser Tropf. Man weiß das noch bei euren Zwölf, oder, glaubt mir, man hätte euch nicht hierhergeschickt. Überhaupt: Wenn das euer Herr noch erlebt hätte! Oder meint ihr, er hätte all den anderen wohl, nur seinem Verräter nicht vergeben? Zustände sind das! Und jetzt wollt ihr Lehren flechten aus dem, was euer Herr gesagt, was er getan?

Spricht Tabeas:

– Wir wollen, Diastasimos, helfen, es festzuhalten für andere.

– Statt euch selbst fest halten zu lassen, wie? Ihr Schattenhuscher und Menschenverdammer! Wo ist das Zeugnis eures Herrn, wenn ihr es selbst nicht seid?

– Alter, du tust uns Unrecht. Man hat uns zu dir gesandt, weil einer der Zwölf begonnen hat aufzuschreiben …

– Hier ists, das Wort! fährt Diastasimos auf. Wußt ichs doch!

– … aufzuschreiben, was unser Herr gesagt und wem ers gesagt. Wir sammeln die Worte derer, die ihm begegnet sind. Denn es fehlt noch viel, und man versicherte uns: du hättest etwas. »Geht, holt!« Das aber als Zeugnis für die, die kommen werden und dieser Tage bekehrt werden sollen.

– Kommt aber nicht, *mich* zu bekehren, das sage ich euch. Denn warum soll ich auf die Seite von Schreibern gehen, die ihre Predigt nicht im eigen Fleisch und Blut geschrieben finden, sondern in Tintenstrichen auf Papier? Gebt mir den *Mensch* zu lesen, wenn ihr Menschen lesen wollt.

– Den Jesus also. Von dem du uns doch nicht reden lassen willst!

– Auch den kannt ich, winkt Diastasimos wie gelangweilt ab. Könnt ihr denn nur von *andern* künden? Dann geht! Macht euch davon! Die andern kenn ich schon.

– Du bist doch wirklich unverschämter als man uns versprochen, sagt da Andreas und läßt sich nicht von Tabeas halten. Bewirfst uns hier mit deinem Haß auf alles, was nicht in diesem selbstgegrabnen, gottverdammten Kalksteinloch sich fände. Was weißt du von der Welt, du *Hund* –

– Andreas, laß ihn!

– … daß Gott dich so gestraft hat?

– Wir gehn! Und Tabeas macht sich dran aufzustehen. Andreas bleibt aber sitzen, schimpft weiter:

– … daß Gott mit Aussatz dich beworfen hat? Und dann mit Einsamkeit und dann mit Besserwisserei?

Lächelnd betrachtet ihn der Alte, spricht:

– Und alle drei sind ansteckend, bedenke! Du redest recht von Gott. Na endlich! Habt ihr Blut geleckt? Bleib sitzen, Tabeas. Habt ihrs erfaßt? Denn da ist doch noch, *über* eurem Herrn, Einer, der straft. Den ihr an mir, dem Aussatz unter meinem Kleid, erkennen wollt. Ich bin sein Beispiel für die Strafen, die ihr fürchtet. Von eurem Gott: die Strafen und das Beispiel. Demselben Gott, dem eurer ja entstammen soll, angeblich. Dem Gott, den die Propheten kannten. Der dreinschlug, auszurotten wußte sieben Stämme, damit wie du hier welche wachsen konnten. Wißt ihr von meinem Unglauben, dann wißt ihr auch von diesem Gott. Dir aber, Rauhbein, will ich gleich vergeben. Denn wenigstens gabst du von dir und ehrlich, als du auffuhrst gegen meine Worte. Ich hatte indessen – so fühlte sich das an – ein Stückchen

Fleisch-und-Blut von dir in meiner Hand. So soll es gelten zwischen uns. So soll geredet sein.

Und Tabeas fühlt sich herbeigerufen wie ein um Seelenheil besorgter Helfer, fragt wie ein Vater hier sein Kind:

– Wie kommt es, daß du Gott so zürnst?

– Ich zürne keinem Gott. Ich sage, was ich höre.

– Die Stimme wieder! ruft Andreas ärgerlich.

– Die sagt, daß *Götter* zürnen, keine Menschen. Wir winden uns, wenn man uns schlägt, und nennens Zorn – aus Eitelkeit. Weil wir uns unsrer Schmerzen schämen und daß sie Ihm, dem Gott, so offenbar.

Andreas nimmt ihn beim Wort, sagt:

– Dann war das deine Sünde, Alter: die Eitelkeit? Das Winden, Sich-im-Wort-Verdrehen, wie wirs in deinem Reden hören? Du nimmst nichts ernst. Das Wort, das dir Erlösung bringen könnte, flektierst du. Probierst es an, als sei es reiche Kleidung. Wach auf, es sind nur Lumpen, die du trägst, und war die Eitelkeit, die dich verraten hat.

– Die *Eitelkeit,* du sagst es, gibt ihm der Alte ruhig zurück. Und stellt sich wie geschlagen. Und spricht, zunächst ganz langsam, tastend-fassend, aus längstvergangnen Bildern so zusammensammelnd: Jetzt wird mir alles klar, Andreas. *Die* war es auch, die mich vor vielen Jahren einst erwachen ließ. In Gottes Morgendämmerung. Ich lebte damals in Bethanien. War Ehemann, war Vater zweier Söhne. Wie eitel war es da, als ich, vor allen andern aufgestanden – denn es galt, manches Werkzeug auszubessern – im spiegelglatten Wasser draußen die Sichel wusch. Wie eitel doch, als ich im Wasser sah die Stellen auf meinem Nacken, meinem Schulternrund. Dort hatt sich über Nacht und ein-und-festgesetzt, um rötlichgraue Herde: der Aussatz. Ich habe nicht gezürnt, Andreas. Kein Gott war da, der sprach: »So hab ich dir getan, jetzt trag es!« Es war ganz still, und ich, ich war ganz starr … du, Tabeas … Ganz starr. Und nur die eitlen Finger meiner Hand bewegten sich, die um das Kranke tasteten, als sei es dort und jetzt in Schranken noch zu weisen. Sonst war ich eitel-starr. Und erst als Gottes Sonne dann erschien und ich die Kinder hört in unsrer Hütte und auch die Frau, zog ich mir an das Überkleid, das bei der Schwelle hing und mir, ein Weilchen später nur, von meinem Sohn wär zugetragen worden aus Kindereitelkeit, versteht ihr, wie Kinder sind, wenn sie dem Vater etwas reichen können. Und jetzt *nicht* zugetragen wurd, das Überkleid, nicht schläfrig-freundlich, von niemand mehr, von keinem grad erwachten lieben Sohn je wieder zugetragen ward, mit aber Hast gefaßt von mir und atemlos erreicht: das Kleid, das mich verstecken mußte.

Antwortet Tabeas:

– Ich fühle mit dir, Diastasimos. Nur weiß ich auch, daß sich uns später im Gewissen immer offenbart, wofür uns Gott bestraft.

Und Andreas:

– Du wirst gewußt haben, was sonst vielleicht nur ER gewußt.

– Ihr ahnt, das muß ich sagen, ganz herrlich, wie man in meinem Fall mit Fragen nach der Ursache sich aushöhlt und innen alles umgräbt, die Tage auch, die schon vergangen, gar nicht vergehen läßt und sie aufs neue aufgehn läßt, das Auge draufhält und jeder Fliege Bahn verfolgt, um ja zu prüfen, ob man die Flügel ihr beim Aschenblasen nicht versengt und so des großen Zornes Grund im Kleinsten schon entzündet hätt. Ich war nicht fehlerlos, doch auch nicht schwerbelastet, schien mir. Ich hatte Schulden, ja. Doch nichts, was nach der nächsten Ernte, die viel versprach, nicht wär entgolten worden. Ich hatte einen Nachbarn einst verleumdet. Ich war mir sicher, daß das Zicklein uns nicht entlaufen war, sondern ihm zugelaufen, vielmehr zuge*zogen* – von seiner Hand. Und hielt die Meinung davon in mir, nur ab und zu, in diesem, jenem Wort hat sich gezeigt, daß ich ihm nicht mehr Freund, nicht mehr der alte Nachbar war. Die Sache aber war nie offen, wir sprachen nie darüber. Denn was ich ahnte, konnt ich nicht beweisen. Jetzt frag ich euch, war das der Strafe Gottes würdig?

– Willst du, fragt ihn Andreas, daß wir entscheiden, wo schon entschieden wurde? Uns ist es nicht gegeben, in dich hineinzusehn. Du bringst uns in Verlegenheit. Laß uns doch reden, wovon dem Thomas wir Bericht zu geben hierher-gekommen sind.

– Ja, bittet ihn auch Tabeas. Denn Thomas sagt, was du bereits bestätigt hast. Daß du mit Jesus, dem Menschensohn und Gottessohn, einst hast Gespräch gehabt. Sprich also davon, und leg uns dar, wies dazu kam. Erinnerst du die Zeit, und was er sagte, und was du ihm geantwortet?

– Ihr seid mir Botengänger! schimpft da der Alte. Wer hat euch rekrutiert? Soll ich vom Sohn erzählen, bevor ich bei dem Vater Gnade such? Muß ich nicht eher diesen Vater um die Heilung, wo aber die verschlossen, doch um ein Wort ihn bitten, doch um ein Flüstern, den windgetragnen Sinn der Krankheit einzuhören, den Urgrund meiner Strafe einzusehn, bevor die Meinen und meine ganze Welt erfährt, was mir im Nacken sitzt?

Und Tabeas sieht, daß ihm nicht beizukommen ist. Und seufzt und gibt ihm nach:

– Du hast dich deiner Frau nicht anvertraut?

– Was gab es ins Geheimnis ihr zu geben? Das, was ich selbst, so viel ich mit mir dachte, nicht zu verstehen wagte? Ja eher glauben wollt, es sei ein böser Traum, es sei ein fleischgeworden Bild der Ernte, die damals Regen traf und in Gefahr geraten war? Denn es war nah am Passahfest. Und wenn es jener Tage so geregnet hätt wie heute, wir Bauern hätten unsre Ernte nicht gesehn. Viel-leicht, dacht ich halb irr und immer wieder prüfend Stell um Stelle, mich windend, *ob es sich mehrt,* und ob – denn Hoffnung ließ mich nicht – ob diese fremden Farben, ob die Geschwulst nicht schon verschwunden, ob es nicht doch ein ausgebrochner Traum war, der *an* mir, *auf* mir sagen, in meine *Haut* einschreiben sollt: daß diese unsre Ernte mit Pestilenz beworfen wird, wenn es nicht käm zu Gott und es nicht einzulenken sei, dies Volk. So dacht ich heimlich und hab mich schon am nächsten Tag davon gemacht.

– War es in diese Wildnis, in die du damals zogst, um abzuwarten, was mit dir geschähe?

– Du kennst mich nicht, Tabeas. Auch der, der damals wegzog von den Seinen, den kennst du nicht.

Ich war nicht immer einsam. Ich war wie du … und du, Andreas. Ich hab, wie ihr, die Einsamkeit gescheut, ich reiste nie allein, wenn es nicht nötig war. Ich war noch unter euch, versteht ihr? Ich war noch *von* euch. Einer von euch an jenem Tag noch. Kein Aussatz, kein Ausgesetzter wollt ich sein. Nicht »festgestellt« vom feinen Tempelpriester, und dann verbannt. Ich mußte *zu* euch, mitten unter die, mit denen ich bis dahin noch gelebt. Ich kam nicht hierher. Ich wollte nach Jerusalem, zu *euch,* euch *Menschen* … versteht ihr?

– So wie du warst? fragt ihn entsetzt Andreas.

– Vermummt, versteckt vor euch, so wie ich war.

– Man hätte dich gesteinigt, zu Recht. Du wußtest doch, was du an dir da in die andern trägst! Wie vielen wolltest du den Tod?

– Ich hab nicht, siehst du nicht, Andreas, ich hab mich nicht für tot gehalten, für einen Lebend-Toten. Ich konnte also auch den Tod nicht andern geben, den Tod, der mir, so war ich sicher, von Gott wieder genommen würde. Ich habe diesem Gott, ich habe seiner Güte ganz vertraut.

– Man wird, spricht da Andreas, dir aber sagen müssen: das war die Angst, die dich so handeln ließ, die Eigensucht, die letzte Tat in Eitelkeit und Teil der Strafe Gottes, daß du so ohne Rücksicht in Gefahr gebracht die ganze Stadt.

– Ich war nicht schuldig.

– Jetzt warst du es.

– Das war nicht meine Krankheit.

– *Jetzt* war sies. Mit dem Betreten unsrer Stadt! ruft ihm Andreas zu.

– Es war nur Gottvertrauen, seht ihr nicht?

– Gottlosigkeit und Selbstsucht, blinde.

– Ihr seht nicht. Nach all den Jahren seht ihr nicht.

Tabeas aber hat Mitleid mit ihm und sieht, wie den Alten die Worte des Andreas leise und mürbe gemacht. Und besorgt um ihr Ziel, versucht er auf anderem Weg, ihn wieder zum Sprechen zu bringen:

– Wie lange ist es her, das Passah, als du wegzogst aus Bethanien? Denn die uns hergeschickt, die kamen auch hinauf zur Stadt zum Passahfest, und meist aus Galiläa, Jahr für Jahr. Vielleicht hast du sie dort ja damals schon gesehn?

Und Diastasimos antwortet leis und sich erinnernd:

– Es war zu der Zeit, da Pilatus versuchte, das Wasser einer Quelle außerhalb Bethlehems in eure Stadt zu leiten … und Unruhe war unter den Städtern.

– Mein Bruder und ich, sagt Andreas, wir erinnern uns auch, aus anderem Grund, an jene traurigen Tage, und man sprach uns noch später davon. Pilatus nahm sich, so sagten sie, das Geld für den Bau aus unserem Tempelschatz, den Protest der Unseren aber mit mehr als Verachtung strafend.

– All das wußt ich nur halb, sagt Diastasimos. Ich wollt zu meinem Gott, dem Salomon einst hat gebaut und dann Herodes nachgebaut und neugebaut Sein Haus, den Tempel in Jerusalem. Darinhinein wollt ich mich retten und IHM dort opfern, IHN um die Heilung flehn.

Und hier taucht wieder Leben in den Alten, sie sehn es beide. Denn er spricht zwar erinnernd, aber so im Rhythmus des Vergangenen, daß es wie nachgezogen, von der sich schleifend-mühenden Stimme des Alten lebendig-lehmig hergezogen, vor sie zu stehen kommt:

– Es war um die dritte Stunde, als ich die Stufen hinauf zum östlichen Huldah Tor kam, des Tempels Säulengang zu betreten, und ich schaute auf die, die den Tempel durchs zweifache, westliche Tor nun gereinigt verließen, und sprach im Innern zu Jahwe: Führ mich im Kreise wie diese, auf daß ich gereinigt werde und gereinigt wie diese verlasse durchs linke Tor diesen Tempel, dein Haus, wie es geschrieben steht. Und trat ein. Im großen Tempelvorhof aber, bis zur inneren Mauer hin, die den Heiden Zutritt verwehrt, standen dichtgedrängt Volk und viele der Pilger und waren zum Fest, auch viele aus Galiläa gekommen. Ich hatte zwei Opfertauben gekauft und drängte vorbei an einigen, dem Tempelberg und den inneren Toren zu, da kam eine Unruhe über die Menge, die sie alle zusammenzog und noch dichter drückte, als würde von allen Seiten auf uns gepreßt. Und man stieß mich in diese, in jene Richtung, da lockerte sich die Menge wieder, und man hörte am fernen Ende des Tempelplatzes ein Schreien, der Burg Antonia zu. Ich aber stand bei einem, ein Jude wie ich, der hatte mich angesehn, als uns die erste Welle so aneinandergestoßen. Und der, das fühlte ich gleich, erfuhr nun in *meiner,* meinem Gesicht eingeschriebenen Angst: entdeckt, erkannt zu werden, die *seine*: erkannt, entdeckt zu werden. Denn seine Miene war schrecklich gespannt, und er erschrak auch, als er meinen Augen begegnete, und wich ihnen aus, noch bevor ich das tat. Mir war auch so, als erkennt ich hier einen, der mich vielleicht verfolgt hatte. Denn noch diesen Morgen, auf dem Weg von Bethanien, hinab ins Kidron Tal, blieb ich stehen. Da wars mir, als säh ich einen wie ihn droben stehen, wartend zu sehn, zu welchem Stadttor hin ich meinen Weg einschlüge. Aus der Ferne waren mir weder dessen Gesicht noch Kleidung erkennbar, und doch erschuf mir die Furcht jetzt, der rasch-unerwartete Zusammenprall in der Menge, diesen *einen* Verfolger und glich ihn dem Juden hier an. Denn er war, wie ich sagte, erschrocken, als ich ihn ansah. Und trug auch etwas unter dem Kleid, darin er beide Arme versteckt hielt, als hätte man ihm diese gebunden. Er drängte weg von mir, das sah ich jetzt deutlich, aber ein erneuter Ausbruch der Menge stieß uns wieder in nächste Nähe. Und diesmal so nah, ich konnt seinen Atem hören, hastig-angespannt-heiß, als sei dieser Mann das heimliche Herz der Menge, ihr pochend schlagend Herz, ihr Löser-Auslöser, für jeden der wogenden Masse all-verantwortlich, der geheime Vater aller Juden und doch: kein Vater. Eher Verfolger. Da brach die Menge los und schrie, und viele schlugen sich auf die Brust und wehklagten laut und rannten, ein Strom, nach Norden zu an die Burg, Pilatus im Jammer die Stirn zu bieten. Und jeder wurde mitgezogen und konnte nicht gegen den Strom, bis auf einige von uns. Denn jetzt sah ich ihn wieder, gegen den ich gestoßen, dessen Angst ich erkannt. Ich sah ihn, wenige Köpfe entfernt, stillestehn, von der schreienden, jammernden Menge umrannt. Unvergleichlich war aber dort der Lärm. Seine beiden Hände sah ich: nicht mehr verdeckt von dem Umhang. Sondern um Schwert und Geißel. Und sah, wie er hieb mit dem Schwert in die Unsren, in unsere Schultern, in unsere Hände und Häupter. Und die er nicht beibekam, die riß er, wo sie vorbeimochten, anderer Hand mit der bleiköpfigen Geißel auf. Es waren aber der Mörder viele, von Pilatus gedungen, und hatten wie die Unseren, in unserer Kleidung, sich unter das Volk gemischt, um uns die Stimmen zu stillen. Und wegdrängten viele, aber wurden zurückgedrängt von der Menge, die vorn an der Burg nicht weiterkonnten und die noch nicht ahnten, was unter ihnen geschah. Und so auch ich. Und kam unters Schwert des Soldaten. Doch eh ich getroffen, riß mich die Geißel. Denn er sah, wie ich ausweichen, zurück zwischen die Beine der anderen wollte, und hatte erkannt, wer ich war und daß er mir, wenig zuvor, noch ausgewichen war mit den Augen. Und drosch auf mich ein mit dem bleiköpfigen Lederstrauch, den sie *flagellum* nennen. Und der Stoff meines Kleides barst und wurde weit aufgerissen, so daß ich im selben Moment wußt, was er sah: nämlich den Aussatz, den Rücken voll Aussatz und Blut. Und wälzte mich um, ihn ein letztes Mal zu verdecken, und riß hoch beide Hände, an mein Gesicht, mehr vor Scham als vor Angst, denn ich sah sein Erstaunen noch über das, was er gerade entdeckt, und sah ihn zurückweichen vor mir, dann aber wieder herangedrängt von andern, welche anderen Schlächtern entkommen wollten. Und ich sah meinen

Soldaten, wie sein Schwert auf mich fiel. Es waren aber in meinen Händen noch die zwei Tauben, die ich gekauft und die meine Furcht vor dem Tod mich umklammern hieß und sie erdrückt haben mochte, ich weiß nicht. Ich weiß nur, daß, als sein Schwert niederkam, etwas aufstob, lösend sich von mir emporriß und naßquerte die Schwertbahn und den Streich missen ließ des Soldaten. Denn ich hörte noch seinen Wutschrei, da hieb er schon mit verdoppelter Kraft auf den Nächsten. Ich aber entkam. Entkam mit denen, die überlebten, durch jenes andere, zwiefache Huldah Tor, den Ausgang, den ich im Eingang mit Hoffnung betrachtet. Und war ja auch wahrhaft, nur anders, gereinigt von Gott: *gottlos*, denn den zu ihm Gekommenen hatte er dafür bestraft. Also betrogen, schlich ich die Rampe hinab und wußte: Wie er, stumm und tot, sich mir nicht gezeigt, würde auch ich für tot gehalten und zu den Toten gerechnet von heut an. Und wahrhaft, totgeglaubt wollt ich sein, unter die Opfer des Tages gezählt, denn ich war ohne Hoffnung und konnte so nicht zurück zu den Meinen. Und zog aus der Stadt und fand später hierher, wo ihr mich heute gefunden.

Sie schwiegen.

II

– Sag aber, Diastasimos, begann Tabeas von neuem, hast du
die Deinen, ich denke an deine Söhne, an deine Frau, denn
ohne Nachricht gelassen?

– Sie hat doch erfahren, daß viele an jenem Tag den Tod
fanden. Viele. Denn eine genaue Zahl hatte niemand.

– Du lästerst Gott, undankbar wie du redest, spricht Andreas zum Alten. Warum hätte er dich am Leben gelassen,
wenn er, wie du hier andeutest, dir einen nachgeschickt,
dich zu töten? Du solltest Gott preisen. Er hat dich dem
Manne entzogen, der auf dich schlug. Preisen, denn hier war
die Frucht: lebendig bist du davongekommen. Und doch
undankbar, wahrhaftig gottlos, ihn lästernd mit deinem
Haß. Denn viele, auch wir, sahen an jenem Tag den Vater
nicht wieder. Denn *Pilatus* wollte es so. Aber zürnten wir
Gott? In Jerusalem hat man begraben und über den Gräbern geklagt, wissend, das Jahwe uns den Messias bereithält.

– Ihr habt mich gefragt: Warum zürnst du Gott? Weil
ich zu jenen gehöre, die nicht mit Hiobshaut geboren. Wir
aber sind Mehrheit. Darum geht, fragt die Toten. Meint ihr
nicht, sie stimmten mir zu? Und nicht, daß sie mich, der ich
tot der Welt lebe, an ihrer Statt reden ließen?

Aber Andreas will ihm nicht beigeben:

– In welcher Ohr denn, Diastasimos? Denn du sprichst
zu den Lebenden und vermagst uns nicht zu überzeugen.
Und wie lang denn willst du den Toten das Wort reden?
Was, meinst du, bedeuten die Toten, daß sies im Gemüt
hätten zu zürnen? Glaubst du, sie wissen? Und, wissend,

glaubst du, sie wüßten mehr als ihren Tod? Und wenn mehr, was dann? Unser Herr aber hat gesagt: Nichts ist verborgen, das nicht entdeckt werden wird, nichts verhüllt, dem nicht entrissen wird das Verhüllende. Also auch nichts begraben, das nicht wird auferstehen, wenn Jesus wiederkehrt. Und dieses »mehr«, wenn ein Mehr es gibt im Wissen der Toten, wenn sie über ihren Tod hinaus etwas wissen sollten, dann dies: daß ihnen wird entrissen werden, wie ein Linnen, der Tod – und aufersteht der Begrabene! Denn im Ende, das ist der Tod: ein Verhüllender, der stirbt dahin.

– Ihr redet groß. Ihr redet aber und redet. Ihr ahmt die nach, die euch geschickt. Sie haben euch wohl den Vater ersetzt, und ihr haltet dafür, viele Väter zu haben. Aber was tut ihr? Wo wird gehandelt? Wollt ihr mich lehren? Dann packt an! Faßt mich an! Lebt, springt hinein in dieses Haus! Laßt euch ein in den Körper, den Körper dessen, der vor euch sitzt! Und dann, wenn ihr inwendig seid, Väter dieses Hauses, und wir uns also vertauscht, *dann* sprecht! Ich will euch hören, wie ihr Worte knüpft. *Das* Muster will ich sehen, ob es noch Hoffnung hat, sich achso-stolz fürs Leben bäumt und noch verheißt, daß jedes Ding sein Gegenteil, daß alles einst noch anders wird. Und ob ihr in der Höhle hier, nach Jahren, noch Den kommen hört, auf den ihr, wie ihr sagt, ja wartet. Wartet auf seine Wiederkehr, harrt aus in meinem Körper! Und ich will euch die Worte eures Messias aufsagen hören, ob ihr sie nicht verdammt und vaterlos werdet und inwendig lernt zu vergessen.

– Laß uns beten für dich, sagt Tabeas. Mein Bruder Andreas, wir wollen beten.

Aber Diastasimos läßt sie nicht aus seinem Zorn:

– *Beten*? Ist das alles, was ihr könnt? Hat man euch mehr nicht gelehrt? Warum *handelt* ihr nicht? Handelt doch, aber mit Macht!

– Was sollen wir tun? fragt Tabeas.

– Handelt! Steht auf, packt mich! Und heilt mich! Befehlt der Krankheit! Reinigt den Aussätzigen! Ist euch das nicht befohlen?

Spricht Andreas:

– Den Grund unsrer Reise zu dir haben wir schon genannt.

– Na und?! Jetzt geht einen Schritt weiter, nämlich zu mir, und befehlt eurem Gott, eurem Jesus, wenn ihr Manns genug seid! Mit welchem Mut hat er euch Schwächlinge denn versehen?

– Wo sollen wir heilen …

– Und *wen*? unterbricht ungeduldig Andreas seinen Begleiter. Etwa dich, den der Meister, den Jesus selbst nicht reinigen konnte, zurückgeworfen von deinem Mißtrauen und Haß und deiner Gottlosigkeit?

– Wird es so berichtet?

– Ebenso, antwortet Andreas.

– Wie sollten wir tun, was selbst Er nicht vermochte? fragt Tabeas hilflos-entschuldigend.

Aber der Alte sieht ihn nur höhnisch an. Und nochmals fragt Tabeas:

– Was willst du? Daß wir Gott lästern? Mit dir IHN verdammen? Oder auflösen dir den Grund deiner Strafe? Du willst ja nicht einmal, daß wir fürbitten.

– Kleine Brote backt ihr. »Fürbitten«, wer hat denn das erfunden? Soll Er nicht gesagt haben: »Fragt und so wird euch gegeben. Und nicht anderes wird euch gegeben, als wonach ihr gefragt. Und nicht ein Stein statt des Fischs?« »Fürbitten«, für und für, wo soll das hinführen? Aber sagt mir: wird es so erzählt?

– Wie denn? fragt Andreas.

– Daß euer Herr mich nicht gereinigt hat, machtlos, meinen Unglauben zu überwinden.

– So erzählte uns Thomas.

– »Thomas«? Ein Thomas war aber nicht dabei, damals, als die drei zu mir kamen.

– Thomas war nicht dabei, erklärt Tabeas. Aber so wurde es ihm von Johannes erzählt, dem Sohn des Zebedäus und einem der Zwölf.

– »Johannes«. Ja, das kann sein, daß der andere so hieß. Ich erinnere noch einen, der euch so erzählt haben könnte. Außer Jesus, versteht sich. Denn der sprach euch sicher nie von unserem Treffen hier oben.

– Zu den Zwölfen jedenfalls soll er nichts darüber gesagt haben, meint Tabeas.

– Denkt ihr nicht auch, er wird gewußt haben, warum? Hätte er mich aber geheilt, wäre es dann den Zwölfen nicht mitgeteilt worden?

– Sicher, sagt Andreas. Wie es ja auch Johannes tat, als er ihnen von deinem beispiellosen Unglauben berichtete.

– Nun sagt mir noch eines: Warum wollt ihr in eurer Schrift erinnern das Unvermögen dessen, den ihr den Gottessohn nennt und als Messias verehrt? Laßt mich doch weg, ich kann euch nur raten. Denn wer würde überzeugt?

Aber Andreas antwortet:

– Was ist dein Leid, deine Krankheit, dein Schicksal, gemessen am auferstandenen Christus?

– Ihr meint, ich sei zu vergessen? So klein, so gering gegen ihn?

– Du wirst ein Beispiel sein für einen Menschen, spricht Tabeas und sieht den Alten dabei nicht an. An dir werden erschrecken und den rechten Weg suchen lernen die von dir erfahren. Daß er dich nicht geheilt, ist das nicht, wird man sagen, Gottes Gerechtigkeit?

– Armer Gott, der so richtet. Arme Menschen, die euch das glauben.

– Im übrigen wollen wir Thomas nicht vorgreifen. Er hat uns ausgesandt, aber nicht endgültig zu schreiben, sondern zu sehen und hören, wer Zeugnis hat von ihm.

Und Andreas fügt hinzu:

– Wer aber – du wolltest einen Dritten nennen – wer war denn damals noch dabei?

– Har das jenem Thomas der Johannes nicht erzählt? fragt der Alte ganz unschuldig.

– Daß ein dritter dabei war, meint Andreas, wird bezweifelt. Es besteht nämlich darüber Unklarheit.

Auch Thomas weiß nicht mehr von anderen, und Johannes sagt, er kann sich nicht erinnern. Du bist der erste, der von einem dritten spricht.

– Dann schreibt mal auf. Denn ich erinnere mich seiner gut. Es war nämlich der, den ihr Judas nennt.

– Welcher? Der …

– Der Sohn des Simon Iskariot.

– *Der*?

– Von dem jetzt, wie ihr wißt, der Acker soll voll sein. Von seinem Gedärm nämlich, wie ihr unter dem Volke verbreitet habt.

– Du bist dir sicher, daß der dabei war, den sie so nennen: Judas Iskariot?

– Mit eurem Herrn und nach Johannes traf er hier ein. Er trug den Beutel am Gürtel, ich hörte das Klimpern des Gelds unter seinem Stöhnen, weil ihm der Weg höchst beschwerlich war, denn es war ja ein Umweg. Und sah ihn damals zum ersten Mal.

Und Tabeas sieht auf Andreas und spricht leise zu ihm:

– Kann das überhaupt sein? Hat man ihn nicht, wie sonst, vorausgeschickt mit einigen, zu erkunden, wo sie möchten die Nacht verbringen? Wer war denn damals dabei?

Andreas antwortet, auch so, daß es Diastasimos hört:

– Thomas meint, der Herr und die Zwölf seien von Jericho herauf den Weg nach Jerusalem gegangen. Es war aber sein letzter Gang hinauf, und er soll vor dem Einzug in die Stadt noch in Bethanien gehalten haben. Und dort mit dem Lazarus und mit Maria und Martha zusammengewesen sein. Und dem Volk, das gekommen war, ihn und Lazarus zu sehen, weil sie gehört hatten von dem Wunder, soll er zugesprochen haben und hat Lazarus unter sie gesandt. Das war in Bethanien. Dann

zog er nach Bethphage an den Ölberg, von dort aber nach
Jerusalem.

– Ihr seid, die ihr aufschreiben wollt, in eurem Bericht
schon an mir vorbei, viel zu schnell, sagt der Alte. Du
hast recht, Andreas, sie waren aus Jericho den Weg nach
Jerusalem heraufgekommen, wenige Tage vor dem Passah,
genau kann ichs nicht sagen. Aber Bethanien hatten sie, das
seht ihr leicht, noch nicht erreicht. Denn meine Höhle liegt
in den Hügeln der Steige, lang vor der Abzweigung dorthin.
Ich hatte von ihm gehört und daß er Wunder tat und den
Römern das Reich streitig macht, so wurde gesagt. Und es
war damals, daß man ihm auflauerte, ihn zu fassen. Und
ich wußte auch davon. Es war aber nichts, das mich betraf.
Denn ich hielt mich »gezwungenermaßen«, wie du sagst,
Andreas, allen fern und achtete nicht sonderlich auf das
Treiben der Juden und Heiden. Es war gegen Abend, da hör
ich Geröll, fallend, nah und unter der Höhle …

Und aufstehend jetzt fährt der Alte fort:

– … und ging zum Eingang und sah drei Männer kommen. Der aber Johannes hieß, ging auf mich zu, sagte: »Jesus,
unser Meister, hat von dir gehört in Bethanien.« Und aus
ihrer Mitte – denn der mir später als Judas seinen Namen
nannte, der war hinzugekommen als zweiter und trat ein
wenig zur Seite, daß ich sah den sie in ihrer Mitte hatten –
aus ihrer Mitte erschien er. Staubig das Kleid, Hand und Fuß
aufgerauht vom Gestein, bebend die Brust. Hustend noch,
ich erinnere mich genau. Denn sie hatten hier herauf alle
Staub geschluckt. Und seltsam, wo mein Aug nun an diesem
hielt: seine Drosselgrube voll Schweiß, von der Kehle herab
sich sammelnd … Da schritt dieser an Judas vorbei, und
kam hin zu mir, der ich auswich. Aber unter schwarzsträhnig verklebter Stirn seine Augen: die sahen auf mich und
kamen ruhig zu den meinen. Und ich war ausgewichen bis
hierhin, und nicht weiter. Ihr seht, ich habe nichts verloren
von jenem Besuch. Schreibt ihr aber auch auf?

– Das Wichtigste schreibe ich auf, sagt Tabeas.

– Wie willst du entscheiden, jetzt, was wichtig, was nicht, und entscheiden für wen? Da du das Ende nicht kennst?

– Aber wir kennen es doch, meint Andreas. Und hören beide mit, beruhige dich, Alter, und wo Tabeas fehlt, werde ich mich erinnern.

Und Andreas lacht, fügt seinen Worten hinzu:

– An die Drosselgrube zum Beispiel.

Diastasimos aber geht und zeigt ihnen die Stell auf dem Boden, unweit dem Feuer, zur Wand hin.

– Bis hierher, wo ich jetzt stehe. Und er … Er stand hier.

Und wieder geht er und schreitet ab den Abstand, drei Schritte oder vier, und bedeutet die Stelle.

– Johannes und Judas aber, noch ehe weiteres gesagt, standen … Johannes zwei Schritte vom Eingang, links. Und Judas … dort. Wo vorhin die Leiter stand.

– Wo stand sie denn, fragt Tabeas, wenn du willst, daß wir genau wissen. Denn ich sehe keine Leiter.

Und Diastasimos deutet, diesmal aber nicht allzugenau, auf jenen Ort, dem Eingang zu, wo hoch im Dunkeln das Kleid hängt.

– Dort, beim Eingang, dort rechts.

Und auch Andreas schaut sich um, aber lachend, weil der kauzige Alte immer wieder im Kleinsten sich zu verheddern scheint.

– Ebendort, wohin du jetzt siehst, meint Diastasimos kleinlaut und scheint unsicher geworden über dem Lachen.

– Gut, wir könnens uns vorstellen, sagt Andreas.

Aber der Alte schweigt wieder. Und das Lachen vergeht ihnen schnell.

– Und dann? fragt Tabeas ungeduldig.

– »Und dann«? äfft der Alte ihn nach.

– Was geschah dann? fragt Tabeas nochmals und bittet ihn schon.

Und der Alte spricht:

– Ich fragte – sah zu Ihm hin, aber beim letzten Wort, das ich sprach, etwas an Ihm vorbei, dorthin, zum Judas –

34

»Warum seid ihr gekommen?« fragt ich. Es kann auch gelautet haben: »Was wollt ihr?« oder: »Was wollt ihr denn?« aber nicht ganz, nicht ebenso wie ich euch gefragt, als ihr kamt. Denn ich sagte doch zu euch: »Also, was wollt ihr?« Fragt ich nicht so, Tabeas, genau so?

Und verwirrt antwortet Tabeas:

– So ähnlich fragtest du uns.

– Aber genau so, diese Worte benutzend, habe ich doch zu euch gesprochen: »Also, was wollt ihr?«

– Alter, das weiß ich beim besten Willen nicht mehr, das ist doch nicht wichtig.

– Nicht wichtig? »Also, was wollt ihr?« hab ich gesagt, und darin war schon mein Unwille, denn ich wollt damit sagen: »Was wollt ihr, macht schnell und schert euch davon!« Das »Also« sollte euch anherrschen, und ihr müßt es gespürt haben, habt ihr denn nicht?

– Offensichtlich nicht, denn wir sind ja noch da.

– »Also, was wollt ihr?« das hieß: »Faßt euch kurz!« und: »Ihr habt schon zu lange Luft euch geholt aus meiner Höhle und vielzulang schon verschnauft; habt wohl nicht gewußt, wie steil es hier raufgeht, seid es wohl nicht gewohnt, wie, ihr Städter?« – All das hatt ich gepackt in mein »Also«, und ihr habt vergessen, ihr wißt nicht mal mehr, ob ich »also« gesagt. Also schreibt auf! Du, Tabeas! Denn ich habe »also« gesagt zu euch.

– Gut, so beruhige dich.

Und Tabeas notiert und gehorcht. Und der Alte fährt fort und begleitet seine Rede auf Schritt und Tritt, mit Fingerzeichen den Raum der Höhle dorthin und dahin kreuzend und querend, so immer wieder bedeutend, was war und wer sprach und wer Antwort gab. Ganz als gält es zu überführen und jemanden eines Verbrechens und noch bevor ers gewahr: so vom Kleinsten ins Große, so verwirrend-entwirrend genau ging er vor. Denn er wollte sie damit ermüden und ihre Abwehr brechen. Sie aber ahnen es nicht. Und Diastasimos fährt fort, bestehend auf jedem Wort:

– Aber nicht zu ihm habe ich so gesagt. Zu ihm – und dabei, beim letzten Wort, streifend den Judas dort – sagte ich: »Was wollt ihr?« So war es. »Was wollt ihr?«

– Und Er, was sagte der Meister? fragt Andreas, schon leiser.

– Hier mußt du wissen, daß er gar nichts gesagt, lieber Andreas. Ich weiß nicht, wie ihr das in Schrift fassen wollt. Es war einfach still. Ich war mir innig bewußt, daß niemand auf meine Frage geantwortet, ja daß auch – ich sah von Judas rasch auf Johannes herüber, hierher herüber – daß keiner der beiden antworten würde und ich *ihn* wieder anblicken mußte. Als sei ihm nicht auszuweichen. Und Tabeas … Tabeas, schreibe nicht: »Es entstand eine Pause«. Oder: »Man zögerte«. Denn niemand hat pausiert oder gezögert. Nur ich. Denn ich tat so, als wisse ich nicht, vom wem Antwort zu erwarten sei, und wußte es doch. Noch bevor ich ihn wieder ansah. Und als ich ihn ansah, da schien mir ganz und gar sinnlos, ihm überhaupt ausgewichen zu sein. Es war seltsam. Sinnlos nicht nur das Ausweichen, wie ichs euch demonstriert, hier in der Höhle von hier nach hier, wo ich jetzt steh. Sondern mir war, als sei ich diesem, der vor mir stand, den Schweiß noch im Angesicht, seine Augen auf mir, *immer* ausgewichen, schon immer. Aber ich weiß, da rede ich töricht, denn ich hatte ihn ja nie zuvor gesehen. Ich will euch nur das »sinnlos« beschreiben, das ich hier meine: sinnlos das Ausweichen hier in der Höhle, sinnlos die Höhle, das Leben, das mich hierher gebracht, auch die Eltern, welche in ferner Vergangenheit einmal waren, mich aufgezogen, mich angefaßt, sinnlos: als hätte ich Zeit sinnlos, ziellos verbracht, umsonst. Umsonst und jetzt, in diesem Moment, da ich vor ihm stand, für eine Weile ihn sah, denn ich hielt nicht lang aus die Augen, aber die Weile lang, die eine Weile lang: hatte er alles eingeholt, was ich sinnlos verloren, und so alles Verlorene eingesammelt, daß ich verstand. Verstand, *wie* alles verloren, wie so sich zerstreuen *mußte*, verloren jetzt aber und eingeholt, gesät und gestorben, ausgestreut und verdorben sein mußte, um hier zu bestehen, das ist: hier von ihm zu mir zurückgebracht und geordnet zu sein.

Und Diastasimos sieht des Tabeas hilflosen Blick, der wohl fragt: was denn jetzt aufzuschreiben sei? Denn Tabeas will es dem Alten recht machen und ihn bei Laune halten.

– Notiere dir, Tabeas, einfach »sinnlos«. Denn ihr braucht es gleich wieder. Es war ja, wie ihr wißt, alles sinnlos. Aber unvergeßlich. Mir jedenfalls. Dabei hatte der Mann noch kein Wort gesprochen.

– Und jetzt?

– Auch jetzt: kein Wort, sondern er faßt mich an. So.

Und seine Rechte packt seine linke Schulter.

– Wie ichs mir von euch gewünscht! sagt er zu ihnen. Und winkt ihnen ab. Wiederholt aber von neuem die Geste und packt, härter noch, seine Schulter.

– *So*, versteht ihr? faßt er mich, den Aussätzigen, an. Ohne Furcht, ja eigentlich – denn er *brach ein*, so fühlt sich das an: Einer *bricht in dich ein*! – eigentlich unverfroren. Denn das war unerlebt, lange Jahre lang unerlebt. Denn ab und zu waren welche gekommen, Neugierige, selten genug, oder einer hatte mir etwas zu essen gebracht, aber immer auf Abstand, grad so wie ihr. Und das ist schon nah, wie ich euch ja gesagt, das ist schon mutig. Aber niemand wie er, der mich anfaßt. Grad so, als verneine er unverschämt, woran ich die Jahre geglaubt: den Aussatz, der meinen Körper besitzt. Als sagt er in *einer* Bewegung – denn so erfuhr ichs –: »Du *Tor*. Denn ich bin gekommen, dich von deiner Krankheit zu erlösen.«

– Das hat er gesagt?

– Das war *das*!

Und wiederholt nochmals das Anpacken der Schulter.

– Gesagt hatte er noch nichts. Aber was hast du, Tabeas, wenn du nur schreibst: »Er faßte ihn an?« Hast du: »Du Tor«? Denn *das* hat er gemeint. Und ganz unverächtlich, versteht ihr? Als würde er sagen: »Du Unverständiger«, oder besser: »Du Kind.« Denn er meinte: »Du kannst nicht verstehen, Kind, noch nicht verstehen.« Ja, das ist es. Das war: »Du Tor.« Ihr versteht. Worte waren das nicht. Sondern Taten. Das mußt du festhalten, Tabeas.

Und Tabeas seufzt. Diastasimos aber besteht darauf:

– Oder dein Zeugnis ist nichts wert.

– Das wird Thomas entscheiden, sagt Andreas, seinen Begleiter verteidigend.

– Was für ein mächtiger Mann, dieser Thomas!

– Ich habe notiert, beschwichtigt Tabeas den Alten.

– Ich gebe euch alles genau, weil ihr verstehen sollt, wie ich doch aufbegehren mußt gegen einen solchen. Der kommt, als gäb es den Tod nicht, all das nicht, was man Jahre gefürchtet und weshalb die andern mich bannen, ja mich, wie ihr wohl wißt, gesteinigt hätten, wäre ich damals entdeckt worden im Hof des Tempels. Denn für die war ich Tod, und wer mit mir in Berührung kommt, der wird sein wie ich und verbannt sein wie ich und ausgewiesen, und jedenfalls nie mehr angefaßt von Lebendigen. Und dieser bricht durch und will mich, der ich bin, ja wenigstens noch am Leben bin, will mich brechen. So fühlt ich, denn er war machtvoll und kam in seiner Macht. Ich aber sprach: »Rühr mich nicht an, Meister. Weißt du nicht, wer ich bin und daß mein Körper unrein ist?« Und er spricht nicht, läßt aber los, weil ich mich unter der Hand ihm weggewunden habe, ihn zu schonen, so gebe ich vor. Als sei *er* der Tor, versteht ihr? Ich geb ihm den »Tor« zurück, sage, indem ich mich unter der Hand wegwinde: »Du Tor, willst du meine Krankheit, den aussätzigen Körper?« Sags aber nicht, aber habe getan, habe *gehandelt.* Sondern was, Tabeas – erinnere mich doch – was habe ich zu ihm gesagt, gemäß deiner Notiz?

Und Tabeas liest und weiß schon, es wird nicht genügen:

– »Meister, mein Körper ist unrein.«

– Wirklich? Habe ich so gesagt? Hast du mein »Rühr mich nicht an?« – Nicht? Schick es voraus, dann hast du in etwa, was ich gesagt. Weiter: Ich sage: »Wollt ihr mich heilen?« Und wieder lenke ich ab von ihm, seh auf die anderen, wie seine Kraft leugnend, als sei die Macht nur in ihnen als Dreiheit, als hätte ich ihn allein nicht verstanden. Und kam diese Antwort von ihm: »So will es mein Vater.« Ich aber sehe ihn an, spreche: »Deine Gefährten hier nennen dich Jesus. Wer ist denn dein Vater, daß er mich will heilen, und wie hat er dir übertragen solche Kraft?« Ihr wißt vielleicht, was er sagte, ihr ahnt es. Er nannte »Gott« seinen Vater. »Derselbe, dem sie den Tempel gebaut in Jerusalem?« Und er bejaht. »Dann bist du hier falsch«, sage ich und spür wieder Leben in mir, denn es schießt durch die Adern mir mit Erinnrung: Erinnerung an mein Kriechen und mein Verzweifeln und Niedergetretensein, an meine Entdeckung jenes Morgens am Wassertrog vor dem Haus, als ich die Sichel wusch und die Kinder hörte und Augenblicke später den ältesten Sohn gesehn hätt, neun Jahre alt, der gewohnt war, vom Haken neben der Tür zu holen das Kleid, es aber nicht brachte, weil jenes Morgens ihm der Vater, das war *ich,* war zuvorgekommen. Denn er war gezwungen, sich vor allen, auch den Seinen, jetzt zu verstecken, der Vater. *Das,* und die Erniedrigung, die maßlose Angst jenes Morgens und der Aufbruch tags darauf, das Hinziehn nach der Stadt, das ständig-verfolgte Prüfen, der Wahnsinn, wenn ich sah oder zu sehen glaubte: der Aussatz greift um sich. Und das Hoffen auf IHN, diesen Gott, der mich doch keinen Grund hatte zu strafen, und das Geschlagenwerden im Hof, und das Gesicht des Soldaten, der mir aufriß mit seiner Peitsche den Rücken und – haßerfüllt wiederum und erhitzt über die Entdeckung des Aussätzigen ihm zu Füßen, und also um auszustampfen das Ungeziefer, die Pest – niederjagt auf mich sein handumgriffenes Schwert. All das, in meinen Adern, versteht ihr, all das *jetzt.* Denn all das hatte doch gesehen, geprüft und gewollt jener Gott, von dem er, Jesus, sprach und in dessen Namen er mich jetzt heilen wollte. »Du bist nicht von IHM, denn ER will mich nicht. *So* will ER mich, siehst du, dein Gott!« schrei ich ihn an und will ihm zeigen die aussätzige Haut unterm Tuch, hier an der Schulter, links hier, wo er mich angefaßt hatte. »Wie kann ich dem glauben, der Menschen so zeichnet – und grundlos.« Das sage ich nicht, sondern will handeln, will *zeigen*. Da sagt dieser Jesus: »Zeig aber nicht mir, Diastasimos. Denn du willst nicht von mir, was zu geben ist. Sondern wer hat dich gesehn?« Ich aber sah ihn fragend an und verstand nicht. Da spricht er wieder: »Zeig dem, mit dem dus geteilt. Geh zu ihm, laß dich heilen.« Und draußen begann Regen zu fallen, leichter als heut, nur eben ein Netz über den Staub hin. Und er wandte sich, um zu gehen. Judas aber stand am Eingang der Höhle und schaute dem Regen zu. Und das Land roch nach Regen. Und doch bestürzt, daß er schon geht, will ichs nicht. Denn ich hatte ihn nicht verstanden, sag: »Mit wem habe ich geteilt, Meister?« Und er setzt sich in die Hocke, vor mir, hinausblickend auf den Regen, und es scheint mir: er genießt, ist zufrieden. Denn es war schön, die beregnete Nachtluft zu atmen. Da spricht er im Gleichnis: »Zwei sahen aus ihrer Höhle in einer Nacht. Drinnen brannt aber kein Feuer, denn sie kannten ihre Höhle und benötigten nicht des Lichts. Da kommt Regen. Auch Donner ist fernher zu hören. Dunkel liegt vor ihnen das Land, das sie, wie sies tags wohl kannten, auch als nachtbeschattetes noch immer zu kennen glauben. Sie sehen, und sehens doch nicht. Das sind die Teilenden. Sie sind sich einig, denn sie haben gesehn. Da bricht durch das Dunkel ein Blitz, reißt durch Himmel und Land. Hellt auf jedes, das ist. Der Blitz aber wird die teilen, die sehen. Und sie werden sich sehnen nach Licht und in der Nacht nicht finden.» Nachdem er aber so gesprochen hatte, stand er auf. Ich war hier, schaut, eigentlich nah bei den Dreien. Ich hatte ihn nicht verstanden: Wer sollte der andere sein, der die Höhle teilte mit mir, wo ich doch allezeit hier allein gelebt? Wie war das zu verstehen? Und teils schämte ich mich – denn in seinem Wort, wie es ausgesprochen war, sang es und kannte kein Hindernis – teils hielt ich dafür, daß er höhnte meinen Unglauben, das ist: meine Unfähigkeit noch zu glauben. Und ich sagte zu ihm: »Rabbi«, denn so hatte ich Johannes und andere von ihm sprechen gehört, »höhnst du mich? Weil du mich nicht heilen konntest, oder ich nicht einsah den Grund, dem Heil zu vertrauen? Zürnst du mir, daß du den Weg bist umsonst gekommen?« »Meinst du«, sagt er da, »ich hätte nicht gewußt, daß dein Unglaube groß ist und daß du so zu mir sprechen wirst und mich abweisen? Und dennoch bin ich gekommen. Nah wie ich vor dir stehe, kann ich dir nicht helfen. Denn ich ziehe weiter nach Bethanien und Jerusalem. Dort soll sichs erfüllen.« Ich ließ aber nicht los: »Wenn du wußtest, wie mir mit Gott nicht ist beizukommen, auch daß sonst kein böser Geist in mir ist, den es gält auszutreiben, warum kamst du?» Er sagt: »Der mit dir teilt, der ist in dir. Mit ihm teilst du dich.« Johannes aber, der war hinaus, denn er glaubte, fern in der Nacht ein Feuer zu sehen, in der Richtung hoch nach Bethanien. Und fragte mich: »Wo ist jenes Feuer, Diastasimos, nach deiner Meinung?« Und ich sahs und wußte, was es war. Denn ich hatte euch doch gesagt, daß ich wußte, wie sie ihn zu fangen suchten. Und doch verriet ich nichts weiter dem Jünger, sagte nur: »Gar nicht so weit, Johannes, liegt das Feuer, das du da siehst. Wo euer Weg von Jericho herauf nach Jerusalem sich verzweigt hin nach Bethanien, da werdet ihr auf das Feuer treffen.«

Und Tabeas fragt:

– Du hast ihnen nicht gesagt, wer dort lagert? Denn, wenn ich dich richtig verstehe, wußtest du, daß diese ihn fangen wollten.

– Ich habe Johannes gefragt: »Wieviele seid ihr?« Der Rest der Zwölf, zu dem sie jetzt wieder hinabwollten, sagte er, sei unten gelagert, nahe dem Weg.

Und auch Andreas fragt:

– Immer noch sprachst du nicht, wovon du doch wußtest?

– Ich sagte: »Auf die Zwölf und den Einen wartet man dort um das Feuer, Johannes.« Ich war aber selbst verwundert darüber, daß ichs ihn wissen ließ. Denn ich hatte euch schon gesagt, wie wenig mich kümmert, was unten bei den andern geschieht. Ich hörte mich sagen: »Da lagert die Wache. Vier Mann und ein römischer Hauptmann. Nachts brennt ihr Feuer. Die werden euren Herrn halten, damit er nicht nach Bethanien, nicht zu den Euren kommt, vom Volk bestaunt wird und Unruhe schafft. Abführen wird man ihn, bei Nacht und Nebel in die Stadt schaffen und Urteil fällen über den Anführer, ihn zu vernichten.« Und Jesus schaut zu mir auf, antwortet: »Wieviel Zeit gibst du uns, Diastasimos? Und gibst du sie mir aus Sorge um mich?« Ich sage: »Ich hab Euch gewarnt.« Da überkommt Johannes die Angst, denn er ist ängstlich um seinen Herrn. Und wohl auch um sich, denke ich. Er sagt: »Herr, laß uns vom Weg gehen, und wir wollen versuchen, die Wache dort zu umgehen. Und sein Herr: »Warum fürchtest du dich, Johannes, und sagst, wir sollen nicht diesen Weg gehen, den wir bis hierher gekommen sind und weiter, wohin er uns führt? Es erwartet uns diese Wache und will uns prüfen, ob wirs sind oder nicht, und ob ich bei euch bin oder nicht.» Johannes aber wollte umgehen. Sein Herr sprach: »Weißt du nicht: hinter der Wache, im Land, sind wieder andere, die auch auf uns warten und werden uns ungeprüft nicht ziehen lassen. Sind aber wir einmal geprüft vom Hauptmann der Wache, dann lassen uns auch die andern passieren.« Und Johannes, beruhigt in der Rede, bleibt unruhig außer ihr, ich sah es ihm an. Nur der Judas bleibt ruhig und rechnet. Schlägt vor: man teile sich auf. Sollten die, die jetzt unten am Wege warteten, den Dreien vorausgehen, auf daß sie sich durch die Zahl nicht verrieten, denn die Wache erwarte doch Zwölfe und Einen. Und Johannes, als er diesen Plan hört, faßt Mut und berührt seinen Herrn, am Ellenbogen, so, als wolle er sagen: »Jetzt bist du sicher, Herr. Denn wir lassen nicht zu, daß sie auch nur ein Haar dir krümmen.« Und geht alsdann hinab, die andern vorauszuschicken. Jesus aber schwieg. Und ich gehe zur Seite und sage zu Judas:

»Du hast ihnen wohl geraten. Aber dennoch. Was, wenn einer bei der Wache ist, der ihn kennt? Dein Herr hat doch vor ihnen geredet in Jerusalem, und kennen ihn manche.« »Er hat recht«, spricht Judas zum Meister. »Deshalb, Herr, gewähr mir die Bitte und geh mit Johannes und mir, aber hinter uns, als seiest du unser Knecht. Denn dann wird man dich kaum beachten.« Und Jesus spricht zu mir: »Willst du uns also gehen lassen?« »Nein«, sag ich jetzt, wie herausgefordert von ihm. »Ihr habt nicht alles bedacht. Denn sie werden euch fragen: »Wozu dient dieser Knecht, der da hinter euch geht? Laßt ihn uns sehen.« Und da muß er kenntlich sein ihnen aufs erste als Knecht, und als was für ein Knecht, überlegts euch.« Und da sieht er mich an, wie vorhin, und deutet hierher. Da lag ein Balken Holz, Rest eines Stamms, aus dem ich, als mir die Hände noch besser dienten, einst eine Leiter geschlagen, was übrig war aber zur Schwelle bestimmt hatte. Später ließ meine Kraft, und unbehauen ließ ich ihn liegen. Jesus sagte: »Laß mich tragen die Schwelle, die du in deine Wohnung einzulegen versäumt hast.« Ich gebe sie ihm, sage aber: »Es ist aber teures Holz«, und sag es zu Judas. Da hat Judas mich bezahlt und ich gab ihm noch einige Lumpen dazu, daß dem Meister das Holz nicht schnitt in die Schultern. Gabs und ließ sie gehen.

Und wieder hat er sie schweigen gemacht. Denn seine Besucher hatten die Rede wie vor Augen gesehen, aber seltsam. Und Tabeas will sich bei Andreas versichern:

– Hat dir Thomas je Ähnliches erzählt?

– Weder habe ich von einer Wache gehört vor Bethanien noch daß unser Herr dem Johannes und Judas wäre als Knecht hinterhergegangen, die Wache zu täuschen.

– Ihr zweifelt mich an? Es klingt euch zu ungereimt, fehlt Euch die Ründung?

– Nein, sondern wir danken dir, Alter, spricht Tabeas. Zu Thomas werden wirs bringen und ihm alles berichten. Johannes kann noch befragt werden, und es fällt ihm vielleicht noch ein, denn du hast ihm, sollte er es vergessen haben, alles wieder frisch ins Gedächtnis gerufen. Wir danken dir für dein Zeugnis.

– Gut. Dann frage ich euch: wovon hab ich gezeugt?

– Du hast uns erzählt, antwortet Andreas, wie du den Herrn erlebt und erinnert hast.

– Hab ich vom Herrn gezeugt?

– Allerdings, Diastasimos, in großer Ausführlichkeit, sagt Tabeas und macht sich daran aufzustehen. Und ebenso Andreas. Da ruft ihnen der Alte zu:

– Wartet. Denn euer Herr, wie hat er Zeugnis gegeben, als er noch unter euch war?

– Wie meinst du? fragt Andreas.

– War sein Zeugnis, als er unter den Zwölfen weilte, nicht, daß er von seinem Vater gesprochen und gemäß diesem in Seinem Namen geheilt?

– So war sein Zeugnis.

– Ist es auch heute noch?

– Auch heute noch.

– Noch eines muß ich sicherstellen: Ihr habt ihn nie selbst gesehen, oder?

Und Andreas antwortet für beide:

– Woher weißt du das? Aber wir wollens nicht leugnen. Thomas aber und Johannes, Simon Petrus und Jakobus, der Bruder des Herrn, die haben uns für ihn gewonnen und für seine Lehre. Denn er lebt jetzt in uns.

– Also zeugt ihr von ihm?

– Das tun wir.

– Auch jetzt, da er nicht mehr unter euch weilt und am Kreuz starb, wie ich höre, und ihr ihn nie selbst gesehen?

– Ja, das weißt du doch.

– Und zeugt von ihm, wie er von seinem Vater gezeugt hat?

– Ebenso, spricht Andreas. Komm, Tabeas, laß uns gehen. Wir haben noch …

Diastasimos unterbricht, hält sie auf:

– Also durch Taten? Denn er zeugte durch Taten, sagtet ihr doch.

– Worauf willst du hinaus, Diastasimos? fragt Tabeas.

– Ich bitte euch noch einmal: Zeugt mir von ihm, heilt mich! Oder glaubt ihr nicht an ihn? An sein Tun und die Macht seines Tuns? An sein »In-euch-Leben«, von dem ihr mir quasselt? Warum versucht ihr euch nicht, wo der Herr, wie sie euch sagen, gefehlt hat, versagt hat? Und tut Größeres noch als er? Denn hat ers euch nicht so prophezeit? Und hat er denen, die an ihn glauben und in seinem Namen zeugen, nicht diese Macht gegeben?

– Du weißt nicht, wovon du sprichst, sagt Andreas.

– Nicht mal die Macht, euch zu versuchen? Auch die soll euch nicht gegeben sein? *Versucht* doch! Denn er hat doch ebenso getan, obwohl er von meinem Unglauben wußte. Denn wie könnt ihr zeugen von ihm, ohne euch zu versuchen? Wenn ihr euch nicht an sein Zeugnis wagt, seine Taten, wovon zeugt ihr dann?

– Du versündigst dich, Alter, wenn …

– Ich versündige mich? Davon versteht ihr was! Also über die Sünden hinaus, die ich schon angehäuft habe? Seis! Ich versündige mich vor dem, der sich an mir hier versündigt. Denn wenn er mich nicht geheilt hat, sondern mich immer nur wieder besucht in Menschen wie euch, mir *die* schickt, die angeblich so von ihm »zeugen« und so wenig vermögen als er und so schwach sind wie er und lahm an den Händen, ohnmächtig im Herzen, nur die Strafe einmauern, Steine aufhäufen in mir und außer mir, mich also abgeschlossen von allem und allen in dieser Welt aus dieser Welt verdammen: was soll ich dann mit ihm, mit seinen göttlichen Schwächlingen?

Ganz entsetzt sind die beiden, weil er ihnen so wütend nachsetzt, und wünschen, sie wären ihn los und schon auf dem Weg.

– Immer wieder ereiferst du dich …

– Für wen wohl? unterbricht den Andreas der Alte.

– ... und beleidigst uns, die wir in Frieden kamen. Warum schiltst du unsere Unerfahrenheit? Wie sollen wir dir antworten oder heilen den unser Herr nicht geheilt? Wir werden Petrus bitten, nach dir zu sehen. Er soll entscheiden.

– »Petrus«? Wer kann das schon sein! Er ist ja nicht hier. Und nicht in denen, die er gelehrt. Und Der nicht in denen, von Dem er doch lehrt. Aber tröstet euch: Die nach euch kommen, werden sich in gleicher Weise entschuldigen. Von Jahr zu Jahr wird die »Unerfahrenheit«, auf die ihr euch da beruft, größer werden, denn der als Herr euch gelebt hat und starb, wird ferner euch sein. Auch diese Jünger, die ihn noch kannten, und deren Gedächtnis schon nachläßt, werden dann nicht mehr sein. Aber die Zeit dazwischen, die wird euch trösten, wie ihr euch tröstet und mich zu vertrösten sucht. Und was bleibt dann übrig vom Zeugnis?

– Vielleicht, Diastasimos, ein klein wenig von dem du uns heute nacht berichtet, sagt Tabeas und steht zusammen mit Andres auf.

– Ihr Beruhiger und Schmeichler! Ihr brecht schon auf? Noch in der Nacht wollt ihr euch aufmachen? Ihr seid, das sollte euch trösten, wenigsten darin wie euer Herr. Schon zum zweiten Mal wollt ihr gehen, wenn ich Tabeas Aufforderung zu Beginn eures Besuches mitzähle.

Und Diastasimos steht ebenfalls auf und geht ihnen voraus zum Eingang der Höhle, sagt:

– Ich sehe, es regnet nicht mehr. Wartet, wartet ... Ich will euch noch eine Fackel mitgeben.

Und läuft zurück, macht sich zu schaffen und bringt heran, aus dem hinteren Teil der Höhle, die Fackel. Und zukommend auf sie, sagt er:

– Aber ich verstehe euch schon: besser im Dunkeln getappt, als mit dem Aussätzigen Bett und Höhle geteilt. – Da fällt mir noch ein: Ihr wißt nicht zufällig, wie den Zweien und eurem Herrn unten geschah bei der Wache? Ob ihn der Hauptmann verdächtigt hat?

– Wir sagten doch schon: Von der Wache sprichst *du* als

erster, sagt Tabeas und will die Fackel greifen, sie im Feuer entzünden.

– Auch vom Hauptmann? fragt der Alte und gibt ihm die Fackel noch nicht.

– Wie soll ich wissen, wen du meinst? Welchen Hauptmann? Er soll einem römischen Hauptmann einst den Diener gerettet haben. Aber Genaues gibt es darüber nicht. Er soll, Tage vor seiner Kreuzigung, von einem Hauptmann umarmt worden sein. Aber ob das derselbe, oder ein anderer, oder Gerücht ist, weiß man nicht. Und außer Johannes und Judas war wohl niemand dabei in jener Nacht.

– Jedenfalls ist sicher, daß sie Bethanien erreichten, sagt Andreas. Ob noch in derselben Nacht, oder aber am nächsten Tag, kann ich nicht sagen. Aber daß du sagst, Judas war dabei, fand ich vorhin schon seltsam, auch jetzt noch.

– Warum denn?

– In Bethanien, so hat mir mal ein Vertrauter des Johannes erzählt – ob man ihm allerdings vertrauen kann, weiß ich nicht, denn er hatte es auch von einem anderen, der soll dabeigewesen sein …

– Was denn? fragt Tabeas seinen Begleiter.

– Es soll in Bethanien geschehn sein, eben kurz vor dem Passah – aber ob es das Passah, von dem wir grade sprachen, war, weiß ich nicht …

Und auch Diastasimos wird ungeduldig, treibt ihn an:

– Also, was weißt du denn nun? Raus damit!

– In Bethanien, sagt Andreas, soll es gewesen sein, daß Johannes vor dem Judas kniete und ihm die Füße wusch. Und einer hats gesehn. Der soll ihn gefragt haben: »Wie kommt der Sohn des Iskariot zu solcher Ehre?«

– Und? Wie denn? fragt Tabeas.

– Und Johannes soll nicht geantwortet haben. Auch Judas, der es dem Johannes dankte, hat es nie wieder erwähnt.

– Das ist sehr unwahrscheinlich, meint da Tabeas. Denn er war doch nicht sonderlich beliebt, eher von den anderen heimlich verachtet.

47

– Ich erwähnte es nur, weil es in Bethanien geschah und sein könnte, daß solches, wenn es sich tatsächlich ereignet hat, nach dem Besuch bei dir, Diastasimos, geschah. Denn *du* sagst, es seien Johannes und Judas gewesen, die sonst nie zusammen genannt werden.

– Ihr wißt also weder davon noch von dem Hauptmann und jener Wache etwas Genaues?

– Nein, sagt Andreas. Aber nun gib dich zufrieden.

– Ich aber!

– Was?

– Ich war dabei! ruft der Alte.

III

– Dabei?

  – Ich war dabei, spricht Diastasimos.

Und Andreas bezweifelt es sofort, glaubt, er wolle nur halten:

  – Du willst uns glauben machen, daß sie dich mitziehn ließen und …

  – Ach was! Hätt ich mich in Gefahr gebracht, wie sie? Erinner dich: ich hatte die Drei gewarnt! Nicht mitgezogen bin ich …

  – Und warst doch dabei? fragt Tabeas ungläubig.

  – Dabei und nicht dabei, sagt der Alte.

  – Wir gehen, Tabeas, und werden, von dem er uns heut nacht erzählt, dem Thomas mit *Vorsicht*, Stück für Stück nur, zu verstehen geben. Denn ganz auf einmal kann das niemand schlucken.

  – Klug, kluger Junge. Ich hatte mirs so gedacht. Ihr wart auch hier, bei mir: dabei und nicht dabei.

  – »Dabei und nicht dabei«, was meinst du? sagt Tabeas, der das Dunkle in der Rede des Alten nicht länger zulassen will.

  – Jetzt beschwert ihr euch, daß ich euch nicht von Anfang an das Maul gestopft. Erst muß verwirrt sein, verworren sich im Altgelernten nicht mehr kennen, der etwas finden will. Denn hat euer Herr nicht gesagt: »Lasset den, der sucht, nicht aufhören zu suchen: als bis er findet. Und wenn er findet, verstört wird er sein. Wenn aber verstört: tauchts in ihm auf staunend: wird herrschen über All?«

– Was sollen wir denn finden? fragt ihn Tabeas.

– In das Dabei-Und-Nicht-Dabei könnt ihr mir folgen, wenn ihr wollt. Wenn euch die Finsternis und diese Fackel nicht lieber sind. Denn um mir zu folgen, müßt ihr nur hierbleiben und braucht der Fackel nicht. Denn wir kennen uns ja.

– *Kennen* uns ja? meint Andreas spöttisch. Du bist gut. Also, sag schon, was hast du noch, wenn du sagst, daß du dabei und nicht dabei warst?

– Setzt euch doch.

Und Tabeas setzt sich. Andreas aber, den Diastasimos mitleidig betrachtet, bleibt stehen.

– Ich höre dich auch im Stehen.

Und Diastasimos bläst ins Feuer und hält die Hände drüber, denn es ist kälter geworden. Und läßt sie ein wenig warten, bis auch Andreas Platz nimmt. Und der Alte beginnt:

– Dabei war ich und nicht dabei, denn ich bin den Dreien nicht mitgezogen. Aber weil der Wunsch mich bedrängte zu wissen, was ihnen, soweit ichs beobachten könnt, widerfahren würde, vielleicht auch – ich leugne es nicht – weil ich den Mann, der mich so großartig heilen wollte, der die Vermessenheit besaß, mich über meinen Zustand zu belehren, als sähe ich nicht, sondern teilte meine Höhle hier mit Unsichtbaren und Geistern – lächerlich! ... weil ich ihn also durchaus wollte bestraft sehen und von der Wache in die Mangel genommen für seine Frechheit, die er recht gut, muß ich sagen, mit selbstbewußter Freundlichkeit und jenem dunklen Rede-Glanz zu verbrämen wußte, wie ichs euch *wörtlich* berichtet ... wissend, daß alles nur allzu unwörtlich wird weitergegeben werden ... weil ich diesen Allzusicheren wollte unsicher sehen vor den Männern des Schwerts ... und dann auch – mir unverständlich und widersprechend meinen sonstigen Gründen – weil ich sehen wollt, ob er als »Knecht« würde passieren, der Herr – so bin ich mit. Denn etwas in mir stritt und heischte – wider die Lust, Bestrafung zu sehen – daß es ihm wirklich gelänge und er ungesehen bliebe und den Seinen erhalten.

– Wie also willst du beobachtet haben? fragt ihn Andreas.

– Von fern, und doch: nahe genug. Denn kaum waren die Drei den Berg hinab abgezogen, bin ich, seitwärts voran, den Bergeskamm entlang. Und habe, nach einigem Auf und Ab, einigen mühsamen Umwegen, schließlich den Berg erreicht, zu dessen Fuß die Wache sich um das Feuer lagerte. Es waren aber zwei Feuer, gute zehn Schritt entfernt voneinander, und hatten nur aus der Ferne wie eins geleuchtet. Und etwa in dieser Haltung, derart: die Brust an den Stein, lag ich und sah vorsichtig vornüber hinab. Und unten schlugen die Stimmen der Männer so an die Felsplatten der Anhöhe, daß sich der Sinn davon durchaus hinaufschlich zu mir. Und ich dachte noch: einen solchen Weg, diesen Umweg, den ich hierher gekommen, hätten sie auch nehmen sollen, um sicher zu sein, und vielleicht haben sie ihn doch noch genommen, sind dem Rat und Willen des Johannes gefolgt. Und ich dacht: vielleicht hat dich der Umweg hierher zu spät kommen lassen, Diastasimos, und sind alle schon durch. Denn ich konnte aus dem, was die unten sagten, nicht ersehen, ob schon welche gekommen waren. Aber dann sah ich die Wachen aufspringen, alle vier, und vom Feuer weg in den Weg eilen und welche erwarten. Und dann kamen einige, die ich nicht kannte. Und ich zählte sie. Und waren zehn. Und die Wachen sahen die Männer und zogen sie her und hielten sie. Der Hauptmann der Wache aber blieb sitzen und schwieg, und ich hatte ihn nicht reden gehört. Denn er saß von seinen Soldaten entfernt, nah am Berg, den Fels im Rücken, vor dem anderen Feuer, und hatte noch einen bei sich. Dieser Andere aber flüsterte ihm zu und stand auf und ging zwischen die Feuer und näherte sich den Zehn. Und waren aufgestellt von den Soldaten der Wache, daß jeder einzeln würde zu mustern sein. Und dieser Andere schreitet sie ab, und als er sie der Reihe nach abgeschritten, kehrt er zum Feuer zurück, und stellt sich vors Feuer, wärmt sich die Hände und blickt hinab zu dem Hauptmann und schüttelt den Kopf. Denn den sie abpassen sollten, der war nicht dabei. Und ohne aufzustehen, ja selbst ohne aufzublicken, befahl der römische Hauptmann den Syrern, die Männer gehen zu lassen. Und die aus der Nacht ins Licht der Feuer geholt worden waren: die zogen davon. Aber links ab, wie ich zu erkennen glaubte. Denn dorthin lief ihnen zunächst eine der Wachen nach, kam aber später zurück. Also sind die Zehn in Richtung Bethanien weiter, und ich stimme mit eurem Bericht, wie ihr mir vorhin erzählt habt, daß sie nämlich nächsten Tags in Bethanien bei ihren Freunden waren, ganz überein.

– Und eben doch nicht ganz, meint Andreas. Denn auch Jesus, Johannes und Judas waren dort, wie berichtet wird.

– Nicht aber, wie *ich* berichte. Denn hört und seht: Einige Zeit war vergangen, und ich brach auf im Glauben, man habe Johannes Rat befolgt und umgangen. Da kam Bewegung in diese Wachen, die müde geworden waren am Feuer und schlapp, und rafften sich auf, angeherrscht vom Hauptmann, der es zuerst gesehen, daß hier welche kamen. Und kamen, wie vorher die anderen, aus dem Dunkel der Straße ans Licht dieser Feuer. Und standen zwischen den Feuern, gezwungenermaßen, im Licht, denn man wollte sie sehen. Und ich sah hinab auf die, Judas und Johannes, die ich vor Beginn noch der Nacht hatte kennengelernt und in der Nacht vor dem Feuer gewarnt und der Wache. Und sah von hier oben, was die andern noch nicht bemerkt: daß hinter Johannes und Judas, gute zehn Schritte, im Halbdunkel der Knecht ging, das schwere Holz auf den Schultern und also, gezwungenermaßen, Haupt und Augen abwärts gerichtet, vornübergebeugt. Und stillstand jetzt, als sie stillestanden, im selben Abstand, in dem er ihnen gefolgt. Und der Hauptmann stand auf, seinen breiten gepanzerten Rücken zu mir, und schritt vor zwischen die Feuer und herrschte sie an: »Näher, kommt näher heran!« Und dann, ich hörte ihn gut: »Wen habt ihr denn da noch?« Und Johannes sprach:

»Hauptmann, wen meinst du?« »Den dort hinter euch!«
schreit er schon wütend. Und hieß sie auseinanderweichen,
um jenen dritten vorzulassen in ihre Mitte. Und wieder sah
ich sie Platz machen und in ihre Mitte treten den Jesus. Da
sah ich aber, daß man ihm die Lumpen, die ich Judas hatte
hinzugegeben, umgelegt hatte wie ein recht schäbiges Überkleid, und war sein altes darunter nicht zu sehen. »Gehört
der denn nicht zu euch?« spricht der Hauptmann. Und
Johannes schaut auf den Jesus und fragt scheinheilig: »Du
meinst diesen hier, unseren Knecht?« Und der Hauptmann
weist hinter sie in die Richtung, aus der sie gekommen:
»Habt ihr noch mehr von der Sorte, die hinter euch her-
ziehen?« »Nein, wir kamen allein«, antwortet Johannes.
»Und gehört ihr nicht zu jenen, die hier, gar nicht lange ist
es her, vorbeizogen, zehn an der Zahl?« Und wieder sagt
Johannes: »Wir kamen allein.« Und da seh ich, wie der Andere, der vorhin die Zehn hatte gemustert, aufsteht, auch
etwas müde, sich die Glieder reibt, denn es war kalt geworden – wie jetzt bei uns – und nach dem Regen die Luft
feucht noch und kalt. Und näherte sich langsam der Gruppe
zwischen den Feuern, halb hinsehend aber nur. Und näherte sich dem Hauptmann von hinten, ihm über die Schulter
sehend, spähend, wer denn da vor ihm stehe. Und so kam
jener heran. Ganz nah, sich immerzu die Hände reibend.
»Ihr versteckt also niemanden sonst und seid nur zu dritt?«
hörte ich den Hauptmann fragen. Und Johannes bejahte.
Und ich sah den Andern, der sich an das Leder des Hauptmanns gelehnt hatte: ihm zusprechen, und hörte darauf den
Hauptmann fragen: »Ihr seid doch Juden und wohin unterwegs?« Und Johannes: »Wir haben uns verspätet und kommen herauf von Jericho. Bethanien liegt nahe, aber nach
Jerusalem werden wir ziehen, wie viele von uns dieser Tage,
das Passah zu begehen im Tempel des Herrn.« »Nicht Unruhe zu stiften also?« fragt der Hauptmann und lacht. Und
Johannes: »Das Fest zu feiern, das versichere ich dir.« »Was
laßt ihr denn da von Jericho hier herauftragen, das es in der

Stadt nicht gäbe und transportiert werden müßte bei Nacht und Nebel, hinter euch her von jenem Knecht?» »Ein seltenes Holz, Herr, gemessen und zugehauen für das Haus, welches dieser Tage vollendet wird, und man wartet auf uns.« Und dem Hauptmann wurde, nachdem dies gesagt worden war, wieder zugeflüstert vom Anderen, der bei ihm am Feuer gesessen und ihm vorhin schläfrig nachgegangen war, jetzt aber war der hellwach. Und ging nach dem Flüstern einige Schritte abseits, sich entfernend vom Hauptmann, und auf Johannes zu, und ich sah, wie er den Johannes betrachtete, aber nicht die Miene verzog, auch nicht so, als hätte er den, den er suchte, gefunden, auch nicht, als verdächtige er ihn. Aber weil nicht aus seinem Gesicht zu lesen war, schien er mir und wohl auch dem Johannes und Judas bedrohlich. Und in der Stille, die jetzt eingetreten war, sah ich ihn stelzen, immer betrachtend und ohne die Augen zu schließen und hörte ihn sagen: »Das Holz, ja …« und wie bei sich murmeln: »Ach, das Holz, ja …« und dabei zusteuernd auf den Mann in der Mitte, den sie den Knecht genannt und der das Holz trug und dessen Augen, gezwungenermaßen, abgewandt waren, dem Boden zu, denn die Last lag ihm immer noch auf den Schultern, und hatte sie nicht abgesetzt. »Das teure Holz …« murmelte aber der Andere und reckte jetzt seinen Arm und die Hand und streckte sie hoch-bis-an und berührte das Holz auf den Schultern, ja gerade noch mit den Spitzen der Finger es antastend, und fuhr daran entlang einen kleinen Strich, wie um es zu prüfen. Und verschwand auch, es prüfend, und ich meinte: ohne den Knecht zu berühren, hinter dem Rücken des Knechts. Und schmatzte mehrere Male sattsam-gefällig, ich meinte: wohl das Holz so betrachtend und seine Form so billigend, denn es war, wie ich euch sagte, teures Holz und herrlich zugeschnitten und nicht überall zu finden. Aber die Last prüfend – ich sahs erst, als er die Runde gemacht um das Holz und die Schultern, die dieses Holz trugen, und wieder erschien – *da* sah ich, daß er nicht nur das Holz geprüft, sondern vielmehr den Träger, und an den Schultern vorbei ihm und in die Knie sich leicht senkend, ja wie einem Kind in die Augen zu blicken auf gleicher Höh: ihm jetzt aufs Gesicht zu sah, seinen Kopf etwas beugend zur Seite, der Neigung des Kopfes des Trägers so anzugleichen die prüfenden Augen. Und richtete sich fast ebensobald wieder auf, aus der Hocke aufschnellend und seufzend, als sei all dies anstrengend und mühsam und unnütz gewesen und Teil seiner alltäglichen Arbeit und niemandem solche Arbeit zu wünschen, schon gar nicht bei Nacht. Und seinen Rundgang beendete er an Judas vorbei und kehrte zum Hauptmann zurück und rieb sich die Hände, als sei es ihm auf der Schattenseite der Männer, die er geprüft, wieder zu kalt geworden. Und schüttelte nicht den Kopf und ging nicht zum Feuer zurück, sondern stellte sich hinter den Hauptmann, wie vorhin, gerade so. Da spricht der Hauptmann – denn während des Prüfens müssen doch zwischen ihm und dem Prüfer hin- und hergegangen sein Zeichen, die aber mir nicht bemerkbar waren – spricht der Hauptmann und hat seine Meinung von ihnen geändert, sagt: »Ihr habt nicht die Wahrheit gesprochen, ihr Leute. Ihr seid doch von den Jüngern des Volksaufhetzers, den sie Jesus nennen, und der behauptet zu sein über dem Caesar und die Juden aufwiegelt mit seinen Reden. Oder wollt ihr hier leugnen?« Der Johannes, ihr Wortführer, aber will nicht und gesteht, und ich höre ihn sagen: »Wir sinds und haben es nie geleugnet. Aber unser Herr hetzt niemanden auf und setzt sich nicht über den Caesar und vergleicht sich nicht.« Und da seh ich den Anderen flüstern ins Ohr des Hauptmanns und den Hauptmann höre ich fragen: »Wo ist euer Herr, wir haben Befehl ihn zu fassen, denn es besteht Anklage gegen ihn.« Und Johannes spricht nicht und auch nicht Judas. »Wollt ihr nicht sprechen, dann nehmen wir euch alle mit, noch diese Nacht, und, glaubt mir, an ganz andere Feuer. An denen werdet ihr alle reden und alles sagen, wonach wir auch fragen. Also, wo ist den ihr den Christus nennt, wie sie mir sagen? Wo ist der Messias, wenn er, wie ihr verkündet, gekommen ist?« Und wieder spricht Johannes: »Wenn du weißt, an wen wir glauben, und weißt, daß wir glauben, der Messias ist gekommen, dann weißt du, daß eine neue Zeit angebrochen ist für uns und für alle, die leben und glauben. Und wenn du nach ihm fragst und ihn suchst, wird er dich willkommen heißen. Denn er hat auch von den Heiden willkommen geheißen und von ihnen geheilt und unter denen, die an ihn glauben, ist auch ein römischer Hauptmann wie du.« Da fährt ihn der Hauptmann an: »Du weichst mir aus, Jud. Wo ist er? Wo ist euer Anführer? Wo haltet ihr ihn versteckt?« Und Johannes: »Wir halten ihn nicht versteckt.« Da lacht der Hauptmann, ich höre ihn, und sehe noch seine breiten Schultern lachen, und der Andere wendet sich ab und grinst und ebenso schnell, flink wie ein Vogel, kehrt er zurück und ist ganz Ohr, schwillt auf hinter dem Hauptmann mit jeder Silbe der Drohung, die dieser jetzt ausstößt: »Ihr Jesus Anhänger, wenn euch euer Leben lieb ist, sagt uns jetzt, wo er steckt, dieser Jesus, dieser … Gottessohn, wie mein Berater mich unterrichtet, daß er sich nennt, euren jüdischen Gott damit lästernd. Denn er kennt sich aus mit euch und euren Lehren, mein Berater, und durchschaut jede Lüge.« Da spricht Johannes, und die Angst steht ihm im Gesicht, und auch Judas sehe ich an die Angst, aber anders, im ganzen Körper hat dieser Angst, jener nur im Gesicht, als beträf es die Worte nur und die Antwort, also Wahl seiner Worte, und als sei damit abzuwenden das Übel und zu bestehen die Prüfung. Judas aber, wie gesagt, schien sie am ganzen Körper, mit jeder Faser zu fürchten, und ich meinte, ihn zittern zu sehen. Und Jesus stand zwischen ihnen, wortlos und gedrückt von der Last. Und ich meinte, ich sah ihn wanken, als er einmal das Gewicht des Balkens verschob und die Wache ihn anfuhr, weil er stille zu stehen hatte und sich, wie die anderen, nicht bewegen durfte. Also sprach Johannes, die Angst im Gesicht, zum Hauptmann: »Wenn dein Berater uns kennt, dann weiß er auch, wie sehr wir lieben den Herrn, unsern Meister, und ich, meinerseits, liebe ihn mehr als mein Leben. Und wenn mir mein Leben wert ist, wie du sagst, ist Er mir doch lieber, und wenn du meinst, daß ich Ihn verraten könnte: nicht um mein Leben.« Und da fuhr das Lachen in sie ein zweites Mal, und der Hauptmann sagte: »Was gibt er dir denn, du Soldat deines Herrn, daß du für ihn dein Leben gibst … und große Worte, wie ich meinen will.» Und Johannes, dem die Angst kürzt den Atem, spricht: »Er vergibt mir die Sünden und vermacht mir das Leben auf Ewigkeit.« »Was sind das für Sünden, von denen du sprichst?« Und Johannes will antworten, sieht aber den Hauptmann abwenden sein Gesicht, abwenden, und nicht ganz hinüber zu Judas, sondern nur die Hälfte des Wegs zwischen den Feuern, zu dem in der Mitte, also dem Knecht. Und der Hauptmann schaut dorthin, angestachelt dorthin zu schaun von seinem Berater, dem Andern, der längst dorthin, zum Knecht, und seit langem unter Johannes Worten nur *ihn*, diesen Knecht, betrachtet und längst nicht mehr ihn prüft, sondern geprüft *hat* und nunmehr befunden. Und während Johannes die Antwort spricht, blickt der Hauptmann auf Jesus schon, hört derweil von Johannes: »Was sind das für Sünden, Hauptmann, fragst du, der du mich einen Soldaten nennst. Denn wenn wir Soldaten sind, ist zwischen uns ein Unterschied? Und deine Sünden von meinen verschieden?« Da kommt der Hauptmann noch einmal auf den Johannes zurück, blickt ihn an, sagt: »Was siehst du in deinen, die dir von meinen nicht so verschieden scheinen?« »Ich sehe«, sagt Johannes und läßt ihn nicht aus den Augen dabei, »ich seh die Vergessenen, die sie gebären, so lang sie vergessen sich dünken. Dann aber erinnert sie Einer und straft sie nicht ihres Vergessens, weil sie vergessen waren. Sondern vergibt und holt die Verlorenen zu sich und erinnert sie alle.« Da steht still der Hauptmann, ruhig vor dem Johannes, wenige Schritte vor ihm und sagt: »Wie verschieden wir sind, Jude, und wie du mich sehen würdest, wenn du mich kenntest. Sag aber, wer ist der Eine, von dem du im Gleichnis gesprochen?« »Es ist der Herr, den seine Jünger lieben und glauben an ihn: Jesus, der Sohn Gottes.« Da sieht ihn der Hauptmann an und zögert und wendet sich doch nochmals um, eher der Mitte zu, und Jesus ansehend sagt er, meint aber den Johannes: »Und den ihr so liebt, diesen Gottessohn und Vergeber der Sünden, den versteckt ihr nicht vor uns und belügt uns nicht?« Und Johannes leugnet beides: ihn zu verstecken und Seinetwegen gelogen zu haben. Da flüstert der Berater dem Hauptmann ein drittes Mal ein und deutet auf Jesus. Spricht der Hauptmann, immer noch hin auf Jesus blickend, aber wie zu Johannes: »Und wenn einer nun mir weisen könnte diesen Meister, daß ihr ihn nämlich versteckt haltet und mich allerdings belogen habt, und selbst Meister seid in manchem, nur nicht in der Wahrheit, wie ihr verbreitet, wie dann?« Und Johannes leugnet abermals, vielleicht ein drittes Mal, wenn ihrs zählet, aber wer hat Zeit zu zählen, denn hier scheint schon gerichtet. Und der Hauptmann macht einen Schritt zu auf Jesus, angestachelt dorthin von seinem Berater, und das Wort, scheint es, bereit haltend – denn er hat ihn erkannt – das Wort, seinen Namen, den ihm der Andre genannt. Denn der kannte ihn, wie auch Johannes gleich befürchtet haben muß. Und da diese Furcht jetzt wahr wird, scheint mir Johannes, wie um eine letzte Bitte vor dem Hauptmann zu tun, auf die Knie sinken zu wollen, um das Leben seines Herrn, der hier, das ist allen klar, erkannt worden war, zu retten. Und ich seh ihn schon auf die Knie fallen wollen, die Augen flehentlich auf den Hauptmann gerichtet, die eigene Autorität, die ihm sein Glauben verschaffte, mit einem Mal gleichwie abstreifend, um Gnade zu flehen. Da geschieht, nur Schritte entfernt vom Johannes, den also niemand beachtet: was hier *jeder* beachtet und nie mehr vergißt. Hört also her und seht also her. Denn der Knecht, im Augenblick da der Hauptmann den Schritt auf ihn zu macht: schwankt. Und im Versuch, auszugleichen die Last auf den Schultern, kippt der Balken seitlich streifend die Schulter herab und donnert zu Boden und reißt ihn halb nieder, so daß er aufs Knie fällt und taumelt. Und jeder ist noch erschrocken, denn es ist dies gerade geschehen, da reißt Judas, der bisher nichts gesagt noch getan, einer der bei ihm stehenden Wachen aus dem Gürtel die römische Blei-kugelpeitsche. Und schlägt damit ein auf Jesus. Schlägt auf Jesus, dem die Last war von den Schultern gefallen und der noch taumelte. Schlägt und schlägt und schreit ihn an: »Was fällt dir ein, du? Wozu taugst du denn, Knecht? Richtest das Teure zuschanden! Heb es auf! Auf, du!« Und Judas drischt auf ihn ein, daß die Fetzen fliegen. Und Jesus bricht voll-ends nieder, und Judas peitscht immer noch, nur jetzt noch wütender, rasend, daß dieser elende Knecht hier zusam-mengebrochen und dabei das Holz ließ zuschanden kom-men. Peitscht und verflucht ihn, daß es jeder sieht und sie zurückweichen, teils um zuzusehen: wie die Wachen, die nicht wußten, um wen es sich handelt und wer der Knecht war, der hier gezüchtigt wurde, teils aber in Verwunderung, ja verstört über die Wende und Wandlung: wie der Haupt-mann, der diesen Mann in der Mitte, auf den Judas gnaden-los einschlug, noch eben entlarven, ja ihn mit Namen nen-nen und, wie ihm befohlen war, in Haft nehmen wollte. Denn der Hauptmann hatte nicht, aber sein Berater hatte den Jesus erkannt und es ihm längst gesagt, wer es sei, und sie hatten ihr Spiel mit ihm gehabt. Und ihr Spiel auch ge-habt mit Johannes, der seinen Herrn zu verteidigen suchte mit Worten und zu verstecken, jetzt aber wie gelähmt zusah dem Judas und als einziger, wie gelähmt, nicht zurückgewi-chen war, als der erste Hieb treffend hinwanken ließ und der zweite und dritte dann niederstreckte den Herrn. Und den Hauptmann, der zusah, rührte es an, denn er wußte wohl: das ist ihr Herr und Meister, den der eine liebt über sein Leben und hätte sein Leben gelassen für ihn. Und hätte ihm nichts genützt, denn ich hätte den »Knecht« doch ge-fangengenommen, wie mir befohlen war. – Und ich konnte sehn, wie der Hauptmann dastand und dachte: Was geschieht aber hier, daß dieser das Leben seines Herrn, des angeblichen Gottessohnes, so anders liebt, daß ers fast totpeitscht vor meinen Augen, nur um es doch noch, wie eben das eines Knechtes, zu retten? Denn jeder Schlag soll auch mich treffen, mir sagen: »Hier liegt nur der Knecht, der fallen ließ seine Tracht. Achte ihn weiter nicht, laß *ihn* hier liegen, wenn du auch uns wirst abführen, überzeugt, daß wir zu den Jüngern des Jesus gehören, so achte doch nicht dieses Geringsten, unseres Knechts.« – So hat der Hauptmann gedacht und war bewegt von solch gotteserbärmlicher, äußerster Liebe des Juden. Denn als Römer durchschaut er den Haß des Judas wie einer, dem solcher Haß selbst befohlen ist und der ihn andern befiehlt und befohlen hat und über anderen damit lebt. Denn wie irrsinnig und verzweifelt-groß muß diese GottesLiebe sein, konnt ich ihn denken hören, daß, ihn zu retten, ihren Gott sie als Knecht vor mich werfen und ihren Heiligsten peitschen wie einen Hund? Und ich weiß, so hat er gedacht, denn im nächsten Moment schreitet er zu: zwei, drei mächtige Schritte, und reißt aus der Scheide sein Schwert mit der Rechten und droht Judas so: einzuhalten sofort! Und Judas, wie abwesend schaut er auf zu dem Hauptmann, als sei er erst jetzt überhaupt anderer gewahr geworden, und brüllt noch ein letztes Mal an den zu Boden Liegenden: »Hebst dus nun auf?!« Aber der Hauptmann fährt auf mit der Linken, entreißt dem Judas das wirrgehauene Peitschenbündel. Und es klirren und klikken, müd und dunkel-verklebt, die ins Peitschenleder geflochtenen Kugeln, wie der Römer sie breitbeinig stillehält, nah vor dem niedergeschlagenen Jesus, auf ihn hinabschauend jetzt, ich seh es selbst noch genau. Denn jetzt läßt er fallen – noch weiß ich nicht, warum – läßt fallen zu Boden die reißende Peitsch und das handumgriffene Schwert und, als springe etwas vom Geschlagenen auf an ihm hoch, weicht er – hoch ans Gesicht zieht er die Händ – weicht aus vor wem? Vor dem, der da liegt. Und *jetzt* seh ichs, seh ich den Menschen. Wo die Peitschenkugeln ihm aufgeteilt

hatten das Kleid, meine Lumpen, da war auch die Haut geteilt und war blutig. Und war, unters Blut, auf das Bloße des
freigerissenen Körpers gemischt: Aussatz. Und viel! Und
war übervoll sein Körper mit Aussatz. Und war *davor* zurückgewichen der Hauptmann? Denn jetzt hört ich mich
fragen und fragte mich selbst. Den ich dort liegen sah, dort
unten, befleckt und geschlagen und hochsichwindend in
Schmerz und in Todesangst: der war nicht nur wie ich an
Aussatz, sondern der *war* ich, Diastasimos. Und *den* Diastasimos, den aussätzigen Juden im Tempel, *den* hatte der
Hauptmann erkannt und war zurückgewichen vor ihm,
und im gleichen Moment, denn jetzt erfahrt ihrs, da erkannt
ich den Hauptmann: als den einst in jüdischen Kleidern
versteckten Soldat des Pilatus, der mit der Peitsche mich
niedergerissen im Tempel, voll Abscheu an mir den Aussatz
gesehn und mit handumgriffenem Schwert hinabhieb zu
mir, daß ich ende. Und endete. Aber jetzt, hier, hier im
Zurückweichen, Erkennen, Entsetzen, hier beginnt alles
erst! Denn nicht nur vor mir, Jesus, dem Mann auf dem
Boden, dem aussätzigen Diastasimos, war der Hauptmann
gewichen. Sondern immer noch vor dem Ausgepeitschten,
dem Gott, der ihn sehen ließ, wie er getan und *was* er vergessen, und mit wem er geteilt hat, ohne zu wissen, und mit
wem *ich* geteilt hatte, ohne zu wissen. Und der Gott, der da
lag wie ich einst, zog ihn an mit großer Kraft. Zog ihn an,
daß er auswich nicht mehr, sondern stehenblieb, dieser
Hauptmann, angezogen wie ein Verlorener. So daß er
schließlich nicht länger stehenblieb, sondern erinnernd zu-
schritt, auf den Aussätzigen zu, bis ganz vor ihn hin, und
dort stehenblieb abermals und niedersah auf mich mit seinen Augen. Und dann, ungeheuerlich, mit seinen Händen
griff unter die Achseln des Aussätzigen und ihn aufrichtete
und mich aufhob, daß ich dort oben, auf jener Anhöhe, in
vermeintlicher Sicherheit, mit jeder Faser in mir ihn spürte,
und seinen Atem atmen konnte, als er mich richtete und
hoch mich aufhob vor ihm. Und aufgerichtet sah ich den

Hauptmann umarmen den aufgehobenen Knecht und Aussätzigen, den Jesus-und-Diastasimos, beide in eins erinnert, und sah ihn, den Hauptmann, in der Umarmung, umarmt werden vom Knecht und Jesus, dem mit Aussatz befleckten, und tief fuhr da in mich wie deren Arme ineinander waren gefahren: *diese* Umarmung, die eine und einzige, wahre. Die schien mir alles zu sein und sprach zu mir klar. Denn wie ich oben mich stehend fand, wie erhoben, so auch: geheilt. Geheilt! Könnt ihrs ermessen? Geheilt!! Und wie verrückt riß ich mir die Kleider vom Leib und hielt mir die dunklen Arme, Brust, Beine vor Augen, und fühlte sie tastend, und war unaufhaltsam jeder Strich meiner Hand, Strich meiner Hände, denn glatt und rein war mein Leib, und ich sah ihn glänzen im Aufschein der Feuer von unten. Und sah, was ich erfahrend in eins geglaubt, daß die Umarmung des Hauptmanns mich reinigte, und daß der so-umarmt-Wiederumarmende dem Soldaten vergab, und der Knechtgott mir dadurch bewies, wie wir fernhin heilen und fernhin geheiligt werden, durch solche Umarmung, auch wider Willen. Denn seht, ich war ja wider meinen Willen geheilt, und ließ ab als Jesus, noch in der Höhle, nah an mir war, und kam viel näher noch: als er fern, und als ich neugierig ihm und ungläubig-versuchend ihm zusah von oben. Aber wie endlich? Und wozu? Und wovon ist aber dies Wunder ein Gleichnis? Denn es schien mir ein Gleichnis, viel weniger aber ein Wunder. Ein Gleichnis auf ihn und auf uns. Meint ihr nicht? Aber ich sehe, ihr habts immer noch nicht begriffen und wollts nicht glauben. Und doch hatte ich euch gesagt, wie versteckt ich vor euch sei. Aber ihr wißt es, ja ahnt es immer noch nicht. Ich seh, wie ihr zweifelt, und höre euch denken: »Meingott … was will er uns jetzt noch weismachen? Keinen Deut hat man uns davon bei den Jüngern erzählt und er will uns in *einer* Nacht glauben machen, daß …« Ja, ihr wißt gar nicht was, ihr habt keine Worte dafür, und aufgeschrieben, sehe ich, hast du nichts, Tabeas. Aber, wenn dus behältst, ja selbst nur für *dich* aufbewahrst und nur dir, wars tausendmal mehr als die Schrift, die niemand erlebt mehr. Also, nun kommt schon, wollt ihr die Probe nicht machen, ihr Zweifler? Denn die steht sicher noch aus, werdet ihr sagen. Aber habt ihr den Mut? Wagt ihrs, mich zu versuchen, und euch endlich an mir? Oder glaubt ihr, der Alte hat euch genarrt und hält euch zum Narren und war nie geheilt, »wo es Jesus doch selbst versucht«, und befällt euch mit Aussatz, scheußlich, sobald ihr ihn anrührt zur Probe?

IV

Es sind aber Tabeas und Andreas verstört und entsetzt. Sind unsicher, sich und des Orts und des Mannes, der ihnen gesprochen. Und so sagts Andreas:

– Wir wissen nicht, was wir antworten sollen, Diastasimos. Verstehst du das nicht? Gib uns Zeit.

Tabeas aber, der sonst still gehalten, auch sonst still hielt seinen Begleiter, spricht verletzt und gekränkt:

– Warum hättest du uns zum Narren gehalten? frage ich dich. Denn das hast du doch, indem du bis jetzt uns dies alles verschwiegst und uns, wohl möglich, auch jetzt noch zum Narren hältst, da du darauf bestehst, daß wirs auf einmal schlucken und mit Haut und Haar glauben.

Spricht Diastasimos:

– Ausreden, ewige Ausreden. Aber wenigstens haust jetzt der Zweifel in euch, »ob nicht doch …«. Ausreden sinds, seht ihr nicht? Ausreden! Vor der Tat und den Taten, vor dem *Erleben* des Glaubens, das euch im Schreiben und Aufnotieren verloren geht und an das ihr mit euren Buchstaben werdet niemand erinnern, in keiner Zeit. Genau das solltet ihr lernen und war gut, daß du aufgehört hast zu notieren, Tabeas, und für andere und Thomas festzuhalten statt zu *erfahren*.

Heilung aber erfährt man, und schreibt sich nicht, sondern handelt, wird ausgeübt, das ist: geübt, und nicht innen, sondern draußen. Das ist es, habt ihr's begriffen? Das ist ein Teil davon. Das andere aber ist Gleichnis. Denn jetzt ist Er nicht mehr, schon nicht mehr, und wir alle sehn von oben herab in den Zeitenbrunnen. Und was zeigt sich, wer zeigt sich in zunehmender Ferne dort unten, wie hoch die Anhöhe auch sein mag, aus der wir hinabblicken? Denn, sagte Er nicht von dort unten: »Diastasimos, finde deinen Mörder, nämlich den, der dich aussätzig sah und zuschlug?« Und was sagt er dann, ganz in der Ferne? Er sagt unzweifelhaft: »Deinen Mörder umarme, und befreie den Attentäter, der auf dich lauern muß, und entlaß ihn in deiner Umarmung, und wo ich nicht bin mehr leibhaftig und in Person, da bin ich dein Feind, dem du nicht vergeben hast, den du unumarmt und vergessen gelassen in dir. Und teilst mit ihm unfrei dein Leben, ohne zu wissen, und also auch ohne daß einer dich kennt.« – Also, wer glaubt mir, wer wagts mir zu glauben? Na?! Hier, reißt die Lumpen von mir, faßt mich an!

Und er faßt an, reißt, zerrt, sie herausfordernd, an seinen Lumpen. Andreas und Tabeas aber wagen es nicht. Und Diastasimos lacht sie an und steht auf und geht fort, nach hinten ins Dunkle der Höhle, und ist bald nur noch schemenhaft sichtbar, der Alte. Und setzt er sich dort? Man meint es. Und hört man ihn murmeln? Man meint doch. Denn so hört man, sieht man ihn: sitzend und murmelnd dort, ab und zu. Leis und für sich und im Dunkeln. Und in sich versunken? Ja, wie in sich versunken. So scheint es den beiden.

Da nimmt Tabeas die Fackel, die Diastasimos ihnen gebracht, und hält sie ins Feuer, entzündet das Pech und erhebt sich. Und erhobener Fackel geht er ihm nach ins Dunkel und entdeckt dort den Alten: an einem Wassertrog sitzend und nackt und den Rücken zu Tabeas.

Und Diastasimos wäscht sich das rußverschmutzte Gesicht, da bemerkt er den Schein der Fackel und dreht sich halb um, aber hält sich geblendet die Hand vors Gesicht. Und Tabeas, der das Licht über ihn hält, sieht. Völlig rein, rein und fast weiß ist die Haut des Alten. Und Tabeas schaudert, da er sieht, und steht zitternd, spricht leis:

– Andreas. Komm her …

Und Tabeas rührt an den Alten. Ganz sacht. Und der friert unterm Anfassen des Jungen. Scheint aber zu genießen, auch daß er so zaghaft berührt.

– Andreas! … ruft Tabeas. Und aus dem Dunkel das Echo: Andreas! Und Tabeas schreit: Andreas! Er ist vollkommen geheilt, vollkommen, er hat uns die Wahrheit gesagt!

Und weil niemand kommt, rennt Tabeas zurück zum Bruder und stößt ihn vor und leuchtet ihm mit der Fackel und kommt abermals zu Diastasimos, kommen beide. Und Tabeas hält dem Andreas, der immer noch zögert, die Hand an Diastasimos Rücken. Und Andreas sieht und fühlt auch, wie eben noch Tabeas. Und der Alte spürt ihre Hände. Und spricht:

– Na, glaubt ihr jetzt, ist es euch recht so?

– Laß uns gehn, Diastasimos, laß uns gehen! sagt Andreas.

Und Tabeas stimmt zu, denn was für ein Fund! Also sagt er:

– Denn, du verstehst doch, das *muß* den Brüdern berichtet sein, das muß ihnen vorgeführt und erzählt werden, dies Wunder, und beendet werden die Meinung, daß Diastasimos nicht geheilt. Sondern *dir* nacherzählt, wie er geheilt und wie dir geschehen, wie dir ergangen ist.

Und verärgert, noch zu sich selbst, spricht der Alte:

– Großer Gott, wollen sie jetzt wieder gehn? Jetzt wollen sie wieder gehn, weil sie nicht warten können, die »gute Nachricht« anderen zu verkünden. Ja warum, glaubt ihr eigentlich, hat man euch zu mir geschickt? Denn Thomas und Simon wissen von mir. Ihr aber wollt schon ein drittes Mal gehen, denn ich habs gezählt. Aber wie kann ich euch halten?

Und jetzt fast besorgt um ihn, als um ein Kind, fragt Tabeas, denn er versteht nicht, warum der Alte sich immer noch grämt und kindisch darauf beharrt, sie zu halten:

– Wie meinst du denn, Diastasimos? Willst du die Freude nicht teilen mit andern?

Und wirklich scheint ohne Einsehen der Alte und spricht:

– Ich sage: wie kann ich euch halten, denn ihr habt mir noch nichts gegeben von euch, und ihr habt noch zu geben von euch, wie ich euch eben von mir gegeben. Denn ich habe mein Gelübde, zu schweigen, gebrochen. Denn es ist Zeit. Ihr aber denkt nur ans Forttragen.

Da fragt ihn Andreas, lächelnd – denn mit welchem Sieg werden sie jetzt davonziehn, schon bald! – doch nicht ohne Mitleid für den, dem sie abgerungen das Geständnis:

– Was können wir dir geben, Alter, um dir unsere Dankbarkeit zu beweisen? Denn wir haben durch dich erkannt.

Und Diastasimos beharrt, rauh und kauzig, und scheint immer noch zürnen zu wollen:

– Noch *gar nichts* erkennt ihr und beginnt erst und wollt schon gehen.

Und nochmals und immer noch freudig – denn leicht nimmt er jetzt dessen Zorn – fragt Andreas den Mann:

– Also, Alter, was ist zu geben? So nenn mirs doch!

Da sagt dieser, immer noch sitzend an seinem Wasser, und sagts ohne hinzuschaun:

– Geh, hol mir mein Kleid, du, den sie Andreas nennen.

Und Andreas ging zum Eingang der Höhle, wo das Kleid hing. Es hing aber hoch. Und er muß hochspringen, von der Erde hoch. Und ausgereckter Hand zweimal versuchen, bis er es unbeschadet vom Nagel hebt, das dritte Mal, und in Händen hält. Ja, in Händen hält. Und da erst, noch abgewandt vom Alten, das Kleid aber in Händen, und das Springen noch in den Gliedern, erkennt er ihn: dem das Kleid gehört. Und erinnert, wer früher so sprang, als Neunjähriger nämlich, am Eingang des Hauses, das Kleid zu holen dem Vater.

Und sein Bruder, den die Griechen Tabeas nennen und der dies aufgeschrieben, der hat es auch so gesehen und hat verstanden den Weg und erkannt den Vater: neu beginnend am Wasser, wo sie sich einst getrennt.

Und scheint ein Licht jetzt auf ihm. Wie ein Licht, wo es dunkel war. Und als Andreas und ich bei ihm stehn, hebt aus des Wassertrogs kleinem Teich der Alte die Sichel.

Und siehe, sie glänzt.

Johnny Shines

oder
Die Wiedererweckung
der Toten

Seelenrede

I

Talwärts, ins Bett eines mächtigen Rivers hatte Gott sie gelegt und die Mandelform der großen Insel zum Speer schleifen lassen, bis der Fluß sich vergoß, die unterschlürften Seiten der Insel keilförmig aufragen ließ, in Erinnerung an den Vergossenen. Auf ihrem breitgehämmerten, abgeschliffenen Plateau aber lag *Blade, POP 912,* ein Kaff, das sich darübergesiedelt hatte.

Wie es ihm Hallie gesagt, war er angekündigt. Schon gestern mußten welche gehört haben, daß einer käme, Tote zu erwecken. Zureisende würden den Ort nicht verfehlt haben, denn sie hatten hier allnachts beleuchtet, das ganze Kaff unter Licht, schon seit gestern.

Fackelhell glänzte Blade durch die Nacht über schlammbedeckte Furt und Gräben, die sich mit Regenwasser füllten. Er watete hinüber, langsam, beschwert, als trüg er an ihr: Dunkelheit saß ihm auf Rücken und Schultern. Kam an die Stelle der Furt, wo sie oft gespielt, aus dem Lehmschlamm formend Figuren gezogen hatten, dort, wo er nie zu sehen, nie zu hören gewesen war. Bis Sperlinge aufflogen und ich ihn fand.

Er kroch die Böschung empor, um deren Fuß man drei kesselpaukengroße, im Regen dampfende Lampen für ihn an Gerüsten befestigt hatte. Aus dem Gestrüpp, in das sich sein Hemd verhakte, riß er sich los, taumelte erschöpft in die Main Street. Die Straße lag menschenleer unter Licht. Am anderen Ende erst wartete, hinter einer Absperrung, die Menge. Man winkte ihm, als man ihn sah. Er hatte kaum

73

mehr Kraft zu gehen. Man rief ihm zu, von einem Dach herab, als stünde er in einer Grube.

– Beweg dich! Los!

Geblendet, konnte er nicht sehen, wer die da oben waren. Dann glaubte er zu hören, wie die Menge schrie: Warum hast du uns warten lassen, die gottverdammte Nacht? Wir hatten Licht für dich gemacht!

– Hey, rief da einer, sah ich dich nicht draußen bei den Zelten vor Maidstone?

– Schaut nur, er bricht zusammen!

– Hat er nicht Blut an Mund und Händen?

– Aus dem Licht!

– Schafft ihn weg!

So hörte er sie brüllen, als er vor ihnen liegenblieb, wie jene Schunemiterin, im Schlamm, und still war und nicht wich, wie jene Schunemiterin im Lichtpark des Propheten. Die Menge johlte.

Da stieg ein Mädchen aus einem silbernen *Airstream*, den man zum rechten Rand der Straße parallel geparkt, und spannte ihren Regenschirm im Regen auf. Er rief – und sie kam auf ihn zu. Er wollte es nicht glauben. Die Menge pfiff und grölte. Da stand das Mädchen bei ihm, vor ihm. Hielt ihren Schirm ganz über ihn. Weltüber. Er aber, noch am Boden, umfaßte ihre Füße. Schrie: Auferstanden! was auch jeder hörte. Denn es war still geworden, als er sie berührte.

2

In einer mörderischen Dezembernacht, sieben Jahre vor der Jahrtausendwende, kam Johnny Shines bei starkem Regenfall über die Furt des ausgetrockneten Flusses nach Blade, seinen Geburtsort, ein auf ehemaliger Flußinsel gelegenes Wüstenkaff am Nordwestrand der Mojave, das er vor mehr als zwanzig Jahren verlassen hatte. Es ereignete sich damals ein Zwischenfall beim Betreten des Orts, als Shines nämlich, indem er schreiend und rufend wie unter einer Last zusammenbrach, sich zu weigern schien, Main Street zu verlassen, die von einer aus Los Angeles angereisten Produktionsgesellschaft für Dreharbeiten beansprucht und zu diesem Zweck abgesperrt worden war.

Im Blade *Sheriff's Sub-Station* nahmen Sergeant und Deputy den am ganzen Körper fröstelnden, verstörten Mann auf, der den Polizisten zunächst nur unzusammenhängend erklären konnte, was er in Blade zu suchen habe. Seiner verfallenen Kennkarte nach war »John T. Shines« siebenunddreißig Jahre alt, obdachlos, und man vermutete, er spekuliere lediglich, für diese Nacht wenigstens, auf eine der zwei trockenen Gefängniszellen. Aber Shines, so wurde im weiteren Gespräch klar, hatte sich ihnen als den Gesetzeshütern gestellt, um den Mord an einer Frau zu gestehen, die er tags zuvor bei einer Beerdigung im 1 Tagesreise entfernt liegenden *Shinbone* kennengelernt und dieser Nacht in einem verlassenen Predigerzelt des *Panamint Valley* auf unsagbare Weise getöten haben wollte.

Shines wurde über seine Rechte aufgeklärt. Allererst habe

er das Recht zu schweigen. Nachdem er dennoch, auf ihre Fragen, den Namen und eine Beschreibung des Opfers gegeben hatte, schlief er in einer Zelle ein, und Sergeant und Deputy beratschlagten, wie weiter vorzugehen sei. Draußen regnete es schon seit einigen Stunden, und man hatte nur vage Vorstellungen, wo sich das verlassene Zelt, das Shines ihnen als Tatort genannt hatte, befinden könne. Die Wüstenstraßen wurden bei solchem Wetter stets überschwemmt und waren dann nur unter einiger Gefahr zu benutzen.

Drei Stunden später, als der Regen etwas nachließ, setzte der Deputy neuen Kaffee auf und weckte den Sergeant, der sich in einer der Zellen ebenfalls schlafengelegt hatte. Durch das Wecken des Sergeants wurde aber auch Johnny Shines wieder wach, der nun ganz anders zu reden begann, viel gefaßter und wie aus einem Fieber erwacht schien. Seine Aussagen liefen jetzt dahin, daß ihn jene Frau in einer Art Wachtraum begleitet und hierher, nach Blade, zurückgesandt habe, um ihn zu prüfen. Er wolle sie nun nicht wirklich umgebracht haben, sei vielmehr gekommen, um ihren Auftrag zu erfüllen und eine andere, in Blade verstorbene Frau wieder zum Leben zu erwecken. Der Sergeant war von dieser Version nicht weniger beeindruckt, ließ aber die Tür zur Zelle gut verschlossen und beauftragte den Deputy, bei Morgengrauen in die Wüste zu fahren, das Predigerzelt zu suchen, das, nach Shines letzter Aussage, im Norden des Tals, zu Füßen einer sternenförmigen Düne läge. Beide Polizisten waren darauf gefaßt, dort auf die Überreste einer Frau zu stoßen, die, laut Shines, »wohl etwas jünger als ich«, sich ihm als Hallie Doniphan vorgestellt hatte.

3

In jener Nacht nahm auch ich mein Gespräch mit Johnny Shines wieder auf. Ich hatte ihn, schon seit einigen Jahren, immer wieder in Unterhaltungen zu führen versucht, Licht auf sein Geheimnis zu werfen. Er war mir aber stets ausgewichen oder tat so, als habe er mich vergessen, was der Wahrheit wohl nahe kam. Immer wieder war ich gezwungen, mich ihm wie eine Fremde zu nähern, die dann alsbald Vertrauen zeigen sollte. Denn so hielt ers mit mir und brach jede Unterhaltung ab, sofern sie sich nicht zu mischen wußte. Fremd-vertraut mußte ich reden und fragen; und es mir gefallen lassen, wenn er mich seinen Antworten zuvorkommen hieß oder mir selbst mit Fragen antwortete, die ich hatte stellen wollen, oder überhaupt mein Reden mit den Stimmen anderer Frauen, von denen er sprach, zu vertauschen-vermischen wußte, so daß sich unsere Positionen, die der Fragenden und die des Antwortenden, des Mannes und der Frau, nicht nur häufig vertauschten, sondern, kreisgeschlossen: ineinsfielen – was der Wahrheit ebenfalls nahe kam.

Meine Erinnerung an das Gespräch jener Nacht gebe ich hier wieder – nicht das Gespräch selbst. Denn ich kann nur erinnern, das ist: Tag machen. Da ich aber dem Mann zu nichts anderem verhelfen wollte, als sprechend sich mit mir erinnern zu lernen, wird es genügen tagzumachen, und der Wahrheit schon nahe kommen.

Als sich Shines von seiner letzten Aussage, Sergeant und Deputy gegenüber, wieder zu entfernen begann, sich erneut des Mordes beschuldigte und unter der Macht des Bildes der Tötung, schien mir, zusammenzubrechen drohte, kam ich auf ihn zu. Er lag auf dem Boden der Zelle, eine Decke, die man ihm gegeben hatte, an sich klammernd, und ich sprach etwa so:

– Ich glaube an deine Unschuld, Johnny.

– Was willst du?

– Dich von deinen Zweifeln befreien.

– *Schuldig* bin ich, sag ich dir.

– Ich glaube, du …

– Du »glaubst«. Glaub, was du willst. Ich habe sie umgebracht, sag ich dir.

– Ein Geständnis hast du abgelegt. Das ist alles.

– Auseinandergenommen. Geschlachtet hab ich sie. Und einiges mehr.

– Du kamst durch ein langes Stück Nacht, kamst aus der Wüste, Johnny. Du bist erschöpft und ausgehungert. Du weißt nicht, was du redest, weißt nicht, was du getan hast.

– Weil dus mit der Angst zu tun bekommst? Kriegst dus jetzt mit der Angst? Dann fühl sie mal, die Angst. Du »fühlst« doch so gerne.

– Du weißt noch nicht, was dir geschehen ist. Wo hast du die blauen Flecke her an Händen und Gesicht?

– Gleich fragst du mich, warum ich »so große Ohren, so große Hände« habe … Kommst meinem Vater gleich, du. Nein, übertriffst ihn noch. Du *wohnst* geradezu im Märchen.

– Woher stammen die Flecke?

– Da bin ich geschlagen worden. Hast du jetzt Mitleid? Du fühlst doch so gerne Mitleid.

– Du bist abgemagert, siehst ziemlich heruntergekommen aus, Johnny.

– Doch schon seit Jahren. In deinen Augen zumal. Aber das tu ich alles nur für dich, verstehst du? Für dich kam ich herunter, landete ganz unten, hörst du? Grubentief. Wie anders wärs dir auch vergönnt gewesen, Angst und Mitleid in so reichem Maß zu fühlen. Ich tu das alles nur für dich.

– Was tust du denn?

– Was soll die Frage?

– Will wissen, was du tust, getan hast, bevor sie dich hier einsperrten. Erzähls mir.

– »Es war einmal ein Wanderer, der Gott hören wollte und daher, in welche Stadt, in welches Dorf er auch kam, erst bei Beerdigungen sein Ziel kundgab, nämlich aus der Gruppe der Trauernden trat, hin zum Sarg schritt, den toten Menschen wieder ins Leben zu rufen.« Das ist es, weiß Gott.

– Und der Rest?

– Den Rest deines Märchens hol dir ein andermal ab. Jetzt laß mich weiterschlafen.

– Dein Schlaf stört mich beim Fragen überhaupt nicht.

– Du meinst, dein Fragen reicht bis in den Schlaf?

– Bis über ihn hinaus.

– Pahhhh … Fragen kann man vergessen.

– Ich kann dich immer wieder erinnern.

– Ich immer wieder vergessen.

– Gestern nacht zum Beispiel.

– Was denn?

– Du erinnerst dich nicht?

– Ich sag doch: ich habe vergessen.

– Gestern nacht, in den Hügeln noch, hattest du einen merkwürdigen Traum, den du, richtig, als der Morgen kam, schon vergessen hattest.

– Sag ich doch. Was war denn so merkwürdig dran?

– Willst dus wissen?

– Ich frag ja nur.

– Dann willst du erinnern.

– Also, was war so merkwürdig?

– Im Traum war Stille.

– Kein Wunder, erinner ich mich nicht.

– Da teilte sich die Stille und flüsterte dir in den Rücken: das Wort, das die Stille geteilt hatte, zu.

– Und das war?

– Lebendig.

– Das Wort war lebendig … War es »lebendig«, das Wort, oder das Wort lebendig?

– Weißt du den Unterschied? Du hörst schon richtig. Wie auch gestern nacht. Denn hinab zu dir, in die Dunkelheit einer Grube, hattes geflüstert, das Wort, kaum hörbar wars, jenes Wort, so kaum hörbar, daß du unwillkürlich, als du *doch* mehr zu hören glaubtest, mehr als nur jenes »… lebendig!«, dir an die Ohren griffst, sie mit Wachs versiegelt fandst, das du brachst, auf daß jenes Flüstern als Schrei in dich brach und schrie: *Mach sie mir wieder lebendig!* Endlich und ganz, in dich, Träumer, wars eingebrochen, aber dann doch vergessen, mit dem Morgen eben vergraben geblieben.

– Wie ich schon sagte. Ich hattes vergessen.

– Aber jetzt hast dus wieder, den Anfang.

– Da du mich dran erinnerst. Vielleicht willst dus mir auch nur einreden. Wer weiß?

– Den Traum?

– Meinen Schlaf, den das »lebendig!« unterbrochen, gebrochen haben soll.

– Zu welchem Zweck würd ich dir so was einreden wollen?

– Wenn ich das wüßte. Irgendein Hinterhalt könntes sein.

– Würd ich dann immer wieder zu dir kommen?

– Entweder das, oder du hast zuviel Geduld mit mir. Es stimmt: immer wieder suchst du mich auf. Immer wieder versuchst du, mit mir zu reden. Aber weißt du: gerade *da* hast du die Möglichkeit des *offenen* Hinterhalts. Auf offener, altvertrauter Straße gehts plötzlich nicht mehr weiter, dort stehen sie an Straßensperren, sie halten fest, sie sondern aus, entführen mich. Vielleicht kommst du zu mir wie jener Mann mit der teuflischen Geduld, von dem mein Vater in einer seiner Geschichten erzählte. Schon gestern morgen ahnte ich: es wird ein *besonderer* Tag …

– Von welcher Geschichte sprichst du da?

– Es gab eine Geschichte, die nannte er »Löwengrube«. Er hat sie öfter erzählt. Und doch erinnere ich mich nicht

mehr ans Ganze, denn als Kind blieb ich immer bei seiner Beschreibung jenes Mannes stehen. Der Mann war …
ein König. Er hatte den Auftrag, einen Jungen zu entführen, dieser König. Nicht heute, nicht morgen, sondern in dreizehn Jahren, in einer entscheidenden Nacht, sollte ein dreizehnjähriger Junge aus seiner Familie gesondert, entführt und in eine Löwengrube geworfen werden. »War also genauso alt wie du, Johnny«, hatte mein Vater immer gesagt und dann zu meiner Schwester, der er die Frage vom Gesicht ablas: »Nur ein Jahr älter als du, Sharon, nur 1 Jahr.« Unheimlich, unvorstellbar: der König und Entführer, der anderswo doch ein Reich gehabt hatte, so erzählte mein Vater, der gab dieses auf, ja ließ Frau und Kinder im Stich, seine Besitztümer zurück, nur um sich, unendlich weit weg, in einem kleinen Dorf anzusiedeln und dort unter den Bauern zu wohnen. Und wartete dann, heimisch sich machend, teuflisch geduldig. Bald war er einer von ihnen. Er wartete und lebte sein anderes Leben. – Ich glaube nicht, daß mein Vater das alles so ausschmückte. Nur meine Phantasie ging so damit um. Ich mochte dem Rest der Geschichte kaum folgen. Denn hier war das Rätsel: Wie hatte der König wissen können, daß, erst nach Jahren, die Familie, deren Sohn er entführen sollte, in das Dorf ziehen und dort wohnen würde? Er *konnte* es nicht wissen und hat es doch gewußt. Oder gesehen. Heimlich, im Traum. Dann entsprechend gehandelt. Der Entführer war wie das Schicksal, von dem ich als Dreizehnjähriger noch nichts ahnen konnte.

– Was geschah mit dem Jungen?

– Nach dem dreizehnten Geburtstag des Kindes schlich sich der König-Entführer nachts ins Heim der Familie, bei der er oft zu Gast gewesen war, weckte den Jungen und sprach ihm von einem verspäteten Geschenk, das draußen, an Stricken gebunden, auf ihn warte, er solle ihm nur still folgen und niemanden in der Familie wecken. »Was ist es denn?« fragte der Junge, freudig und neugierig, während er aufstand. Der Entführer flüsterte: »Was du noch nicht bist.« Der Junge glaubte nun, er wolle ihm damit bedeuten, still zu sein – was er noch nicht war, auch daß es etwas Stilles sei, was ihn draußen erwarte, vielleicht ein Tier, das ihm geschenkt werden und still dienen würde. Und da der Junge den Tag nicht abwarten, das Geschenk noch diese Nacht besitzen und besehen wollte, stand er auf und ging mit dem Mann still nach draußen. Dort wurde er von ihm gebunden und von drei weiteren Männern, die sich dem König verschworen hatten, eng geführt und aus dem Dorf gezogen, zur selben Nacht aber in die Löwengrube geworfen.

– Hat dir dein Vater erklärt, warum der Entführer dreizehn Jahre mit seinem Anschlag gewartet hatte?

– Er hat Geschichten erzählt, er hat sie nicht erklärt. Oder wenn er erklärte, neue Geschichten daraus gemacht, neue Rätsel. Einmal zeigte er mir eine Stelle in einem Buch, das er gerade las. Da stand: *Am Anfang war das Universum kleiner als der Punkt am Ende dieses Satzes.* Ich sah den Punkt, an den schon eng ein neuer Satz sich schloß, und konnte doch nicht weiter. Ich sah den Punkt. Ich rührte dran mit meinem Finger und wollte meinen Vater etwas fragen. Kann sein, daß er uns dann und damals mit der Geschichte von der »Löwengrube« antwortete, ohne daß wir den Zusammenhang verstanden hätten. Es war uns hier ein neues Rätsel, von dem er zu behaupten schien, daß eins das andre nur verhohlen habe. Als wollt er sagen: im Anfang ists versteckt, ist alles rätselhafter Hinterhalt, ist alles längst von langer Hand uns vorbereitet. Dann zerbricht es, wird Anbruch, in immer neuen Brüchen, neuen Verwandlungen, aus altem Hinterhalt sich zu erkennen gebend. Vielleicht, so schien mir damals, trug sichs zu Anfang seiner Geschichte aber gerade so zu, weil das wirklich Hinterhältige ganz offen vor uns liegen muß und unser Vertrauen immer ganz hat, bevor es uns mißbraucht. Ich zumindest sah, seit der »Löwengrube«, die Leute, denen ich in Blade vertraute, mit anderen Augen. Wo wartet er? Wie lange lebt er schon hier? hab ich mich immer gefragt. Mir geantwortet:

Dreizehn Jahre lebte er schon hier. Mister McClusky zum Beispiel, der mir ein *Magnavox* Transistorradio geschenkt hatte, obwohl man in Blade kaum was empfangen konnte. Oder Larry Tenbrook, angeblich ein entfernter Verwandter, der Sharons kleiner Hand beim Schönschreiben des »c« öfter mal nachgeholfen hatte, ihr weismachen wollte, der Aufstrich des Buchstabens beuge sich vorwärts wie der Grashalm-im-Wind, nach dem unsere Stadt benannt sei, der Abstrich aber baue ein Nest fürs Osterei. Sharon war viel zu arglos, auch der alten Miss Klingenberg gegenüber, die in der Kirche Orgel spielte und nach Mottenpulver roch, so daß ihr meine Mutter einmal Parfüm schenkte, das sie aber prompt an Sharon weitergab. Mir waren die alle verdächtig geworden: wann würden sie zuschlagen, hinterm vertrauten Gesicht hervor sich zu erkennen geben? Aber niemand im Ort rührte sich, alle verhielten sich leise, lauerten noch geduldig, kamen auch immer wieder, suchten mich und meine Familie auf, weil sies »gut meinten«. Wie du.

– Das Mißtrauen wird dir heute erwidert, Johnny. Ich kenne das Vorstrafenregister, das der Sergeant sich gerade durchgeben läßt. Du bist schon einige Male verhaftet worden. In einigen Fällen standst du auch unter Mordverdacht.

– Nicht vor dem Gesetz.

– Bei den Leuten im jeweiligen Ort, das genügt doch.

– Genügt dir.

– Wie ist es dazu gekommen?

– Wozu?

– Warum hat man dich verhaftet?

– Das weißt du doch, wenn dus gelesen hast.

– Nein, ich will, daß dus mir erzählst. Ich meine: man hat dich doch dort gekannt, in einigen der Dörfer und kleineren Städte in Nevada, Arizona, Kalifornien, in Shinbone im Death Valley, in Cartago, Inyo County, hat man dich gekannt, in San Bernardino County und, weiter südlich, in Riverside County, den kleinen Kaffs der Mojave Wüste, aber auch weiter nördlich, hör ich, kennt man dich, oder kennt dich vielleicht nicht, aber mancher hat deinen Namen gehört, immer mal wieder, diese letzten Jahre. Warum?

– Matthäus, Kapitel zehn, Vers acht.

– Komm mir jetzt nicht mit dem Bibelmist. Da steht doch nicht drin, warum du verhaftet worden bist.

– »Weckt die Toten auf!«

– Du meinst: »Sachbeschädigung, Ruhestörung, öffentliches Ärgernis …« *Das* ist dein Matthäus.

– Ich wecke die Toten auf.

– »Grabschändung«. Grabschändung hatt ich vergessen. Und »Widerstand gegen die Staatsgewalt«. Werden alle aufgeführt. Nur las ich nie was von deinem »Matthäus« oder »auferweckten Toten«. Aber erzähl mir.

– Erzähl dir?

– Kannst du Tote auferwecken?

– Wärst du gestern in Shinbone gewesen, wüßtest dus.

– Was ist dort geschehen? Dort hast du auch Halle Doniphan kennengelernt, nicht?

– Die sprach mich erst später an.

– Und wie kamst du nach Shinbone? Woher? Oder ist das auch ein Geheimnis? Johnny, heißt das, wenn du jetzt stillschweigst, heißt das, daß du mir all das nicht verraten willst, weil du befürchtest, ich könnte später abhauen und draußen in Blade oder Shinbone, Cartago oder Lone Pine Tote aus den Gräbern holen? *Den* Job überlaß ich dir gern. Ich will nur die Story. Fangen wir noch mal von vorn an. Was war gestern in Shinbone los, was ist da passiert? Wie bist du von Shinbone hierher nach Blade gekommen? Warum will der Sergeant in einem Predigerzelt in der Wüste nach Hallie Doniphans Leiche suchen? Was ist passiert, Johnny? Fang mit Shinbone an. Das war wann, das war gestern?

– Gestern? Ich weiß es nicht mehr.

– Was weißt du noch? Was ist das erste, an das du dich noch erinnerst?

– Das erste?

– Ja.

4

– Ich würde sagen: der Schlag.

– Sprichst du von Shinbone, von gestern?

– Das erste ist bei meiner Arbeit immer der Schlag. Der dumpfe, tief einbrechende Schlag, der sich die Hand dazuerfindet, der dem Schwung aus voller Schulter – über Kopf und Nacken hinauskreisend – Muskel, Band, Sehne erst andenkt, noch tief bevor unterm Schlag je sich Licht rührt.

– Wovon sprichst du?

– So kam das erste Bild aus dem Lärm dieses Ersten, des Schlags. Und Hallie? Die stand noch unter den Trauernden, selbstvergessen. Da kam mein Schlag. Da ging sie, Frau unter Frauen, hindurch zu jenem ersten Bild, das uns eng zusammenführte: das jenes Schlagens, großen Zertrümmerns, berstenden Steins, splitternden Holzes, reißenden Stoffs, Aufrichtens des Körpers. Zungenlärm, meiner. Dann Stille. Dann, los, das Schreien und Jammern am Grab. Die Gewalt der Beistehenden, die längst im Hinterhalt lag, mich zu entführen.

– Ich versteh überhaupt nichts. Nein, du mußt weiter zurück, du bist schon am Grab. Wo warst du am Morgen, wie kamst du nach Shinbone?

– Ein grauer Morgen. Ich kam aus den Hügeln herab. Halberfroren. Hatte oben im Winkel der Felsplatten genächtigt.

– Wo du geträumt hattest, erinnerst du dich?

– *Du* hast mich dran erinnert.

– Wo die Stille brach, »Mach sie mir wieder lebendig!« schrie.

– Meine Sehnen und Bänder waren noch kalt, hielten mich kurz. Mir war schwindlig, die ersten Schritte hinab. Hatte seit zwei Tagen nicht mehr gegessen.

– Warum das?

– Vielleicht dacht ich an meinen Vater. »Vor einer Schlacht nimm nichts zu dir.«

– Dir war, als gingst du in eine Schlacht?

– Ich war hungrig. Ich hatte Angst vor dem, was kommen, meinen Weg kreuzen würde. Auf der Innenseite der Plaidjacke – schwarzrot kariert war sie, ich hab sie lange getragen, muß sie gestern verloren haben –, dort schlägt mir, Schritt für Schritt die Felsen hinab, mein Stemmeisen gegen die Rippen. Als wollt mich sein klaffeiserner Hahnenfuß warnen, daß es mich heut durchfahren wird.

– Wozu brauchst du ...

– Ich brauche das Eisen. Wenn die Angst, kurz vor dem Grab, allzu groß wird, dann reißt mich sein Ton wieder zusammen.

– Sein Ton?

– Der Ton des In-den-Sarg-Einbrechens, des Aufreißens, des großen Durchspaltens. Zusätzlich verwend ich irgendeinen gottvergessenen Stein, den ich am Friedhof aufhebe. Stein schlag ich dann auf Eisen.

– Damit läßt sich doch kein Metallsarg öffnen.

– Nein, der Steinschlag weckt aber mit seinem Hall. Wenn alle Stricke reißen, nehm ich den Nachschlüssel, hier, ich hab ihn noch ... hier in der Tasche. Siehst du? Ganz unscheinbar, nicht?

– Sieht aus wie ... Was ist das?

– Die *clavis adulterina*. Mir heißt das: Schlüsselgewalt. Ersetzt dir das Ding, mit dem das Bestattungsinstitut den Sarg abschließt, bevor er zu Grabe getragen wird. Damit machst du ihn ohne weiteres auf – allerdings völlig geräuschlos. Das nur an Tagen, an denen die Angst dir wie weggezaubert erscheint.

– Weiter.

– Ich stieg die Felsen hinab. Kalter Wind blies, wölbte mir die Schultern. So braucht ich lang, bis ich, über den Streifen Wüste hinweg, endlich den Highway erreichte.

– Aber beim Herabsteigen sahst du noch was. Hast dus vergessen?

– Ich sah einen Buick, dunkelblau. Ich sah ihn ruhig kreuzen, dann, über Teer halb, halb über Sand, am Rand des leeren Highways halten. Eine Frau, in Schwarz gekleidet, steigt aus und geht im Wind, der ihr den Rock wölbt, nach vorn und stellt sich vor den rechten Scheinwerfer des alten Buicks. Sie steht dem Wagen zugewandt. Kein Licht auf ihrem schwarzen Faltenrock. Nur links, das linke Licht des Buicks, das brannte noch. Sie wußte es, sie sah es. Dort, wo sie stand. Sie hätte sich nicht regen, gar nicht bewegen müssen: es war zu sehen, daß links der Scheinwerfer noch brannte. Und doch, als würd sie es für mich tun und sei mir so beschert, geht sie die Schritte links, stellt ihren schwarzen Schoß vors Licht, als würd sie sagen: auf dich scheint alles Licht, das bleibt. Dann streift sie mit der Hand das schwarze Tuch des Rocks und zieht und zupft und schnippt ein wenig dort, daß es die Haut darunter, denk ich, fühlen muß, und seh, daß von dem Wüstenstaub, der sich an ihr ganz unsichtbar verloren hat, jetzt durch das schoßgesperrte Licht, im Luftstrom hin- und umgetrieben, das Zirrenheer der nichtigkleinen Staubpartikel, jetzt angestrahlt, jetzt sichtbar, fällt. Sekunden so. Dann schaut sie auf, sie sieht die Sonne, die da kommt, die auf den Highway fällt. Sie wendet sich, geblendet, umständlich her nach rechts, die Augen abzuschirmen ...

– Da hat sie dich bemerkt. Da sah sie: kalt-hell, windzerfleddert, deinen Atem, der herab, die Schattenseite des Hügels herab, auf sie zukommen mochte.

– Und wie!

– Sie wußte, was du wolltest.

– Was denn?

– Das weißt du.

– Erinner mich. Ich hör so gern, wenn du es sagst.

– In ihre Kehlen wolltest du.

– Du sagst es.

– In ihre warmen Kehlen.

– Mit beiden kalten Knien.

– Und Zungenschwert.

– Jaja, erinner mich.

– Dich zu vergessen.

– Du sagst es.

– Dich an ihr zu vergessen.

– In ihr, meiner Bescherten.

– Im Körperlärm.

– Ich bin auch Körper.

– Der dir verrottet!

– »Lebendigmachen«, das spricht doch auch vom Körper.

– Verstehst dus so?

– *Das* sagt der Traum, wenn du ihn mir nicht eingeredet hast: vor allem bist du Leib.

– Was hieße dann »lebendig machen«?

– Dem Trieb, der Leben will, lebendigst zu gehorchen. Das tu ich für mein Leben gern. Hast was dagegen?

– Dagegen gibt es nichts. Dagegen ist kein Kraut gewachsen. Ich warne dich.

– Den Tag mit ihr im dunklen Buick zu verschlafen. Das hättest du mir nicht gegönnt?

– Wärs so gekommen, du hättest alles verloren.

– Was war denn zu verlieren?

– Dieser besondere Tag!

– Ein grauer, angsteinflößender, engführend mich aussondernder Tag.

– Dein Schicksal, Johnny.

– Red mir nichts ein.

– Ich erinner dich nur.

– Ans Schicksal? *Fuck Fate!*

– *You'd wish!* Und hast es ja versucht, weit hingestarrt.

– Das stimmt. Sie aber sah mich, muß gedacht haben: die

88

Lichtreparatur kann warten. *Dem* möcht ich nicht begegnen. Stieg ein und startete den Wagen.

– Und ab.

– Von wegen! Der Buick sprang nicht an.

– Jetzt lügst du.

– Okay, dann hau schon ab!

– Der Motor zündet, sie fährt davon.

– Und ich?

– Du rührst dich nicht von der Stelle, bis der Buick Richtung Shinbone verschwunden ist.

– Und dann?

– Dann gehst du hinterher.

– Noch nicht.

– Noch nicht?

– Erst betret ich den leeren Highway und komm …

– Wohin?

– Und komm zu stehn, wo sie, die Frau, einst stand.

5

– Wenige Stunden später kamst du nach Shinbone. Null Meter über dem Meeresspiegel. Es war der 21. Dezember.

– Kaufte mir die Ortszeitung, den *Shinbone Star.* Erfuhr nicht nur, daß die *St. Thomas Church* den »Festtag unseres Thomas Didymos« feierte, sondern auf ihrem Friedhof heute auch eine Beerdigung stattfinden würde.

– Wie gingst du vor?

– Wie sonst auch. Ich begann damit, einigen Bewohnern des Städtchens Fragen zu Person und Leben eines vor wenigen Tagen verstorbenen Cowboys zu stellen, der, wie im *Star* zu lesen war, *1 p.m.* bestattet werden sollte.

– Und die beantwortete man dir so ohne weiteres?

– Ich wußte nicht, daß ich, mit meinen Fragen, den Männern von Shinbone ins Gewissen redete. Denn keiner von denen, die mir unwillig Antwort gaben, hatte vor, am Begräbnis des Cowboys teilzunehmen. Tatsächlich war die Stadt, schon gegen Mittag, gleichsam leergefegt, unbemannt, wie ich feststellte, und das nicht, wie ich zunächst vermutete, dem kalten Dezemberwind zuzuschreiben, der die Straße hinab den Wüstenstaub in alles trieb, sondern, wie die Bedienung von *Pete's Bar & Coffeeshop* klarstellte, dem Auswärtsspiel, das die *Shinbone Whitehawks* gegen die *Raynston Raiders* im vier Autostunden entfernt liegenden Raynston zu bestreiten hatten.

– Und der tote Cowboy? Was hast du über ihn erfahren?

– Was willst du wissen?

– Wie alt?

– Siebenunddreißig.

– »War also genau so alt wie du, Johnny.«

– Ich weiß. »Nur ein Jahr älter als du, Sharon«, hätte mein Vater gesagt.

– Im Kreuzigungsalter, dem Alter der ungerechten Tode.

– Ich las die Traueranzeige im *Star,* verlas sie laut: »*Ethan Jaynes, 37, Rancharbeiter* … In zwei Stunden«, sagte ich, »wird er unter der Erde sein. Kaum zu glauben.« Die Bedienung hörte mich. Wenn einer, der das Kleingeld für den Kaffee schon abgezählt neben seiner Tasse liegen hat, so ausruft, so über die Zeitung gebeugt ausruft, dann will er sich unterhalten, denkt sie und kommt auf mich zu. Den kenn ich nicht, denkt sie, ich kanns ihr ansehn. Wo kommt der her, und woher kennt der …

– Sie kannten Ethan? fragt sie.

– Kannte ihn? Nein. Aber ich lese hier: war siebenunddreißig. Und soll jetzt unter die Erde kommen.

– Das wär nichts Neues. Hat sein ganzes Leben lang Staub geschluckt, Ethan. Noch Kaffee?

Ich lasse sie nachgießen und sage dann: Hat er Familie?

– Hatte, sagt sie.

– *Hatte,* sag ich. Natürlich.

– Nein, ich meine: er war geschieden, sagt sie. Der arme Teufel war seit einem Jahr geschieden. Hätte jede andere Frau in Inyo County haben können, aber war – nach einem Jahr noch! – in dieses Miststück verliebt. Dabei: seits mit der Scheidung feststand, gings bergab mit ihm. Sie hats mit seinem Boß getrieben. Eines Tages kommt das Luder auf die Ranch gefahren, parkt ihren Wagen so am Zaun, winkt ihren Ethan zu sich her. Steigt nicht mal aus. Verstehn Sie? Läßt auch das Autoradio laufen. Den Arm im offnen Fenster, die Handschuhfinger schön zum Takt, bis Ethan ihren Zaun erreicht. Dann sagt sie zu ihm: »Wir sind geschiedene Leute, ich hab nen andern.« Tippt ihren Fuß aufs Gas und fährt davon.

– Rauscht in ner Staubwolke davon, den Weg zur Ranch hinauf, zu Ethans Boß.

– Woher wissen Sie das? fragt sie mich erstaunt.

– Nur ne Vermutung.

– Wie gesagt, Staubschlucken war er gewohnt. Ne *Drive--by-Scheidung* war das, so im Vorbeifahren, das Biest. Ethan zog bei ihr aus. Das Haus, das war in ihrem Namen, verstehn Sie. Er kündigte seine Arbeit auf der Ranch und zog bei Lee ein. Lee Ransom, hat ein ganzes Stück Land hier draußen. Lee war sein bester Kumpel. War mit ihm aufgewachsen. Lee wollte einen alten Stall auf seinem Land ausbauen lassen und machte Ethan das Angebot: »Wenn du dran arbeitest, kannst du drin wohnen.« So hieß es. Ethan hätte nie annehmen sollen, wenn Sie mich fragen.

– Warum nicht?

– Naja, er hatte da zwar Arbeit, kümmerte sich um die Rinder … der Stall selbst blieb in zerfallenem Zustand. Lee soff wie ein Loch, und Ethan zog jedesmal mit, seinen Kummer zu ertränken. So ist es dann passiert. Ich würd ja zur Beerdigung hingehen, wenn ich hier weg könnte. Aber … Es war ein Segen für ihn, daß er starb, wenn Sie mich fragen. Er hätte nicht mal mehr den Kopf bewegen können, sagen sie. Ich hab mal so jemand gekannt.

Sie blickte mich mitleidig an. Dann ging das Mitleid aus ihrem Gesicht, und, ausdruckslos erst, bewegte sie ihren Kopf vorsichtig, langsam, nach links. Dann ließ sie ihre Augen blinzeln, wie vor Schmerz, und ihr Kinn ließ sie zittern, wie vor Angst. Ihre Arme schnellten hoch, auf die Höhe von Armlehnen, und ihre Knie knickten ein, als säße sie in einem Rollstuhl. Dann stand sie wieder aufrecht, sah, daß in der Richtung, in die sie so schmerzvoll geblickt hatte, am Ende des Tresens, ein leerer Salzstreuer stand, der aufgefüllt werden mußte, und ging hin, ihre Arbeit zu tun.

– Ist hier in der Bar passiert. Werds nie vergessen, sagte sie und mischte unters frische Salz des Streuers einen Eßlöffel *C & H* Hawaii Zucker.

– Was ist passiert?

– Na die Schlägerei, oder wie mans nennen will. Ethan und Lee. Beide waren ziemlich angesoffen.

Stritten. Lee wollte der bessere *roper* sein. Sagte, Ethan verstünde nichts von *roping,* hätte man ja an seiner läufigen Frau gesehen. Der hätt er zu viel Leine gelassen, sagt er, oder sowas in der Art. »Sonst wär sie dir nicht abgehaun«, sagt er. Ethan steigt die Wut ins Gesicht, er steht auf und spuckt Lee an. »Rope this!« hat er gesagt und ihm dann ins Gesicht gespuckt. Die Leute hier haben geklatscht, weil sies gerne sahen, daß ers dem Großmaul mal gegeben hat. Und Lee, Ethans bester Freund, wie gesagt, Lee nimmt sein *lariat* und wirfts in einer weiten Schlinge um Ethan, dem von ein paar Männern immer noch applaudiert wird und der sich gerade den Mund mit der Hand abwischt. Das Seil fällt fast zu Boden, da läßt Lee die Schlinge Ethans Beine umfassen und zieht rasch zu, wirfts andre Ende übers Balkenkreuz dort oben und reißt ihn hoch, reißt ihm doch tatsächlich die Füße unter den Beinen weg, sozusagen. Einen Fuß zwängt Ethan gleich aus der Schlinge, der andere bleibt drin, und Lee zieht ihn an dem einen Fuß hoch, wie … einen Hirsch, den er häuten will, so daß Ethan, Kopf nach unten, wie ein großes wütendes »X« am Balken zu schwingen beginnt, mit seinen Armen nach Lee reckt. Der weicht ein, zwei Mal zur Seite, aber als Ethan ein drittes Mal auf ihn zuschwingt, rutscht Lee auf seinem Stiefel und läßt sein *lariat* los. Ethan fällt, bricht sichs Genick. Dort drüben. Auf dem Tisch kam er runter. Man sieht noch den Bruch in der Platte.

Sie deutete auf einen Tisch, den man abseits, neben den Pool Table gestellt hatte. Schon beim Hingehen – ich nahm den Kaffee mit – sah ich, daß durch die Rippen der Stabjalousien ein Streifen Licht das rote, mit schwarzen Schlieren besäte Rund des Bartischs in Hälften teilte und glitzernd drüberhin in einer Zackenlinie spielte. Davorzustehenkommend aber, daß der Sprung dem Lichtstreif nur zur Mitte folgte, dann in die dunkle linke Hälfte schlug, wo er in zwei brach, die den Rand erreichten. Wie eine Hostie war der

Tisch im Licht zerstückt. Mein Finger rührte an den Bruch und ließ sich langsam, eng, zurück zur Mitte führen, wo Ethans Nacken aufgeschlagen war. Hier sah ich aber, enggeführt und ängstlich, auch auf die Landschaft meines Tags hinab, ich sah den Tag und sah, wohin ich gehen würde, die schwarzen Schlieren einer roten Windsandwüste, die sich zu einer Sternendüne vor einen Canyon hinverloren hatten, dort, in der Aufschlagstelle, spreizten und rissen wie ein Tuch …

Dieser Tote, Ethan Jaynes, war mir zu ähnlich, hab ich mir gesagt. Nicht nur wie ein gleichaltriger Bruder, der meine Angst gelitten hatte: dem offenen Hinterhalt begegnet war, mit seinem Mörder lang gelebt und ohne Argwohn jeden Tag gesehen hatte, wer ihn einst binden, wer ihn durchkreuzen würde. Denn solche Ähnlichkeit, verstehst du, die *will* ich sonst: in einer Ähnlichkeit kenn ich den Toten und will ihn, kann ihn, auf Grund des Wissens um ihn, auf Grund der Ähnlichkeit, auch *wieder*wollen. Aber hier wars, als würd ich *mich* und *meinen* Tod erkennen, als sei *ich* tot, und hier dabei, mir selbst die Spur zum Mittel, mit meinem Finger den Bruch entlangsuchend, zu erschließen. Die Angst kam auf, hier mehr zu wollen als den Toten zu erwecken. Die Angst, die sagt: du bist dem Toten allzu ähnlich, dein Finger hat den Rand erreicht.

Da kam, aus dem Berühren dieser Stelle im Bruch, ein Bild von Ethan in mir auf. Seinen schulterngewölbten Rücken sah ich vor mir: das rotkarierte Hemd, auf dessen Schulterblattpartie er sonst die Last, hakengepackt, aus seinem Stall getragen hatte, um die Strohballen vom Rücken fallen zu lassen, sie draußen zu stapeln. Ich sah die wenigen Halme Stroh, die, hier und dort, auf jenen abgewetzten Stellen seines Hemds noch zausten. *Die* sah ich, und in ihnen kam der Tote grausam nah. Denn nicht nur waren sie nah: vor meinen Augen, sondern das scheinbar Zufällige ihrer Flüchtigkeit so lesbar-hörbar wie ein Fluch, den einer wollte und den er absichtlich in flüchtig hin- und hergeknickten

Zeichen auf dieses Cowboys Rücken ausgeschrieben hatte und gleichsam sprach: »Dem soll sein Leben noch im Rücken ausgedroschen, es soll ihm flüchtig sein, er soll es nicht verstehn, es soll ihm fallen, stachlig und zerknickt, schon mit der nächsten Last zermalmt, und dort am Boden, noch im Rücken, von ihm zertreten werden!«

– Wer hätte diesem Cowboy so geflucht?

– Wenn nicht Gott selbst.

– Und gegen Gott …

– Kann ich nicht an. Wenn Gott ihn hier zertreten wollte, wie kann ich ihn dann wecken?

– Das allerdings.

– Ich hab nochmals gesagt: »Wenn nicht Gott selbst.« Und dann einfach weitergedacht, weitergesprochen: »Wenn nicht Gott selbst, … der mich hierhergebracht hat, heute.« Also. Warum hätt ER mich hergebracht? Wenn ER es nur lassen wollte, wies schon war, den Toten tot belassen – warum hätt ER mich hergeholt? So hab ich mir gesagt und Mut geschöpft. Was will ich auch Bilder? Was such ich auch nach Ähnlichkeiten, die mich erregen und es mir leichter machen könnten, den Toten das Fremde zu nehmen und sie, wie Schon-Bekannte, aufzurufen? Was will ich damit? Wenn ER mich hergeführt hat, brauch ichs nicht. Ist mir mein Glaube nicht genug? Ich sollte gar nichts brauchen sonst. Mein Glaube sollt mich führen, um zwischen die Menschen zu treten, die Toten wie Schlafende aus ihnen zu wecken.

– Du hast also versucht, dich in deinen Gedanken-an-Gott zu versichern, daß du an Ethan Jaynes – ausgerechnet an diesem und weil er dir verflucht zu sein schien – heute würdest das Wunder vollbringen können?

– Ja. Und dann wollt ich weiter. Aber da kam der andere Gedanke: Was, wenn Gott das nicht will? Mich aus anderem Grund hierhergeschickt hat? Kann ich *über* ihn wollen? Zum Beispiel sagen: »*Diesen* Menschen will ich lebendig, und *diesen*, und *diesen* ebenfalls. Ich will sie *jetzt. Lebendig!*

Mit *Deinem* Wort im Mund befehl ichs Dir, ich schrei es in Dein Ohr.« Dann will ich über IHN. Und, weißt du, dacht ich: auch wenn ER stumm bleibt, ich schreie einfach weiter. Ich gehe gegen IHN, wenn er mir nicht entgegen kommt.

– Du könntest auch gehorchen.

– Das will ich ja.

– Dazu mußt du IHN hören.

– Meine Worte sind Leben, wird ER …

– Du weißt schon, was ER sagen wird?

– Das Wort weiß ich noch nicht. Das wär der eigentliche Schlüssel.

– Den Inhalt aber schon?

– Das will ich meinen. Der war in Ewigkeit vor mir da, hatte ewig vor mir, wird ewig nach mir: »Lebendig!« heißen.

– Man braucht dich also gar nicht.

– Nein, nein, du verstehst nicht. Ganz im Gegenteil. Hörst dus denn rufen?

– Hör ich wen?

– Na, diese Ewigkeit?

– Natürlich nicht.

– »Natürlich« eben nicht. Aber *mich* hörst du doch.

– Dich hör ich.

– Dann hör mal: ohne mich keine Ewigkeit. Ohne mein Rufen kein Rufen in der Ewigkeit. Kein »lebendig«, kein gar nichts. Statt dessen: alles war so geplant, sag ich. Und sagt ich mir auch hier. Denn es war wichtig zu wissen, daß alles auf dies zukam: daß ich hier war. Und nichts seit Anbeginn der Welt mir ausgewichen war, sondern weltüber alles mich letztlich *hier* haben wollte, auf unvorstellbar großen Flügeln mich zu *Pete's Bar & Coffeeshop,* an Ethans Tisch getragen und meine Finger zur immer noch ungeschlossenen Bruchstelle geführt hatte, ja bis in sie hinein. Unter den Fittichen aller bisher verstrichenen Zeit schlürfte ich auch meinen Kaffee, setzte mich wieder an den Tresen, fuhr mit dem rechten Daumennagel unters versiegelte *Half and Half* und zupfte das Milchhütchen auf. Denn wirklich, schon vor Jahrmillionenröte war auch diese scheinbar geringste Bewegung vorgesehen, dacht ich, als ich die Milch des kleinen Behälters ins Schwarze des Kaffees ausgoß. Schon damals war es eingeplant, daß dieser Milchstrahl hier in diese schwarze Oberfläche brach, jetzt einbrach, und daß ich zusah, in den Zirren des Sichlangsamformenden: den Weißspiralen, ein Abbild meines Anfangs sah. Auch darin: daß sich alles hier verband, vermischte, schloß, und Weiß und Schwarz in ihrer ersten Reinheit nie mehr zu sehen waren, sah ich den neuen Anfang wie im Gleichnis. Die ausgegossene Flüssigkeit sah ich von Ewigkeit dazu bestimmt die Oberfläche treffen, ins Nichtmehrschwarze tauchen, zum Nichtmehrweißen werden. Doch war hier nie etwas, das je im Bruch erstarrte, je ungeschlossen blieb in solcher Oberfläche, in der ich jetzt mit einem Löffel, ganz vernarrt in ihr Umtreiben, noch rührte. Hier war doch jeder Bruch, was jeden Bruch, verschwemmend-wölbend-überschwemmend, zum Brücheschließer gleich verwandelte, das langsame Geleiten lehrte: hier war doch jeder Bruch das Langsamgleiten selbst. Mit meinen Augen sah ich starr und wie gebannt in dieses Gleiten, das keine Brüche kennt, kein Brechen, das Beugen aber kennt, das Biegen wie des Halms, der drunter andres barg und bog. Ich staunte kindlich, als zu sehen war, wie um den Mittelpunkt, den Sog, zur greifendglänzenden Spiral die milchnen Zirren siedelten, um sich her treibend-siedelnd, wie Galaxien-Nebel einst in glänzend hellem Wohnen. Und irgendwo in diesem Zirrentreiben, auf einem Planeten angesiedelt, da hätt auch sie hier, meine *waitress,* auf mich gewartet, für diesen Tag längst eingeplant als Zeichensetzerin und Botin. Heut wurde, Jahrmillionen später, hier, noch im Kleinsten, dem Inhalt meiner Tasse, sichtbar, hörbar: was damals längst beschlossen, neblig-geduldig, wie fernsther Schein der Schechina, über das All der Tage hin zu mir sich hergebogen hatte. Denn jetzt erkennst du erst, so dacht ich, wer auch sie hierhergestellt und jetzt mit dir hat sprechen lassen. Sie kannte den Toten, hatte mir erzählt, was mir noch von ihm fehlte, ihn heut aus seinen Seilen doch zu heben. Ich dankte ihr, wies auf 3 *quarters*, die rechts neben der Tasse lagen, und ging hinaus.

– Wohin?

6

– Die Straß hinab, zum Friedhof. Es war Zeit.

  – Du sprachst mit niemand mehr?

  – Ich sagte doch: alles war leergefegt. Kein Mensch war auf den Straßen. Als käms jetzt zum Duell. Als wollte niemand Schaden nehmen – denn niemand hatte Schuld. Man dachte so: in drei Minuten, Stunden, Tagen, wird das Leben weitergehn. Es galt nur, mich, den Fremden auszuwarten. Es war ein Spiel im Gange.

  – Die *Shinbone Whitehawks* gegen …

  – Nein, das *größere* Spiel. Was heißt mir das? Ich verließ den arkadengeschützten Bürgersteig, um mitten auf der Straß zu gehn, im Windstrom Wind und Staub zu hören.

  – »*Fool*«, hörst dus flüstern.

  – Ja.

  – Wer flüstert?

  – Es ist die Stimme einer Frau. »Du *Fool*«, hör ichs von den Arkaden her. Der Wind geht mit mir, laß sie flüstern. Ich denke: ER aber hat die Stadt leergefegt mir, ER hat sie mir zubereitet, daß ich heute, heut allen Tagen voran, endlich tun kann, wozu er mich berufen hat. *So* muß ich denken. Nicht denken, daß ich muß. Daß ich gedacht *werde*, schon eher. Dann handle ich zwingend, zwanglos. Denn alles ist für mich bereitet. Alles geht aufs Eine zu. Nicht nur die Schritte, meine, zur Friedhofsmauer, unterm »*Shinbone Cemetery*«-Schnitzwerkbogen hin, auch alles, das vorhergegangen ist, war so gewesen, damit dies Folgende und Eine so wird sein können. Und es hat Spaß gehabt, Der die Stadt leergefegt. ER hat sie nach Raynston geschickt, die Männer von Shinbone samt Mannschaft in Busse gepackt, nur die Alten und Frauen hat ER belassen. Ob die *Whitehawks* gegen die *Raiders* Chancen haben, ob ein oder zwei Dutzend Shinbone Männer betrunken erst morgen nach Hause kommen, ist schon an mir vorbei. Hier trennen sich ihre, meine Geschichte. Aber die Jahrmillionen davor, so muß ich denken – hilf mir so denken! denk ich –, die schritten nur auf dies Eine, die schritten schon immer im Gleichschritt mit mir auf die Trauernden zu.

– Dieser Aufwand! Das denkst du alles, weil …
– Ich habe Angst. Vergeh vor Angst.
– Bei jedem Begräbnis?
– Ich geh ja nicht begraben. Ich komm ja nicht zu trauern. Ich komm zu welchen, die verloren haben, und habe nichts verloren.
– Das glaub ich nicht. Du kommst zu trauern, wie alle andern.
– Vergeh vor Angst. Und kann doch nicht zurück.
– Angst, daß man dich verprügeln wird, sobald …
– Das auch. Aber hinter dieser Angst noch größere Angst. Vor dem Verlieren, das einsetzt. Ich verliere jedes Mal, was immer ich zu besitzen glaube. Es ist, als risse etwas an mir, als scharre, als zöge diese Angst, als sei ein Ziehen, mich zu entzweien. Bis ich beruhigt und von der Angst, im letzten, wie gereinigt steh. Denn es gab nichts zu verlieren.
– Wovon willst du dabei »gereinigt« sein?
– Hinter der letzten Angst, ihrem Zerren und Scharren, wartet Reinheit des Willens. Die läßt mich ins Leben gehen, mit allem, was ich verlieren kann: und eben nicht verlieren kann. Denn es gehört mir an sich nichts; es ist mir ganz gegeben. Wenn ich mich als ganz gegeben versteh, wenn ich die Hände des HErrn, die mich zusammensetzten, noch dort spüre, wo sie mein Inneres und Äußeres verließen, *so* aber: Wie wir die Stelle auf unserer Haut noch spüren, hier … und hier …, wo uns gerade die Finger der Geliebten

verlassen; wenn ich also begreife, daß ich aus solchem Moment geboren bin, ich *wurde,* wo nichts von mir gegeben war: dann kann ich aber *alles* setzen, kann nicht verlieren, muß IHN geradezu herausfordern: »HErr, du hast mich gemacht, sag, wozu ich tauge.«

– Du kommst zu trauern, weißt es nicht.

– *Zu trauen* komm ich. Nicht zu trauern. Zu glauben und zu binden.

– Wir werden sehn. Eins nach dem andern.

– Ich komme auf die Gruppe, die ums Grab steht, zu. Die Trauernden, die mich nicht kennen. Niemand hier, der mich an der Hand nähme und sagte: »Hi, Johnny, komm, komm in die erste Reihe, schau ihn dir an und dann – dann sprich das Wort.« Das Wort! Niemand, der sagte: »Sprich, Johnny, dann wird er seelen.« Das Wort. Auch keiner unter ihnen, der ihm das Wort jetzt gäbe. Die Seinen kamen zu begraben. »DU, gib mir nun das Wort«, sag ich, »und wenn DU es nicht geben willst, dann kann ich nicht. Ich kann nicht«, sag ich. Und sag: »DU gib mir dann die Kraft davonzugehen, dies eine Mal. Davonzugehen. Jetzt anzuhalten. Und davonzugehen. Sie nie zu kennen. Von Ethan Jaynes auch nie gehört zu haben.« Und komme immer näher. Und dabei wird mir schwindlig.

– Du fällst? Noch bevor du die Trauernden erreicht hast?

– Ich werde festgehalten: ohne zu halten. Im Sehen kommt der Halt, denn, seh ich: wer ist diese Frau?

– Welche?

– Dort, unter den Frauen am Grab, die sich jetzt rühren, weil sie den Weg freimachen für die Sargträger, dort ist eine, die zu mir herüberschaut. Als erkennte sich mich. Vielleicht hat sie mich in einem anderen Ort schon gesehen, hat gesehen, wie ichs mache, mich anschleiche und unters Trauergefolg stehle, um dann, im entscheidenden Moment, aus ihn hervorzubrechen. Aber furchtsam, als käm ich, einen zu morden: hat sie mich angeschaut, von drüben her.

– Wo ist sie jetzt?

– Ich sehe sie nicht mehr. Sie muß unter den Frauen sein, die jetzt ausweichen. Denn man kommt, den Sarg auf Stützen überm Grab zu plazieren.

– Trauergesellschaft, Sarg, offene Grube, ich sehs vor mir. Jetzt sag mir, an welchem Punkt du eingegriffen hast.

– Ich geh aufs Grab zu. Sie legen den Sarg auf Stützen. Weißt du, was das heißt? Es heißt: jetzt schwebt er über dem Abgrund. In einigen Minuten wird er da hineinversenkt, man wird Erde auf ihn laden, ihn da unten lassen. Weißt du, was mich faßt? Es faßt mich etwas, das ganz Falsche, ist Mitleid, kommt vom ersten Lesen seines Namens und dem Berühren der Stelle, wo er …

– Brach und starb.

– Aber hier versuch ich schon, neu zu denken. Das Sterben laß ich aus. Ich brauch ein *neues* Bild. Eines, das nicht Mitleid will. Nicht das des abgeschundnen Rückens, des Fluchs, den einer ihm aus Halmen in seinem Rücken ließ. Im neuen Bild: ist Ethan noch zurückzuholen. Es ist, als säß er mir gegenüber, wie andere, er hat nur unser Gespräch verlassen, seine Aufmerksamkeit liegt auf anderem, aber: berühr ich ihn, wird er den Kopf zu mir wenden und den Kreis, unseren Kreis, wieder schließen.

– Gutgut, das ist Beschwichtigung der Angst. Der deinen. Das hat doch mit dem Toten nichts zu tun.

– Das ist der erste Teil der Schlacht.

– In die dich wer befohlen hat? In der du ringst mit wem, für wen?

– »Weckt die Toten auf!« Wer kann dem widerstehen? Ist es doch ein Befehl, zu dem die Kraft vorhanden, vor deinen Händen liegt, sag ich zu mir, und du, sag ich, du Schläfer, siehst sie nicht. Ich weck mich auf zur Kraft, geh durch die ersten, die letzten Trauernden.

– Sieht niemand, daß du nicht dazu gehörst?

– Sicher seh ich nicht aus, als gehört ich dazu. Aber es gibt immer welche, die der Tote gut kannte, niemand sonst. Als könnt ihm keiner widersprechen, lassen sie mich hinzu, als den *einen,* den er kannte, vielleicht ja kannte, und den sonst niemand kannte, so als könnte der Tote noch sprechen: »Nein, *den* laßt, der gehört zu mir, ich erinnere mich guter Zeiten mit ihm, wehrt ihn nicht ab, sondern laßt ihn vielmehr ganz nach vorn. Denn den ihr nicht kennt, der war mein bester Freund, ein Freund in den Stunden, als mich niemand kannte, als ihr alle weggehört habt, mich niemand sah.

Da war er da, der Freund, und deshalb soll ihm keiner wehren, sondern ihr alle wissen, daß ihm der Ehrenplatz gebührt, vorn, ganz am Rand des Grabs, wohinein ihr mich heut aufgeben wollt. Da laßt ihn stehen, daß er mich fangen kann.« Letzteres werden sie nicht denken, aber bis kurz vor Schluß des Gesagten, ich garantiere es dir, denken sie mit, handeln sie mit. Resultat: sie lassen mich in solchen Fällen immer, widerwillig manche, aber lassen mich durch.

– Jetzt stehst du vor dem Grab.

– Noch lange nicht. Ich seh, du kennst das Vor-das-Grab-Kommen gar nicht. Du meinst, die mir hier wehren könnten, seien, sobald sies mir zugestehn, daß ich, im Wind frierend, mit meinen abgenutzten Kleidern, möglicherweise doch zu ihrem lieben Verstorbenen gehören könnte, jetzt ganz auf meiner Seite, die erste Schlacht damit gewonnen, und ich vorm Grab, die letzte zu beginnen. Du weißt noch gar nichts. Du kennst sie nicht, an denen du vorbei mußt, die tausend Zweifel, die jetzt kommen, die kennst du nicht. Denn noch ist es nicht zu spät, noch kann ich mich rausschleichen, die ersten Schritte rückgängig machen, jene unwidersprochene Empfehlung des Toten: mir nicht zu wehren, ich sei sein bester Freund, auch wenn es niemand wisse: vor allen Trauernden widerrufen, alle beruhigen, daß diese Gestalt, die ich ihnen bin, nichts zu schaffen hat mit dem Toten, auch nicht hatte, als jener noch lebte, nein, nie zu jenem gehörte, ein Fremder ist, sonst niemand. Noch könnte ich sie beruhigen, auch wenn sie mir Einlaß lassen. Denn ist es nicht so, als ließen sie Einlaß mir, sie zu beruhigen, als sagten sie: »Laßt ihn, er will nur unter uns kommen, uns zu beruhigen, daß nichts ist. Daß er den Toten nur sehen, nein, nicht einmal das – daß er den Sarg nur berühren will und dann gehen. Er will die Geste eines Vorbeifahrenden tun, warum auch nicht, und dann will er gehen. Laßt ihn, er will uns beteuern, daß er den Toten von einer Reise, schon Jahre her, kannte, daß ihm, auf seiner Durchreise hier, der Tote einst Arbeit gegeben, heimlich ihn auf der Ranch schlafen ließ, Obdach gab, ohnes dem Boß zu sagen, den Fremden nicht davonjagte, als andere das schon tun wollten. Gleich wird er uns versichern, der Fremde, daß er heute ganz zufällig in die Stadt gekommen, vom Verscheiden des Unseren gehört und beschlossen habe, auf den Friedhof zu gehen, unter uns zu treten, dem Toten so die letzte Ehre zu erweisen und dann: zu gehn.« Verstehst du, *dazu,* sie in solchem Glauben zu verlassen – dazu ist noch immer Zeit, und nicht nur Schritt für Schritt. Du machst dir keine Vorstellungen, in wieviel Teile sich jeder deiner Schritte, in wieviel Töne, Nebentöne und diese Nebentöne begleitende Herangeräusche sich jeder deiner Zum-Grab-Schritte bricht, ja wie um dich zu quälen, für jeden seiner Teile dir offen läßt: zu gehen, den Schritt zu brechen und alles, allen Anspruch, allen Anflug von Kraft, von erster Hoffnung, den ganzen Gottessohnbefehl: im Wind zerstoben, im Schritt zertreten sein zu lassen.

– Was sind die Teile, die Töne?

– Die Töne sind zuerst die kleinen Kiesel, Sand und kleinstes Weggeworfnes, das Unbeachtete, auf das dein Schritt hernniederkommt, auf dem du gehst. Die liegen als nichtigkleine Teile unter deinem Schritt und stehen für Wünsche, sprechen, wie Weggeworfne sprechen: in Wünschen, die sich wünschen, solange man auf ihnen tritt. Denn wie alt ist das Jammern um die Toten? So alt wie der Wunsch, sie wären noch, wie sie gestern vor uns gestanden, wären noch, wie sie uns küßten, uns umarmten, sich ins Bett an uns legten, Begleiterinnen, Begleiter, unsere Gegenüber. Wieviel älter aber als der Wunsch, daß jene noch wären, der Wunsch dieses Wunschs?

– Und der wäre?

– Der Wunsch dieses Wunschs, der dahinter, niedergetreten, im Rücken sich unsichtbar hielt, schon immer, glänzendversteckt: daß die Kraft in uns käme, jenen jederzeit zu befehlen: »Du, stirb nicht! Du, bleib mir!« Denn so ist das »Bleib bei mir!«, so ist das »Immer« der Liebenden, ist der Wunsch hinterm »Ewig« aller Geliebten gemeint. Bis dann vors Grab getreten wird und alle, vorgebend, daß sie gar nichts vergessen und sich des Toten wohl erinnerten und auch auf »immer« erinnern würden, alles vergessen haben, das Wichtigste nämlich: den Wunsch im Rücken des Wunschs. Der ihnen befohlen hätte, ganz anders vor zu gehen, ganz anders zu erinnern. Alles das ist im Schritt-ans-Grab, der sich vor dir in Teile bricht und tausend Wünsche opfert, tausend Zweifel schafft, von denen ein jeder dich erinnert, wieviel Schritte noch bleiben, bis hin an die Grube. Vor allem aber den Trauernden sind sie eingeschrieben, die Zweifel, und allen Gesichtern also eingeschrieben die Dinge, die sie nicht tun, hier nicht tun, und die ich mich anschicke, statt ihrer und für ihn, für alle zu tun.

– Wie kommst du schließlich hin, über die Zweifel hinweg, ohne die Kraft zu verlieren?

– Ich mach die Gruppe zur Landschaft.

– Wie?

– Ich landname sie mir, die Trauernden.

– Was ist das, das Landnamen?

7

– Jede ihrer zweifelnden Gestalten, die zweifeln, auch wenn sie nicht wissen, warum ich gekommen bin, es aber in ihrer Seele ahnen, die mach ich mir, um alle Zweifel nicht nur totzumachen, sondern aus diesen Zweiflermienen nur Lebendiges, mir Kraft jetzt Spendendes, auf meinen Weg mich Sendendes zu ziehen: mit Haut und Haar zur alten Landschaft.

  – Wie gehst du beim Landnamen vor?

  – Es waren an diesem Tag, das sagte ich doch, nur Frauen, und außer ihnen nur der Geistliche und die Totengräber, die mit gewaschenen Händen als Sargträger ans Grab gekommen waren. Diese Frau hier, zum Beispiel, die altgedrungene Grauhaarige, die den Toten betrauern kommt, die jetzt erst, an mir vorbei, den Rand der Gruppe erreicht, die zu spät kam, sich hintanstellt, aus Schuld übers Zuspätkommen, die in staubiges Schwarz gekleidete, faltenzerfurchte Frau ist Kapernaum, das sich wendet, mich wohlwollend sieht, ist Kapernaum geworden, altgedrungene Stadt am Meer, denn sie steht noch fern vom Grab, noch so fern, daß ich fast vergessen könnt, wohin ich noch soll, daß ich hier verweilen und ein wenig ausruhen könnt bei ihr, der alten grauen Stadt. Ich muß aber Mut haben bis dorthin, zur Grabstatt, und mir nichts nehmen lassen und mir alles benennen können, damit es sich mir nicht fremd ausgeben, nicht Kraft nehmen kann. Denn es sind andere vor mir, lang vor mir, schon diesen Weg gegangen und haben hier und hier, auf jedem Schritt, Kraft mir gelassen, in heiliger

Landschaft nachzugehen. Und dann diese nächste, die Frau, die mir nicht nachgeben, erst den Durchgang verwehren will, weil sie stillsteht, mit der Nachbarin schwatzt, mich nicht hört, ist Tiberias, und dahinter seh ich den Tabor, die vielen, die sich drangen, die eine, die Mutter des Toten, zu stützen. Dann die Sprachlosen: Samarien, das dem Geistlichen, seh ich, jetzt freimacht, denn auch der muß noch hin, kann sich, beruflich, nicht drücken, und durchs sprachlose Land, das sich flüsternd-geschwätzig hinter ihm schließt, muß er durch, wie ich auch. Komm an der schönen, navyblaumantligen Tirza vorbei, kaum vorbei, zwischen zischelndem Ebal und Garizim an die flüsternden Schultern von Schechem, wo das gewaltvoll beendete Leben des traurigverliebten Toten nur flüchtig erinnert, viel mehr aber spekuliert-prophezeit wird, wieviel Land seine Ex bei der bevorstehenden Neuheirat dazugewönne, auch die waghalsigen Entscheidungen des stirb-unter-ihm-schönen Chefarztes der 3-Uhr-Nachmittag-*Soap* erwogen werden, der gestern am Herz der brasilianischen Maitresse seines besten Freundes, des Gouverneurs, operiert und sich dabei, was irgendwie aufregend abzusehen gewesen sei, unsterblich verliebt habe, und, nicht zu vergessen: Saucen, Braten und Zuspeisen in Worten vorgekostet werden, die Akraba, die benachbarte, ihnen für den geselligen Schmaus nach der Beerdigung im Ofen bereithalte, Teile davon bereits jetzt, während man noch sprach, in vorgewärmtem Geschirr zum Schechemschen Haus transportierend.

Denn es wird hier weitergelebt, hier weiter gelebt werden im Bergland, und, während man Trauer macht, talwärts, nach unten sieht, hin auf die dunklen Kronen von Ataroth, wird auch erinnert, in welch jammervollem Zustand man doch den Wohnort des Toten gefunden habe, den Stall, eine wüste Höhle, verstellt von ungehobelten Balken und Stangen, Türmen aus Baumaterial und Säcken Zement, zwischen denen, irgendwo zu ebener Erde, eine Matratze lag, in der und auf deren verschlissenen Leintüchern der Körperabdruck noch des Verstorbenen zu sehen gewesen sei: er müsse während des Schlafs wohl die Angewohnheit gehabt haben, Unterschenkel an Oberschenkel gezogen zu halten. Unter der Bettstatt dann, in einer Kuhle verhohlen, habe sich ein Berg in kindischer Handschrift begonnener Briefe aufgetan, rat-mal-an-wen, und, wer weiter vorstakte, zwischen faulenden Heuballen und Rinnsalen, die von der lecken Pumpe genährt wurden, sei bald auf Haufen ungewaschener Wäsche gestoßen, in deren Masse ein alter Pflug steckengeblieben war, dessen stumpfe Schar eng an jener durchsichtigen Plastiktüte haltgemacht habe, die man aus drei Fuß Tiefe herausfischte und in der zwei lang-ists-her-Slips der Ehemaligen aufbewahrt lagen, »Unaussprechliche«, die sie nur aus einem dieser Kataloge bezogen haben könne. Allüber die Verwüstung hin, vor allem aber auf dem Querbalken oberhalb der Pumpe und in der strohgefüllten Senke des alten Futtertrogs, habe sich, einzeln, paarweise und in Gruppen angesiedelt, die zierlich-zahme Menagerie schroffgenickter Halmfiguren sehen lassen, Gazellen, Pferde, Rehe, lebendig dargestellt, an deren besiegt-stolze Tierähnlichkeit er wieviel Zeit und wieviele unnütze Gedanken verschenkt haben müsse. Denn was habe es ihm genutzt? Tatsächlich habe er doch, weil alles so plötzlich gekommen, selbst das Paket nicht mehr aufmachen können, das, vom *Sears*-Versandhaus gesandt, zwei Tage nach seinem Tod für ihn *c/o Mr. Lee Ransom* eingetroffen sei.

Und erinnert wird, auf die Überlebenden zurückkommend, mit Besorgnis, daß bei Schechem, wo man sich nach der Bestattung treffen wolle – da der Verstorbene seiner Mutter ja kein Heim hinterlassen habe, nichts, was in seinem Namen rechtmäßig einzuklagen oder zurückzufordern wäre, grade genug für *Calvary Mortuary,* das Bestattungsinstitut, das die Formalitäten geregelt und den Geistlichen bezahlt habe – erinnert wird mit großer Besorgnis, daß bei der vielversprechenden Schechem vielleicht doch nicht genügend Sitzplätze vorhanden wären, denn es seien doch

mehr gekommen als erwartet. Und nicht nur dieser heruntergekommen aussehende Fremde, weiß Gott, was der hier
wolle; dem müsse man ja nun nicht auf die Nase binden,
wo man später zusammenkomme. Denn nach dem Stehen
hier in der Dezemberkälte wärs schön, wenn man die Hin-
tern auf ein Stück warmes oder doch wenigstens schnell
erwärmbares, die Wärme treu speicherndes Sofa setzen und
das Kreuz, ja jedermanns Kreuz, so kurz vor dem Essen
noch, endlich auf weichem Polster vom Stehen und Toten-
geschäft ausruhen lassen könne, um langsam wieder zu
phhhhhuuaaahhh … zu Leben zu kommen.

So komm ich endlich zum Jordan hinab, wo es kühler
wird und die Professionellen tätig sind, die mich ausschlie-
ßend mustern, die Sargträger, die den Toten zwar nicht kannten, die aber in mir instinktiv Konkurrenz vermuten, die
fallen werden, denn sie sind Jericho. An ihnen vorbei, auf
Meereshöhe jetzt, den kleinen Weg dort hinauf durch die
Engfelsen des Wadis der letzten versuchenden Zweifel: ich
könnte noch, wie ein Irrer, an allem vorbeigehen – an den
lehmroten und sandblassen Gesichtern der Kleinstädter entlang, links nach Bethanien, denn dort raschelt schon Wort.
Bethanien ist Wort, in welchem der Geistliche, aus Versehen, den Wind sprechen ließ, daß es die Seiten verwehte
und er nicht weiterkonnte im Sermon, das ist Bethanien.
Und die Weichen, die Mitwissenden, mit ihm fühlenden
Ersten am Grab, zu denen jetzt auch die Mutter getreten ist,
vergeben ihm alles, dem Geistlichen, der seine Stelle trotz
zunehmenden Winds wiederzufinden vermag, sind weich
und werden staunen und weichen, werden auch mir Schutz
sein und als Erste mir glauben, in den ersten Sekunden des
hier gleich einsetzenden Anderen noch glauben, sie werden dem Glauben weichen, ihm Straße machen, denn er ist
zuhaus vor den Arkaden Bethesdas, am brücheschließenden Gnadenteich nördlich des Grabs, dem Wasser vor der
mächtigen Mauer Jerusalem, vor der ich zu stehen komm,
jetzt am Grab.

Dann ist, als der Wind sich legt und der Geistliche die zu sprechenden Worte wiedergefunden hat und lossspricht: *In sure and certain hope of the resurrection to eternal life through our Lord Jesus Christ ...*, das Lossprechen das Tor hinein in die Jerusalem: *we commend to Almighty God our brother Ethan Lee Jaynes ...*, ich geh mit, hier redet einer von Meinem: *and we commit his body to the ground ...*, das redet er schon mit mir, der Geistliche begleitet mich jetzt, weiß es noch nicht, aber geht, mit jedem Wort an den Weg und die Eile gemahnend: *earth to earth, ashes to ashes, dust to dust ...*, mit mir bis zur Straß in der Stadt, wo ich kreuz, ihn verlasse, nach rechts und nach Westen, durchs andere Tor geh: *The Lord bless him and keep him ...*, und ihn schließen laß: *the Lord make his face shine upon him and be gracious unto him ...*, jetzt am letzten Hügel vorbeikomm: *the Lord lift up his countenance upon him ...*, das ist: an Seinem Zeichen vorbei: *and give him peace*, seinem Zeichen den Männern zu, die den Sarg jetzt hinablassen sollen, und tatsächlich das Christusgrab erreiche, Sein: *Amen,* die offene Gruft.

Denn noch ist auch Ethans Grab ungefüllt-offen, noch beugen sich die Befohlenen, ihre Seile aufzuheben, noch ist über allem der Sarg: noch zu öffnender Sarg. – Du verstehst, wie weit ich bis hier gekommen bin und wo ich jetzt steh?

– Du bist vorm Sarg, der Geistliche am Ende. Torschluß, Schluchzen, Schlußzeit.

– Jetzt ist *meine* Zeit.

– Schluß und aus ist.

– Jetzt ist Zeit, jetzt wos aus ist, verstehst du, ist Zeit. Sie können zunageln den Sarg: es wär, als würden sie öffnen; sie können mit Schrauben doppelt durchbohren, es wär, als würden sie öffnen; sie können mit Riegeln versperren, mit Schlössern verschließen, es wär, als würden sie öffnen. Denn es *ist* schon ein Öffnen, als sie den Schritt zurücktreten, ihre Seile an der Last sich spannen, den Menschen herabzusetzen. Da! Ich erheb einen Stein, den ich neben der aufgeworfenen Erd liegen seh, zieh aus der Innenseite der Jacke das Eisen, plaziers am Fußend des Sargs und: schlag zu. Schlag zu, daß es dringt, dumpf dröhnt, schlage zu, daß es einbrechend splittert und kreischt, schlag zu, daß es spleißt und tief reißt, daß es einspaltend bricht, das baumstille Holz. Dann preß ich obenhin, mächtig, im Ruck, daß es kracht – ich höre das Ächzen derer, die beistanden, derer, die weichen –, dann das zweite End, rechts, denn zur Rechten sitzt Er, und eingeschlagen, daß es birst und die Schlösser dem Baum sprengt, nach oben gestemmt, daß es aufbricht, krachend das Deckende aufschleudert und das Licht, das ihn nie mehr berühren sollte, auffällt auf ihn, ihn für alle hier zeichnend, und frei aufliegt, unverhofft-wieder- gesehen: der Mensch. Und ich greif ihn mir, diesen lichten Mann, in seiner Sonne, die seine war, an seinen Schultern, linker und rechter Hand, erfaß ich ihn mir, Eisen und Stein fallen aufs spänige Bahrtuch, und ich knie nach und fast hinknie ich, um ihn besser zu richten, den besseren Winkel zu haben, stemm ihn hoch, daß er sitzt, im Sarg jetzt zu sitzen kommt, der Schlafende. Und dann sprech ich zu ihm, gar nicht laut, als hätt er nur grad unser Gespräch verlassen, müßte zurückgerufen werden zu uns, müßte »Denk an uns und hör uns jetzt!« hören, sprech ich ihn an, sag seinen Na- men im Du, sag, »Ethan, wach auf!« Aber so, daß es nicht einer hört, keiner hört, ruf ichs, er nur und ER nur hört, sag ichs. Sags mit dem Zungenschwert, das mir gegeben. Und warte auf Antwort von IHM. Gib mir das Wort! ruf ich. Laß es mich hören!

Da fühl ich sie zerren an mir, fühl sie schon zerren und hör sie schon schreien und darf doch nicht hören, keinen der Zerrenden, Schreienden, schrill mich Ziehenden hören, wenn ich IHN hören will.

– Und wie hörst du IHN?
– Nur in der Stille.
– Und wann kommt diese Stille?

– Wenn ich selbst mich nicht höre. Denn wie höre ich
IHN? Nur in der Stille. Und was ist die? Als das eigene
ausgetauscht.

– Womit ausgetauscht?

– Für eine stillste Sekunde, ausgetauscht mit der Seinen.
Der Stille, die Sein ist.

– Um IHN zu hören?

– Um IHN zu hören, nur IHN. Um IHN zu hören, der
hörbar nur ist, wenn wir, für die stillste Sekunde, für die nö-
tigste Stille, das ist aber: für IHN, alle Töne uns löschen, alle
Bilder uns löschen von IHM, wenn wir, für Sekundenstille,
alles verbrennen von uns, dann ist Stille noch nicht. Wenn
wir nicht mehr den Rauch atmen jenes für IHN Verbrannten-
von-uns, und dann das für IHN Verbrennen-von-uns nicht
mehr erinnern, und es still ist, dann ist Stille noch nicht.
Wenn es auch »still« nicht mehr gibt, auch kein Gedanke
an Stille mehr ist, auch keiner mehr denkt: »still, still«, und
leiser werdend still nicht mehr werden kann, sondern leiser,
leisest geworden, erstirbt, im Stillsten erstirbt, dann ist Stille
noch nicht. Erst wenn kein »dann« mehr ist, sondern kein
»sondern« mehr, niemand mehr wartet und niemand mehr
kommt, niemand zu niemand mehr, nichts zu nichts, wenn
es stiller und leiser stillst und leisest geworden, »stillst« und
»leisest« aber im Stillen und Unbemerkten von uns verbrannt und aller Rauch und Ruch davon verflogen, und der
Gedanke daran mitverbrannt und sein Ton mitverflogen ist,
uneinholbar auf immer ins Nichts sich zermalmt hat, und
das: lautlos, unbemerkt, rasch. Dann ist Stille.

Dann kommt ER, dann kommt ER, rasch, hör Seine Antwort: kannst du nicht mehr denken, denn über die Leere,
die du noch gerade gebahnt und beschworen, trifft her Sein
Wort, schlägt Stimmschall, entscheidet. Da! Brüllt Welt wieder, lärmt Rahab, lärmt ohne End.

War das die Antwort? Ich fiel. Fiel hin zu Boden. War ich
geschlagen, weil ER mich schlug? War ich gefallen, weil ER
mich fallen ließ? Oder geschlagen, die Augen geschlossen,

gefallen, die Augen geöffnet, weil die andern zu hören, zu sehen bekommen hatten, was sie nicht sehen, nicht hören wollten? Ich fiel, als ich IHN hören wollte, dessen bin ich mir sicher, und fiel doch nicht, ohne zu hören.

– Was hast du gehört?

– Wutschrei, Empörung, Anklage.

– Von den andern, den Trauernden wars …

– Nein, von IHM, der rings stand, in jener Landschaft. Der an mir riß, der mich stürzen wollte.

– Woher willst du das wissen?

– Ich spürte Seine Hand. Einen Hand-Ruck lang.

– Wo?

– Hier, an der Rechten. Am Ellenbogen.

– An deinem, Seinem Handwerk, sozusagen.

– Dann ließ ER ab, ließ ER es andere tun.

– ER ließ es …?

– Als bereue ER, eingegriffen zu haben. Ließ ER ab.

– Als »bereue« ER?

– Nicht ausgeblieben zu sein. Nicht still und stumm geblieben zu sein. Dann ließ ER es andere tun, wie immer.

– Wen ließ ER es tun?

– Hier warens die Professionellen, die ausgeschachtet, die hergetragen hatten. Die noch zuschütten wollten. Die schlugen und zogen mich fort. Wie einen Geistzerschlagenen.

– Die »Schlacht« also, in die du am Morgen noch gezogen warst …

– Die war vorüber.

– Verloren.

– Und doch war, hör ich später, ein kleiner Sieg: denn diesen Tags hat man nicht mehr begraben den, der mir ähnlich war. Und Ethan überdauert.

8

– Das hast du wo gehört?

– Man hat mich, nachdem sie mich zusammengeschlagen hatten, vom Hilfssheriff in Shinbone auflesen lassen. Der warf mich in eine Zelle, kam aber eine Stunde später, mir zu sagen, daß Mrs. Jaynes, die Mutter des Toten, die Trauerfeier verschoben habe und aus Gründen, die dem Hilfssheriff nicht verständlich seien, keine Anzeige erstatten wolle. »Was ist denn passiert?« fragte ihn ein Mann aus der Zelle gegenüber. »Was hat der Kerl denn getan?« – »Hat Ethans Sarg aufgebrochen.« – »Wieso denn das, umgotteswillen?« – »Vielleicht wollt er nicht, daß sie runterseilen, was du raufgeseilt hast«, antwortete der Hilfssheriff dem Mann, der mich verächtlich ansah. Es war Lee Ransom, Ethans bester Freund.

Der Hilfssheriff fragte, ob ich gehen könne. Ich humpelte so gut es ging zu den Gitterstäben. Er schloß auf. »Will dich in Shinbone« nicht wieder sehen, du *fuckin' loony«,* hat er gesagt, und daß ich von Glück sagen könne, daß Lieutenant Brasher heut mit den Whitehawks nach Raynston gefahren sei, der ginge mit Verrückten wie mir nicht so witwensanft um. Als ich an Ransoms Zelle vorbeikam, wurde ich angespuckt. »Zu spät, Mann, viel zu spät«, sagte der Hilfssheriff und lachte, daß Ransom nur noch wütender wurde.

– Du glaubst, er verstand gar nicht, was du da hattest tun wollen.

– Wer?

– Ransom.

– Ransom verstand es sicher nicht.

– Die sagen, du hättest in Zungen geredet vorm Grab, was sagen die?

– Daß sie mich nicht verstehen und ihnen, was ich tat und sagte, unübersetzbar war. Aber jemand hatte verstanden.

– Wer?

9

– Eine. Ich hatte sie schon beim Durchgehen durch die
Gruppe der Frauen, die am Grab standen, bemerkt. Sie stand
in Samarien, navyblaumantlige Tirza, und ich strich an ihr
vorbei. Der Wind aber, der übers Land wehte, schlug in diesem Moment den oberen Teil ihres Mantels auf, als sollte für
Kopf und Schulter eines Erschöpften offengemacht werden,
am Tuch ihrer Trauerkleidung darunter zu lehnen. Auch
die Ärmel des Mantels schienen mir groß und erinnerten
mich an das Spiel zweier Kinderhände, die sich in solchem
Tunnel ohne den Hauch einer Berührung aneinander vor-
beistehlen können, bis in die Achseln.

Sie hatte mir zugesehen, am Grab. Später, als die Männer mich fortzogen, ging sie ihnen nach. Sie sah, wie sie
mich zusammenschlugen. Auch wie ich, Stunden später,
vom Hilfssheriff aus dem Polizeigebäude geführt, in den
Streifenwagen gesetzt, Richtung Südwesten den Highway
190 gefahren und, 10 Meilen außerhalb Shinbone, auf einer
dirt road, die vom Highway abbog, in der Wüste ausgesetzt
wurde. Sie wartete, bis er wieder auf dem Highway auf-
tauchte, nach Shinbone abdrehte, und fuhr dann selbst die
dirt road hinab, bis sie mich fand.

– Wer war sie?

– Hallie Doniphan.

– Die Frau, die du ermordet haben sollst.

– Ja. Sie kam und hat mich aufgerichtet, denn ich lag
völlig erschöpft, halb bewußtlos, im Schatten eines verstei-
nerten Baums. Sie wischte mir das verkrustete Blut von

Stirn und Händen, brachte mich zu ihrem Wagen, dessen Motor noch lief, und gab mir Wasser. Ich war auch hungrig. Sie versprach, mir zu essen zu geben, wenn ich nur ihrem Anliegen nachkäme.

»Was für ein Anliegen?« fragte ich, als ich mit dem Wasser wieder zu vollem Bewußtsein gekommen war. Sie blickte, auf das Lenkrad gelehnt, hinaus in die Wüste. Es war wohl gegen Sonnenuntergang, der Mond noch unterm Horizont, seit Tagen unsichtbar und neu. Am purpurbewölkten Himmel, der sich zusammenzog, sah man Saturn und Venus auf halber Höhe im Südwesten so eng stehn: beinahe eins. Da fiel mir auf, daß sie den Motor des Wagens, dessen Tickgeräusch das Sich-Bedecken der Gestirne mitzumessen schien, nie abgestellt hatte, wies bei Entscheidungen der Fall ist, die, sobald sie getroffen, in Bewegung ausgetragen sein wollen. Ich saß in ihrem alten, innen dunkel verkleideten Wagen, in den die Nacht langsam kam, ohne daß sie mir auf meine Frage geantwortet hatte. Da schaltete sie die Scheinwerfer des Wagens an. Der linke Scheinwerfer blieb dunkel. Erst da erkannt ich die Frau, die ich heute morgen von ferne gesehen hatte.

Hallie begann den Weg zurückzufahren und nahm später den Highway auf die Panamint Bergkette zu, um aus dem Tal zu kommen. Sie zupfte ab und zu an ihrem schwarzen Rock, in dessen Falten sich, wie heute morgen, Windspreu verfangen hatte. Ich sah ihren Fingern zu, die aufhoben oder glattstrichen, da begann sie das Gespräch mit der Antwort.

– Ich will, daß du eine Freundin, die vor längerer Zeit starb, wieder lebendig machst.

– Unmöglich.

– Das heißt?

– Unmöglich. Das kann ich nicht.

– Ich habe gesehen, was du in Shinbone tun wolltest, und wie sie dich daran gehindert haben. Du hast eine Macht …

– Ich hab keine Macht. Ich habe gar nichts.

– Du bist kein Scharlatan.

– Wenn ich der wär: *der* hätt schon eher in seiner Sache Macht. Ich aber? Schau doch hin. Wenn ich hinschau, seh ich: Ich habe die Kraft zu wiederholen. Das ist alles. Nicht aber: wieder-zu-holen. Das heißt: Ich kanns zwar immer wieder versuchen, in der Wiederholung mein Heil suchen ... Aber »Macht« hab ich nicht.

– Ich habe es als Macht verspürt, glaube daran und glaube, daß du, in deinen Plänen zumindest, mächtig bist und denen die Tat, die erfolgreiche, auch folgen muß. Ich will, daß du eine Freundin, die vor längerer Zeit starb ...

– Ich hab dir doch schon gesagt ...

– ... daß du sie wieder lebendig machst.

– Unmöglich.

– Hör mich an.

– *Ich* hör zu. *Du* willst nicht hören.

– Nur das will ich: daß du dich wiederholst.

– Daß ich vergeblich wiederhole, was du heute in Shinbone sahst?

– Nur darum bitt ich. Und daß du Fragen stellst über meine Freundin.

– Wozu?

– Nur um zu wiederholen. So begannst du doch auch bei dem Toten in Shinbone. Mit Fragen nach ihm. Also frag mich. Frag, wie lange sie schon tot ist, die Freundin.

– »Wie lang ist sie schon tot?«

– Wiederhol *dich,* nicht *mich.*

– Das *hab* ich.

– Tus ohne Anführungszeichen. Frag *wirklich* nach ihr, daß es wirkt.

– Willst du zaubern? Daß ich zaubere?

– Daß *du* wiederholst, will ich.

– Die Frage.

– Die als erstes.

– Oder?

– Du steigst jetzt aus, ich verlaß dich. Ein für alle Mal.

– Du redest, als hätten wir uns schon öfter getroffen.

118

Als hätten wir ein »Verhältnis« hier. Nicht, daß ich was dagegen hätte, aber …

– Ich auch nicht. Jetzt tu nicht so erstaunt. Wir haben uns doch schon gesehen. Erinnerst du dich nicht?

– Doch, doch. Und du dachtest heut morgen schon, daß …

– Daß du mich gern beschlafen würdest.

– Na hör mal …! Von wegen …

– Das streitest du ab?

– Ich streite gar nichts ab.

– Wir wären nie bis hierher gekommen.

– Was meinst du?

– Wir sprächen jetzt nicht. Du wärst auch nie in Shinbone erschienen, wenn du … was du nicht »*abstreitest*«.

– Eben.

– Sagen wirs so: wenn ich dich zu mir gelassen hätte, heute morgen, wärs nie soweit gekommen. Ich hätte dich nie gebeten, mir die Freundin wiederzuerwecken. Du wärest nie erwartet worden, wo man dich jetzt schon erwartet. Denn du bist angekündigt.

– Das versteh ich zwar nicht, aber laß uns nicht streiten. Ich bin froh, daß du mir gefolgt bist. Und bin dir ja auch dankbar und … geschmeichelt, daß du mir so viel zumutest. Ich versuche lediglich, dir klarzumachen …

– Frag mich jetzt. Bitte frag mich nach ihr.

– Oder du verläßt mich.

– Richtig. Du steigst aus.

– Ok. Ok. »Wie lange …«. Es ist lächerlich.

– Frag mich!

– Also wie lang ist diese Freundin, von der du sprichst, schon tot?

– Frag mich nochmal.

– Du willst mich zum Narren halten.

– Dann frag nochmal, du Narr.

– Wann ist sie krepiert, die Freundin, hinübergeschlummert, in die Nüsse gegangen? Wann hat sie die Farm gekauft, ihre Chips einge*casht*, Mr. Jordan getroffen? Den Eimer von unten gesehn, ihren Parapluie zugemacht …

– Moment mal. Den Eimer? Von unten? Du meinst wohl die Radieschen. Oder gar Maßliebchen? Den Eimer sah sie nämlich von *oben*. Kam allerdings mit den Fußzehen dran. Ob von oben oder von unten … das weiß ich nicht mehr. Jedenfalls mit den Zehen *nach* oben. Und warf ihn dann um. Schöne Bescherung. Aber gut, daß du überhaupt fragst. Was war nochmal die …

– Wie *lange*. Sie schon tot ist. Die Freundin. Frag ich.

– Über zwanzig Jahre.

– Ich höre.

– Es handelt sich um eine Freundin aus meiner Kindheit, verstehst du.

– Ich versteh. Nur … das kann ich nicht. Überhaupt wirst du sehen, daß ich gar nichts kann.

– Die Leute in Shinbone sagten mir aber, daß sie von dir gehört hätten. Sie wüßten, wer du seist. Bei Beerdigungen, zu denen du nicht geladen warst, tauchtest du auf, hättest versucht, die Verstorbenen zum Leben zu erwecken.

– Das allerdings. Das hab ich.

– Und wie lange sind die Toten, die du ins Leben zu rufen versuchst, schon tot?

– Je nachdem. Manchmal drei, manchmal vier, in einigen Fällen sechs oder sieben Tage. Kaum länger.

– Da mußt du ja richtig mitrechnen. Nachrechnen?

– Zeitung lesen.

– Wie peinlich für dich, wenn die Hinterbliebenen ab und zu vergessen, das Sterbedatum abdrucken zu lassen. Da muß es einem, der so rechnet wie du, ja geradezu schwindlig werden vor Unsicherheit.

– Sagen wirs so: ich versuche es in Fällen, wo der Tote noch zu *sehen* ist.

– Die Hülle noch zu sehen ist. Das ist Bedingung?

– Was sollen diese Fragen? Ist doch lächerlich, du verstehst nicht, was ich …

– Als »lächerlich« wirst du doch von jedermann betrachtet. Das kann dir nicht neu sein. Als lächerlicher Verrückter. Als harmlos Verrückter, wenn man dir wohlwill. Als gefährlich Verrückter, wenn …

– Von dir brauch ichs nicht *auch* noch zu hören.

– Laß mich so fragen: Wer hat dir die Kraft gegeben, es zu versuchen, wenn du schon behauptest, du hättest die Kraft nicht, sie zu wecken?

– In Matthäus, Kapitel zehn, Vers acht, heißt es: »Wecket die Toten auf«.

– Das hat Er zu seinen Jüngern gesagt, nicht?

– Richtig.

– Nicht etwa zu dir.

– Er hat mir auch nicht gesagt: Töte nicht! *Mir* nicht. *Dir* auch nicht. Du meinst: wenn wir dennoch dabeigewesen wären, unter den Jüngern, dann hätte Er zu *uns*, nachdem Er mit allen andern gesprochen hätte, gesagt: »Nur ihr, ihr beiden da, ihr bitte: laßt das Heilen sein, versucht es um Himmels willen erst gar nicht, und sagt auch niemandem die Wahrheit, liebt und verliebt euch in niemanden, in Denda-oben schon gar nicht, und Finger weg vom Auferwekken! hört ihr?« So hätt Er, meinst du, nicht nur zu uns gesprochen, sondern zu jedem, der sonst zu ihm gekommen wäre. Dabei sprach er zu *allen*, die damals versammelt waren, so: »Weckt Tote auf! … Heilt Kranke!«

– Was weiß ich, was gewesen wäre, *wenn*.

– Du weißt es doch. Sonst würdest du mir nicht eine so »lächerliche« Frage gestellt haben.

– Keine Frage. Ich habe nicht gefragt. *Du* hast gefragt. *Ich* habe gebeten. Es war eine Bitte. Ein Wunsch. Die Freundin mir wiederzuerwecken. Und was ich an »Matthäus, Kapitel zehn, Vers acht« auszusetzen habe, ist eher Wut. Du versteckst etwas dahinter. Wut, daß die Sätze, die Er sprach, wie Gesetzesparagraphen, inhaltlos, zitiert wurden von dir, der sich weigert, vors Gericht gezogen zu werden. Als seien die berufenen Zahlen ein Code für deine Winkeladvokaten.

– Ok, ok, du gewinnst.

– Sonst gibst du nicht so schnell auf. Hast du schon mal?

– Was?

– Gewonnen. Und Tote zum Leben erweckt.

– Ich sage doch: nein.

– Noch nicht.

– Eben: »noch nicht«. Du sagst es, als hättest du »noch« Hoffnung für mich.

– Du wirst meine Freundin wieder lebendig machen. Ja, daran glaube ich fest. Als ich dich sah, dich hörte, wußt Ichs.

– Was hast du gehört?

– Du hast in Zungen gesprochen.

– Ich habe leise gesprochen.

– Zungenlärm geschlagen.

– Geflüstert.

– Man hielt dich für betrunken.

– Und du?

– Ich hab gedacht: Hunger und Durst machen trunken. Zumal solcher Hunger, solcher Durst. Die waren gut zu verstehen. Ich konnte also hören, was du sagtest.

– Ich habe nichts wirklich gesagt außer dem, was ich selbst nicht verstanden, sondern in Zungen geredet habe.

– Du sprachst zu mir klar.

– Was willst du gehört haben? Kannst dus wiederholen?

– Das hab ich *dich* gefragt: »Kannst du wiederholen?« Jetzt sind wir ein Kreis. Das ist ein mächtiges Ding, so ein Kreis. – Also kannst du? Können wir?

10

– Wie soll ich das tun? Ich verspüre nichts für sie, deine Freundin. Ich weiß nichts über sie, und dann …

– Ja?

– Allein die Tatsache, daß ihr Körper verrottet ist, nichts als Knochen übrig sein werden …

– Die willst du ihr zur Last legen?

– Überhaupt nicht.

– »Überhaupt« ist gut. Überhaupt: woher weißt du denn das?

– Woher ich das weiß? Was weiß?

– Daß von ihr nur noch Knochen übrig sein werden.

– Sie wird doch verwest sein.

– Vielleicht wurde sie verbrannt. Erlitt dadurch den Tod, oder wurde verbrannt *nach* ihrem Tod. Weißt dus?

– Sicher, das weiß ich nicht. Ich nahm an, daß du von …

– Überhaupt weißt du *nichts* von ihr und willst doch wissen: daß sie verwest sei und nicht wieder aufzuerwecken. Du hast nie gewonnen, ich seh schon. Aber sag mir: nie auch nur den *kleinsten* Erfolg gehabt?

– Ist doch wirklich lächerlich. Was wäre ein »kleinster Erfolg«? Wenn du gegen den Tod antrittst und Leben aus ihm willst, was wär dann ein »kleinster Erfolg«?

– Weil ich mir das Ganze als Kampf mit dem Tod, als ein Ringen mit dem Tod vorstelle und es da sein könnte, daß du ihn zwar auf einige Sekunden niedergedrückt und besiegt zu haben scheinst, er dann aber alle Kraft gegen dich wirft und das Leben, das hier gerade erschien, wieder habgierig abzieht. Das könnte doch sein. Und die 1 Sekunde Leben, die man sah, dein kleiner Erfolg: die würde dann deinen Ruf begründen.

– Es ist mir noch nie so geschehen. Noch nie. Mein »Ruf«, wie du ihn nennst, ist eben einzig Wiederholung. Man hat mich hier und da gesehen, und – *das* ist es, mehr als alles andere – die wenigen Minuten, manchmal nur Sekunden, die mir bleiben, um zu versuchen, den Toten ins Leben zu rufen – bevor jemand einschreitet oder mich wegschleift oder niederwirft, umhaut –, diese wenigen, die mir da bleiben: die ziehen auch sekundenlang durch alle Anwesenden hindurch. Und ich glaube, hier erkennen sie das Wahre, die andern, das Wahre, das jetzt in ganzer Kraft in mir tätig ist, hier, für wenige Sekunden, hier: spielen sie es sich selbst vor, wird ihnen vorgehalten, was sie seit Kindheit wissen: daß es *getan* werden kann. Was ich versuche. Sekundenlang bin ich ihre Kindheit. Sekundenlang wissen sie und sehen sie das.

– Sehen was?

– Wie ein flüchtiger Gedanke aus ihrer Kindheit steh ich da, und sie denken mich. Denken flüchtig: »Und wenn der da erwachte, der tot ist …?« Und manche, flüchtiger: »Der Tote erwacht! …« So ist es. Dann allerdings packt sie alles, was die Jahre *nach* der Kindheit sich angesammelt, und packen mich alle, die versammelt sind.

– Und denken aber erst alle so, meinst du? Die 1 Sekunde lang wenigstens?

– Alle, die trauern und geliebt haben. Viele, die geliebt haben. Es muß gar niemand dasein, ihnen den Gedanken zu spielen.

– Bis ins tiefste erschütterst du manche – wenn schon den Toten nicht, da bin ich sicher. Verletzt sie, beschmierst sie mit Hoffnung. Kaum abzuwaschen, kaum zu entfernen sind diese *hope-stains,* die Hoffnungsmale, an denen sie ein Leben lang zu tragen haben.

– Ein Leben lang schon trugen.

– Warum?

– Weil sie für eine Szene stehen, die wir uns alle schon, wenn auch in Träumen nur oder Anflügen großen Muts – der sich aber verflüchtigt, weil das Auge, erschrocken, davor flieht – so vorgestellt haben: Ich gehe, vor dem Grab meiner Verstorbenen, nicht in die Knie vor der Zeit und dem Tod und der Unabwendbarkeit der Dinge, sondern zertrümmere den Sarg, zertrümmere mir die Geliebte aus diesem Sarg aber wieder, lasse sie auferstehen, gebe ihr Luft, breche ein mit dem Glauben in das, was sie hier tot umschließen will, spalte auf und brech durch »Was-Ist«, den Aberglauben, daß »es nun mal so ist«, was ist. Es *ist* nicht so. Und den Gottessohn anrufend, der selbst Grabzertrümmerer war, trümmer ich mit Hammer und Seele, das ist: dem ganzen Glauben, hinein in den Ganzen Tod und zeig, daß er keiner ist. Dem, der glaubt, keiner ist. – *Das* geschieht hier, und die Szene, eine Szene großer Wut, wahnsinnigen Glaubens, tiefer Liebe, sag ich dir marktschreierisch, die vergessen sie sekundenlang nie.

– Vielleicht ist an deiner Methode etwas falsch, sonst wärst du schon zu Erfolg gekommen.

– An meiner »Methode«? Was verstehst du schon davon. Sprach ich von Methode?

– Dein Vorgehen ist nicht ohne Muster. Bestimmte Dinge wiederholen sich.

– Zwangsläufig.

– Nein, das mein ich nicht. Ich sagte doch: ich hab mich schon erkundigt, ich weiß, mit wem ich rede.

– Was hat man dir denn noch erzählt?

– Du meinst: was weiß ich noch von Johnny Shines?

– Was du schon »wissen« willst …

– Es wird dir gar nicht passen, was ich so weiß.

– *Hey. If the shoe fits …* Nur komm mir nicht mit »Mordverdacht«-Gerüchten.

– … die immer dann entstanden, wenn du, sozusagen, zu früh in den Ort gekommen warst und mit der Person, die später verstarb, noch gesprochen hattest. In einigen Fällen sogar als letzter.

– Zufall.

– Zufall?

– Dann nenn es Instinkt. Vielleicht wußt ich unterschwellig doch, daß dieser oder jene …

– Du hast sie verdächtigt. Wie ihre Hinterbliebenen später dich.

– Mag sein.

– Siehst du den Vorteil hier nicht?

– Welchen?

– Bei meiner Freundin, deren Körper längst verrottet ist, wie du sagst, würdest du keine Gefahr mehr laufen, so oder ähnlich verdächtigt zu werden. Das wäre schon der dritte Punkt, der dich für meine Sache gewinnen müßte.

– Ha! Was, bitte, sollten denn Punkt eins und zwei gewesen sein?

– Da sie verwest ist, wirst du den Sarg nicht öffnen, nach ihm nicht graben müssen. Und da du ihn nicht öffnen wirst, besteht auch nicht Gefahr, daß es dich ankommt, zu besteigen. Und du verhaftet wirst.

– »Keine Gefahr«! Das hab ich nur *einmal* gemacht. Vor vielen Jahren wollt ich wie Elischa …

– Denn auf keinen Leib wirst du dich legen, auf keinen Mund deinen Mund, auf keine Augen deine Augen, auf keine Handballen deine Handballen. Kein Fleisch ist da, das unter deinem Brüten wärmer würde.

– Was noch?

– Daß es eine Frau … ein Mädchen ist, von dem ich rede.

– Na und?

– Ich weiß zum Beispiel, daß du dich bei der Großzahl dieser Wiedererweckungsversuche auf Frauen konzentriert hast, Frauen jeglichen Alters, weil dir hier die Gefühlsbindung, die du für den Glaubensakt als unbedingt notwendig forderst, leichter gelingt: ein Jugendbild der Frau oder der Anblick einer hinterbliebenen Tochter genügt dir meist, um

126

Bindung möglich zu machen. Eine Art unsichtbare Ehe wird im stillen geschlossen, wobei du, ohne das Gesicht zu verziehen: Kirche, Brautpaar und herabstoßende Taube in dir zu vereinen gewohnt bist. Wenn du beim Einholen deiner Erkundigungen eine Geistesverwandtschaft oder bloße menschliche Sympathie für die Tote verspürst, dann gibst du alles dafür, diese innerhalb eines Tages so tief, so breit als möglich auszubauen. Das ist das luftige Grab deiner Liebe, in das du die Tote umbetten, aus dem du sie erwecken willst. Aber es war dir auch schon mit Männern möglich: wieder lag es oft daran, ob du Liebenswürdiges in und an den Hinterbliebenen fandest. Auch da bedurfte es nur des Allerkleinsten: denn du wußtest, wie man sich in die andere, den anderen, der noch lebte, durch ein an ihm, an ihr haftendes Detail – ein Ornament, einen Ausschnitt sommersprossiger Haut über dem Schlüsselbein, einen Fußknöchel in schwarzem Schuh – verlieben konnte, den anderen, die andere, auch wenn sie dir gesamt nur wenig sagten, dich sozusagen gar nicht ansprachen, doch in solchem Detail ganz wiederzufinden und schließlich so zu lieben vermochte, daß bald die Konzentration nicht mehr auf jenes Detail beschränkt war, sondern den ganzen Menschen einbegriff, der ganze Mensch, jetzt wie verändert, auch ganz geliebt werden konnte. Und über diesen, über diese – durch sie *hindurchgeliebt* eben: der Tote. *Die* Tote.

– Und wenns so wäre?

– Ich stelle mir auch vor: daß es dir in manchen Fällen schwergefallen sein muß, dich emotional von diesen Hinterbliebenen, beziehungsweise: den mit ihnen verbundenen Toten zu trennen. Vielleicht hast du es ja eine Zeitlang versucht, die Erinnerungen an eine schöne Hinterbliebene oder eine im Jugendbildnis schöne Tote zerfallen zu lassen, gabst es aber dann auf, als du fandst, daß es dir beim schwierigen Anfangsstadium der Bindung durchaus behilflich sein konnte, die Erinnerung an eine *andere* Tote das Bild oder die Bilder präsenter Hinterbliebener oder Toter überlagern zu lassen. Das steigerte oft die Macht des Gefühls, es verband dich auch mit Orten und Zeiten, in denen du schon gewirkt, versuchend gewirkt hattest, und machte, indem die so-erinnerten Toten einander gleichsam zu fassen, den Kreis zu schließen vermochten, dein Geschäft recht zu dem, was es in deinem Herzen schon immer war: Auferweckung allüberall und zeitlos-immer.

– Wenn das alles zuträfe, wäre ich deiner Bitte ja gefolgt.

– Die Freundin mir wiederzuerwecken? Es gab Regeln, an die du dich hieltst. Du hast dich immer genau erkundigt, wie lange der Mensch schon tot gewesen, wie und wo er jetzt aufgebahrt sei; und wagtest dich eben nie an die, bei denen Verwesung die Möglichkeit eines Vorbeidefilierens am offenen Sarg ausgeschlossen hatte. – Lazarus war vier Tage tot gewesen, »er stank ja schon«, wies in der Bibel heißt – und du kanntest deine Grenzen. Du mußtest es ja selbst noch glauben können: daß durch deine Glaubensanstrengung das Unmögliche möglich gemacht werden *könnte* – so Gott wollte. Und selbst das Unmögliche ließ sich so noch einmal unterteilen: in eine Welt, die mit den Sinnen ins Mögliche zu ziehen war, und eine dunkle, schweigsam-unantastbare, aus der und in die hinein nichts zu hören war, ein Land, in das du nicht ziehen und aus dem du niemand ziehen wolltest. In diesem Land lebt meine Freundin, über die du nichts weißt, von der du nichts wissen willst.

– Wenn ich dich anhöre, glaub ich, auch über *mich* bald gar nichts mehr zu wissen. Denn wohin ziehst du mich?

– Denkst du eigentlich manchmal daran, was geschähe, wenns dir gelänge? Der Tote, vor dir und den Versammelten, aus seinem Grab erstünde?

– Warum fragst du überhaupt noch? Du gibst doch vor, genau zu wissen, was ich denke.

– Du hast dir zigmal ausgemalt – denn da sind die Trauernden sekundenlang *deine* Kindheit, ziehn sich sekundenlang durch *dich* –, wie die Lebenden, gelänge dir das Wunder, wie die Toten! dir *dann* zu Füßen lägen. Nein, nicht

zu Füßen lägen, nicht lange immerhin. Du würdest sie aufheben und lieben. Und würdest endlich geliebt sein, über
alles geliebt. – Was sagst du dazu? Du schaust grantig.

– *It doesn't fit.* Ist mir eine Nummer zu durchschaut.
Zu besserwisserisch, deine »Erkundigungen«. Mit so viel
»Hinterwissen« beladen, würd ich … keinen Finger mehr
rühren.

– Das ist es ja. Es rührt sich nichts. Du mußt das alles
aufgeben. Aber erst mußt du wissen, dann aufgeben. Denn
es belädt dich und macht jede deiner Bewegungen, auch das
Die-Toten-Berühren, umsonst. Du gehst falsch vor.

– Was würdest du mir denn raten?

– In Iowa, hör ich, sind zwei verhaftet worden, weil sie
versucht hatten, was in der Art vorzutäuschen. Tausende
waren erschienen, und keiner ging enttäuscht davon. Verhaftet wurde erst nach der Show.

– Und zu so etwas willst du mir raten? Ich soll mich auf
irgendeinen Schwindel einlassen?

– Du gehst doch davon aus, daß es etwas zu finden gibt.
In dir. Denn in dir muß schon, sagst du – da es uns allen so
aufgetragen wurde –, die Kraft liegen, diese Wunder zu tun.

– Richtig. Der Rest liegt nicht bei mir.

– Ich sprech jetzt nur von deinem Teil. Von dem, was du
dazutust, wenn wir annehmen wollen, du könntest etwas
dafür tun. Es muß also richtige und falsche Wege dorthin
geben. Würdest du nicht sagen?

– Gut.

– Und das Gefundene wird, sagen wir, jenem Wahren
Muster entsprechen, das in uns liegt, und dessen Ausfüh-
rung, dessen Nachzeichnen, dem Ausüben jener Kraft gleich-
käme, nach der du suchst.

– Ja, aber was sagst du damit?

– Dies Wahre Muster ist wirklich, behauptest du, nur
noch nicht gefunden. Es ist Wirklichkeit. Ich sage: der Versuch, das »Wahre Muster« mit Betrug zu erzeugen, was ist
das schon? Es ist ein Weg, der es sich durchaus eingesteht,
daß er dieser Wirklichkeit noch nicht ganz, aber eben *fast*
nachgehen, sie beinah nachgestalten kann. Niemand bezichtigt ein Kind des Betrugs, wenn es will, daß wir glauben, es

sei »der Zug, der mit großer Geschwindigkcit auf uns zufährt«. Was das Kind sich an Bewegungen und Geräuschen hinzuphantasiert, ist abgeschaut, ist von der Wirklichkeit einerseits unendlich weit entfernt, andererseits heimlichnah. Es hat hier ein Prinzip erfaßt, das Kind, es spielt damit, mit dieser Wirklichkeit. Und warum soll der Wiedererwekker nicht mit Mitteln arbeiten, die es ihm erlauben, eine Wirklichkeit herzustellen, die dem erstrebten Muster bis ins Endresultat ähnlich ist? Ich sage: Die Tote muß also noch »leben« und spielt den Tod, bis sie ihn nicht mehr spielen muß, *die* Wirklichkeit erfunden ist, in der wir wirken können. In den Herzen der Zuschauer aber aufersteht die Tote immer, auch wenn sie spielt. Der Wiedererwecker tut wahr, selbst wenn er »betrügt«, denn es geht um eine heilige Wirklichkeit, die er sieht und die er davor retten will, in Vergessenheit zu geraten. Alles gerät aber in Vergessenheit, wenn du das Ende vergißt. Und den Leuten nicht gibst, was dein Auftritt verspricht. Denn sie erinnern vom Ende her. Immer. Ohne den Auferstandenen: hast du nichts, was zu erinnern wäre.

– Du rechtfertigst das Ritual, das Kino, Theater. Damit hab ich aber nichts zu tun. Das Ende ist heilig. Laß meine Arbeit *Versagen* sein, ohne Ende, um im Versuchen und Wiederversagen der ersehnten Wirklichkeit so nahe als möglich zu kommen.

– Und woher willst du wissen, ob die »Wirklichkeit« das von dir Ersehnte überhaupt enthält?

– Ich frage dich: haben wir die Kraft über Leben und Tod? Wenn wir die Kraft über das eine haben – und die haben wir doch, das wirst du mir nicht bestreiten …

– Das bestreite ich allerdings. Wir haben die Kraft »*für*«, können Leben erzeugen und töten; die Kraft »*über*« besitzen wir nicht.

– Ich glaube, daß sie uns, diese Kraft, von Jesus wiedergegeben wurde. Der seinen Jüngern entsprechend befiehlt.

– Nein, das willst du *beweisen*. So stellst du dich an. So

als wolltest du eben das mit deinen Versuchen *beweisen*. Wenn es aber schon so ist: rufst du die *Kraft* nicht auf, indem du sie *beweisen* willst. Was würdest du schon mit deinem ständigen Scheitern, das dich bekannt gemacht hat, beweisen wollen?

– Du sagst ganz richtig: denn, daß hier mein Scheitern nicht zählt …

– Nicht zählt ist gut!

– … nicht zählt, nicht zählt, sondern daß – vom Ende her betrachtet – selbst ein tausendmaliges Scheitern letztlich zum Erkennen der Wahrheit führt, also zum Ziel, das ist doch auch möglich, oder? Das Scheitern ist ein Schürfen. Etwas wird abgetragen in uns, wenn wir scheitern, wenn wir versagen. Es ist wie ein langsames Abschürfen, Weg- schürfen von Härtestem, das aber endlich bricht. Durch unser Versagen, unser Scheitern ist es gebrochen. Es bricht durch, irgendwann – das alles geschieht in uns –, und wir fallen durch in jenes Neuland, das wir so lange beschworen hatten.

– Und wenn das Scheitern das Ziel wäre? Aber du hast mehr, Johnny Shines, ich sehe viel mehr in dir, und meine Freun- din wirst du wieder lebendig machen. Willst dus versuchen?

– Es ist, hör mir zu: völlig hoffnungslos.

– Oder bist du todesfeig? Ist dein Wiedererwecken nichts als die Angst vor dem Tod? Dem eigenen Tod? Wenn an deinem Scheitern was dran sein soll, wenn du damit, wie du sagst, Erfolg haben willst, dann wird sie, die Freundin, dein erster Erfolg sein.

– Du bist ein hoffnungsloser Fall.

– Voller Hoffnung. Nach jeder zerstörten Hoffnung steigt die Hoffnungshitze doch wieder, hat neuen Stoff.

– Richtig. Aber wie redest du? Einmal redest du gegen mich, dann wieder, mein ich, stimmst du mir zu.

– So halt ich dich bei mir. Es ist doch alles »für eine gute Sache«, wie sie sagen. Wenn ich dir nur kontra gebe, wirst du mir abspenstig.

– Wohin fahren wir eigentlich?

– Willst du nichts von meiner Freundin wissen?

– Wozu? Ich hätte gerne gewußt, wohin wir fahren. Es hat zu regnen begonnen, und du …

– Es wird dir helfen, sie dir lebendig vorzustellen. Meine Freundin hat mandelbraune Augen und rabenschwarzes schulterlanges Haar. Still und aufmerksam ist sie, wenn der Vater, ein Pfarrer in dem kleinen Ort, in dem sie lebt, ihr folgende Geschichte erzählt, die er vom Großvater haben will und die er mal in längeren, mal in kürzeren Versionen erzählt. Vielleicht war sie zwölf, als sie die zum letzten Mal hörte.

– Warum sagst du »zum letzten Mal«?

– Sie starb mit zwölf Jahren.

– Sie starb? Woran …?

– Sie wurde erschossen.

– Von wem? Wie ist das geschehen?

– Ein Raubüberfall. Im Jahr davor war das kleine Gebäude der Kirche abgebrannt, und die Gemeinde hatte ein Jahr lang gesammelt. Das Geld war zum Großteil im Tresor aufbewahrt. Es war der Tag, an dem man das Erreichen der Summe Geldes für den Wiederaufbau feiern wollte. Jemand kam ins Zimmer, versuchte, den Tresor zu öffnen, und wurde vom Mädchen überrascht, als es ins Zimmer trat. Da ist es passiert. Die Eltern waren im Haus und stürzten, nur wenige Augenblicke nach der Tat, ins Zimmer. Es war aber schon zu spät. Willst du noch mehr von ihr wissen?

– Ich frage nicht, um …

– Du wirst jedes Detail, denke ich mir, gebrauchen können, wenn du sie wieder lebendig machen willst.

– Sag mir jetzt, wohin wir fahren.

– Wohin du willst.

– Nach Blade.

– Liegt auf dem Weg.

– Von welchem Weg sprichst du?

– Ihr Grab liegt sozusagen auf dem Weg, wenn du nach

Blade willst. Es ist mir also völlig recht, daß du nach Blade willst, und ich werde dich hinbringen. Jetzt bist du still? Dann laß dir die Geschichte erzählen, die ihr der Vater immer erzählt hat, mal länger, mal kürzer, durch ihre Kindheit hindurch. Vielleicht erklärt sich mein Glaube an dein letztliches Können, an deine Macht, aus dieser Geschichte:

12

Eines Nachts, zwölf Jahre nach der Geburt unseres Hei-
lands, am Brechtentag, so hat ihr Vater immer erzählt,
stahlen sich drei Männer in das Dorf Nazareth, wo der
junge Jesus mit seinen Eltern lebte. Ein vierter, der schon
Jahre auf diesen Moment gewartet hatte, stahl sich ins Haus
seiner Eltern, weckte den Jungen, der ihn kannte und ihm
vertraute, und sprach ihm von einem Geschenk, das er
draußen für ihn angebunden habe. »Was ist es?« fragte der
Junge aufgeregt. »Was du noch nicht bist«, antwortete ihm
der Mann, und Jesus ging leise mit ihm, ohne die Eltern
zu wecken, aus dem Haus in die Nacht. Draußen aber –
er betrachtete gerade bewundernd zwei stillangebundene
Tiere und kam zwischen diese zu stehen – wurd er erkannt,
und der ihn geführt hatte, hielt ihm den Mund zu, als seine
Verschworenen herbeieilten. Die knebelten und fesselten
den Jungen auf eines der Tiere. Jesus nämlich wußte nicht,
wer die waren, die hier auf den vierten gewartet hatten,
daß er ihn heraus und zwischen die Tiere führe. Nur seine
Eltern, hätten sie nicht so tief geschlafen, würden in den
Entführern drei Könige, die einst zur Geburt ihres Sohnes gekommen waren, wiedererkannt haben. Der vierte
im Bund war damals, noch bevor Herodes die Kinder hinmorden ließ, ebenfalls aufgebrochen, hatte sich aber nicht
mit den Brüdern in Bethlehem eingefunden, sondern in
Nazareth niedergelassen, wo er, zwölf Jahre lang, geduldig
aufs Nachtwerden dieser wichtigsten Nacht gewartet. Die
vier Könige schleppten den Jungen in die Wüste hinaus und

warfen ihn dort, nachdem man ihn von Fesseln und Knebel befreit hatte, in eine verlassene Löwengrube.

Über der begannen die sternkundigen Könige nun ein Zelt zu errichten, so daß der Junge den Sternenhimmel nicht mehr sehen und bald nur noch im Kreuz der von vier Fakkeln auf den Grund der Grube geworfenen Lichter und Schatten gehen, stehen und sehen konnte. Als sie ihre Arbeit am Zelt vollendet hatten, knieten sie, jeder an einem der Grubenränder, nieder und verneigten sich priesterlich-tief vor dem Jungen. Sie erklärten ihm, wer sie seien und woher und zu welchem Zweck sie einst so weit gekommen und in diesem Jahr, seinem dreizehnten, wiedergekehrt waren. »Und warum ihr mich, wie den Daniel, in eine Löwengrube geworfen und den Himmel meines Vaters über solcher Gewalttat mit Gehängen und Tuchen verschränkt, sagt mir das auch!« forderte wütend der junge Mann von den am Grubenrand Knienden. Denn daß sie ihn hier nur als den zukünftigen Heiland zu ehren gekommen waren, wollte er ihnen, verständlich, nicht abnehmen. »Nicht wie Daniel aber!« sagte da der ihm einst Gold gebracht hatte, indem er seine Stirn, die den Sand des Randes der Grube berührte, aufhob, ihm hinab in die Augen zu schauen. »Denn in dessen Grube traten die Löwen, und die, das konnte nächsten Tags jeder sehen, waren durch die Macht seines Gottvertrauens gezähmt. Wo sind denn die Löwen in deiner Grube und also dein Glaube, der ihnen den Rachen zuhielte?« – »Hört auf, mit mir zu spielen, und sagt mir endlich, wozu ihr mich hierhergeschleppt und mitten in der Nacht aus meinem Heimatdorf entführt habt.« – »Sieh auf das Gitter dort in der Wand deiner Grube, dann wirst du den Löwen schon sehen.« Jesus konnte im Schatten der gegenüberliegenden Grubenwand zwar ein Gatter erkennen, aber viel weiter drangen seine Augen nicht, und der Löwe, der wohl dahinter wartete, war aus dieser Entfernung nicht zu erkennen. »Tritt näher und schau ihn dir an, wenn du der Heiland bist, denn die Prüfung in der Löwengrube mußt du bestehen. Denn wenn du es auch bist, Messias und Heiland, mußt du es uns, die wir als Gesandte der Welt nicht enttäuscht werden wollen, doch erst werden«, sprach der, der ihm einst Weihrauch gebracht hatte. Da schritt der Junge vor und ging vorsichtig hin unter den Schatten der anderen Grubenwand und trat bis zur Wand selbst, wo das Gatter war. Und sah immer noch nicht dahinter. Bis er das Gatter, davor zu stehen kommend, mutig mit beiden Händen faßte und sein Gesicht ans Viereck der Gitterstäbe lehnte, dahinterzusehen. Da, als seine Augen sich an das Dunkel gewöhnt hatten, erkannte er aber kein Tier, sondern – ganz auf den Löwen gefaßt, erschrak er: als es ein Mensch war. Ein gleichaltriger Junge, auch sonst wie er, kam dort eben zu stehen, dunkelhäutig, wartend, still jetzt. Und war ebenso erschrocken wie er, als hätte auch er den Löwen erwartet. Beide wichen zurück, als das Gatter rasselnd hochfuhr und nichts mehr sie trennte. Mit dem ersten Schritt des Gegenüber auf ihn zu überfiel unsägliche Angst den jungen Jesus. Da rief einer der Könige aus: »Schnell, tritt zurück und hab acht, daß er dich nicht tötet!« Und Jesus, der im Ruf seine Furcht vor dem Andern bestärkt sah, wich zurück in das Kreuz der Schatten und Lichter und sah, langsam auf ihn zu, zur Mitte der Grube hin kommend, den Anderen aus dem Schatten treten und dessen Menschengesicht, schattenlos, von den Fackelsonnen erleuchtet: zum ersten Mal. Der König aber, der im Rücken des Jesus und über ihm sprach und ihm einst Myrrhe geschenkt hatte, rief: »Du sollst deinen Weg nicht weitergehen! Denn hier haben wir dir einen zugeführt, der wird dein Leben jung enden lassen. Er wird dich morden, oder verraten, auf daß sie dich morden. Und der Heiland, der du werden sollst, der wirst du der Welt nicht werden, denn hier, schau ihn dir an, hier durchkreuzt er dein Leben, der Sohn des Simon.« Und vor Jesus trat Judas, Sohn des Simon. »Stimmt, was sie sagen, und du willst mich töten, mich verraten?« fragte Jesus. Judas erwiderte nichts, sondern sah weg von ihm, nach oben, auf

die noch Knienden. Die Könige, die auch in anderen Be-
merkungen angezeigt hatten, daß sie den schon länger bei
sich gehabt und ihn für dieses Treffen, kraft königlicher
Kunst, in ganz bestimmter Weise vorbereitet hatten, warfen
nun ein Messer in die Grube, hin zwischen die beiden. Und
Judas, aus Angst, hob es auf. Sich aufrichtend aber schlug
er schon zu. Jesus, der abwehrend, im letzten Augenblick
erst den Angriff erkennend, die Hände entgegengestreckt
hatte, fuhr die Klinge unter dem linken Handballen entlang,
die Pulsader kreuzend, schnittschnell, so daß er entsetzt,
den Arm zu sich reißend, zurücktaumelnd, vom eigenen
Blut bespritzt hingestürzt wäre, hätte die Grubenwand ihm
nicht noch den Rücken gehalten. Aber auch hier war die
Hand Judas' am Vorschnellen schon und stach, ihn nie-
derzustrecken, durchs Kleid, aber fehlend, nur am Rippen-
korb entlang, gleichsam eine Stelle markierend. Wütend vor
Schmerz stieß Jesus den Angreifer von sich, so daß der, nur
für Momente, die Gewalt übers Messer verlor: die Klinge
war tief in den Lehm der Wand gedrungen und haftete dort.
Jesus schrie ihn an, abzulassen, den Kampf aufzugeben.
Da starrte Judas, keuchend: »Was redest du ... redest du?«
Ging auf ihn zu, das Messer loszureißen, und im Versuch,
ihm zuvorzukommen, das Messer aus dem Lehm zu ziehen, war Jesus gezwungen, dem Angreifer den Rücken zu
kehren. Da hörte er, noch als er am Schaft des Messers zog,
nicht mehr die auf ihn losstürmenden Schritte des Judas.
Sondern die hielten. Leise statt dessen war ein Schleifen und
Zischen, wie auf Sand entlang, hörbar. Und in der Kehre
noch, das Messer jetzt in der Rechten, sah Jesus ein Zweites,
niedergeworfenes, den festgetretenen Boden hinschlittern-
des, das blitzte, von Judas ergriffen werden, linker Hand,
womit der sofort auf ihn eindrang. Und Jesus übermannte
die Wut, daß der immer noch nicht hören und ihm ans
Leben wollte, und er wich ihm aus und, ausweichend, stach
er, mit einem Stich tief ins Herz, stach er ihn nieder, dessen
fallender Körper das eingedrungene Messer fallend hinabriß.

Und durch den Körper des jungen Judas zuckte es und riß den rechten Unterschenkel zum Oberschenkel hin, so daß er angewinkelt blieb, verharrend, auch unter dem Röcheln des Sterbenden sich nicht mehr bewegte. Und Jesus erschrak vor dem Anblick des Jungen, und es schüttelte seine Stimme, als er, am Toten vorbei sich machend, so daß der ihm im Rücken lag und sein zerstochener Körper nicht mehr von ihm gesehen werden mußte, aus der Tiefe hinauf zu den Königen schrie: »Die blutige Probe, ihr Wahnsinnigen, habe ich euch geliefert. Jetzt laßt mir die Leiter herab und befreit mich!« Da stand der vierte König auf, der einst scheinbar nichts, wie ein Magier, heute nacht aber Jesus selbst gebracht hatte, und sprach: »Du mißverstehst. Denn noch nicht beendet ist deine Arbeit, wenn du die Probe bestehen und aus dem Graben hinaufsteigen willst in die Welt.« – »Was wollt ihr noch? Ihr Verrückten!« schrie der Junge hinauf. Da stachen die Stimmen der vier mitsammen herab: »Erst mußt du ihn wieder lebendig machen!«

13

– Hörst du es jetzt?

  – Was?

  – Dann hör mir jetzt zu. Wo liegt sie, die Freundin?

  – Deine Freundin?

  – Die Freundin, die du mir wiedererwecken sollst.

  – Du sagst, auf dem Weg nach Blade liegt sie. Was weiß ich.

  – Und du, du wolltest nach Blade.

  – Was hat das eine mit dem andern zu tun?

  – Du kommst aus Blade.

  – Das ist lang her.

  – Aber kommst aus Blade.

  – Ich habs schon lange verlassen und bin auch, als ich vor Jahren hörte, die Eltern seien gestorben, nie mehr zurückgegangen.

  – Nie mehr?

  – Nie mehr.

  – Hast auch deine Schwester nicht mehr besucht?

  – Meine Schwester? Was weiß ich …

  – Was weißt du?

  – Weiß nicht, wo die ist.

  – Du weißt nicht, wo die ist?

  – Weiß sie, wo *ich* bin? Die ist alt genug, auf sich selbst aufzupassen.

  – Ist sie nicht mehr in Blade?

  – Was weiß ich, sag ich dir.

– Ich sag dir, was du weißt. Die Geschichte, die ich dir erzählt habe, die kanntest du doch.

– Ja, die schien mir bekannt.

– Wer hat sie dir erzählt?

– Die hat uns der Vater, so oder ähnlich, erzählt.

– Uns?

– Meiner Schwester und mir.

– Hat er sie erzählt.

– Ja, wie ich sagte. Ich hab sie aber nie verstanden. In der Mitte, schien mir immer, hörte sie auf. Und warum endet sie da, wie sie endet? Meine Schwester hat ihn öfter gefragt, den Vater: »Und dann? Macht Jesus ihn wieder lebendig? Und wie geht die Geschichte weiter, wie kam er aus der Grube?« Aber er hat gelacht, hat gesagt: hier sei die Geschichte, die man erzählen könne, zu Ende. Wie er ihn wieder lebendig gemacht habe, verrate die Geschichte, die ihm wiederum von seinem Vater und diesem von meinem Urgroßvater überliefert worden sei, nicht. Das sei ein Geheimnis, ein Rätsel.

– Hat dein Vater nie erwähnt, was der junge Jesus sah, als er im Bauch der Grube vor den sterbenden Judas trat?

– Was er sah?

– Was er an Judas sah. Eine Kleinigkeit vielleicht, ein Detail, aber von großer Wichtigkeit doch.

– Ich kann mich nicht erinnern.

– Nie, warum Jesus Zittern und Entsetzen ankam, als er zu Judas' Leiche hintrat?

– Ich dachte immer: weil er sah, daß der Mensch tot war.

– Das kann nicht sein. Denn wie wäre dann seine Wut zu erklären, von der die Geschichte gleich berichtet? Dann hat dein Vater also nicht erklärt, woher die Wut des Jesus kam, die, lange nachdem Judas schon tot am Boden lag, noch war?

– Kam nicht die Wut vom Töten, auch vom Töten?

– Nicht erst vom Töten, nein. Es war doch eine Wut gegen die, die herabsahen. Und warum er die Könige, die auf den Kampf niedersahen, »Wahnsinnige« geheißen, das hat er also nie erklärt?

– Ich dachte, all das käme vom Töten. Mir lag das Unheimliche der Geschichte, wie gesagt, schon im Anfang: warum der vierte so lange gewartet hatte. Meiner Schwester war eher das Ende, wo doch erst alles beginnen müßte, unheimlich und unerklärlich.

– Ein Ende, das nie so gekommen, wenn nicht eben jene Kleinigkeit gewesen wäre, die Jesus viel zu spät entdeckt, und die das Schütteln erst in seine Stimme brachte und die Wut wider die Herrn, bis lange nach dem Kampf, manche sagen: bis in sein »Eli, Eli«, sein letztes Wort, erhalten hat.

– Was war das, was er sah, die Kleinigkeit, von der du sprichst?

– So hätte der Vater weitererzählen müssen: »Als der Judas, den Dolch im Herzen, im Stich gelassen war und fiel und sterbend in der Grubenmitte lag, gekreuzt vom Fackelschattenschein, da warf sich, im Todesschmerz, der Kopf des Mannes noch einmal nach hinten, daß, Augenblicke lang, bevor das Auge brach, vom unteren Haaresscheitel her bis hochgepreßt hin durch die Halseswirbel ab in die Schulterblätter: ein menschner Brückenbogen war gebogen, der bebte, dieser Judasbogen, und hin- und hergetaucht, ins Linke, Rechte hin- und hergerissen wurde, wie eben Schmerz im Hin und Her den Kopf sich zieht, das Fackellicht, den Schattenstreif im Takt aufsuchendfindend. Und da! Im letzten Hersichschlagen dieses Kopfes, da brach die Brück zusammen, und dessen naßgeschwitztes Haar war vorgerissen, daß es die Ohrenmuschel jenes Judas freiließ und Jesus sehen konnte, daß dieses Ohr, wie auch das andere, das jetzt das letzte Hinsichschlagen seines Kopfes freigab, ganz unfrei, bis zur Taubheit eingehüllt, gefüllt voll war mit Wachs. Und Jesus erschrak vor dem Anblick des Judas, der ihn nicht hatte hören sollen, weil die Oberen es so wollten. Auch war das Zweite, das sie dem Judas hinabgeworfen und dieser mit der Linken ergriffen

hatte, kein Messer mehr gewesen, sondern ein blitzender
Kelch, der jetzt, als die Kraft ihn ließ, aus der Hand des
Toten hinrollte. Und es schüttelte seine Stimme deshalb,
als er, am Judas vorbei sich machend – so daß der und sein
Kelch ihm im Rücken lagen und sein fragend versiegelter,
zerstochener Körper nicht mehr gesehen werden mußte –
aus der Tiefe hinauf zu den Königen schrie: »Die blutige
Probe, ihr Wahnsinnigen, habe ich euch geliefert. Jetzt zieht
mich hinauf und befreit mich!« Vom Unbefreiten nämlich;
das ist von dem, den er nicht zu befreien wußte.

14

– Das Wachs ... Ganz mit Wachs gefüllt sollen die Ohren des Judas gewesen sein, sagst du?

– So sagt es die Geschichte. Wär sie vom Vater zu Ende erzählt worden.

– Aber warum hätten sie ihm die Ohren mit Wachs verschlossen?

– Das sagt die Geschichte, die dir dein Vater erzählt hat, schon gar nicht. Nicht einmal, ob es die Könige waren, die sie ihm verschlossen. Denn vielleicht fanden sie ihn schon so.

– Mit wachsverschlossenen Ohren?

– So. Und wars ihnen gerade recht gekommen, daß er nicht hören konnte, wie er auch sie nicht hören konnte, als sie kamen und sich ihn für die Grube schnappten.

– Wenn sie es nicht waren, die ihm die Ohren verschlossen, wer dann?

– »Er selbst«, so müßte man die Geschichte ehrlicherweise weitererzählen.

– Aber warum hätte er sich ...

– ... Wachs in die Ohren getan?

– Ja ...

– Um zu *hören*. Glaubst du nicht?

– Zu hören? Was hört man denn mit verschlossenen Ohren?

– Fragst du mich, oder weißt dus schon?

– Ich frage dich.

– Das soll der Junge beantworten, von dem ich dir erzählen muß. Der hat seinen Vater, einen Pfarrer, der Gott oft im Mund führte, gefragt, wie man Gott sehen könne. Sehen könne man IHN nicht, hat der Vater gesagt. Die IHN gesehen hätten, wie Moses und Johannes, die sahen heiligblendendes Feuer, die Schechina, Zeichen einbrennendes oder Worte zweischneidendes Feuer, so hell, daß man IHM nicht länger ins Angesicht sehen konnte – vielmehr nahm man das Sehen von IHM, ER gabs –, so brennend, daß man wie tot vor IHM niederfiel. »Sehen wirst du IHN also nicht«, sagte der Vater. Ob man Gott *hören* könne, fragte der Junge, hören könne, was Gott sagt. »Wenn du betest, Sohn«, hat der Vater geantwortet, »dann wirst du IHN hören.« Als aber der Sohn abends betete, hörte er nichts als den Wüstenwind, der durch die Straßen wehte, spielend Spuren verwischte oder leere *icecream* Kartons befreite, deren plattgefahrene Pappflügel unterm Rad eines Wagens eingeklemmt lagen. Und wenn der Wind, das Schlittern und Scharren seiner Windgetragenen, flaute: das Tschirpen der Zikaden. Er versuchte, genauer zu hören, hörte an manchen Abenden den *Pickup* Wagen Nat McCluskys vom Drive-In aus dem Wind sich nähern, am Haus vorbeifahren und, hinter ihm her, denselben Wind: geduldig Reifenspuren tilgen. Dann Scharren, Schlittern ab und zu, ein Rütteln an der Fliegentür, und in der Flaute: das Tschirpen der Zikaden. Manchmal, wenn er früher zu Bett gehen mußte, war windgebauscht das Lachen der *Honeymooners* auf Martha Venezias 7er Kanal aus dem Nachbarhaus noch zu hören, oder Teddy Noonans verkratzte Schallplatte, die immer beim letzten »*Can't buy me* –« hängenblieb. Bis auch solche vom angestrengten Hören gefundenen Spuren allmählich im Tschirpen der Zikaden, Rütteln an der Fliegentür, in Wind oder Schlaf untergegangen waren. Nur die Stimme Gottes, die er mit seinem Gebet hatte beschwören wollen, war nie zu hören, schien unerlauschbar. Und wenn sie, wie sein Vater behauptete, im Wind ging, diese Stimme Gottes, dann war ihr Reden unentschlüsselbar, nicht aufzuschlüsseln ihr Rütteln und Zertreten aller Spur. Dann *hatte* er bereits gehört und hätte nicht die Stimme, vielmehr den Schlüssel hinter dieser Stimme beschwören sollen, um mit Verstand dann einzubrechen in ihr Scharren und das Verscharrte Gottes. »Du mußt dich stille machen«, sagte ihm der Vater. »Wenn du IHN nicht hörst, ist es, weil du dich von anderen Dingen ablenken läßt. Schalte alles aus und mach dich still, auch deine Gedanken, mach sie still. Dann wirst du IHN hören und verstehn.«

– Du erzählst von mir. Das alles war in meiner Kindheit. Woher weißt du auch *davon?*

– Ich habe ein Talent: ich kann mich an alles erinnern, und schaff auch alles aus dem Erinnern. Nur eines bedarf ich, der hören soll. Denn zum Lebendigmachen brauch ich einen wie dich; und zum Innern des Erinnerns brauch ich einen Ort wie dich. Erinnerst du dich, was du getan hast, als dein Vater zu dir gesprochen hatte? Du warst dreizehn damals, in jener Nacht, so alt wie der Jesus der Grube.

15

– Eines Nachts, im Sommer, als der Vater schon schlief, ging ich hinaus. Gibsom Street, durch die der Wind rauh blies, hab ich überquert, die Tür zur Kirche aufgemacht. Die Hintertür zur Sakristei, die er nie abschloß. Da lag sein Kalender auf dem Stehpult, aufgeschlagen, daneben ein kleiner Stapel Tücher und eine große Streichholzschachtel, mit der er die Kerzen im Innern der Kirche anzuzünden pflegte. Hier strich ich eins der Hölzer an der rauhen Außenseite und sah es flammen. Im Licht, das die Kalenderseite traf, sah ich auch noch den Tag, der morgen käme, so dacht ich, der aber schon gekommen war, so stellte sich später heraus. Das Buch lag nämlich auf den Tag des Täufers aufgeschlagen, »Johannes« unterstrichen, weil er für diesen Tag tatsächlich eine Taufe vorsah, das Neugeborene vielleicht Johannes hieß. Dann stieg ich durch die Tür ins Innere der kleinen Kirche selbst. Doch der brennende Span, obwohl ich mich reckte, mochte nicht bis zur Spitze der großen Altarkerze reichen, die ich entzünden wollte. So kletterte ich hinauf und kniete still und hielt die Flamme an den Docht. Die Kerze brannte hell, und ich wartete gar nicht lange, da war das Wachs rund um den Docht schon flüssigweich geworden. Mit dem gelöschten Streichholz strich ich davon in meine Hände, wo es abkühlte, rasch, und ich es mit den Fingern formte, wie Lehm, rundend den gewordenen Ball wieder wärmte, dann von neuem herabstrich auf ihn, bis ich glaubte, genug davon zu haben, und mir die knetbar-warme, kleine Weltenkugel brach, sie auf die linke und rechte

Ohrmuschel streichend verteilte. Ich konnte nicht mehr von außen, nur noch den eigenen Atem hören, darunter aber: ein Raunen, das kaum merklich zu beben schien. Gott wollt ich hören, jedem äußeren Geräusch entkommen. Jetzt sah ich aber, daß auch alles Sehen Lärm schaffte, das Sehen selbst der Kerze: den Stichton des sie entzündenden Holzes mich erinnern machte; die Leere dieser dunklen Kirche Erinnerung an Schritt und Stimmen der Kirchgänger, an deren Gesänge brachte; die aufgeschlagene große Bibel mich an im raschen Winde frei hin- und hergeschlagne Seiten erinnerte und somit lärmte und in der Stille den Ton des Lärms, so scharf gezeichnet wie er selbst, in mir erregte. Ich blickte auf zum Kreuz, dem großen Kruzifix, an dem in Holz geschnitten der Körper Jesu hing. Wo das gemalte Blut zu sehen war, gut zu erkennen, wies über die aufgenagelten Füße hintroff, da bildete ich mir ein: die Tropfen Bluts nicht nur zu sehen, sondern sie auch auftreffen und im Altartuch versiegen zu hören. Ich schloß die Augen, schloß die Bilder, von denen alles Sehen kam, aus mir. Da war es stiller. Mit geschlossenen Augen stand ich auf, um Ihm ganz nah zu sein. Da lärmten die Gedanken. Und die Erinnerung schuf sich die Welt hinter der Welt, die sonst das Sehen und das Hören gab, und sah und hörte unabhängig, lärmte los. Ich hielt den Atem an, wie um dem Lärmen der Erinnerung die Zufuhr abzuschneiden – da strich, da, schien mir, hauchte, leckte, heißfahrend rasch, Seine Hand: an meine Hand. Vorbei. Das Sich-Berühren zweier Hände. Wie ausgelöscht: mit einem Schlag … bin ich, kaum daß ich atme. Jetzt müßte sich die Stille füllen: mit Seiner Stimme. Das hab ich nicht gedacht, gerade weil ich durch den Schrecken gar nicht zum Denken fähig war. Atemnah-heiß, leckend mit der Zunge des Tiers, hat Er gesengt, hätte mich beinah gepackt. Und wieder! Jetzt! Spürt ichs: daß sich Sein Angesicht zu meinem nieder, näherbeugen wollte, daß es ganz heiß vor meinem Paar geschlossner Augen wurde. Unter der Hitz Seines Antlitzes war auch ein Hissen, ein

Kratzen und Schlängeln zu hören, ein Beißen und Zischen, das sich von außen durchs Wachs in meine Ohren schmolz, als wollt Er zu mir flüstern. Da fuhr Seine Hand nochmals an mich, brennend heiß, daß ich vor Furcht erstarrte: im Feuer Seiner Worte, die jetzt kämen, ganz ausgelöscht zu werden. Die Augen aufschlug und Ihn brennend sah!

Ich stürzte vom Altar. Das Kruzifix über mir, die Wandtäfelung hinterm Altar standen in Flammen. Vor dem brennenden Türpfosten zur Sakristei lag vergossen die große Kerze, die ich beim Aufstehen, ohne zu hören, vom Altar gestoßen haben mußte. Ich rannte zwischen den Kirchbankreihen hinab zum Haupteingang. Verschlossen. Als ich mich wandte, zurückzugehen, es bei der Tür zur Sakristei doch zu versuchen, sah ich den Leichnam in Flammen vom Kreuz brechen, auf dem Altar darunter zerschellen und, so zerstückt, das Feuer in die Kirchenmitte werfen. Mir war der Weg verstellt. Auch so: als wolle ihn hier wer verstellen. Will Er sich rächen, dacht ich: jetzt, an mir? Weil ich Ihn, den Verscharrten, in Seine Stimme zwingen wollte – in meine: daß auch ich verstünde? Oder spricht Er hier hell und klar in dem erzwungenen Glanz, und ich versteh nur wieder nicht? Was spricht Dessen Flamme, die das Bild von Ihm auslöscht? Ich wurde von einem Feuer, das Seine splitternd-reißende Hand gelegt hatte, in die Enge gedrängt, zur Wand. Hochklettern konnt ich hier nicht, und das einzige Fenster lag zu weit oben, um es ohne Seil oder Leiter erreichen zu können. Was spricht Dessen Flamme, die herab in die Kirchgrube bricht, über den Raum herfällt, der Ihm gerichtet wurde? Die auf die ersten Bänke schlägt, wo ich mit anderen vor Ihm gekniet, dem Feuerstifter, der hier – so kams mir in der Angst – im Hinterhalt gehangen und nur auf diese eine Nacht gewartet hatte, um mein Vertrauen, das sich Ihm kindlich-hinterlistig in Sein Geheimnis schleichen, es mit Ihm teilen wollte, zu bestrafen. Die Tür zur Sakristei war schon ein Teil der Flammenwand, die sich hier großgeredet hatte. Ich wollte drüberschreien, nach

Hilfe rufen, mich verraten, um hier noch zu entkommen. Und rief nach meinem Vater, meiner Mutter, die, wie ich später einsah, doch nichts hören konnten, so laut war schon der Wind geworden, der um die Kirche ging. Da sah ich, daß an der vom Feuer angefallenen Tür zur Sakristei ein Ruck geschah, nach innen, als sei jetzt jemand eingetreten und wolle öffnen, und rüttelte und zog, bis sie nach innen wich, die Tür – und sich ihm öffnete. Es war nur Wind, der frei von draußen kam, sich durch den Spalt der äußeren Tür, die ich nur angelehnt: hindurchgespielt, hindurchgesogen hatte. Sein Blasen bog, nur ab und zu, die Flammenzungen aus der Mitte der aufgestoßenen Tür und so weit gegen die Wand hin, daß ich glaubte, durch die feurig-zitternde, mandelförmig-gezahnte Bresche noch springen zu können. Ich ging auf sie zu, bis dorthin, wo die Hitze mich tasten machte, mir die Augen wieder schloß und ich vor Schmerz aufschrie, als ich das Feuer sich von unten um meine Füße legen fühlte. Ich fiel zurück und sah, daß es das Feuer im abgespaltenen Haupte des Gekreuzigten war, das hier den Weg versperrte, um meine Füße fassen wollte, als spräch es eine Bitte. Ich sah den Kopf: die aufgemalte Farb und Firnis von sich ziehen, die Augen bis nach innen brennen, die Maserung der Gedanken, die Dornenkronenwunden überbrannt: sich auslöschen, vom Wind gefacht-befohlen. Jetzt wollt ich mit Ihm sterben, der Mund, auf dem jetzt Flammen standen, der schien mich so zu bitten: nur nicht allein zu sein, »Bleib hier, bleib bei mir«, mehr noch, mir Sein Geheimnis zu verraten: die Menschenschmerzen und die Menschenangst, mit der Er vor mir brannte und die Er all die Jahre lang verschwiegen hatte, und die Er teilen wollte. Da stob der Wind bis zur Unkenntlichkeit ins holzgeschnittne Haupt, das eben noch gesprochen hatte. Ich wurde wach an diesem Nichtmehrsehen, Nichtmehrerkennenkönnen, sprang auf und übers Haupt hinweg, durch jene Bresche. Entkam so durch den Hinterausgang, stand wieder in der Nacht, im Wind, der schon am Löschen auch meiner

Spuren war. Mein Kopf dröhnte. Ich zog und krallte mir das Wachs aus den Ohren: hörte das Prasseln jetzt aufblasen hinter mir. Die Flammen fraßen schon am First. Ich eilte über die Straße zurück zum Haus und sah doch noch, bevor ich unters Dach der Veranda trat, nach oben, wo hinterm Fenster unseres Zimmers, das diesen Brand schon spiegelte, die stand, die alles hier gesehen haben mußte: die Schwester.

16

– Die, die dich nie verriet?

– Ich habe keine andere. Sie hat ... mich nie verraten. Der Vater und die Mutter habens nie erfahren. Man ließ uns auch zusammen damals, im selben Zimmer. Denn eigentlich war vorgesehen, daß Sharon das alte Arbeitszimmer meines Vaters im Erdgeschoß, in dem sein Safe stand und das er ausräumen wollte, beziehen würde.

– Warum?

– Wir seien jetzt beide alt genug, hieß es. Mehr nicht. Da ich aber in den Monaten nach dem Brand der Kirche immer wieder Alpträume hatte und Sharon mich nicht nur aus ihnen aufwecken konnte, sondern geduldig mich, sobald ich erwacht war, auch zu beruhigen, mir zuzureden wußte: »Es ist alles gut. Ich bin ja da und beschirm dich. Hast nur geträumt, Johnny. Hab keine Angst«, verschob man unsere Trennung auf später.

– Was für Alpträume waren das?

– Ich träumte vom brennenden Gesicht Gottes, das flüsternd sich über das blinde Gesicht, die tauben Ohren eines Jungen herabgebeugt hatte. Und als es ihn in der Stille verschlingen wollte – da schrie ich ...

– Und wurdest von Sharon geweckt.

– Manchmal wars mir, als hätt sie schon länger am Bettrand gesessen, gewacht. »Ich geb nur acht, daß du dich im Traum nicht verrätst«, hat sie dann immer gesagt.

– Die Stelle hier, an deinem linken Ohr, die stammt doch auch noch aus jener Brandnacht. Hat man die nie bemerkt? Die hätt dich doch ebenfalls verraten können.

– Wir rannten, nachdem Sharon die Eltern geweckt hatte, alle raus zum Löschen vor die Kirche, wo sich auch andere Leute jetzt versammelten und ich den Flammen mehrere Male so nahe kam, daß, als sies bemerkte, meine Mutter mich fortzog und da erst meine Ohrverletzung und die versengten Haare sah. Sie gab Jod und eine Brandsalbe auf den oberen Bogen der Ohrmuschel. Die Rundung aber blieb dort hart. Auch jetzt noch, wenn ich mit dem Finger nachspür, dann sind an der verbrannten Stelle Zacken fühlbar, ein kleiner »Hahnenkamm«, wies meine Schwester nannte.

– Die, die dich nicht verriet.

– Verraten hat sie mich nie. Gedroht hat sie mir damit wohl einige Male. Ich wußte nie, wie ernst sies meint. Einmal hat sie durchs Fenster von *Harry's Gas Station* auf die Landkarte gedeutet, die dort seit Ewigkeiten von unserer Gegend hängt. Den Umriß unserer Insel hatte sie mit roter Kreide nachgefahren, den oberen Rand der Mandelform so nachgezackt, daß es »rat mal, von wem?« ein großes rotes Ohr ergab, in dessen Mitte, der Mitte Blades, sich rote Kreideflämmchen um eine rotgetupfte Kirche sehen ließen. Sie würde Harry schon ablenken, daß ers nicht sieht, wenn ich die Kreide von der Karte abwischen wollte. Aber nur wenn mir das Bild nicht lustig vorkäm, *ihr* käm es lustig vor. In der Hand hat sie mich gehabt. Ich wurd ganz still. War ganz beherrscht von ihr, von ihrem Reich. Sie war, die sagte, was gespielt und wie gespielt wurde. Bis sie zu lachen begann und ihr Reich versank und sie mir schwor, mich nie und nimmer zu verraten. Das war wie ein Geschenk, denn ich glaubte ihr jedesmal ganz, weil ich ganz glauben mußte und nur fürchtete, der Vater oder die Mutter könnte uns einmal beim Streit hören und das Geheimnis von ihr fordern. Aber das geschah nie.

– Die, die dich nie verriet, hat es dir dennoch angedroht.

– Es blieb unser Geheimnis.

– Sie muß dich sehr geliebt haben, glaubst du?

– Das glaub ich nicht, das weiß ich.

– Und doch.

– Und doch?

– Und doch hast du sie umgebracht.

– Ich habe was …?! Was sagst du …?

– Deine Schwester umgebracht.

– Ich?! Du bist verrückt!

– Getötet hast du sie. Jetzt mach sie mir wieder lebendig. Die Freundin will ich wieder. Erinner dich.

– Es war ein Überfall! … Es war ein … Überfall, du Wahnsinnige, ein Überfall! …

– … von dem du nichts, auch gar nichts sahst; mit dem du nichts zu schaffen hattest. So wurdes dir doch damals eingetrichtert. Erzähle, du!

– Erinner *du* dich, die sich an alles erinnert. Nur mach es mich nicht glauben. Ich weiß, wie meine Schwester starb. Ich kann sie nicht erwecken!

– Nur *du* kannst das. Sonst keiner. Und tust es jetzt.

– Ich werd den Teufel tun, verrücktes Ding. Red du, und was du willst.

– Ein Jahr nach dem Brand, der die Kirche deines Vaters völlig zerstört hatte, war ein Großteil des Geldes, das für den Wiederaufbau der Kirche in Blade bestimmt war, wieder im Besitz deines Vaters. Während eines letzten Spendenaufrufs war ein Großteil der Summe, um die Spendenfreude der Bürger auch umliegender Ortschaften zu steigern, für Showzwecke im offenen Safe der Pfarrei auf dem Kirchenvorplatz ausgestellt und wurde vom *Sheriff's Deputy,* der darüber wachte, daß die Spenden nicht in den Safe selbst, sondern in die große Plexiglastrommel auf dem Tisch davor gesteckt wurden, gegen Abend ins Büro des Pfarrers, deines Vaters, im Safe verschlossen zurücktransportiert.

In dieser Nacht spracht ihr Kinder im Dunkeln noch von Bett zu Bett. Denn morgen, sobald das Geld wieder in der Bank deponiert wäre, sollte deine Schwester der Mutter beim Ausräumen ihres neuen Zimmers helfen und Sharon endgültig nach unten ziehen. Der Vater wollte den alten

Safe in den Keller räumen lassen, damit seine Tochter mehr Platz hätte. Ihr spracht noch lange.

– Ja, noch lange.

– Worüber?

– Es war doch ein Abschiednehmen.

– Warum?

– Wir waren traurig. Wußten: hier ging etwas zu Ende. Das Kindsein würde aufhören, wenn wir uns trennten. Nicht nur die Spiele draußen im ausgelöschten Fluß, das »Lehmfigurengießen«, »Versteck« und »Wirst-du-mich-Er-kennen?«, auch drinnen, das gegenseitige Bis-in-die-Nacht-Erzählen und auch das Wecken, Trösten, würde nicht mehr sein. Sharon sagte: »Ich werde dich doch besuchen.« »Das wirst du nicht«, hab ich gesagt. »Du wirsts vergessen, wirst zu müde sein. Morgen wird das alles aufhören. Morgen geht alles weiter, wir werdens vergessen.«

– Und dann? Sagte sie nicht: »Ich werds schon nicht ver-gessen, du ...« Und meinte damit dich und dein Geheimnis: Ich werds schon nicht verraten?

– Nein, so hab ichs nicht ...

– Hat dir gedroht. Solange sie erinnern würde ...

– Ich sah das nicht als Drohung. Ich war auch viel zu nachdenklich.

– Und sie?

– Sie hat gesagt: »Ich werd dich doch besuchen«, hat mit dem Kissen nach mir geworfen, mich lachen gemacht. Ich stand auf, griff nach dem Kissen und warf es zurück. Ich traf sie nicht, aus Versehen aber eine Schachtel, die sie auf ihre Kommode gestellt hatte. Ich erschrak furchtbar ...

– Warum?

– Vor Tagen hatte sie ein Junges, das aus einem Vogel-nest gefallen war, aufgehoben. Ein Sperling wars. Sie hatte welche in Verdacht, die ständig mit *BB-guns* unterwegs waren und auf alles mögliche schossen. Obwohl ihr der Vater gesagt hatte, daß das Junge zu geschwächt sei und nicht überleben würde, bestand sie darauf, das Tier in ihrer

Schachtel herumzutragen und ihm, was sie so fand, zu füttern. Es nahm aber nichts mehr an. Jetzt dachte ich, ich hätt es mit meinem Wurf …

– Erschlagen.

– Ja … Sharon aber war nicht erschrocken. Denn die Schachtel war leer. »Meinen Spatz hab ich umgebettet«, hat sie gesagt. »Der darf schon unten im neuen Zimmer schlafen.« Sie hob das Kissen auf und warfs mir zurück. Eine Weile ging es so weiter, als sei nichts geschehen, bis wir, da das Kissen einmal im Niemandsland zu weit weg von uns landete, anhielten und einander atemlos ansahen. Da war es das letzte Mal.

– In dieser Nacht hattest du einen Traum. Du glaubtest das Geld, das doch heimlich deine Schuld am Kirchenbrand wiedergutmachen sollte, in großer Gefahr. Vor dem Safe, der offen war und leergeraubt, sahst du im Traum den Vater knien. Und beten, weinen. Er trug eine alte Uniform und lehmverschmierte Armeestiefel, darüber seine schwarzrote Plaidjacke, die er dir später gab, weil sie dir schon als Kind gefiel. Du sahst ihn die Jacke ausziehen und langsam über etwas breiten, das vor ihm lag, aber nicht sichtbar war, als wollt er hier etwas verstecken. Das Traumbild, mehr noch: der Ton seines verzweifelten Weinens, der hat dich aufgeweckt. Jetzt warst du wach. Du hast gelauscht, ob nicht das Weinen *doch* zu hören und in den Traum sich eingeschlichen hätte und wirklich Weinen deines Vaters war. Dann standst du auf. Dann standst du wirklich auf. Deine Schwester, das sahst du, schlief tief. Sie hörte es nicht, als du das Zimmer verließt. Du wolltest sehen, ob das Geld sicher war. Draußen ging der Wind, pfiff und rüttelte an der Fliegentür, das konntest du noch von oben hören. Sonst war es still im Haus. Langsam, mit deiner Hand an der Wand streifend, gingst du die dunkle Treppe hinab ins Erdgeschoß. Schon vom unteren Treppenabsatz aus sahst du: die Tür zum dunklen Arbeitszimmer deines Vaters stand offen. Das war ungewöhnlich. Denn dein Vater ließ die

Türen der Zimmer, in denen abends nicht geheizt wurde, immer schließen. Grau querte ein Streifen Mondlicht die Tür und schnitt den Korridor entzwei. Dahinter war es wieder dunkel.

Du gingst den Korridor zur offenen Tür. Und sahst hinein. Im Dunkel hinterm Mondlicht, das durchs Zimmer fiel, konntest du nichts erkennen. Du tratst doch ein, gingst durch den Lichtschacht hin und sahst, in seinem Rücken angekommen: den Safe, der neben dem Schreibtisch stand. Der war noch unberührt. Ein Ticken, Schlagen, hörtest du. Die Wanduhr. Die zeigte teilnahmslos den neuen Tag. Darunter lag in einem Spankästchen: ihr Sperling. Du hast mit deiner Fingerspitze drangerührt. Er war schon tot. Du würdest ihrs nicht sagen. Sollte sie es morgen selbst entdecken.

Da fuhrs durch dich: das von vorhin. Ob du nicht doch. Mit deinem Wurf. Ob nicht im selben Augenblick …

Denn sonst wars hier im Zimmer wie im Traum: ein jedes Ding war angespannt, war eingespannt in einen Bogen, der nicht nachließ, war nächtig-still und taub und dicht. Als sei die Welt doch dichtgedrängt zum Platzen dieser Stille, war alles still-verhohlen: das Unberührte war nicht unberührt, sondern im Dunkeln, dort, wo du es kaum mehr sahst, verbogen und entstellt, grad so, als löge es und sei vielmehr berührt und schon geraubt und schon bestohlen, der Hülse schon abhanden. Alles war dein, als sei es nicht mehr dein. Das Tönen großen Verlierens war ankündigend in allem schon, und du, du konntest es hören, warst, wie im Traum schon, vorgewarnt. Aber so auch der Vater, hast du jetzt bemerkt. Du sahst das Wandschränkchen überm Safe, in das du einmal sehen durftest: dort hielt er die Pistole verschlossen, die er als Militärpfarrer aus dem Krieg mitgebracht hatte. Gut möglich, daß der kleine Schrank noch abgeschlossen war. Nur hatte der Vater vergessen, den Schlüssel, der sonst nie zu sehen war, wieder abzuziehen. Ob er die Waffe heraus- und zu sich genommen hatte, diese Nacht? Du würdest auf den Safe klettern, um nachzusehen. Nachzuschließen, zur Sicherheit. Du hast ihn aufgemacht, nicht wahr, den Wandschrank? Obwohl du sahst, daß er verschlossen, der Schlüssel nur nicht abgezogen war. Seine Pistole lag nicht in ihrem Fach. Er muß sie sich genommen haben, dachtest du. Er hatte Angst gehabt wie du in dieser Nacht. Die kleine Lade unterm letzten Fach, die er dir damals, als du hineinblicken durftest, nicht aufgemacht hatte, hast du jetzt aufgemacht. Da lag im Dunkel auf dem Grund der Lade: eine zweite Waffe, ein Revolver, der silbrig aufscheinend sich jetzt bemerkbar machte und den der Vater nie gezeigt, dir vorenthalten hatte. Als du ihn aufhobst, sahst du darunter ein kleines handbeschriftetes Notizbuch. Du schlugst es auf: die alten Daten, Bleistiftschrift: ein Tagebuch, noch aus dem Weltkrieg. Da last du: »Heute mit den andern durchs Lager gegangen. Großer Herr! Wir sind von Toten überladen. Ein Gott der Lebenden willst Du sein! Du bist es auch nicht mehr für die, die nicht mehr leben wollen beim Anblick dieser Toten. Hinter den Gefallenen, Gehängten, Verbrannten hieltst Du versteckt: das ganze Volk der eingesperrt zu Tod Gequälten. Ich konnte nicht mehr trösten. Eine alte Frau kam auf mich zu, war nur noch Knochen und doch so schwer, so spürbar und lebendig lebender Mensch, daß ich unter der kleinen Last zusammenbrach. Ein Freund kam rüber, half mir, der ich sie noch umfaßt hielt, als könnt ich helfen. Dabei hatte ich sie mit mir zu Boden gerissen. Vielleicht glaubte sie, ich wär betrunken und wollte, wie ich auf sie zukam, nur ihren Retter spielen. Den ganzen Tag im Lager, kein einziges Gebet. Nur aus den Mündern der Befreiten hör ich so was wie Beten. Im übrigen war vor den Feldern, den Alleen, den Bergen Toter längst keine Sprache mehr. Ich wollte fliehen. Zieh mich aus dieser Totenwelt, aus diesem lehmigen Gestrüpp, den Leichen, faß mich heraus, dort, wo ich krieche, lauernd den schuldigen Feind mir suche, bevor er mich findet. Zieh mich hinauf zu Dir und laß mich die Vogelperspektive genießen, wie auf den Luftphotos, die einer mir gestern noch zeigte und denen nichts anzusehen war. Laß mich Deinhändig sein, auf Deinen blutüberlaufenen Erdnapf spucken, und dann zeig mir Dein »Reich«. In Deine Hand eingerollt will ichs sehen, zeig es mir, versichere mir, daß es besser ist. Und wenn es »besser« ist, Du uns das Bessere verhohlen hast, entlaß mich aus der Deinhändigkeit, und ich will über Deine Lippen hinweggehen, der Gerechtigkeit leben und Dich ersticken. In Deinen Schlund will ich mich hinabstürzen und fallend verdammen die Grube, aus der das Wort stieg, das uns schied.«

Im Lesen noch, im Lesen dieser feinen grauen Schrift bist du den Bildern hinterhergegangen, als würdest du dem Vater selbst den Retter spielen wollen, Tröster, Helfer. Dem Vater nicht nur – allen Menschen. In einem Bild, das aufkam mit der Kraft des Widerbilds, das keinen Toten duldet, das allem Toten widerspricht, das alles Hingefällte wieder richtet, bist du ihm nachgegangen und kamen alle zu dir, wachten auf, sie standen auf, erstanden auf, ein großes Raunen war zu hören der Glieder, die sich wiederlebten, der Sprachen, die sich wiederfanden, der Augen, die sich wiedersahen, der Hände, Arme, Schultern, die sich wieder faßten, preßten, fühlten. Totengebet war Freudenschrei über dem Dröhnen. Denn ein Dröhnen wars überall, weit über die Grenzen des Lagers hinaus, alle Lager umfassend, weltüber, und war das Dröhnen der Erhobenen, die aus dem morschen Totenbett sich hoben, das Dröhnen der Erinnerten aller Welt, zeitüber, das Aufstehen aller Toten – auf deinen Kinderwunsch, zum großen Staunen deines Vaters.

Dann bist du, wie berauscht von deiner Eigenmacht, aus diesem lauten Bild erwacht. In jene nächtig-stille, zum Platzen stille Welt des Zimmers, in die das sanfte Ticken der Wanduhr schlug. Sein Buch, aus dem du verbotenerweise gelesen hattest, warst du dabei zurückzulegen, es war jetzt schwer, merkwürdig schwer. Du hattest dich gereckt, die Lade zu erreichen, da hörtest du – was hörtest du?

– Die Tür.

– Die Fliegentür?
– Die Zimmertür fiel zu.
– Und?
– Jemand schlich.
– Kam? Kam ins Zimmer …?
– Kam hinter mir zu stehn.
– Und griff dich?
– Nein, ich … bevor er greifen konnte …
– *Du* hast dich umgedreht.
– In Todesangst.
– Langsam, wie gelähmt dich umgedreht?
– Rasch, überrascht, in einem Dreh …
– Und dann der Schuß.
– Der Schuß.
– Hast dus gesehn?
– Ich habs gehört zuerst.
– Gesehen hast du *sie*.
– Sie …?
– Sie.
– Ja. Gesehn …
– Und dann?
– Kein dann.
– Wo war die Waffe?
– Die, die schoß?
– Wo war die Waffe, die du sahst?
– In einer Hand.
– In einer Hand. Jetzt sag es ganz. Jetzt sag es, mach es
ganz. Wo war die Waffe jetzt, kaum war der Schuß verhallt?
– In einer Hand.
– In *deiner* Hand.
– In meiner …
– In deiner Hand.
– In meiner … Hand.
– Ja, dort.
– In meiner Hand.
– Sie *schoß* aus deiner Hand.

– Ich sah den Schuß nicht.

– Sie war noch heiß, die Waffe, sie *schoß* aus deiner Hand.

– Aus meiner Hand.

– Sie war noch *heiß*.

– Noch … heiß.

– Und sie, die Schwester?

– Sie war … aus meiner Hand …

– Sie fiel?

– … und fiel.

– War auf der Stelle tot?

– Aus meiner Hand.

– Du weißt es jetzt, erinnerst jetzt, nicht wahr?

– Ich stand noch da und hab sie angestarrt. War völlig machtlos, hab sie angestarrt. Lang, schien mir, machtlos-leer, ein wirres Schementreiben noch im Kopf, ein letzter Menschenspuk der Menschen, die ich in meiner Phantasie noch eben auferweckt hatte. Hier lag sie tot, mir unerweckbar.

– Was sahst du?

– Als sich die Seele aus dem Körper schlich, sah ich ihn zittern und sah die Nasenspitze zittern, die Nasenflügel dort sich blähen, als würd sie angestrengt noch Luft nach außen stoßen.

– Und dann?

– Ein leises Rollen hört ich irgendwann. Über den Holz-boden hinrollen.

– Was wars?

– Es kam aus ihrer Hand.

– Aus ihrer Hand …?

– Und blitzte auf, so unter Mondlicht. War Glas. Ein umgestoßenes Einmachglas. Und daraus kroch – ich sahs – und ringelte und wand sich, was sie doch ihrem Vogel zu füttern gekommen war.

17

– Waren die Eltern nicht schon im Raum?

 – Vielleicht.

 – Die waren schon gekommen, waren schon eingetreten.

 – Ich hab sie nicht gesehen, hab nur die Sharon angestarrt.

 – Wer hat geschrien?

 – Niemand, hab niemand schreien hören.

 – Was hast du gehört?

 – Die Mutter hat mich geschüttelt, als müßt ich wach werden.

 – Hat die Pistole aus der Hand genommen?

 – Kann sein, ich hab es nicht bemerkt.

 – Und wer hat …

 – Die Mutter hat mich aus dem Zimmer, über den Korridor, ins Wohnzimmer geführt, hat mich dort auf die Couch gesetzt, hat mir den Pyjama, auf dem sie Blutflecken zu sehen glaubte, ausgezogen und ging dann eine Zeitlang aus dem Zimmer.

 – Wohin?

 – Ich weiß nicht. Nach gegenüber, ins Zimmer, wo es geschehen war, nehm ich an.

 – Und der Vater?

 – Jetzt hört ich ihn schreien. Jetzt.

 – Und?

 – Unverständlich. Ich konnte die Worte nicht verstehen. Es war im Schmerz, war Zungenlärm.

 – Wie lange ging das?

– Ich weiß nicht. Die Mutter kam dann wieder. Sagte: daß ich mit allem nichts zu tun hätte.

– Hörst du?

– Ja, fragt sie mich: »Hörst du? Du hast mit allem nichts zu tun. Gar nichts zu tun. Du weißt nur, daß sie tot ist. Im Zimmer warst du nicht. Hörst du? Du? Wiederhol mir, wiederhol es mir: im Zimmer warst du nicht.«

– Und du?

– Ich hab es schließlich wiederholt.

– Sie fragte: »Weißt du, was sie mit dir tun und wie dich die Menschen sehen werden von heut an, wenn du etwas sagst? Du kannst nichts sagen. Nur daß sie tot ist. Im Zimmer, hörst du, warst du nicht. Du hast geschlafen. Bist durch den Schuß geweckt worden, wie wir. Wir alle. Sonst hast du nichts gehört und nichts gesehen. Und in das Zimmer: in das Zimmer haben wir dich nicht gelassen. Du bist nicht eingelassen worden, wir wollten nicht, daß du das siehst. Du warst nie drin. Du warst heut nacht nicht dort. Du warst nicht dort. Du warst in deinem Zimmer. Wiederhole.«

– Und du?

– Ich hab sie wiederholt, die Worte. Wie Werkzeuge habe ich sie benutzt: gereinigt hab ich mich mit ihnen, weggeschlossen hab ich, was wegzuschließen war. Ich habe, so geübt ich war, auch alle andern Worte, und alle andern Bilder, die dann damit verbunden waren, die eben noch gelärmt hatten, ich hab sie langsam, eins fürs andere, ausgelöscht. Wie um die Stille zu bereiten, die sonst für IHN bestimmt gewesen war. Die Stille nach dem Töten war mit der Gottesstille eins.

– Eins.

– Und Traum wie Wirklichkeit: ich sah ihn, durch die Tür, den Vater, so wie ich ihn in meinem Traum gesehen: Er kniete weinend, betete. Im Hintergrund …

– Der Safe war leer.

– War leer.

– Die Räuber noch im Haus.

– Die Räuber noch im Haus, und die Beraubten. Hastig, verschworen, betend. Ich, der ich nur beschützen wollte, was jetzt gestohlen war – denn so versucht ich zu erklären, stotternd, zitternd, wies geschehen war –, und die, die mich beschützten, der sie bestohlen hatte. Und wo die Beraubten noch weinend zusammenbrachen, da planten die Räuber schon voraus. Das Eßzimmer wurde zugerichtet.

– Warum?

– Dort war, das wußte nur die Mutter, unter einer der Besteckschubladen: ein Zettel angeklebt, darauf die Safekombination vermerkt war. Weil sie vorsichtig sein wollte und die Zahlen schon öfter vergessen hatte.

– Den riß sie ab …

– Nein, sie legte die umgekehrte Lade, an der der Zettel befestigt war, neben den Tresor.

– Neben die Leiche.

– Die Sharon. Ja. Und kam dann lange nicht. Und weinte.

– Hast du sie gehört?

– Ich hab sie nicht gehört. Der Vater stand im Eßzimmer, das zugerichtet war.

– Hast du geweint?

– Ich … habe nicht geweint.

– Je über ihren Tod geweint?

– Nein, nie.

– So hieß es später, als sie kamen, der Deputy und die andern, daß eingebrochen worden, daß, beim Diebstahl des teuren Bestecks, beim Ausleeren der Lade wohl auch die Kombination bemerkt worden war, mit der der Räuber dann ins alte Arbeitszimmer ging. Die Sharon hatte den Einbrecher im letzten Augenblick überrascht und war von ihm erschossen worden.

– Dem Mörder. Denn jetzt, mit diesem Schuß, war es kein Einbrecher mehr. Kein Einbruch, sondern Mord.

– Der Mörder noch im Haus.

– Die Waffe hatte man verborgen. Was noch?

– Das Besteck. Ich weiß nicht, ob sies mit dem Geld vergraben haben.

– Hast du sie graben sehen?

– Nein. Ich war ganz still.

– Jahrelang warst dus.

– Ganz still.

– In ihrem Zimmer?

– In unserem Zimmer, ja. Zwei Jahre. Alles stillgemacht, was sich noch rühren wollte, mich an sie zu erinnern.

– Bis ihr ins andere Haus zogt. Und doch am selben Ort bliebt. Warum?

– Die Stille. Wir waren wie angebunden durch das, was geschehen war.

– Und jeder hat mit euch getrauert.

– Oh ja.

– Bei Sharons Begräbnis auf dem Friedhof in Blade: sahst du die Menschenmenge, die den weißen Eichensarg bis hin begleitete?

– Ja.

– Aber davor noch: hast du sie noch einmal gesehen? Wurde sie aufgebahrt?

– Ja. Sie lag aufgebahrt, und einige Stunden lang konnte man in die kleine Kapelle hinter der Friedhofsmauer gehen, sie zu sehen.

– Hast du?

– Sie gesehen? Ich wollt nicht hin. Und bin dann doch.

– Warum?

– Die sie gesehen hatten, sagten, wie unbeschreiblich schön sie da zu sehen wär. Kein Zeichen von Gewalt.

– Du gingst hinein?

– Ich war der letzte … vorletzte.

– Und sahst sie.

– Ich trat bis vor den Sarg, ging dann an ihm entlang, nach links, bis auf die Höhe des Gesichts.

– So daß du auf sie sehen konntest.

– Ja.

165

– Und sahst?

– Ich sah nicht ihr Gesicht. Oder vielmehr: so Unfaß-
bares lag hier, daß ich nicht Gesicht, sondern Landschaft
sah. Ich sahs als heilige Landschaft, das Gesicht, den ganzen
Körper, so angeordnet, so geschmückt. Und wie bewohn-
bar unbewohnt. Und wie entdeckt jetzt unentdeckbar: als
sei es Landschaft, still und taub, die niemand je bezeichnet
hatte, die noch nicht sprach, die keine Namen gab.

– Für die es keine Namen gab?

– Doch. Eben doch. Die Sharon. Nach der Ebene von
Scharon in Palästina. Es ist die Ebene, die vor dem Berg
Karmel liegt. Und wie Scharon lag vor dem Berg, lag eine
Schunemiterin auf Karmel, lag vor den Füßen des Prophe-
ten, und Elischas Füße umfaßte sie und forderte von ihm, er
solle mit ihr gehen und wieder lebendig machen.

– Wen denn?

– Den Sohn.

– Und dich, lag sie wie Sharon, deine Mutter jemals, wie
jene Schunemiterin?

– Die um den toten Sohn flehte?

– Die um den Stillen flehte, um den, der still, ihr still
geworden war. Ganz still. Wie du geworden war. Wie stille
Landschaft.

– Das tat sie nicht. Denn mich hatte man ja gerettet. Sie
dachten sicher: daß sonst auch ich verloren wäre. – Ich sah
noch eins, bevor ich von der Landschaft ging, vor der ich
stand. Ich sah doch ihr Gesicht, sah einen Teil davon. Für
einen Augenblick.

– Welchen?

– Ihr Ohr.

– Ihr Ohr?

– Ja. Der Bestatter hatte es, wo es vom Schuß zerstört
worden war, mit Wachs nachgeformt.

18

– Und warum gingst du schließlich?

– Ich sah den Vater an der Tür: mich stumm ansehn. Er stand dort, trug ein Bündel in der Hand. Ich bin dann zu ihm hin.

– Wie war es zwischen euch?

– Kaum Fragen mehr und kaum mehr Antwort.

– Dabei war alles doch durch eine Frage so gekommen.

– Durch eine Frage? Jetzt erinner mich, denn …

– »Wie hör ich Gott?«

– Auch so hab ich nicht mehr gefragt. Ihn nicht mehr fragen können.

– Du Scheinheiliger, du verspätet Reumütiger, hätte er gesagt, dir nicht geantwortet.

– Ich weiß nicht. Eher, daß kaum mehr … kaum mehr nach Dem gefragt werden konnte, der das zugelassen hatte. So. Er war auch wie gebrochen. Ich wollt ihn nichts mehr fragen.

– Und du?

– Die Schuld, die ich mir ganz eindeutig gab – auch wenn ich sie verhehlen mußte –, die band mich an die Fragen.

– Und so?

– Und so dann auch an Gott.

– Die Nadel Angst zog hinterher, was dich so an IHN band. Du warst gebunden.

– Denn wenn ER, sagt ich mir, mit dieser Katastrophe Antwort gäbe, gegeben hätte …

– Du warst gebunden, unfrei, nicht mit IHM verbunden. Wie hättest du IHN hören können?

– ... wenn ER mir doch hier Antwort gab, durch dieses Unglück, was wär dann zu sagen? Wie wäre diese Antwort dann zu lesen?

– Wie das zu lesen wäre, daß Er dich zum Mörder werden ließ? An deiner Schwester?

– Zu einem Mörder, der ja, außer zweien, sonst nur IHM entdeckt war. Sonst unentdeckt-verhohlen. Und unentdeckt: warum, zu welchem Ende? Was war denn da zu hören, wenn ich hören sollte? Was hatte ER gesagt, wenn wirklich hier gesprochen worden war? Das mußt ich finden, denn darin läg die Antwort an IHN, meine Antwort.

– In Seiner Antwort: deine?

– Denn dann würde die Frage, die sonst dazwischen steht, im Finden aufgehoben und gleich die Antwort draus. – Aber all das konnt ich noch nicht denken, ich war noch mit den andern und ließ mich, wie am Band, von ihnen führen. Bis vor das Grab, das ausgehobene. Ich stand bei dem Vater, als sie um den Sarg, der schon geschlossen worden war, Seile legten, um ihn hinablassen zu können. Ich starrte auf die Grube und sah sie plötzlich ohne Relation, die Grube, wie aus der Relation gehoben, als sei sie riesengroß und ungeheuer tief, als seien die kleinsten Schatten unten, von Stein und Sand geworfen, die meinem Aug nur noch in ihren Schatten kennbar waren: Menschen, die angefroren still und unbeweglich standen vor der Auslöschung, die auf sie niederkommen mußte. Und war vielleicht auch so erinnert an die Geschichte, die der Vater uns erzählt hatte von der verlassenen Löwengrube, in die man ihn geworfen hatte, den jungen Heiland, ders, laut Geschichte, noch nicht war und der in Prüfung stand und ders erst wurde, als er tötete. Getötet hatte.

– Seinen Verräter, ja. Den, der ihm den Tod noch bringen würde. Dann aber ...

– Nein, das war es nicht. Oder: das wars nicht allererst. Es war das Töten selbst, das Schuldigwerden. Das hatte er mit mir gleich. Als Judas vor ihm fiel und leblos liegenblieb, da waren wir gleich.

– Dann aber …

– Richtig. Dann aber hatten sie zu ihm gesagt, rätselhaft: »Mach ihn wieder lebendig!«

– Und nicht nur irgendeinen Menschen.

– Aber *auch* irgendeinen.

– Nicht nur. Sondern – vor allen – »einen, der dich nicht hatte hören können; den Mörder, den Verräter, der dich an die Kreuziger liefern wird: *den* mach uns wieder lebendig!« So hatten sie zu ihm hinabgerufen.

– Und warum ausgerechnet den?

– »Weil du sonst nicht in die Welt kommst. Nicht in diese. Uns hier nichts nützen wirst.«

– Es sei denn …

– »Es sei denn, du kommst als Herr über Leben und Tod.«

– Als Mörder dann.

– »Als Mörder, ja. Der dann dem Mörder Leben gibt, um Seines uns zu lassen.«

– Sagt die Geschichte.

– Sagt die Geschichte, wenn wir sie so lesen wollen.

– Dann bricht sie ab. Sie bricht nach dem Befehl. »Erst mach ihn wieder lebendig!« Hier bricht sie ab. Als träf ihn das jetzt völlig ratlos. Als wär er jetzt auf ewig in das Rätsel da, den leblos liegenden Leichnam, hineinverdammt. Denn wo soll er beginnen? Wie kann die Geschichte weitergehen?

– Sie geht zu dir, sie kommt zu dir, sie löst sich jedesmal von neuem. Dann erst kommt Leben.

– Wie?

19

Wir waren kaum durch die Bergkette ins Panamint Valley gekommen, da brach ein schweres Gewitter los. Im Licht des Scheinwerfers sahen wir die Schlammströme, die über den Highway schlierten, ihn mit den roten und schwarzen Aschzirren der Berghänge äderten und unkenntlich machten. Hallie bog von der Straße, der Sterndüne am Ende des Tals zu, die im Aufschein der Blitze immer wieder zu sehen gewesen war. In dieser Richtung stand ein verlassenes Predigerzelt, unter das sie mit dem Wagen ins Trockene fuhr. Wir stiegen aus, gingen im Licht des Wagens zwischen den in der Runde gesteckten Zeltstangen hin, unterm dunklen Tuch langsam der Zeltmitte zu, während sie weitererzählte:
— »Mach ihn uns wieder lebendig!« hatten die Könige ihm befohlen. Da brannten die vier Fackeln aus, und wurde dunkel in der Löwengrube. Und der löwengleiche König der Mörder, Jesus, der seinen Verräter, der ihn nicht hören konnte, getötet hatte, wandte rückwärts sich, hin zum Opfer. Und manche sagen hier: drei ganze Jahre blieb die Finsternis über der Grube, andere: drei Tage währte sie, wieder andere: drei Stunden warens, die wie drei Jahre ihm lasteten, dem jungen Jesus. Drei Stunden Finsternis. Wie später auch am Kreuz, nach jener sechsten bis um die neunte Stunde: Finsternis.
— Um was denn vor uns zu verbergen?
— Um zu verstehen erst: die Vielfalt unserer Ängste, die dort im Dunkel wohnen; und ihnen nachzutun, sie, nachgetan, sich nachzuholen und uns daraus zu bergen. Drei Stun-

den Finsternis *für* uns, um unsere Krankheit, unsre Morde, unsern Hunger, unsern Haß zu säugen, stillen, bergen; uns, nachgetan, und nachgeschaffen, neu: in Eins gemacht, aus diesen Drei-in-Dunkelheit das Leben neu zu geben.

– Und wie hat Er verstanden, um uns dann nachzuschaffen, neu zu machen?

– So, wie er sich gebrochen, uns sich an uns gegeben hat, so wollt er auch verstanden sein: er brach sich, brach das Brot. Nehmt und eßt, hat er das nicht gesagt?

– Was dann? Was geschah dann?

– Dort in der Finsternis, sagt die Geschichte, die dir dein Vater nie zuende erzählt hat, dort unten nahm der junge Heiland, der er der Welt noch nicht war, das Messer des Judas, mit dem er ihn getötet hatte, und legte dessen Leib in sieben Teile dar, in Kopf und Glieder, Rumpf und, Letztes, Herz. Und sammelte das Blut im Kelch; und tauchte seine Lippen und trank hinein: und war wie er: so Er. Und Er verstand des Judas Herz und aß. Bis beide eins, verstanden und lebendig: auferstanden. Und Judas, aufgestanden aus dem Jesus, *von* Ihm: jetzt *vor* Ihm stand. Da riß das Tuch der Tücher, das Tuch des Zelts der Könige, das über ihnen Finsternis gewesen: da war es heller Tag. Die Grubenwand herab hing eine Leiter, aus Seilen geknüpft, und Judas war der erste, der in die Welt entkam und der vergaß. Denn daher kannt der Andere ihn und wußte, wer ihn, noch Jahre später, aus Finsternis, mit einer Fackel in der Hand, zu küssen kam.

– Wer bist du, Hallie, daß du die Geschichte weißt? Und bis zu Ende?

– Deine Begleiterin bin ich. Erinnerin, Muse. Die deine Geschichte weiß, übers Ende hinaus.

– Das ist die Seele.

– Da sagst du.

– Wer bist du also?

– Frag doch, warum Er, nach jenen Stunden Finsternis, dann um die neunte Stunde schrie.

– Warum Er ...

– Schrie und verschied. »Eli, Eli«, schrie Er, »warum hast du mich verlassen?«

– Bist du Seine Erlöserin?

– Das sagst du.

– Und warum schrie der Retter in der neunten Stunde?

– Weil Er, nach allem Hunger, Mord und Haß, nach aller Last des Bergens, der Geborgenen: nun selbst geborgen werden wollte. Und niemand kam. Das heißt: verloren war, verlassen. Der Retter muß sich geben, ganz, muß sich verlieren, nicht nur: zu retten. Auch um, verloren, der Schrei aller Verlorenen zu sein, für immer, der machtlos zum Allmächtigen schreit und ihn nicht mehr versteht. Da ist der Tod des Holers, unverhohlen.

– Und du?

– Sein Echo. Die du riefst.

– Und zu erlösen wie?

20

– Wenn du begegnend mich verstehst. Von mir bist, was ich bin. Das Deine siehst durch mich. Und über mich den Weg nach unten findest.

  – In jene Grube?

  – Und einig wirst.

  – Mit wem?

  – Mit mir, Begleiterin.

  – Und was befiehlst du?

  – Wie Er befehl ich. Wie Ihm befohlen war.

  – Bist du wie Er?

  – Du sagst es.

  – Dann sags mir doch.

  – Du, brich mein Brot und iß. So sag ich dir.

  – Dein Brot?

  – Das ist mein Leib.

  – Und wenn ich esse?

  – Erkennen wirst du mich, verstehen.

  – Was ist das?

  – Auferstehen.

  – Und die ich auferwecken sollte, nach dir, und lange vor dir getötet hab?

  – Wird auferstehen.

  – Der Mörder …

  – Der Erlöser sein.

  – Verloren, sagst du, wie am Kreuz?

  – Geborgen.

  – Und du?

– In dir.

– Verborgen?

– Offen, ganz offen, dir erkannt.

– Und ich? Sag mir: wer werd ich sein?

– Du sagst es.

– Was denn?

– Komm her, zerbrich!

Da kam er vorwärts auf sie zu. In Wiederholung, sieben Mal. Und als er sie gebrochen hatte, siebenmalig, fiel hin und hielt ihr Herz. Erhob es, trank aus ihm und aß. Da spliß das Zeltdach, fiel der Regen, der im Stoffkelch drüber sich gedrängt, und wusch ihn, der im Blut da auf der Erde lag.

Und doch im letzten, es war schon alles getan, alles still, wie »still« in jener Kindesstille, die er sich, Gott zu hören, immer bauen wollte, da fuhrs ihn an und eine Stimme sprach: »Wahnsinniger! Was hast du getan? Wo ist deine Schwester?« Da war der verlassen, der sich bergen wollte, und schrie und fand sie nicht. Und niemand kam. Und wußte nicht, wie Judas aus der Grube steigend, was ihm geschehen war, und rannte aus dem Zelt. Und kam dieselbe Nacht nach Blade, die Stadt seiner Geburt.

21

Am folgenden Tag, dem 22. Dezember, wurde Shines aus der
Zelle in Blade entlassen. Der Deputy hatte seine schwarzrote Plaidjacke in einer Zeltruine am Nordende des Panamint Valley gefunden: sonst nichts. Auch keine Spuren von
Gewalt. Aus Shinbone wurde bestätigt, daß Shines, tags
zuvor, während einer Beerdigung auf dem Friedhof aufge-
taucht war und den Sarg beschädigt hatte. Es sei allerdings
seitens der Hinterbliebenen keine Anzeige erstattet worden.
Eine »Hallie Doniphan« habe sich gewiß nicht unter den
Trauernden befunden, auch lebe niemand dieses Namens in
Shinbone. Man empfahl Blade zu tun, was Shinbone getan
hatte: sich Ärger zu ersparen, den Verrückten vor die Stadt
zu setzen und ihn zu warnen, je wiederzukommen.

So geschah es. Man gab Shines seine Jacke zurück und
entließ ihn. Der Sergeant sah ihn die Main Street hinab zur
Furt zurückgehen. Aber Shines bog, kurz vor der Furt, Ecke
Gibsom Street ab, schritt rasch an *Sam's Hardware,* einer
Eisenwarenhandlung, wo früher die Kirche seines Vaters
gestanden hatte, vorbei und betrat den alten Friedhof da-
hinter. Er besuchte die Gräber seiner Eltern und das Grab
Sharons, seiner Schwester.

Als er eine Zeitlang vor Sharons Grab gesessen hatte, hörte er Menschen, die, wenige Reihen entfernt, einen Sarg zu
Grabe trugen. Shines blickte, was ihm vorher nie möglich
gewesen wäre, ruhig auf die Trauernden, ohne sich berufen
zu fühlen, hinzugehen, aus der Gruppe der Menschen an
den Sarg vorzutreten, den Toten zu wecken. Er blieb bei

Sharons Grab sitzen. Als das Trauergefolge den Friedhof verlassen hatte und es still geworden war, ging auch Johnny Shines.

Er verließ Blade und wurde dort nie mehr gesehen.

Die Legende um Johnny, mit dem ich mein Gespräch in jener Nacht abgebrochen hatte, als es der Wahrheit nahegekommen war, er mir alles gestanden, alles verstanden und Tag gemacht hatte, entstand aber erst später, sieben Jahre nach seiner Ankunft in Blade, am Tag der Jahrtausendwende. Zu einer Zeit also, da viele, in Erwartung des Weltendes, aus den großen kalifornischen Städten in die Mojave gezogen waren, um dort in Zelten zu warten, manche: erhoben zu werden, diese Welt zu verlassen, andere: der Zerstörung zu entkommen, deren noch ausstehenden Höhepunkt sie in einer Serie von Erdbeben, die über Teile Kaliforniens hingezogen waren, angekündigt sehen wollten.

Eines davon betraf auch Blade. Dort war, fünf Tage vor Jahresende, die Erde querhin durch eine Grabreihe des Friedhofs aufgerissen und eine mannstiefe Kluft entstanden, so daß die hier begrabenen Särge zu sehen waren. Manche hatte die Wucht des Bebens wie Halme zerrissen, andere obenhin mitgezerrt, so daß sie quer übereinandergeschichtet oder, wie große Schriftzeichen, im Winkel aneinander lagen. Tags darauf entschied man, daß Särge und Überreste, sobald die Aufräumarbeiten in der Stadt erledigt wären, aus dem Graben gehoben, identifiziert und an anderer Stelle wieder beigesetzt werden sollten.

Mit dieser Arbeit wurde am Morgen vor der Neujahrsnacht noch begonnen. Auf dem Grund des Grabens, aus dem schon einige Särge, auch zertrümmerte, gehoben worden waren, hörte man plötzlich Rufe der Arbeiter. Der Friedhofsverwalter wurde herbeigeholt, später auch die Polizei. Denn einer der Särge – einer der wenigen, die der Erdriß weder beschädigt noch in zwei gebrochen hatte – war leer. Außer dem Totenkleid befand sich nichts darin, was hätte schließen lassen, daß er je benutzt worden war. Allerdings:

ein Bündel fand man, am Fußende des Sargs. Eine größere Summe Geldnoten und altes Silberbesteck, darunter ein kleiner Löffel, in den ein Name und Geburtsdatum graviert waren: »*Sharon – Dec. 22, 1956*«.

Einige in Blade vermuteten, jemand habe die Überreste der Toten, nachdem das Erdbeben den Sarg offengelegt hatte, entwendet. Andere: die Leiche des Mädchens sei weder geraubt noch je ausgegraben worden. Dafür spräche das Geld. Denn welcher Räuber, so hieß es, hätte das Wertvollste liegengelassen?

Manche sprachen von einem Wunder. Die schrieben es meinem Bruder zu.

Corpus Christi

Aber laß mich jene Zeit übergehen:
was hätt ich noch mit ihr zu schaffen,
von der ich keine Spur mehr finde.

Augustinus

We took the dead man in sheets
to the river flanked by love
Deep enough to dive
Deep enough to dive

Live

Herr, wir wissen nicht, wo du hingehst;
und wie können wir den Weg wissen?

Joh 14,5

In futurity
I prophetic see
That the earth from sleep
(Grave the sentence deep)

Shall arise ...

William Blake

Ist es wahr, daß sie den Leichnam hat, dann will ich sie abpassen. Zu ihren Helfern soll sie mich führen, von dort aber an den Ort, wo sie Dich hingelegt haben.

Dann will ich Dich sehen, mich überzeugen davon, daß das Sehen der Frauen ja wohl mit Liebe zu tun haben mag – daß sie Dich nämlich aus Liebe sahen –, den Tatsachen aber nicht entspricht.

Dann will ich den Herrn sehen, den Menschen, niederknien vor Deinem Leichnam, Dich bitten, mir zu vergeben, daß ich nicht mutig genug war, mich in den Weg zu stellen denen, die Dich kreuzigten.

Daß ich aus Angst, selbst verhaftet zu werden, nicht mutig genug war, nach draußen zu gehen, Dir, als Du tot warst, vom Holz der Verdammten zu helfen, Dich zu Grabe zu tragen. Nein, aus Angst, Dich sterben zu sehen, Angst, Dir aus fehlendem Mut nicht mitsterben, nicht nachsterben zu können, fern blieb.

Grausam war.

Uns aber wurde ebenso grausam getan. Nach innen, ins verriegelte Haus, drang uns, von Vorbeilaufenden zwischen die Ritzen gespieen, von heimkehrenden Frauen geflüstert, leis unter die Unsrigen verteilt:

Bericht.

Daß Wunden und Qual des Gebundenen sich uns vorstellten, die wir die Zeit des Wartens im verschlossenen Haus über der Tiefe solcher Mißhandlung zubrachten. Denn also in Schlägen, vorgeahnten und nachberichteten, zählte sich uns die Zeit, die Dich anschlug. Die sich einnagelte in unsere Gedanken, bis durch Fuß- und Handwurzeln hin die Maserung spaltend des Festgefügt-Festgeglaubten, mit Hammerschlägen uns neue Bilder einbildend. Denn der als Gottessohn uns aus der Zeit der Unterdrückung führen sollte, den schlug die Zeit mit jedem Schlag tiefer zurück in den Menschenkörper.

So daß wir, langsam tastend, im eigenen Fleisch dem Stöhnen des Durchbohrten nachirren mußten, Zug um Zug, immer zu spät, dem Schrei des von Gott Verlassenen hinterm einsamsten Riegel noch nachlauschend, angstdurchbohrt selbst, gefoltert, in die eigene Ohrenherzkammer verriegelt, darin sich, was vor den Mauern geschah, immer neu einfand, neu zu geschehen.

2

Als am Morgen des ersten Wochentags eine der Frauen kam, sagte, das Grab sei leer, man habe den Leichnam gestohlen, gingen zwei von uns hin und kehrten zurück und bestätigten, was jene gesagt hatte. Das Grab sei leer, die Wachen davor verschwunden.

Ich aber, Judas Thomas, den die Griechen Didymos rufen, das ist Zwilling, ich wollte Dich finden. Ging hinaus, entgegengesetzt. Nicht außerhalb der Mauern, sondern innerhalb suchte ich Dich.

Da stieß ich, nah der Kaserne, auf welche, die waren aus der Bekanntschaft der Wachen, die man vors Grab gezogen hatte. Ich sprach mit ihnen, und sie erzähltens mir so:

Der ihnen dies berichtet hätte, der habe vorige Nacht auf der Treppe zum Grufteingang gelegen, wo er mit anderen Wächtern seinen Dienst versah, und war eingeschlafen. Als er zu sich kam, fand er die anderen Wachen bewußtlos, auf den Stufen über ihm ausgestreckt.

Er will sich aufrichten, sie wecken. Da packt ihn Entsetzen. Er fällt. Stürzt in die Tiefe. Reißt die Hände zur Treppenstufe und erfaßt noch im Fall ihre Kante. Machtlos, den Körper nach oben zu ziehen, bohrt er die Fingerkuppen in die Ritzen, klammert sich an. Unter sich sieht er den Rachen Leviathans, aufgesperrt aus den Tiefen, wartend, schwarz atmend, daß die Finger der Wache nachgäben und fallen ließen den Menschen. Rettend erkennt der Wächter den Rollstein am Grab. Das Maul des Ungeheuers erstarrt so zu Stein. Der Stein aber hält nicht. Denn auch er liegt offen, zur Seite gewälzt. Abgrund bleibt unterm Hangenden, hallt wider vom Kratzen der Finger, vom hastigen Atmen. Es hallt, als sei es ein Brunnenloch, über dem er hier schwebend kämpft, und der Stein, vor dem er gewacht, ein Deckstein gewesen, weggeschoben, wo er die Tiefe des Brunnens verschloß. Denn nicht quer und nach vorn erstreckt sich der Raum zur Gruft, sondern hinab und nach unten ins Grab.

Er brüllt, daß die andern erwachen. Aber noch als sie zu seiner Stufe herabsteigen, die Hände des Verzweifelten aus den Ritzen zu ziehen, ihn zu greifen, hält die Sinnestäuschung an. Erst als er unter sich plötzlich ein Licht sieht, im Dunkel des Abgrunds zwei Hände, ums Licht gehalten, erspäht, die Hände das Licht in einen Kasten verschließen, erst da wird ihm seine Lage im Raum, auf den Stufen hinab zur Gruft, bewußt. Erst da erkennt er, aufgerichtet von seinen Kumpanen, den wahren Verhalt: daß eingebrochen worden war vor ihnen.

Wütend sei er am zerschlagenen Siegel vorbei ins Dunkel der Vorkammer getreten, habe sich in die Gruft gestellt. Da hört er, wenige Schritte vor sich, in der Dunkelheit ein Geräusch. Angst befällt ihn erneut, er brüllt nach draußen, daß die Feiglinge Feuer brächten, die Fackel. Als man sie ihm hineinreicht, hält er sie unter die Decke der Gruft, um zu sehen: die Vorkammer und Bänke leer. Da aber, weiter hinten, steht einer, im Eingang zur Grabkammer der Gruft. Der Wächter erschrickt, läßt die Fackel fallen. Hinrollend bis zur Gestalt rollt das flammende Scheit. Da bückt sich der Unbekannte, hebt es auf und kommt auf ihn zu. Im Licht der Fackel aber ist es nur eine Frau.

So habe er berichtet. Noch wütend über sein Erschrekken hätte er sie ergriffen, nach hinten mit sich gezerrt in die zweite Kammer, die Grabkammer, und die Fackel dort ausfahren lassen, hastig und rauschend und wutvoll, und auch diesen Raum leer gefunden und ihn untersucht, aber nirgendwo finden können den Leichnam, dessentwegen sie

Wache gestanden hätten. Da seien die anderen hinzugetreten und man habe versucht, die Frau zu zwingen, daß sie preisgäbe und gestände, wohin sie die Leiche gebracht, wohin versteckt, und wer ihr geholfen hätte. Und da sie nichts sagte, abgeführt und verhaftet. Noch rechtzeitig, hieß es, denn sie hätte Spuren verwischt und wollte das Grab gerade verlassen. Ihr Name aber sei Tirza, und ihre Helfer ungesehen mit dem Leichnam entkommen.

So ging auch die Meinung derer, die mir vom Erlebnis der Wache erzählten. Nämlich daß jene Frau nur Nachhut war einer Gruppe, die den Einbruch ausgeführt und den Wachen Einschläferndes in den Trunk gemischt haben müßte. Denn gerade der, ders ihnen berichtet hätte, habe sonst nie etwas zu berichten und sei wortkarg, gar nicht erfinderisch.

Ja, sie selbst waren nicht erfinderisch, das sah ich. Denn über die Frau wußten sie, außer daß man sie zum Verhör in die Kaserne geschafft habe, nichts zu sagen.

Da entschloß ich mich hinzugehen, zu warten, bis Tirza entweder freigelassen oder mir durch die, die aus der Kaserne kämen, etwas über ihr Geheimnis zugetragen würde. Sollte sie aber freigelassen werden, dann wollte ich sie als zweiter befragen. Ich glaubte, daß sie, sobald sie wüßte, zu wem ich gehörte, mir Vertrauen schenken und alles mitteilen würde.

Dann endlich, von ihr geführt, kam ich zu Dir. Dir nachzusterben, endlich. So wollt ichs. Denn auch wenn ich den Wunsch hatte, zu Toten zu sprechen wie Du einst, ihnen zu befehlen, den Tod zu verlassen und aufzustehen, so war er mir doch im Entwurf des Bilds schon geraubt, dieser Wunsch. Denn die Vorstellung, vor Dir Totem zu stehen, entmachtete mich ganz solchen Befehls, der ich alle Macht von Dir erhalten hatte und mitmächtig war nur, solange Du warst, aber nicht über Dich, sondern durch Dich. Und grauenhaft so das Bild, aller Kraft beraubt, befehlslos vor dem zu stehen, der uns Kraft gegeben und befohlen hatte, den die Verwesung aber nach Tagen jedem Räuber aus

Händen rauben würde, durchs Raubnetz hinsiebend Dein
Fleisch, die Schütte Sand aufzuschütten, mit der sie rechnet,
die Zeit.

3

Als es aber bei Nachteinbruch kälter wurde, Sterne und
Mond wolkenverdunkelt, ich den ganzen Tag vergeblich
vor der Kaserne gewartet hatte, niemand mit Nachricht
herausgekommen war, der Wachposten mir nur bestätigte,
drin hätten sie eine, die stünde unter Verdacht, den Leichnam geraubt zu haben, sie sei nicht aus Jerusalem, sondern
von jenseits des Jordans, vor wenigen Tagen gekommen, sei
Fremde, da ging ich zurück zu den andern.

Die waren im Haus geblieben, verriegelt, hatten sich ge-
genseitig angesteckt und von den Frauen anstecken lassen.
Denn alle behaupteten, sie hätten Dich unter ihnen gesehen.
Und als ich fragte, einzeln sie beiseite nahm und sie fragte,
wo und wie Du erschienen seist und zu welcher Stunde, da
fand ich, daß sie sich widersprachen. Denn manche hatten
es von den Frauen, andere von Reisenden, andere von Simon
übernommen, der es wiederum von den Frauen hatte. Alle
aber redeten von den Wundmalen, die sie gesehen hätten.
Die hatten sie sich, fern von der Richtstätte, durch Berichte
anderer beigebracht, um so tiefer und eindringlicher aber,
als wir uns alle schuldig fühlten, Dich vor der Hinrichtung
verlassen zu haben. Und die Wunden, die sie an Dir beobachtet hatten und über die sich jeder verschieden äußerte –
manche sagten, sie hätten, als Du vor ihnen standst, von
Deinem Blut fließen sehen; aber wo war das Blut? Keine
Spur davon auf dem Boden –, waren in Wahrheit Male, die
sie durch Fernbleiben sich zugefügt und durch Schuld. Und
ich rief:

»Wie könnt ihr so leben? Jeder will gesehen haben, weil es nichts zu sehen gab, das Grab leer war. Warum forscht ihr nicht, wer ihn hat? Wendet den Mut nicht auf die Bilder, die hinter verriegelter Tür jedem Kind einkommen, wenn es sich, einsam gelassen, Besuch erträumt! Sondern schließt euch auf, sucht ihn und lebt. Oder sterbt ihm nach. Aber wißt, wem ihr nachsterbt. Denn ihr erklärt das Haus zur Welt, in der euch Angst verriegelt hält. Denn wäre mein Herr euch wirklich erschienen: aufgestoßen und aufgeriegelt hätte ich unsere Türen gefunden, heute nacht schon, und verschwunden die ängstlichen Bewohner, leer die Wohnung. Leer wie das Grab. Und ihr wärt mir freudig entgegengerannt, noch sein Blut an Armen und Händen, bezeichnend die Stellen, wo ihr den Wiedergewonnenen umarmtet, wo ihr ihn für mich, der ich fehlte und sehen wollte und gern umarmt hätte, zu halten versucht hättet. Auch wenn er euch entkommen wär, seine Spuren noch hätt ich an euch geküßt und hätte geglaubt. Aber, seht selbst, hinter Mauern und Riegeln wohnt ihr, phantasiert ins Leere und steckt euch an mit Gesichten.«

Da protestierten sie und wurden heftig darüber, daß ich nicht glaubte. Ich wiederum war sie satt, die Besserwisser. Und mit einiger Wut, auch über mich selbst, rief ich wütend zu ihnen:

»Haltet ihn nächstes Mal, wenn er euch wieder erscheint! Haltet den Dieb, der uns den Verstand geraubt hat! Denn hört her: Den Auferstandenen will ich annageln, die Nägel ihm in die Wundmale schlagen, meinem Messias, daß er mir nicht mehr entkommt und daß seine Worte im angenagelten Körper noch zum Zuspätgekommenen sprechen. Haltet ihn, daß mir eure Phantasien erspart bleiben, haltet mir den, der mir die Zweifel zermalmt zugleich mit dem Zweifler, die Phantasien zerbirst uns Phantasten, daß ein neuer Mensch aus uns würde, vor ihm zu Boden geschlagen, unfähig, ihm in die Augen zu sehen. Der neue Mensch aber, unten am Boden, soll mit eigenen Augen noch rot die eigenen Hände sehen. Beweisrot soll er sie sehen, seine Hände. Herkunftsrot jeden Finger, der eben noch stak in den Kesseln der Wunden. Haltet ihn also, wenn er wirklich auferstanden sein soll, daß ich die Finger mir färbe an ihm, ihn an uns nagle, daß er uns nie mehr verläßt. Dann will ich euch glauben, wenn ich mich nicht mehr verlassen glaube, er fest vor mir steht. Unterdessen zeugt euer Zeugnis gar nichts, ist ingezüchtet, farblos und blaß.«

Da warfen sie mich hinaus, und ich hörte sie schimpfen hinter den Riegeln, die sie nicht querzulegen vergaßen. Später kam eine der Frauen und ließ mich hinein, als sie schliefen.

4

Vor Morgengrauen noch ging ich zurück zur Kaserne und wartete. Einmal kam einer heraus, den ich erkannte. Denn man sagte von ihm, daß er der Knecht eines sei, der in der Kaserne foltere. Seiner Gestalt wegen war er auch in der Menge leicht zu erkennen. Aber man sah nur selten hin, hielt sich fern, ging nicht leichtfertig an ihm vorbei. Denn der Knecht stand im Ruf, grausamer zu sein als sein Herr. Wie ein Schreien zogs durch die Gassen, wenn er durchkam, hinaus unter die Bewohner der Stadt ging, sie und ihre Waren zu betrachten. Er achtete immer darauf, nichts zu berühren, sie tratens selbst um, so in Unruhe versetzte er sie.

Als er sah, daß ich nicht auswich vor ihm, kam er auf mich zu und fragte mich freundlich:

»Schon gestern standst du hier, sagen die Wächter. Wartest du auf einen, den ich dir rufen kann?«

»Auf eine, die Tirza genannt wird und die ich nicht kenne, von der mir aber Soldaten aus eurer Kaserne berichtet haben«, antwortete ich.

»Ach die«, sagte der Knecht und blickte zum Ausgang zurück, als könnte sie jeden Moment dort erscheinen. »Zufällig weiß ich, von wem du sprichst. Die sich Tirza nennt, die steht unter Folter. Aber wir haben noch nichts aus ihr. Auch nicht die Namen der Helfer. Sie behauptet, am vergangenen Rüsttag Jerusalem zum ersten Mal betreten zu haben.«

»Und woher stammt sie?« fragte ich ihn. »Keiner von uns kennt sie.«

»Sie kennt euch nicht, das ist wahr. Ich allerdings weiß genau, wer du bist und warum du hier wartest«, sagte der Knecht und sah mir in die Augen, ob ich nicht auswiche. Und als ichs nicht tat, fuhr er fort: »Aus der Gegend von Damaskus sei sie gekommen. Den langen Weg bis hierher. Glaubst du ihr das?«

»Ich weiß es nicht«, sagte ich. »Ich kenne sie nicht.«

»Daß sie niemand kennt, erschwert unsere Arbeit. Denn wie können wir, was wahr ist, von Unwahrem trennen? Jedenfalls wissen wir immer noch nicht, was sie im Grab zu tun hatte oder dort tun wollte. Und wohin sie den Leichnam geschafft haben, auch das ist noch dunkel. Mein Herr sagt, wir müssen Geduld haben mit ihr.«

»Warum aber foltert ihr sie?« fragte ich ihn. Da sah ich, daß er meine Angst erkannt hatte und wohl wußte, daß ich keine weitere Frage mehr stellen, eher ausweichen und ihm davonwollte. Sein Haken war aber schon in mir, und er hielt mich ruhig fest, zog nicht zu schnell an, sondern gab immer wieder nach, als spiele er mit mir. Auch sah er, daß ich zwar furchtsam war, die Frage zu stellen, dennoch weiter auf Antwort hier warten würde.

»Weil sie stumm blieb«, sagte er schließlich und betrachtete mich genauer. »Und weil niemand, selbst du nicht, sie kennen will. Weil niemand an ihrer Statt aussagt. Niemand aussagen *kann*, so scheint es. Bis es aus ihr reden wird. Und was dann aus ihr redet, das wird sie retten. Da braucht es Geduld, glaube mir. Du verstehst nichts davon. Ich hingegen habe das Unerhörte öfter zutage gefördert. Ich habe in Schächten gearbeitet und wie in Schächten gelernt, auch die Gliedmaßen des Menschen, ja seinen ganzen Körper, wie bestehend aus Schächten und verborgenen Gruben zu sehen, in die unser Gerät dringt, die Wahrheit, die sich dort unten in der Tiefe verzweigt, aufzuspüren, sie noch in ihren Verästelungen, roh, im groben Klotz, wenn es sein muß, nach oben zu fördern und in der Hitze des Tages auszuschmelzen.«

»So findest du die Wahrheit nicht«, sprach ich. »Sie wird euch irgendetwas sagen, damit ihr aufhört, sie zu foltern.«

»Was weißt du?« schrie er ungehalten. Und setzte dann leise, als sei es ihm dringlich, als habe er schon oft über seine Sache nachgedacht, hinzu: »Weißt du denn, was es heißt, die Wahrheit nicht zu haben? Niemanden zu haben, der sie dir in den Mund gelegt hätte? Dabei aber immer zu wissen, daß du unwahr redest? Daß unwahr bleibt, was immer du redest, so weit du es sagen kannst? Denn was du sagst, bleibt unwahr. Ich nenn dir ein Beispiel. Du hast nach jener Tirza gefragt. Deinen Augen aber sehe ich an, daß du wegwillst. Oder gerne bereit wärst, über anderes zu reden. Und wenn ich dir spräche von deiner Braut, dann würdest du mir erzählen von ihr. Ob du sie schon im Auge hast und für wann sie dir etwa versprochen wäre. Von deiner Braut würdest du reden und nicht mehr von jener, der Tirza. Selbst wenn du sie dir erfinden müßtest, die Braut. Wenn ich aber wiederum weiterspränge, von einem anderen beliebigen zu reden, einem der Stadttore zum Beispiel, vor dem man dich, wenige Tage ists her, so schmerzlich vermißt hat, an das man mit Stimmen und Seufzern anschlug, ohne daß du aufgemacht hättest, so sprächst du mir gleich auch davon und ausführlich. Denn grad wie ichs wollte, so würdest du reden. Und wenn ich vom Tempel redete, dich fragte, wer dort wohnt und wo du dich reinigst für den, der dort wohnt, dann gäbst du mir auch darüber Auskunft und reichlich. Von einem zum andern gehend sprächst du, würdest die Rede wenden, wohin ich nur will. Aus Angst nämlich. Aber Wahrheit wärs nicht. Wahrheit spräch nicht aus dir. Denn die läßt sich nicht wenden. Die redet nicht jetzt von diesem, von jenem, dann aber wieder von anderem.«

»Woher weißt du von mir?« fragte ich ihn.

»Mein Herr weiß von dir«, sagte der Knecht.

»Wer ist der, dein Herr?«

»Da fragst du ganz richtig. Denn ich habe alles von ihm. Wenn mein Herr mir sagt: Schlag ihn! Dann weiß ich Bescheid. Oder sagt: Schlag ihn aus diesem Grund! Dann weiß ich Bescheid. Immer gilts zu ergründen, was sich verschlossen hält.«

»Und wenn sie offenläge, die Wahrheit, könntest du sie sehen? Wenn jemand die Wahrheit spräche, könntest du sie erkennen?«

»Ich sage dir: Solange sie sprechen, die Menschen, sagen sie niemals die Wahrheit«, antwortete der Knecht und rührte mit der Hand vertraulich an meine Schulter. Er strich mir über die Ärmel des Kleids, zog sie enger, als hätte er mit Besorgnis bemerkt, daß mir kalt geworden war.

»Schlag sie, das ist mein Rat«, flüsterte er und kam nah, als suche er Wärme. »Schlag sie, die Menschen, so oft sie sprechen. Wenn du die Wahrheit willst, dann schlag sie, bis sie endlich das Sprechen lassen, vor Schwachheit aufhören, Reden zu machen, mit einem Schlag ihr Reden unterbrechen, daß sie hinstürzen, die Zähne sich ausschlagen am Boden. Dann endlich sind sie ohne Macht. Das rat ich dir, wenn du erlernen willst, wie man die Wahrheit hört. Aber jetzt, warum weichst du mir aus? Ekelst du dich vor mir? Fürchtest, ich könnte dich mithineinziehen?«

»Ich habe keine Angst«, log ich. »Ich hör mir an, was du zu sagen hast.«

»Das hast du auch bei deinem Herrn gemacht, ich weiß. Du hast dir angehört, was andere zu sagen hatten. Selbst bist du nicht dabeigewesen. Nicht nur, als er an unserem Pfahl hing. Das kommt, weil er nie deutlich zu euch sprach. Sonst wärst du jetzt nicht hier. Sonst würden weder du noch ich jetzt suchen müssen. Willst du nicht mit hinein, mir helfen, aus jener Tirza ziehen, was sie vor uns versteckt? Wär es nicht unser Recht, zu wissen, was gespielt wird?«

»Du sprichst wie einer, der von Grausamkeit besessen ist. So als besäße Grausamkeit den Weg zur Wahrheit.«

»Du wirfst mir vor, ich sei besessen? Ich wollt, ich wärs! Ich wollt für dich, *du* wärsts! Denn überleg dir doch: Wer wars, der deinen Herrn stets kannte? Besessene, Irre, vom Teufel Behauste. Die wußten, wer er war. Von denen kommt keiner ans Grab, ob es leer sei. Die wissen längst, was geschehn ist. Du aber, Judas Thomas, du sprichst von diesem, jenem. Von einem nicht. Es würde aber, wenn die Wahrheit spräche, aus dir gesprochen werden. Und wie besessen wärst du dann, ganz selbstvergessen in dir selbst. Du sprächst: nicht, was du sprichst; du wärst gesprochen, was nicht spricht. Du wärst die Wahrheit. Denn bewunderst du nicht insgeheim die Eingenommenheit aller Besessenen? Sie sagen, was sie sagen, ganz außer sich. Weil sies nicht reden, sondern die in ihnen sind, *die* redens. Du redest nur für dich.«

Er hatte mich abgedrängt, vom Kasernentor weg, als wollte er nicht, daß ich dort warte. Dabei tat er so, als sei er besorgt um mich. Erst als ich nicht antwortete, mich mit keinem Wort weiter einließ auf ihn, rief er mir zu: »Geh nach Hause! Du zitterst ja. Wirklich, mir graut vor einem wie dir. Denn du wirst sagen, ich hätte dich nicht gewarnt. Nichts wirst du finden. Den Tod wirst du dir holen, wenn du hier in der Kälte stehst.«

Dann ging er davon. Ich schlich mich zurück zur Stelle, wo ich gewartet hatte.

Gegen Abend begann es zu regnen. Ich wollte aber nicht gehen, weil ich ahnte, daß es sich bald entschiede, und Tirza mir, würde ich sie allein sprechen und halten können, Entscheidendes zu sagen hätte.

5

Am Morgen des dritten Tages fror ich, daß es mich schüttelte und ich mich dem Feuer der Wache nähern mußte. Auch
weil der Regen die Sicht so verschlechtert hatte, daß ich nur
Schemen unterscheiden konnte. In nächster Nähe des Tors
war ich sicher, Tirzas Ausgang oder den ihrer Bewacher
nicht zu versäumen. Dort aber, an die Mauer gelehnt, den
Feuerwind ab und zu im Gesicht, in den hellen Stoß brennender Scheite starrend, war ich einiger Gefahr ausgesetzt.
Denn man begann, mich vom Feuer her zu hänseln, und
auch von drinnen. Und einige rannten herbei, aus dem Tor
in den Regen, mir Angst zu machen, ob ich davonliefe.
    Ich aber ahnte, daß Tirza Dich hatte, und wollte mich
nicht entmutigen lassen, dort hinzukommen, wo eine letzte Berührung – denn ich vergaß, wo und wann wir uns
berührt, Abschied genommen hatten, ohne Abschied zu
nehmen – noch möglich wäre, die ich erinnern und bei mir
tragen könnte, um Dich im Nachsterben wiederzufinden.
    Da kam jener Knecht heraus, der am Vortag mit mir ge-
sprochen hatte, kam langsam, schnappte nach Regen, als
sei ihm drinnen zu heiß geworden, als habe er Durst. Und
spuckte dann vor mir aus. Hämisch-vertraulich sprach er:
Er wisse ja, auf wen ich hier eigentlich warte. Wohl nicht
auf jene, die man verhaftet habe, jene Tirza. Die ließe man
heute noch frei. Denn es habe sich nicht bewiesen, daß sie
am Raub der Leiche beteiligt gewesen war. Man wolle sie
dennoch im Auge behalten. Auch die, die Augen für sie
hätten, lachte er und sah mich an. »Auch die!« stieß er

mich an und griff nach meinem Auge, als wollt ers wörtlich nehmen. Rasch wich ich aus. »So sollst du dich verhalten, wenn sie kommt. Wende dich rechtzeitig ab, dann kommt dir nichts ins Auge.«

»Wann laßt ihr sie frei?« fragte ich ihn.

»Aber die willst du doch nicht«, sprach der Knecht begütigend. »Sondern den, über den sie uns hätte sagen sollen, wo sich sein Leichnam befindet, *den* willst du. Jaja, ein Toten-Verliebter bist du. Über den Toten allerdings habe ich Neuigkeit. Willst dus wissen?«

»Sag es mir«, sprach ich ungeduldig.

»Ein Bote ist eingetroffen. Wir haben den Leichnam deines Gekreuzigten endlich gefunden. Dieser Stunde noch wird er in die Stadt zurückgeschafft. Außerhalb nämlich sind welche angehalten worden, die hatten ihn bei sich. Hörst du? Zurückgebracht wird er, um jedwedes Gerücht, er sei von den Toten auferstanden, im Keim zu ersticken. Hier, wo du stehst. Hier wird er schon morgen öffentlich verbrannt werden. Weise mich an, so will ich dir und deinen Freunden gute Plätze verschaffen, damit du ihn nochmals siehst. Denn du sollst nahe zu stehen kommen, näher als die anderen, weil ich *dir* den Ehrenplatz gebe. Ich hoffe auch, daß du die Flammen, die ihn verzehren werden, nicht so sehr fürchtest, wie offenbar die unseres Wachfeuers. Denn du mußt nah hin, sollst ihn genau betrachten, auf jeden Finger ihm sehen. Sollst noch erkennen, mit welchem Fingerknöchelchen der Meister euch dieses und jenes gewiesen, mit welcher Stirn, welchem jetzt faulenden Mund er einst Kranke geheilt haben will, mit welchem – hörst du noch, Jude? – mit welchem Steiß er unter euch saß, euer Rabbi, euch von himmlischen Sitzen berichtend. Und wenn dir das Schmatzen der Flammen, die zugreifen, allzu gierig wird, allzu laut vom besten der Plätze aus, dann rate ich dir: Hör genau hin, weiche nicht zurück, tritt den drängelnden andern, die hinter dir stehen, nicht auf die Füße. Verschließe lieber standhaft die Augen. Denn auch zum Verbrennungsgeräusch, dem Schmatzen der Flammen, sollst du Vertrautes hinzuerinnern, wirst sagen: »Schmatzend, grad so, hat er geschmaust, mein Meister, ich hör ihn noch, wie er sich schmecken ließ, was wir ihm brachten.«

Lachend hatte er zugesehen, wie mir schwindlig wurde, noch während er sprach. Mein Fieber hatte nur gewartet, die Hitze im Schilde geführt. Jetzt schoß sie mir in den Kopf.

Der Knecht aber gab nicht nach, als er sah, wie tief er mich mit jedem neuen Zuruf verletzte. Warum aber unterbrach ich ihn nicht? Warum war ich es nicht, der ungeduldig fragte: »Wo ist er jetzt? Durch welches Tor werdet ihr den Leichnam gleich tragen? Denn ich will ihn berühren, ein letztes Mal. Will ihm nachsterben.« Warum war ich es nicht, der ungeduldig Antwort wollte: »Versteckt oder offen, wie bringt ihr ihn in die Stadt? Führst du mich zu ihm, läßt ihn mich sehen, den Toten, sobald sie hier eintreffen?«

Denn solche Fragen stellte ich nicht, und war dennoch hier, solche Bitten erfüllt zu bekommen. Denn das, so dachte ich, wollt ich doch auch von Tirza.

Da brach ich zusammen, an die Kasernenmauer hin stürzte ich. Er trat mir noch in die Seite, mich wegzustoßen, weil ich die Augen verdrehte, und wich dann, mich immer beobachtend, einige Schritte zurück.

Ich fiel seitwärts, ohne jegliche Kraft, mich wieder aufzurichten. Und verstand nicht, warum. Denn in mir gab, trotz der plötzlichen Schwäche aller Glieder, etwas das Fragen nicht auf: wo der Grund liegen mochte dieses Zusammenbruchs, warum das Fieber gerade in diesem Moment, auf die Meldung vom gefundenen Leichnam, so heftig ausbrach. Wie zerrissen fand ich mich, vollkommen entmachtet. Nicht weil die Auferstehung am Ende der Zeit jedem verbrannten Körper, also auch dem meines Herrn, nicht möglich wäre, wie die Pharisäer uns glauben machen wollen. Auch nicht der Schande wegen, den toten Meister nochmals vor aller Augen geschmäht und sein Andenken gleichwie ausgebrannt zu sehen. Sondern es war eines übrig, das mir nicht sichtbar wurde und doch tief in mir lag, unbeantwortet, unbefragt, seit seinem Tod wie vergraben. Und ich wußte nicht, daß das So-Vergrabene Antwort wollte, aber nur *eine.*

Das Fieber warf mich, und es war lächerlich, wie ich, der so sehr hoffte, den Leichnam zu sehen, ihn noch zu berühren, jetzt am Boden lag, als stürbe ich. Und war schon bald zu keinem Gedanken, keinem Hoffen mehr fähig, ganz in den Körper vergraben. Denn nur auf den eigenen Körper blieb ich aufmerksam. Wie es ein Fieber bewirkt, das uns alle Gedanken schließt, nur den Lichtspalt Wachseins für die Stellen des Schmerzes beläßt. Innen läuft alles über vor Hitze, man siedet. Hände und Füße sind unbeweglich und träge, so vollkommen ermattet, daß sie dem rüdesten Befehl, selbst dem Tritt in die Seite, nicht folgen können.

Ich erwachte kurz darauf, so schien mir. Denn es regnete noch. Wirklich wars mir kaum möglich einzuschätzen, wieviele Stunden vergangen waren. Ich lag auf einer Schütte Stroh in einem leeren Stall. Noch immer in der Stadt. Soviel war durch den dürftigen Zaun hin sichtbar. Wer mich hierhergetragen hatte, wußte ich nicht. Meine rechte Hand scharrte am Boden nach kühler Erde. Fand eine Stelle, noch naßfeucht. Bald stießen die Finger, unweit der Stelle, an ein tönernes Gefäß. Ich mühte mich, die Augen zu öffnen, zu sehen: … ein Krug Wasser.

Ich versuchte, mich aufzurichten, vom Wasser zu trinken, um die Hitze zu löschen. Meine Hand, als sie sich mühsam streckte, erreichte im äußersten den Hals des Krugs, den ein Wellenband zierte. Die Finger strichen über das eingebrannte Band, berührten dann die Lippe des Krugs, wo der Sand an den Fingerkuppen sich langsam mit Wasser mischte.

Den Krug wollte ich zu mir ziehen, den Krug. Aber er schien wie festgenagelt zu stehen, nicht herzubewegen. Wie eingemauert. So daß meine Hand vermochte, den ganzen Körper daran emporzuziehen, daß ich saß, aufrecht erst, dann seitwärts gebeugt, wie ein Tier aus dem vollen Krug trank. Denn er war wie verankert, der Krug, als sei sein unterster Teil vergraben.

Ich trank, bis mich nicht mehr dürstete, trank mich kühl, daß ich zu Kräften kam. Und stand dann ganz auf, schien mir. Denn es war Zeit, Tirza nicht zu versäumen.

Einen Umhang, den ich am Gatter über einen Stecken geworfen sah, nahm ich mit. Dann verließ ich den Stall, trat hinaus in den Regen.

6

Ich eilte zurück durch die schlammigen Gassen und fand, daß man Tirza gerade entlassen hatte. Vor der Kaserne standen welche um sie her und sprachen sie an oder redeten über sie. Ihre Kleider waren zerrissen und ihr Körper vom Verhör gezeichnet. Da trat, als habe er sich hinter Tirza versteckt, der Knecht hervor, der mir die Nachricht vom gefundenen Leichnam gebracht hatte. Ich sah, wie er Tirza wegstieß, sie davongehen hieß und dabei mit ausgestreckter Hand auf mich, der ich abseits stehengeblieben war, deutete. Lachend wandte er sich ab, um auch den Umstehenden weiterzugeben, was er von mir wußte. Er bezeichnete mitleidig grinsend die Stelle, wo ich zusammengebrochen war.

Tirza aber kam auf mich zu.

Wie? Wie kam sie? Kam auf mich zu, als sei mit dem Ausgang aus der Kaserne eines geschlossen, ein anderes offen geworden. Als wüßte sie, worum es mir ging.

Kam. Kam auf mich zu.

Aber ich, sah ich denn, was ich sah, oder glaubte ich nur so zu sehen, weil ich fürchtete, sie würde mir ausweichen und ihr Schweigen nicht brechen?

Kam auf mich zu, gefolgt von der Gruppe, die hören wollte, wovon wir jetzt sprächen. Und auch vor uns, über unsere Köpfe hinweg, riefen die hinter uns schon welche herbei und belustigten sich über das seltsame Paar, schnitten uns den Weg ab.

Ich nahm Tirzas Hand, ergriff sie rasch und fühlte kein Zögern in ihr. Zog sie mit, in die Seite zwischen zwei Häuser, den anderen zu entkommen. Der Gang aber war so eng, daß ich nicht auf sie zurücksehen konnte, nur vorwärts und schnell, immer schneller rannte, ohne ihre Hand loszulassen, damit die Neugierigen uns nicht von der anderen Seite einholten. Und, seltsam, während ich an ihrer Hand zog, ohne zurückblicken zu können, sie mitzog, die zu mir gekommen war, sie im Schlamm straucheln, sich fangen spürte, da wars mir, als hörte ich Stimmen, die im hastigen Lauf durch die Enge nachzogen, hastig und atemlos riefen:

»Bist du verliebt? Ziehst du mich aus Verliebtheit in diese enge Gasse, wohin? In dein Haus? Daß niemand uns sieht? Inwendig aber wir uns umarmen? Ziehen deine Arme so stark, weil sie umarmen wollen? So schnell, weil sie die Zeit nicht vergehn lassen wollen, so schnell? Schneller noch als das Ziehen der Arme, das Angezogensein von vorhin? Denn halt ich dich nicht, während du eilst? Verkörpere ich nicht die Gedanken, die du seit Wochen hegst? Denk ich dir nicht alles vor, was aus dir körperlich spricht? Ziehst du den Geist, ziehst du den liebegewordenen Geist, ganz zum Körper geworden, so schnell, daß er fällt, daß im Schmutz du ihn aufhebst, dir aufhebst, ihn immer noch an dich pressend, mit Worten und Armen? Und sagst du nicht Liebe, Geliebte und Frau zu mir, die sich dir aufrichtet, gern mit dir reden will, wenn du Gemeinschaft zu schaffen bereit bist? Hast du den Ort? Weiß niemand von ihm? Wird der Regen die Worte den Lauschern verhüllen, wenn sie sich pressen ans Haus, uns zu hören? Und inwendig dort, im Körper des Hauses, schaffst du Wolken herbei, die uns verdunkeln vor allen? Denn es gibt zu bereden, wovon niemand weiß und nur du wissen sollst. Hörst du mich? Ziehst du mich weiter, ziehst du mich schneller, hältst du mich, bis wir dort sind, inwendig angekommen, bei dir?«

Ich hörte die Stimmen sich einen, sich zweien, und wollte doch nicht verstehen, sah nicht zurück. Ich zog, war in Eile – und sang doch mit, sang manchmal mit ihr, der Stimme, die ich nicht verstehen wollte, und Augenblicke lang wars mir, als sei ich schon angekommen am Ziel, singend, vor mich hineilend, schon am Ziel, gehetzt, doch schon sicher, gerettet.

Ich hatte mich aber verirrt in den Gassen, weil ich meinte, eine immer größere Menge uns folgen zu hören und hinter anderen Häusern hervor andere uns nachrennen, nachspionieren zu sehen. Da gaben wir die Flucht auf und fanden uns auf dem großen Platz an der Südseite des Tempels wieder. Ich legte ihr den Umhang um, den ich bei mir hatte.

Wir beschlossen, daß es das Beste sei, zum Tempel hinaufzusteigen, uns beim Gehen auf dem das Heiligtum umschließenden Vorhof zu bereden, auch in den Säulenhallen, die das Geviert umstehen, einander beim Rundgang zu befragen. Denn sollten uns auch welche gefolgt sein – ich dachte daran, daß der Knecht gesagt hatte, man wolle Tirza samt denen, die mit ihr sprächen, beobachten lassen –, so wären wir in der Öffentlichkeit jenes Tempelhofs, zu dem auch die Heiden Zutritt hatten, doch noch am sichersten. Denn nicht nur gingen hier viele, auch im Gespräch, kauften und handelten, lehrten und lernten, begrüßten und verabschiedeten, kamen zu opfern oder verließen gereinigt, Städter und Fremde, sondern es würde sich jeder, der an uns zu kommen versuchte, während wir rundgingen, nicht lange halten können, ohne von uns bemerkt zu werden. Schon gar nicht zwei von ihnen, die dann, dieses oder jenes überhörte Wort vergleichend, nie genug hätten, um mit dem Belauschten gegen uns zu zeugen.

7

Ins Dunkel zog ich sie, durch den unterirdischen Torschacht, den sie Maulwurfstor nennen, das dreifache Huldahtor, dessen Treppe unter den Mauern zum Vorhof der Heiden hinaufführt. Als wir ins Freie des Tempelhofs traten, blieb Tirza stehen. Sie sah hinauf zu den Stufen des Heiligtums, wo Stein die Tenne des Jebusiters bedeckte, den Berg Morija, der gleichen Namens war mit dem Land, in dem Abraham einst einen Berg bestieg, den Sohn auf dem Scheitstoß zu opfern.

Dann begann sie, mit mir in der Runde zu gehen, wie eine, die um den Dreschboden geht, Frucht von Hülse zu trennen. Nach Morgen erst, dann mitternachtwärts begann sie den Kreis, über Abend und Mittag ihn schließend, um aufgangwärts neu zu beginnen. Zwölfmal gingen wir im Gespräch den Kreis um die vier Seiten des Heiligtums, im Viereck innerhalb der Tempelmauern. Aber nie haltend, nur zögerlich hie und da, wenn ich einhalten wollte, weil ich, wie geschlagen, kaum weiterkonnte, durch ihr nächstes Wort oder durch ihre Hand jedoch weitergetrieben wurde. Tirza sprach so:

– Erst muß ich klären, wer du bist. Ich kenne dich doch nicht. Muß wissen, wen ich hinführe zu ihm.

– Wie sprichst du? Du weißt das Neueste noch nicht? Wen willst du noch »hinführen«? Oder machst du gemeinsame Sache mit denen, die dich freiließen?

– Sag, wer du bist und warum du gewartet hast.

– Selbst deine Beschatter, Tirza, könnten wir uns greifen,

sie das zu fragen. Wenn ich sie nicht schon abgeschüttelt hätte. Ich sage dir: die wüßten, wer ich bin. »Judas Thomas ist es, mit dem du sprichst. Einer der Zwölf, die jahrelang mit dem Nazarener umherzogen.« So würden sie antworten. Denn viele hier kennen mich. Und wissen auch, daß ich drei Jahre bei ihm war. Ich begebe mich also in einige Gefahr, mit dir gesehen zu werden. Auch wenn sie nicht wissen, wovon wir reden, sie können sichs denken. Zweifelst du wirklich an mir? Sollte nicht ich derjenige sein, der dir mit Vorsicht begegnet? Wer bist du, die sie Tirza nennen? Wir kennen dich nicht, keiner hat dich gesehen. Wenn nicht die Wache gewesen wäre, die dich festhielt und berichtet, dich aus dem offenen Grab kommend verhaftet zu haben, dann wüßte ich weiterhin nichts von dir.

– Dann hättest du nicht gewartet.

– So ist es. Ich sollte der sein, der argwöhnt. Denn ich habe nur das Wort einer feindlichen Wache. Und könnte argwöhnen, daß du, die wissen will, wer ich bin, von den Soldaten auf mich angesetzt wurdest. Daß du nämlich durch mich zu uns kommen willst, nur um später denen, die dich geschickt haben, Auskunft zu geben über uns und das, was wir tun.

– Was willst du wissen?

– Was du mit Jesus zu tun hattest. Beweise mir, daß du nicht eine bist, die sie in unser Lager senden wollen zu spionieren.

– Wen könnte ich bei euch schon finden? Ihr sucht ihn ja. Vertrau doch dem Geschehenen: Du hast drei Tage lang auf mich gewartet. Drei Tage lang, warum? Weil du dir dachtest: Sie weiß etwas. Ich will, so dachtest du, daß sie es mit mir teilt. Jetzt aber, da du mich gefunden hast, streust du schon Zweifel, zweifelst an deiner eignen Tat, dem schon Geschehenen. Denn du hast gewartet, etwas ließ dich warten. Was war das? Jetzt zweifelst du daran.

– Es war die Wahrheit. Ich wollt die Wahrheit hören. Ich wollte sie nicht nur hören, sondern sehen. Ich wollte wissen, was mit dem geschehen war, der uns von Wahrheit sprach. Ich wollte nicht an irgendwelche Hirngespinste anderer, an Simons schuldzerfleddertes Gesicht, nicht an Berichte irgendwelcher Reisenden mich halten. Ich wollte die Wahrheit, wollte mich um sie kümmern, nicht nachplappern. Deshalb hab ich gewartet.

– Du hast gewartet, weil ich den Leichnam versteckt halte. Den Leichnam. Du wärst mir nicht gefolgt, du hättest nicht auf mich gewartet, wenn ich nur eine wäre, die behauptet: »Mir ist er erschienen, vor einigen Stunden, hier, seht seine Spur!« So habens doch andere behauptet. Ich weiß, du hörst in solchen Berichten die Auszeichnung, die sie sich geben, indem sie andere davon ausgeschlossen wissen, andere, die eben *nicht* gesehen haben und sich das So-Gesehene vom Grimassieren Fremder in einen eigenen Glauben übersetzen müssen. Das war nicht deine Sache. Du wolltest das Beweisstück, das greifbar wäre, lebendig oder tot. Und das war nicht Besitz der kleinen Gruppe ängstlicher Jünger, der schuldbewußten Seher. Ein weiterer Schlag eurer Feinde, und ihr wärt auseinandergestoben wie ein wilder Haufen von Dreijahresträumern. Du wolltest das Beweisstück, den Körper deines Herrn. Wenn du den fändest, dann wärst du die Gerüchte los. Dann könnt dein Glaube wieder schneiden. Denn du würdest ihn schärfen an dem, was du aus dem gefundenen Körper an Erinnerungswertem dir erinnertest. Du würdest sagen: »Der Herr hat uns viel gegeben.« Du würdest sagen: »Nur weil er scheiterte und nicht verwirklichen konnte, was andere von ihm wollten, war doch nicht alles Träumerei, die letzten Jahre nicht eitel verträumt.« So hättest du gesagt. Und ein Gebet gesprochen auch im Versteck, in das ich dich geführt hätte. So hättest du gehandelt und gedacht und dann wärst du zurück an deine Arbeit. An deine Brotarbeit. Im Alltag aber wär kaum anwendbar gewesen, was jener tat und sprach. Und so wär es vergessen worden, zerstreut unter euch Alltagsmenschen, die Schlafenden, die Träumenden, die ständig zweifeln, die jüngst

Getanes, jüngst Gesehenes in Traum verwandeln und es bewerten, als seis Schlaf. Nur das: Das einst Geschehene, einst Geschaute, wär nur Schlaf. Und sie, die Schlafenden, die man drei Jahre mit wirren Träumen störte, bereits am Weiterschlafen.

– Ich wollt die Wahrheit. Die Wahrheit, die du mir verschließt.

– Ich verschließe dir nichts. Ich führ dich hin.

– Auch denen, die dich festhielten, hast du sie verschlossen, sagt man mir. Man hätte nicht gefunden, warum du im Grab warst und was du dort zu schaffen hattest.

– Ich hätte ihnen alles sagen können. Sie hättens nicht gewollt, vergessen oder fehlerhaft weitergegeben. Es war aber nicht für sie. Also schwieg ich.

– Und doch hat man dir, auch ohne dein Geständnis, den Schatz entrissen, den du dir sichern wolltest.

– Wovon sprichst du?

– Du weißt es wirklich nicht, Tirza? Daß sie den Leichnam Jesu gefunden haben und ihn dieser Stunde von außerhalb in die Stadt zurücktragen, ihn zu verbrennen?

8

– Von wem hast du das?

– Von denen, die dich freiließen.

– Denen ich alles hätte sagen können, alles hätte geben können, sie hättens in ihren Händen vergessen? Von denen hast dus? Hätte ich denen gewiesen, wo er ist, sie hätten ihn nicht gefunden. Hätte ich sie tragen lassen, sie hätten sein Gewicht nicht gespürt, vergessen, daß sie tragen, und blind zerrissen. Denn in alle Richtungen hätten sie, wovon sie nicht mehr wußten, zerrissen, es anderer Interessen halber zerstreut.

– Mir kannst du es sagen.

– Du redest wie sie, Judas Thomas. Du stellst die gleichen Fragen. Am Ende bist du einer von ihnen und weißt es nur nicht. Mir sprach man schon davon, daß draußen einer auf mich wartet, bis ich freikäme, damit er mich wieder gefangennähme. Sag mir also zunächst, warum du fragst, warum du wissen willst, was ich ihnen schon hätte geben können, sie hättens nicht gewollt.

– Weil ich Gewißheit will.

– Was ist dir das?

– Gewißheit. Will wissen, was mit ihm geworden ist, dem Herrn. Dem, dem ich folgte. Und nicht das Durcheinanderreden jener andern, die behaupten, sein Grab sei leer aus anderm Grund.

– Aus welchem, sagen sie?

– Weil er auferstanden sei. Nein, anders, ich muß die Reihenfolge wahren. Denn anfangs hieß es weggenommen, versteckt, geraubt. Nicht »auferstanden«. Sondern erst, als er ihnen erschienen war, sprachen sie: »Er ist auferstanden.« Und dachten bei sich: Wie könnte er uns sonst erschienen sein?

– Ich war nicht dabei. Aber ich sage: Er ist ihrem arg geplagten schlechten Gewissen erschienen. Nicht auferstanden.

– Du scheinst genau zu wissen, wie er ihnen erschienen ist, und warst doch nicht anwesend.

– Wie mir als Kind der Zwilling erschien, wenn ich stahl.

– Der dir erschien?

– Mein toter Bruder, der erstgeboren starb, und dessen Name, Judas, auch mir gegeben wurde.

– Warum auch dir?

– Um Judas, meinen Bruder, in mir, dem Zwilling, zu erinnern. Ich aber war nur Judas Thomas, war Didymos, der Zwilling, Ersatz für den gepriesenen Ersten, dem ichs zu eng gemacht in meiner Mutter Leib. Den ich, bevor er ihn verließ, erstickt hätte, so hieß es, mit unserer Nabelschnur.

– Und glaubst du denen, die dir so berichteten?

– Warum denn nicht?

– Auch da warst du doch nicht dabei, hast ihn nicht selbst verscharrt, den Zwillingsbruder. Und glaubst doch, daß es sich so zutrug?

– Ich weiß nicht mehr genau, wer es mir so erzählte. Erinnere nur, daß ich als Kind schon dachte: Dafür, daß mir mein Bruder sterben mußte, hat man Judäa, ein ganzes Land, nach ihm benannt. Er war jetzt überall. Und selbst Jerusalem, die Heilige, sie lebt in seinem Land, in dem Judäa meines Judas, an dessen Namen ich, der Zwilling, dem man die Schuld an seinem Tod gab, lediglich erinnere. So dachte ich.

– Und der erschien dir, dieser Bruder?

– Leibhaftig, viele Male.

– Und daß er dir erschien, war dir kein Zeichen?

– Ein Zeichen?

– Ein Zeichen dafür, daß er lebt. Denn er erschien dir ja. Erschien dir, wie Jesus den Jüngern im Haus erschienen ist.

– Nicht so. Den Bruder konnt ich mir herbeiglauben. Er stand mir zu Befehl. Wie das bei Kindern ist, die mit dem andern spielen. Und wenn das Spiel vorüber ist, dann ist der andere wie wegbefohlen, er war nie wirklich da. Die Jünger aber, die Jesus gesehen haben wollen, die sagen: »Wirklich.« Sagen: »Er wars.«

– Das sagst du nicht von deinem Bruder. Sondern du sagst, du seist es selbst im Spiel gewesen. Wie aber sahst du ihn, wenn er im Spiel für dich erschien?

– Ich sah ihn all das tun, was mir verboten war. Als Kind. Solang ich Kind war und wir miteinander spielten, miteinander sprachen.

– Worüber spracht ihr?

– Ich fragte ihn einmal, ob ich ihn anderen herbeibefehlen könnte, daß die ihn sähen so wie ich.

– Du meinst die Eltern, die dich nach ihm nannten?

– Die mir die Schuld zuwiesen, die.

– Und? Hat er dir geantwortet?

– »Wenn Tote auferstehen«, hat er mir zugeflüstert. Als läge darin sein Geheimnis. Als meinte er auch nicht, was mir Erwachsene schon längst bestätigt hatten: Wenn Tote auferstehen, am Ende aller Zeit, ruft der Messias die Gerechten zum Fest.

– Und warst dus dann zufrieden?

– Wie könnte ich mit der Schuld an seinem Tod je ein Gerechter sein? dachte ich. Von welchem Gott, welchem Messias je für gerecht gehalten, zum Fest geladen werden, daß ich ihn wiedersäh, den Bruder? Und bat den Zwilling manchmal, wenn ich im Spiel den Raub an uns verteilte, ob er mir nicht die Schuld vergeben könnte. Denn ich, der alles mit ihm teilte, wär doch sein Freund und Bruder. »Vergibst du mir?« fragte ich ihn. Da schwieg er oder flüsterte so leise, daß ich die Antwort nie vernahm.

– Und wenn du sagst: Du hörtest ihn reden, sahst ihn stehlen, dann warst dus wirklich selbst, der redete, der stahl?

– Ich selbst. Doch sah ich ihn, wie vor mir, alles tun.

– Sahst sein Gesicht?

– Das nicht. Auch wenn er redete, dann war er abgewandt. Oder verdeckt, als würd er sich verstecken vor mir und vor den andern. Ich dacht mir sein Gesicht verdeckt, weil ich es mir nicht denken konnte.

– Warum? Stand er dir nicht, wie du gesagt hast, zu Befehl? Also auch sein Gesicht? Wer hätt es dir verdeckt befohlen?

– Nicht ich.

– Wer sonst?

9

– Ich weiß es nicht. Einmal kroch er vor mir in den Garten
unsres Nachbarn, durch Gras und wirr gefallenes Gezweig
bis hin vor einen Feigenbaum, der Früchte trug. Im Schatten dort lag eine Schale Wasser, aus der wir dann wie Tiere
tranken. Als ich so tat, als stieße seine Hand die Schale zu
mir her, erschrak ich. Ich sah – sah es nicht ganz, doch
gänzlich unverdeckt – sein Angesicht im Wasserspiegel. Erschrocken war ich, weil es häßlich war, verzerrt, die dunkle
Haut verzogen, wie verbrannt, doch mir noch ähnlich, mir
verwandt. Ich trank nicht mehr, ich stieg den Baum hinauf,
ganz rasch, aus Angst. Mir gegenüber tat ich so, als müßt
ich mich verstecken. Als hätte der Besitzer, von dem wir
beide stehlen wollten – denn darauf lief das Spiel –, den
Garten grad betreten.

– Und hattest dich in Wirklichkeit versteckt vor dem, der
dir den Augenblick lang unverdeckt erschienen war?

– Ganz so, Tirza. Als sei der eins mit dem Besitzer jenes
Gartens, besäße alles, was sich drin versteckt.

– Und so, als gäbe er Befehl, der Bruder? So, als besäß
er dich?

– Fast so, schien mir.

– Das warst doch du, der dir erschien im Spiegel.

– Nicht dieses eine Mal. Der war ganz fremd, den ich da
sah.

– Und doch sagst du: verwandt.

– So war er mir erschienen. Und, wie gesagt, als Kind,
solang ich Kind war nur.

– Wie Kindern also, willst du sagen, so wäre auch der Leichnam deines Herrn den anderen erschienen, in einer Vorstellung. In ihrer. Als Fremder, doch verwandt. Ganz unverdeckt, doch wie verdeckt vor dir: *du* sahst ihn nicht. Und sagst deshalb: Es ist Gewißheit nicht zu finden im Reden jener Jünger, sondern –

– »Zeig ihn mir endlich!« hätte ich zu dir gesagt. Noch vor wenigen Stunden. So hätt ich zu dir gesagt: »Zeig mir den Leichnam Jesu, führ mich zu ihm, Tirza!«

– Das wäre dir Gewißheit gewesen?

– Sein Leichnam. Einzig sein Leichnam.

– Und wenn ich sagte: »Folge mir«, dann würdest du mir folgen? Und mit mir gehn zu ihm?

– Vor wenigen Stunden noch, ja. Ich wäre dir gefolgt.

– Sein Leichnam aber, den sie jetzt gefunden, der schlösse sicher aus, was jene andern sagen, von wegen Auferstandensein, meinst du?

– Gewiß. Ihr Sehen war nur Reue, ihr Glaube Wunsch.

– Das wär es dann gewesen. »Denn hier ist ja sein Körper«, würdest du dir sagen. »Das war er, Jesus. Das ist alles.« Der Rest: Erinnerungen.

– Nein, nicht nur das. Ihm nachzusterben, dachte ich. Aber ich weiß auch das nicht mehr. Seit sie ihn tot gefunden haben, die Leiche öffentlich verbrennen wollen …

– … wäre es sinnlos? Denn du müßtest dir sagen: »Wem stürb ich schon nach?«

– Ich weiß nicht. Ich weiß es nicht mehr. Ich würde ihn, so dacht ich auch, berühren wollen. Ich hätt ihn gern berührt, um meine Zweifel aufzulösen, dort im Berührungspunkt ihn zu erinnern, wie er war. Ich bin ihm fern, entfern mich immer mehr, das spür ich. Und will doch immer näher, will ihn nah. Die Nähe wär Gewißheit, sag ich mir. Gewißheit haben, was mit ihm geschehen ist. Das muß das erste sein. Dann will ich weitersehen.

– Gewißheit haben wirst du noch in dieser Stunde, wie du selbst sagst. Sie bringen ihn ja herein. Und wenn sie

214

die Leiche verbrennen, wirst du zusehn. Die Flammen aber werden rasch zugreifen und Feuershand anlegen für all die, die noch einmal berühren wollen. Es wird ihnen sogar warm dabei werden.

– Du verhöhnst mich.

– Ich male dir nur die Richtung aus, in die du gehst, wenn du auf seinen Leichnam wartest. Du widersprichst dir nämlich selbst, entzweist dich, ohne es zu wissen. Beunruhigt wärst du nicht über ein leeres Grab. Beunruhigt auch nicht über welche, die den Leichnam hätten. Beunruhigt *bist* du, ohne daß du dirs gestehst, über das andere, das hinter deinem ganzen Warten wartet. Denn daß er auferstanden wär, *das* ist Beunruhigung.

– Wenn es das war, gewesen wäre, dann jetzt nicht mehr. Sie haben ihn ja gefunden.

– Da widersprichst du keinem mehr als dir. Denn was gilt dir? Was ist? Hier beruhigt zu werden, größte Beunruhigung. *Das* ist. Hier Sicherheit zu haben, Ende aller Sicherheit. Das *ist.* So redets doch in dir, so weiß etwas gewiß. Und du willst nicht, daß so gewiß sein könnte, was ohne End beunruhigt. Du hörst dich nicht. Warum sonst wärst du zusammengebrochen, als man dir kundgab: Er wird herbeigeschafft, man hat ihn? Schon jener Knecht, der dich mir zeigte, wußte: Du wartest nicht auf mich, sondern auf Antwort.

– Und? Hast du Antwort?

– Folgst du mir?

– Das tu ich doch.

– Ich war es, die dir folgte, von dir gezogen. Du willst mir ständig voraus. Du bist soweit zu sagen, daß deine eigentliche Frage, wo ich ihn nämlich halte, deinen Herrn, jetzt, da sie ihn entdeckt, sich nicht mehr stellt.

– Was sagst du, Tirza?

– Du willst, daß ich beruhige, was in dir ruhig sein will, aber nie Ruhe findet. Du willst bestätigt sein, nicht folgen.

– Was sagst du? Daß sie sich doch noch stellt, die Frage? Daß ich noch fragen sollte, wo er sei?

– Du glaubst, daß sie den toten Jesus haben?
– Haben sie ihn? Was weißt du?
– Wie schnell du fragen lernst.
– Was weißt du, sag schon!

10

– Und wenn ich jetzt bestätigte, was sie dir sagten, dann wärst du, Judas Thomas, völlig überzeugt?

– Ich müßt ihn sehen.

– Hier ist er. Denn heute, wie du weißt, gegen Mittag, ist eine Gruppe Reisender, die hinab nach Jericho wollten, auf dem Weg durch die Wüste von einem Trupp Soldaten aufgehalten worden. Die waren auf der Suche nach Räubern. Man erklärte den Reisenden, daß ein Hauptmann in jenen Bergen erschlagen worden sei und ausgeraubt. Die ihn begleiteten, die hätte man tags darauf, vom Wege ab, halb tot gefunden. Man wolle die Mörder stellen, so hieß es, und fragte, ob welche der Reisenden gesehen hätten oder von anderen gehört, wo sich die Bande aufhielte. Darauf aber konnte keiner der Gruppe antworten. Noch vor den Feiertagen seien sie von der Küste hergezogen und das Passah in der Stadt verbracht. Sie gingen den Weg hier nicht regelmäßig.

Und doch wurde ein jeder befragt. Dazu schritten mehrere Soldaten durch die Gruppe, langsam streifend, bei einzelnen verweilend. Die Reisenden hatten Ware dabei, und so verlor man auch dieses, jenes Wort übers Geschäft.

Besonders einer der Soldaten. Der hielt beim vorletzten der Gruppe und plauderte mit ihm. Der Soldat sprach die Befürchtung aus, die Bande hätte ihre Verfolger immer im Auge, sei dem Trupp stets einen Schritt voraus, die Suche werde vergeblich enden. Er wünschte, so sagte er, den ganzen Wüstenstreifzug nicht umsonst getan zu haben, und wolle, sofern ihm von der Ware des Reisenden etwas gefiele, auch kaufen. Als der Reisende sich aber weigerte, auch gar nicht unfreundlich, denn hier: die ersten seiner Gruppe zögen schon weiter, er wolle nicht zurückbleiben, schon gar nicht auf so gefährlichem Weg, da schlug der Soldat ihm einen Streich und hieb die Seile um die Kiste durch, die ihm sein Esel trug, so daß sie niederkrachte, jene Kiste, und einige Mitreisende zurückblickten. Denn was war dort? Ein Handgemenge? Da ließ der Hauptmann alle nochmals halten.

Man ritt heran und sah, daß jener Römer den Reisenden, der abgesprungen war zum Angriff, von sich gestoßen hatte. Daß der Soldat ihn jetzt mit seinem Schwert auf Abstand hielt, ihn ganz wider den Bauch des Lasttiers zwang. Daß das geringste Rucken des Tiers die Kehle jenes Reisenden ins Schwert gestoßen hätte.

Der Kasten aber lag vom Fall zerbrochen. Und aus dem Kastenende ausgeworfen, da war ein Ballen Tuch im Straßenschmutz zu sehen. Die Ware also, die der Soldat, der seinem Hauptmann nun auch Antwort stand: »nur sehen wollte, um von ihr zu kaufen.« —

»Das wird dich teuer kosten«, meinte der Hauptmann und befahl: »Zieh dein Schwert ein und laß ihn los, Kauf ihm den ganzen Ballen ab, den du beschmutzt hast.«

Der Soldat gehorchte, nicht ohne Unwillen. Er zog sein Schwert zurück und ließ dieselbe Spitze, die jenem Reisenden an die Kehle gesprungen war, unter den Kastendeckel fahren, stemmte ihn auf und kniete hin, den Ballen anzupacken. Er sah erst nicht, was sie vom Pferd aus alle deutlich sahen: daß hier, ins Tuch gehüllt, der Körper eines Menschen lag.

Der Reisende brach plötzlich los und rannte, da ihm der Rücken versperrt war, den Hang hinab, vom Weg. Rasch holte man ihn ein und schleppte ihn zurück. Denn hier: Das Tuch war aufgeschlagen. Ein Mann lag da, war nackt, ein Jude, bärtig, dessen blaublasser Körper die Spuren von Mißhandlung und Male der Kreuzigung trug.

Sofort befahl der Hauptmann seiner Truppe, alle Reisenden festzunehmen, weil sie die Leiche, nach der in Jerusalem gefahndet wurde, bei sich versteckt gehalten hätten. Er glaubte ihnen keineswegs, als sie beteuerten, sie hätten von nichts gewußt, ja jenen Reisenden erst gestern, vor ihrem Aufbruch aus der Stadt, zu sich gelassen. »Den sie aus dem Grab geraubt haben, der ist es«, rief der Hauptmann seinen Soldaten zu, so daß es alle hören konnten. »Der Aufrührer, der letzte Woche verurteilt und gekreuzigt wurde. Der, dessen Anhänger behaupten, er sei auferstanden«, rief er und lachte. Und dann zu den Reisenden, die man vor seinem Pferd zusammengetrieben hatte: »Das behauptet ihr doch und wolltet dafür sorgen, daß es auch andere von ihm behaupten.«

Wieder baten sie den Hauptmann, ihnen zu glauben. Sie wüßten nicht, wer der Tote sei. Zwar hätten manche von jener Kreuzigung gehört – man war schon in der Stadt, als sie geschah –, sonst aber hätten sie nichts mit dem Toten zu schaffen. Auch jener Reisende, in dessen Kiste man den Leichnam gefunden hatte, hielt unter Schlägen an sich und sagte nichts, beschuldigte auch keinen seiner Gruppe. Und doch: man nahm sie alle mit. Es waren an die vierzig Mann. Sie stünden, hieß es, unter Verdacht. Sollten sie aber unschuldig sein, so würde sich das in Jerusalem bei genauerer Befragung erweisen.

Das ist der Trupp, der ankam, bevor man mich entließ. Der, den sie dir auch angekündigt hatten.

11

– Und woher weißt du, Tirza, alles so ausführlich, als seist du selbst dabeigewesen?

– Ich wollte, daß dus siehst. Wies jene sahen, die dabei waren und ihre Unschuld beteuern.

– Sind sie unschuldig?

– Was meinst *du*?

– Sicher nicht jener, der entkommen wollte und der den Kasten bei sich trug. Wie heißt er, Tirza? Kennt man ihn hier bei uns?

– Was fragst du mich? Ich kenne die Stadt kaum. Aber du hast doch vor dir gesehen, was ich dir schilderte. Vielleicht erkanntest du ihn?

– Ihn erkennen? Du machst dich lustig. Ich hab doch nur –

– … gesehen, was du sehen willst und sehen mußt. Nicht wahr? Du warfst den anderen Jüngern vor, sie hätten deinen Herrn aus Zwang gesehn. Du sagst: Sie *mußten* sehen, so schuldbeladen waren sie. Und du? Willst wahrhaft sehen? Siehst hier, nachdem ichs dir erzählt, schon einen schuldig. Die andern unter einigem Verdacht, da bin ich sicher. Und sahst, wie alle andern: den Kasten aufgebrochen, die Leiche deines Herrn und Bruders. Schon morgen, wenn sie ihn verbrennen, da wirst du glauben, wie jene andern, die du jetzt verdächtigst. Sie werden freigelassen neben dir stehen und dir bestätigen, was du siehst. Du wirst den Leichnam sehen, der dir angekündigt ist. Du wirst ihn brennen sehen, den Herrn. Dann, traurig und verwirrt, wirst du dich abwenden und dir zurechtreden, was hier vorgeht. Zurechtreden auch alle Zeit, die du mit ihm verbracht. Denn alles ist nicht stimmig. Das muß zurechtgeredet werden. Wie man es sonst am Grab Verstorbener pflegt: man redet sich zurecht, wer sie und was wir ihnen waren. Und hat das Band zerschnitten, sich längst getrennt und, wie es richtig gilt, Lebendiges von Totem ferngehalten.

– Lebendige von Toten, allerdings.

– Die Wahrheit aber von beiden.

– Die Wahrheit muß ich *prüfen* können.

– Wie könntest du?

– Lebendig muß sie vor mich kommen.

– *Dein* Kommen muß es sein, du, Judas Thomas. *Du* kommst vor sie. Nur: nie lebendig. Dein Sterben muß es sein. Gestorben mußt du vor die Wahrheit kommen. Denn aus Toten macht sie Lebendige. Verwirf die Wahrheit, die zu dir kommt. Denn in ihr Feuer mußt du, du mußt brennen.

– Sprichst du vom Leichnam des Jesus, den sie gefunden?

– Wie man dir zutrug. Auch eine der »gekommenen« Wahrheiten.

– Die ich verwerfen soll?

– Nicht aber, wie du gern verwirfst.

– Wie denn? Wie verwerfe ich?

– Indem du vergißt und schnell aufs nächste springst.

– Prüfe mich, Tirza.

– Er ist es nicht.

– Er ist es nicht?

– Der Leichnam, den sie bringen. Ist nicht dein Herr.

– Ist nicht der Leichnam Jesu?

– Und doch dein Herr. Denn ich seh, er zwingt dich.

– Der wär nicht Jesus, den sie bringen? Wo ist er dann? Hast du ihn noch?

– Er zwingt dich, wie ich sagte. Zwingt dich hier: zu vergessen. Du springst aufs nächste schon.

– Was wär auch wichtiger als er? Nur um von ihm zu

wissen, hab ich auf dich gewartet. Ich habe dir nichts vorgemacht, denn nur um Jesus geht es mir.

– Du hast dir selbst was vorgemacht. Denn jener Leichnam, den sie brachten: an ihm ist kein Vorbei.

– Wer ist es denn? Hat man den Leichnam irrtümlich
hierher geschafft? Oder ist er die Fälschung im Spiel von
Fälschern, ein ausgetauschter Körper, den sich ein Täuscher
nachformt, uns zu täuschen? Aber auch das will ich be-
zweifeln. Denn wie du behauptetest: »Hier ist er«, als du
vom Fund jenes Hauptmanns sprachst, dem Körper des
Gekreuzigten, so sagst du jetzt nur wieder: »Nein, sieh doch,
dort ist er.« Als sei er hier und dort, an beiden Stellen gleich-
zeitig, wahrscheinlich aber, wo es dir beliebt.

– Ich habe nur gesagt: »Hier ist er.« Schon sahst du, was
du wolltest, sahst, was du sehen mußtest.

– Und was hast *du* gesehen, Tirza?

12

– Schau über deine Schulter zurück auf den, der eben noch
an uns vorüberging. Auf jenen alten Tempelwächter, der unsern Weg vorübergehend kreuzte. Siehst du ihn dort? Gerade
verläßt er den Hof der Heiden, auf dem wir im Kreise gehen.
Er will nach innen, an der Steinbrüstung vorbei, den Hof der
Frauen betreten, auf das Nikanor-Tor zu, das er bewacht
und das den Hof der Frauen vom Hof der Männer trennt.
Siehst du, wie schwer er geht? Er hält sich am Stein, als hat er
Atemnot, der Alte. Jetzt geht er weiter, ist verschwunden.

– Ich sah ihn.

– Samuel ben Pharez heißt er. Er öffnet morgens, schließt
des Abends ein Tor des Tempels, über das er wacht. So wurde es mir erzählt. Ist Vater zweier Söhne, ist Vater Jakins,
des Sohns seiner verstorbenen Frau. Und auch des Boas, den
er so nannte, da er ihn ausgesetzt und sterbend fand und zu
sich nahm, »in Trotzgewalt« ihn überleben sah, den Boas.
Oder wars umgekehrt? Nannte nicht der Alte ihn »Boas«,
als er ihn fand, und überlebte nicht jener Säugling, als er den
Namen hörte: »in Trotzgewalt«? Denn im Tempel, nahe
dem Tor, wo er wachte, hatte Samuel eines Abends das
Kind gefunden. In der Dunkelheit lag es und schrie, von
Pilgern ausgesetzt oder vergessen.

Boas und Jakin aber nannte er beide, den Findling und
den eigenen Sohn, nach den zwei Säulen des alten Tempelhauses Salomons, die links und rechts des Eingangs Wache
standen. Denn nur durch die zwei, durch Boas und Jakin,
war Eingang zu Gott.

Als man vor wenigen Tagen das Grab des Jesus, deines Rabbis, leer fand und argwöhnte, es hätten welche von euch für sein Verschwinden gesorgt, um später behaupten zu können, er sei auferstanden, das leere Grab sei Messias-Zeichen, da beriet man sich unter den Ältesten. Denn man fürchtete, daß durch solche Behauptungen eine große Zahl Gläubiger irregeführt würden. So hörte auch Samuel davon, der Tempelwächter, noch am selben Tag. Sorge und Angst überkamen ihn für das Haus, das er bewachte. Und Samuel verbarg seine Angst vor den Söhnen.

In der Nacht aber, als er schlief, zeigt ihm ein Traum das Nikanor-Tor im Tempel. Er, Samuel, steht allein davor und hält Wache. Der Tempelhof liegt weiß in der Sonne, menschenleer. Da kommt von Mitternacht, aus der Richtung des Tors der Finsternis, ein Fremder über den Hof auf Samuel zu und spricht: »Warum versteckst du das Kind vor dem Herrn? Ruf dir den Findling, den du Boas nanntest, dessen Name aber nur Gott kennt, und opfere ihn, wie Abraham opferte. Aufbrennen soll er zu Gott, dem allein er gehört, dieser Findling. Denn in Seinem Haus hast du ihn gefunden und ihn vor mir versteckt.«

Aber Samuel ruft den Sohn nicht zum Opfer, sondern treibt den Fremden, der ihm den Sohn rauben will, mit Schlägen davon.

Als sich der Wächter umwendet, zu seinem Tor zurück-zukehren, da ist das Tor verschwunden. Das Tempelheilig-tum selbst sieht er in einige Ferne gerückt. Er eilt darauf zu, erkennt, daß es noch immer die heiligen Maße besitzt, auch noch an heiliger Stelle steht. Nur ragt Sein Haus dunkel jetzt, goldentkleidet, erdbeschmutzt. Der Brand-opferaltar davor ist abgetragen. An dessen Stelle liegt ein gefallener Baum, der seine Wurzeln wirr in den Himmel reckt.

In die Schatten des Wurzelgewirrs läßt Samuel seine Fin-ger greifen, denn ihn erinnerts an die Gestalt des Heiligen Opferfeuers, das sonst hier brannte. Als sei nun das Feurige irdisch vertauscht, zum Hohn Unterstes nach oben gekehrt, in Flammenfigur, aber flammenlos kalt.

Und Samuel fühlt seine Schuld daran. Schuld, den Fremden davongetrieben und den Findling, den er aus Liebe hielt wie einen Sohn, nicht herbeigerufen zu haben. Schuld und Furcht fallen ihn an, seine Weigerung habe das Heilige vor seinen Augen vertauscht und nach unten gekehrt. Unwiderruflich sieht er verloren, was Abrahams Gehorsam Gott abgewonnen hatte. Und so, in Furcht, Ratlosigkeit, Trauer, nähert sich Samuel dem Haus.

Als er die zwölf Stufen zum türlosen Tor, dem Sinnbild des offenen Himmels, emporsteigt, da ist ihm, als ließe vom Inneren des Tempelhauses eine leise klagende Stimme sich hören. Er tritt einwärts und sieht die Wände des Hauses dunkel und leer, beraubt ihres Golds wie die andern. Die Stimme aber hallt windgetragen, undeutlich hinfahrend und her.

Tiefer im Raum sieht er den mächtigen babylonischen Vorhang vom Wind gebauscht. Sieht Wind hineinstoßen in die Farbenpracht seiner Flächen, sieht deren Bogen tief in die Leere dahinter gebeugt. Denn auch hier, wo Samuel die Schranke zum Heiligen erwartete, ist der Raum seiner goldenen Türen beraubt.

Da erkennt Samuel die Stimme Gottes, die sich hinter dem Vorhang entsetzt. Und Samuel sieht Gottes Entsetzen fassen die Falten des heiligen Vorhangs, in den die farbige Welt und die Sternflut des nächtlichen Himmels gewoben war: Erde, aus Byssus geknüpft, Wasser, geflochten aus Purpur, hyazinthengewirkte Luft, strahlend aus Scharlach das Feuer. Und Samuel sieht angegriffen das All. Und stürzt, überwältigt von Angst, als der Vorhang entzweireißt und Gottes Stimme verstummt. Stürzt durch den Riß und sieht noch dahinter …

Bis ins Allerheiligste ausgeschlachtet, zum Felsengrab niedergerissen sieht er den Raum. Schreiend schließt er die Augen, will zurückkriechen vor Schmerz, will sich wenden. Da schlägt ihm der Wind den gebauschten Rücken der

Schöpfung, die zerrissene Sternenflut Gottes, den teuer-
gewobenen Vorhang hin an die Stirn. Und Samuel hebt seine Augen und sieht, daß der Rücken des heiligen Vorhangs
ein bluthespieenes Leichentuch ist.

Die Söhne aber wurden geweckt vom Schrei ihres Vaters
und ließen nicht ab, bis Samuel, der nichts davon sagen
wollte, noch in der Nacht berichtet hatte vom Grund seines
Traums: daß dem Haus des Herrn Zerstörung drohe und
Entweihung dem Tempel Gottes. Samuel aber hielt aus
Liebe zu Boas, auch aus Sorge um die eigene Schuld, den
Beginn des Traumes zurück und erzählte den Söhnen nicht
von dem Fremden, der kam, damit Boas geopfert würde,
sondern vom Geschehnis im Tempelhaus sprach er ihnen.
Und sie erschraken über das Bild, das ihm gezeigt war im
Traum: das vom Vater Bewachte, Grab eines Frevlers.
Denn so hatte, sagt man, der Rabbi noch vor seinem Tod
den Menschen im Tempel gedroht: »Kein Stein bleibt hier
auf dem anderen, niedergerissen wird alles.«

Da, unter sich, erwogen die Söhne, wie abzuwenden
sei, daß das Heilige Haus, daß Gesetz und Glaube Schaden fänden. Und wie zu handeln, daß kein Gläubiger von
falschen Lehren irregeführt würde, keiner dem Einzigen
Gott verlorenginge von denen, die bisher im Tempel geopfert hatten, im Tempel von Sünden gereinigt waren, im
Tempel nahekamen der irdischen Wohnung Gottes. Und
wie zu verhindern sei, daß die Wache Samuels, des Vaters,
zernichtet würde.

Boas und Jakin entschlossen sich, den Lehrern des Irr-
glaubens zuvorzukommen, die Bedrohung des Tempels, die
sie im Traum ihres Vaters angekündigt sahen, abzuwenden
und Gott und Sein Gesetz in den Herzen der Menschen zu
retten. Noch am selben Tag wollten sie den Körper dessen
hergeben, der gekreuzigt war, auch den Dieb hergeben, der
den Körper gestohlen hatte, ja, beide hergeben, und durch
sich selbst. Sie kehrten zurück zum Vater, und Boas erklärte
Samuel ihren Entschluß.

Samuel aber dachte an seinen Traum und den Anfang, den er ihnen verborgen hatte, und zögerte, den Boas ein zweitesmal zurückzuhalten.

Am frühen Morgen gingen die Söhne aus, suchten ihr Ziel nicht außerhalb, sondern entgegengesetzt, innerhalb der Mauern, und gaben sich freiwillig. Man nahm ihren Plan an und verneigte sich vor dem Opfer des Boas, den Gekreuzigten zu verkörpern. Es sollte aber alles heimlich geschehen und wurde heimlich gehandelt.

Während sie sich vorbereiteten, sprach Boas mit ihnen über das Weitere, das sie an ihm zu verrichten hätten, und machte ihnen Mut. Daß sie dem, der seine Herkunft nicht kannte, zur Bestimmung des Endes verhalfen, dafür dankte er ihnen. Denn sein Anfang sei ihm im Sinn dieses Endes erschlossen. Er zählte die anwesend waren und fragte sie, ob einer nicht fehle. Sie sahen sich um und wußten nicht, wen er meinte. Aber als man am Nachmittag das Gift brachte, hörten sie Boas sagen: »Hier kommt er mir entgegen.« Es hieß, Boas habe über der Schale gezögert, als ers sprach, sein Spiegelbild, das fremdvertraute, darin erblickend. Dann aber getrunken und starb.

Darauf ließ man den Körper des Boas geißeln und kreuzigen. Und das geschah unter der Erde in einem Verließ, damit niemand einsähe. Später nahm man ihn vom Kreuz und verwüstete seinen Körper, durchstieß ihm die Seite und begoß, von den Wunden her streichend, den Körper mit Blut. Man legte ihn nackt in ein Tuch, band ihm Kinn, Hände und Füße und hob die Leiche in einen Kasten. Den schnürte man zu mit Schnüren, übergab ihn dem Jakin, der den Kasten des Findlings und Bruders am Lasttier festmachte und sich tags darauf einer Karawane nach Jericho anschloß.

Halben Wegs wurde die Gruppe von einer Abteilung römischer Soldaten aufgehalten. Es hieß, man sei auf der Suche nach einer Bande, die in dieser Gegend einen römischen Hauptmann ausgeraubt und ermordet habe. Während sich der Hauptmann mit dem Karawanenführer unterhielt, entdeckte einer der Soldaten wie zufällig den Kasten des Jakin und schlug dessen Schnüre, nach verabredeter Weigerung Jakins, auf, so daß der Kasten vom Packesel fiel.

Jetzt sah jeder, was sie mitgeführt hatten. Auch Jakin sah es zum ersten Mal. Er weinte, schrie und sprang mit einem Satz vom Pferd, den Soldaten abzudrängen, der das Tuch vom Leichnam zog. Und völlig verzweifelt darüber, was sie getan, ihr Ziel nicht mehr im Auge, sondern nur noch den Bruder, dessen Körper zerschunden vor ihm lag, stürzte sich Jakin vom Weg, den Hang hinab. So daß sie ihm nachmußten, ihn zu ergreifen.

Dann zwang man alle, an der Leiche vorüberzugehen. Manche der Reisenden gestanden, von einem gehört zu haben, der so gekreuzigt worden sei, denn sie waren, von der Küste her, am Rüsttag in Jerusalem angekommen. Andere, daß sie vorbeigegangen seien, wo jener gehangen habe, und ihn hier wiedererkannten. Alle beschworen sie ihre Unschuld. Den Mann aber, der die Leiche des Verbrechers mit sich geführt, den hätten sie nur mitziehen lassen, weil er von zunehmenden Überfällen auf diesem Wege gehört und sie inständig gebeten hätte, sich ihnen anschließen zu dürfen.

Die Römer aber bestanden darauf, daß der Verdacht auf alle fiele und daß kehrtgemacht würde, alle zurück, um in Jerusalem auszusagen. Auch müßten alle der öffentlichen Verbrennung der Leiche zusehen, damit ihnen, sollten sie weiterhin behaupten, sie hätten die Leiche weggeschafft oder gar den Auferstandenen gesehen, niemand in der Hauptstadt mehr glaube.

13

– Wer hat dir das so erzählt?

– Der Mann, der mir Fragen stellte, um zu erfahren, wo
der Leichnam Jesu hingebracht worden sei, der hat es mir
gesagt. Ich könne das Leben eines Unschuldigen retten und
das Leben eines anderen vor Ächtung bewahren, wenn ich
ihn wissen ließe, wo der Leichnam liegt. Denn der mich
fragte, mich folterte, Antwort zu finden, der war es auch,
der dem Boas später das Gift reichte, ihn geißelte und kreuzigen ließ und so herrichtete, daß er für den gehalten wurde,
den ich, wie er wisse, versteckt hielte. Es war aber niemand
zugegen, als er mir von Boas und Jakin erzählte, auch nicht
sein Knecht. Denn es war ihm verboten worden, darüber zu
reden. Er wolle die Helden retten, sagte er, die diesem Gott
zu Hilfe kämen. Wo aber nicht, da hätten sie in ihm einen,
der sie verehre, und über ihren Tod hinaus.

Einmal, als mich der Folterer in meine Zelle zurück-
schleppen ließ, da hielt sein Knecht im Vorbeigehen an
einem Raum. Ich öffnete die Augen und blickte vom Gang
aus, am Arm des Knechts vorbei, in den Kerker. Da sah
ich eine Wache die Fackel führen, nach der eine Stimme
hinter der Wand gerufen hatte. Und hörte, daß die Stimme,
die das Licht herbefahl, auf einem saß, der am Boden lag.
Dann, daß – während die Stimme über der Arbeit bei jedem
Hammerschlag ächzte – ein langer Nagel in die Handwurzel des Ausgestreckten geschlagen wurde, bis er tief in den
Balken darunter gedrungen war. Und sah den Daumen der
Hand schon beim ersten Schlag zur Mitte des Handtellers

zucken und dachte: Der da liegt, lebt noch. Hörte aber keinen Schrei, nur das Ächzen der Stimme über ihm, der Licht gebracht worden war und die zuschlug, deren Körper aber von der Kerkerwand verdeckt blieb.

Mehr sah ich nicht, denn der Knecht schleppte mich weiter. Aber weil ichs sah, hielt ich für wahr, was mir über Boas und Jakin berichtet wurde. Und als ich später gerüchtweise hörte, sie hätten gefunden, wonach sie bei mir vergeblich gesucht, wurde mir klar, wie sie gearbeitet hatten. Kurz bevor sie mich entließen, wurde der Tempelwächter Samuel, den ich dir vorhin gezeigt, an meiner Gefängniszelle vorbei zu Jakin geführt.

– Warum, wenn es der Leichnam eines Täuschers ist, den sie hereinbringen, der wahre Leichnam aber unentdeckt bleibt, führst du mich dann im Kreis? Warum höre ich ausführlich vom Inhalt einer Machenschaft, aber –

– Machenschaft? Du nennst den Tod dieses Mannes Machenschaft? Ihr Glaube ließ ihn handeln. Nicht für sich, eigennützig, sondern für andere. So wie dein Rabbi handelte. Machenschaft? Was ist dein Glaube dann, der dich warten macht, bis du fiebrig hinfällst? Warten macht auf Nachricht von einem Leichnam und daß er gefunden würde. Warten macht auf eine Berührung desselben und daß sie dich erinnern ließe. Was für ein Glaube ist das, dein Glaube?

– Mit diesen Männern, die sich hergaben, wie du sagst, hab ich doch nichts zu schaffen. Sie kannten den nicht, von dem ich rede, kannten nicht den, der mir gestorben ist.

– Du kommst nicht an ihnen vorbei. Bleibst auf der Stelle, bis du sie erkennst. Du siehst nur eines abgetrennt vom andern. Wie du schon sagtest: das Tote vom Lebendigen abgesondert. Du siehst nicht, suchst nicht die Zusammenhänge. Und ob, was sich nach oben hin bekämpft und sich in Gegensatz zum andern stellt, das andere nicht von unten her ergänzt, mit ihm verbunden ist, gezwungenermaßen, durch seine Gegensätzlichkeit verbunden auf ein engstes.

Aufs Ganze hin, so daß das Ganze sich ergibt. Das Ganze aber ist das Eine, Zwilling, das du nie siehst, solang du auf die Teile starrst. Das du nie siehst, solang du diesen, jenen noch verwirfst, als sei *ein* Teil schon alles.

– Du führst mich nicht zu ihm.

– Du läßt mich nicht.

– Du hast ihn nicht, *das* ist es, Tirza.

– Du wärst nicht bei mir, wenns so wäre. Etwas in dir, das weiß noch besser als du und hält dich. Vielleicht nennst du das Müdigkeit und Schwäche. Und wünschst dich in Gedanken, fiebrigschnell, ganz weg von mir. Da aber weiß es deine Schwäche besser und hält dich, hilft mir dich führen.

– Ich weiß nicht mehr, wohin ich soll. Vor einer Stunde noch, da wußte ichs. Ich weiß nicht mehr, wohin. Es ist was über mir, das kreist. Ein Fieber, das mich irren läßt. So seh ich auch die Menschen hier im Tempel durcheinanderlaufen, die sich in einzelnen Höfen absondern, einander kreuzend, querend, sich wiedertreffen vor dem Ausgang und ohne Wissen voneinander Bahnen ziehn, die keinen Sinn ergeben.

– Siehst du denn nicht, was unsere Kreise schaffen, die wir beim Reden hier im Hofgeviert des Tempels ziehen?

– Mir scheinen sie die Bahnen jenes Fiebers, das mich treibt.

– Erkennst du nicht, daß unser Weg ein Zirkel ist, der um die hin- und hergezogenen Geraden der andern kreist, ein Ganzes zu ergeben? Daß unser Kreisgehen hier das Endlichrunden der kreuz-und-queren Bahnen ist, die nichts vom andern wissen?

14

– Ich kann es so nicht sehen. Als fiele alles wirr durcheinander, als seien mir Entscheidungen und jedes Urteil über Menschen und Dinge benommen, so ist mir dieser Stunde.

Genauso war mir auch vor Tagen, als er noch bei uns war, mein Meister. Es war, bevor sie ihn gefangennahmen. Wir lagen zu Tisch im Innern eines Hauses. Da sprach er zu uns Zwölfen, und fiel das Wort von seinem Verräter. Wir aber erkannten, daß er einen meint, nicht außerhalb von uns, sondern der läge bei uns. Jetzt. Da hörte ich dasselbe Fieber in allen, ein seltsames Tönen und Wirresein in den Stimmen und Haltungen aller Anwesenden. Als sei ihnen ausgelöscht die Erinnerung, wer sie seien, wer sie waren, je sein könnten. Und gebrochen alle Erwartung an sich selbst. Denn jeder fragte ihn, als hätten sie allesamt den Verstand verloren, fragte ihn: »Bin ich es?« und: »Ich bins doch nicht, Meister?«

Es war ein Grauen in diesem Fragen, ich hörs noch. Hör mich noch wie die andern fragen: »Bin ich es, Meister?«

Das ging mir lange nach. Denn als hätte man uns die Rükken gebrochen, als rührte, hier im Raum vor uns stehend, etwas uns an, das über uns verfügen und Schicksal sprechen, jeden, der glaubte, er wisse, wer er sei, in einen andern verwandeln könnte: aus einem, der glaubte, er sei dem Herrn treu, einen zu ziehen, der ihn bespuckt und anderen verrät, so empfand ich das.

Dieses Chaos war aber über uns alle gekommen und hatte etwas vom Anfang. Als würden wir erst hier, an diesem

Abend, erschaffen. Als sei noch nichts gegeben, als würde seine Hand das Schicksal uns erst jetzt zuteilen.

Denn davor fürcht ich mich noch immer. Als wüßte ich, daß mir das eine oder das andere erst noch gewiesen werden könnte.

– Hier bist du unsicher gemacht, ja, ohne Meinung wie du selbst sagst: am Anfang. Der Zustand aber paßt dir nicht.

– Er schafft nur Angst.

– Weil er zertritt und tritt auf jene Teile, die in Angst dich binden.

– Weil er mich machtlos macht.

– Dann preise dir die Machtlosigkeit. Sie ist der Anfang und vor der Angst.

– Ach, du warst nicht dabei! Ich hör noch das »Ich bins doch nicht?«, darin die Angst vorm Neugeschaffenwerden.

– Vorm Sterben.

– Nein, denn du stirbst nicht, aber lebst das Sterben, so ist es, Tirza. Und jene Machtlosigkeit, unsere Machtlosigkeit, die war bemitleidenswert, wenn ich zurückschaue. Fand aber kein Mitleid.

– Willst du leben, lebendig werden oder bemitleidet? Hier gings auf Leben und Tod, und du sprichst von Mitleid.

– Weil sie verachtenswert ist, so meine ich, die Machtlosigkeit, die offene. Denn die Wahrheit daran bleibt unverändert: Auch heute noch, im nachhinein, wo wirs alle besser wissen und wissen, was geschehen ist, auch heute würde so gesprochen werden, so noch gefragt am Tisch. Auch wenn nur Schweigen wäre, so wär es diese Frage, die verschwiegen würde, die im Verschwiegenen jeder spräche: »Bin ich es?« Daß unser tiefster Wille gebrochen werden kann, das müssen wir erfahren. Wenn aber das, auf wessen Grund stehn wir dann? Wem gehören wir an, zu welchem Zweck?

– Du hattest, scheint mir, nicht nur Angst, ein anderer zu werden. Wie schon beim Zwilling, der dir voraus von Gott die Antwort hielt und starb. »Starb«, war die Antwort. Sein Sterben kam vor deinem Sehen. Es kam davor. Und steht davor noch. Verstellt dein Sehen. Du warst der Anfang eines, der gestorben war, verschwand, und dessen Namen du dann tragen mußtest, ihn anderen zu erinnern. Jene Machtlosigkeit also erinnerte dich daran, daß du schon mal ein anderer warst. Und daß du nicht dich selbst, sondern in seinem Namen den andern leben mußtest.

– Ja, dieser andere war ich, als die Frage ging: »Bin ich es, Meister?« Ich prüfte mich, denn auch ich hatte gefragt: »Bin ich es?« Und blickte nieder, auf die Rillen des Tischs, verstarrte mich darin. Der Meister aber antwortete nicht, als sei ich ihm fremd. Da sah ich beim Starren etwas über mein Auge hinziehen, wie es uns manchmal geschieht, wenn wir starren. Und es war wie ein treibendes Eiland im Fluß, ohne Halt, das entzweibrach über dem Starren. Da hört ichs flüstern: »Herr, wer ists?« und den Meister antworten: »Wer die Hand mit mir in die Schale taucht.« Ich aber wagte nicht aufzusehen. Denn die Schale stand vor mir.

Seine Hand kam, ihr Schatten kam übers ebene Holz und tauchte ein in den Schatten der Schale. Ich schloß die Augen. Da hört ichs sagen: »Judas. Judas ists!«

Und da bin ich es. Da war das Leben des anderen, des Bruders, meines geworden. Denn *ich* wars: Judas, der Zwilling, Judas Thomas, der Verräter.

Machtlos war ich, wußte nicht, was ich tat. Sondern war wie getan. Erhob meine Hand, meine rechte, einzutauchen mit ihm, und sah, daß der andere Judas, der Mann aus Kerioth, der linkerhand neben mir lag, zuvorgekommen war. Und aufstand jetzt und uns verließ. Weil ers aufgehoben hatte, das vergrabene Wort, es erhört, mit dem Bissen gegessen hatte wie heilige Schrift.

15

Ich aber vergrub mich vor ihm, konnt ihn nicht ansehen, den Meister. Teils aus Scham – denn ich, hätte er mirs gegeben, wäre aufgestanden und hätt ihn verlassen. Teils aus Wut über die Ohnmacht – denn die hatte er mit seinen Worten in uns bewirkt, die Machtlosigkeit, offene, in die er eintaucht sein Wort, es dort tränkt, ohne Verstehen und Einverständnis der Machtlosgemachten.

– So daß du dein Versprechen, mit ihm zu sterben, nicht hieltest der Machtlosigkeit wegen?

– Denn er hat mir bewiesen, daß sie zu brechen ist, aufhebbar, meine Liebe. Daß sie nichts ist. Hier war das Chaos: das Umgerissenwerden, Auseinandergerissenwerden, aus dem wir Schuld davontragen, ohne die Teilung bewilligt zu haben. Wollt ich denn meinen Zwilling töten, weil er mir nah war, wollt ich ihn mit der Nabelschnur erdrosseln? Oder war ich ihm nah, ihm immer nah zu sein, war ich umklammernd, um nie getrennt von ihm zu leben?

Immer fragte ich mich, was aus ihm geworden wäre, dessen Tod ich verschuldet. Denn daß er ein ganz anderes Leben geführt hätte als das in meiner Kinderfantasie gespielte, das war mir ebenso bewußt wie: daß auch ich es hätte führen können. Und er das meine. Mir schien, er hätt es gleichsam wirklicher gelebt. Denn weil er mir gestorben war, erschien mir ungleich wirklicher, was er geschaffen *hätte,* als was ich Zwilling lebend ungeschaffen ließ. Sein Körper fehlte mir, mich von ihm abzugrenzen. Und weil er fehlte, war er auch überall und immerzwei.

– Und doch, scheint mir, fürchtest du nicht den andern, den anderen zu leben. Du fürchtest dich nicht eigentlich: zu hassen, zu verraten. Die Mitte davon fürchtest du. Denn jene kleine Zeit der Willenlosigkeit, des Ausgeliefertseins, der offenen Machtlosigkeit, was ist die? Erinnerung an den Anfang. Und daß du ein Gemachtes bist, mit Willen so Gemachtes, Gewolltes. Das sterben muß. Und also: Rückfall ins Namenlose, unter den Staub. Den Rückfall fürchtest du. Und nicht das Böse, Dunkle. Auch nicht, daß du zum »Judas« würdest, wenn dein Herr auf dich deutet, dir zeigt, daß einzutauchen sei in seine Schale. Nein, nur dem Namenlosen gilt deine Furcht.

Die Furcht hat aber eine unter sich, die noch viel stärker wirkt. Die mußt du suchen lernen, sehen. Denn daß im Bösen, dem Judas und Verräter, das andere ist, der Zwilling, das uns entzweite Zweite, das einzuholen wäre, das scheinst du mir zu ahnen. Nur siehst dus noch im falschen Licht. So siehst du nicht, was drunter liegt. Was du, wie Tod und Rückfall untern Staub, so fürchtest, ist: jene Machtlosigkeit. Daß du in *der* verharren könntest, so an der Staubgrenze, im Wüstenbett zwischen den Ufern, so ziellos, dumpf und unbewußt durchs Leben kriechend, ohne je aufzusehen, vom Herrn, von deinem Bruder, von Spiegelbild und Schale nie zu ahnen: *da* ist der Horror.

– Wie könnt ich sie denn suchen, sie sehen lernen, die Furcht der Mitte, die du in mir siehst?

– Sei machtlos. Sei ausgeliefert, wage dich. Spring in die Mitte, da ist der Anfang, und halt aus. Dann kommt durch eben jene Mitte: der Fluß. Und Leben löst die Angst der Ufer und reißt vom Boden, was im Staub zu Boden lag. Warum sonst wärst du gekommen, deinen Herrn zu finden, ihn zu sehen?

– Zu wissen, was ist und was nicht.

– Zu trennen also. Aber das ist nur der erste Schritt. Jetzt mach den zweiten, auf das Dritte zu, das Eine.

– Was weißt du und wie redest du? Wie eine, die Kinder hütet. Ich werde Schritte machen, wanns mir paßt.

– Nun geh schon, geh schon weiter.

– Was du im Grab getan hast, ohne ihn gekannt zu haben, das sag mir jetzt!

– Im Grab? Da hab ich jenen zweiten Schritt gemacht, von dem ich dir gerade sprach. War wieder Kind.

– Jetzt rede nicht in Rätseln. Woher kanntest du ihn? Ich will es genau. Wann und wo hast du ihn gesehen, nämlich ohne daß wir, die wir ständig bei ihm waren, es bemerkt hätten?

– Der Mond, der jetzt abnimmt, nahm damals noch zu. Vor mehr als zwei Wochen, am zweiten Tag seiner Neuung wars, da zogen wir im Jordangraben mittagwärts, als ich ihn sah, deinen Herrn.

– Jetzt gehst du mir zu schnell. Ihr kamt woher, und was heißt »ihr«?

16

– Wir waren aus dem Bergland vor Damaskus. Meine ganze Familie zog mit mir. Denn ich war Braut, Versprochene, war unterwegs zu dem, dem ich versprochen war. Wir waren zeitig losgezogen, um vor der Hochzeit noch das Passah in Jerusalem mit ihm und mit den Seinen feiern zu können.

– Wo war dein Bräutigam?

– So wars verabredet: Am dritten Tag auf die Mondneuung würde er zu uns stoßen, uns über den Fluß und dann aus dem Graben führen. Die Steige hinauf durchs Wüstengebirge bis nach Jerusalem, wo seine Familie alles für uns bereitet hätte.

– Du kanntest deinen Bräutigam?

– Als Kinder nur, schon viele Jahre her, da kannten wir einander, spielten. Ich war nicht ohne Furcht, ihn jetzt, nach so langer Zeit, wiederzusehn. War aufgeregt und wußte nicht, wie der, der sich im Spiel einst gut versteckte, mir jetzt im Ernst offen entgegenkäme.

– Und ihn, wann trafst du ihn?

– Den Bräutigam?

– Den Jesus meine ich, wann willst du ihn getroffen haben?

– Am zweiten, wie ich sagte, bevor du unterbrachst.

– Am zweiten waren wir noch drüben, am andern Jordanufer. Das mag stimmen. Aber wie hätten wir dich nicht gesehen?

– Es waren damals viele um euch, die hatten sich, abseits des Wegs, um einen geschart, den man jedoch nicht sehen konnte. Auch meine Schwester und ich liefen hin, um zu erkunden, was dort geschah. Sie war aber schneller als ich und fand zwischen den Umstehenden Eingang, den man mir, der zweiten, nicht mehr gewährte.

Da sah ich einen Baum, in dessen Schatten welche lagerten, die schliefen. Zog meine Sandalen aus und stieg in den Baum. Ich hatte Schwierigkeiten, zwischen den unteren Astwindungen durchzufinden, so daß ich beim Höhersteigen nicht mehr wußte, in welche Richtung ich zu klettern hätte und wo das Büschel Zweige dann zu öffnen, hinauszusehen wäre auf den, um den sich alle scharten. Wenn ich mich stillhielt im Baum, nach Stimmen zu lauschen, die mir die Richtung gäben, hörte ich nur ein Rascheln von überallher, ein Biegen der Äste im Wind. Da wars mir, als käme etwas auf mich zu, vom oberen Stamm nach unten: ein Schleifen und raschelndes Zischen, so daß ich in Angst geriet und mich entscheiden mußte. Schnell trat ich auf einen der Seitenäste und hielt mich an einem zweiten darüber, ging seitwärts, nach außen. Bis auch da kein Weiterkommen mehr war, die schwachen Äste unterm nächsten Schritt ganz nachzugeben drohten, der Ast, an dem ich mich gehalten hatte, hier auseinanderklaffte.

Und immer war ich noch im Dunkeln, die Sicht von Laub und Astgewirr verstellt, nur jetzt bei einiger Gefahr zu fallen. Ich weiß nicht, warum ich gewartet habe. Ich hing, die Arme an den Ast geklammert, im Baum und überlegte mir, wie dumm es war, hier raufzusteigen; und wie hinabzusteigen und auch die Mitte, die mir nicht geheuer war, noch zu umgehen sei. Da stieß, als ich den Mut nicht fand zurückzugehn, der Wind die Seite auf, in der ich stand. Und ich konnt sehen, um den sie standen – den Jesus.

– Und wovon sprach er, als du ihn so sahst?

– Ich konnte ihn dort, wo ich stand, nicht hören. Nur sehen. Die kleine Weile lang. Zu hören war nur der Wind. Aber etwas …

– Ja? Sag es doch.

– Etwas Seltsames geschah.

– Was denn, Tirza? Was?

– Nichts, was ich hätte deuten können. Es war nichts, war fast nichts.

– Dann sags mir doch.

– Er sah mich an, das wars. Nein, das wars nicht. Er sah mich fast an. Fast. Verstehst du?

– Was meinst du?

– Es war, wie wenn ich wegschau, von dir weg. So, siehst du?

– Ich sehe dein Gesicht nicht mehr. Was soll ich sehen? Wohin du schaust?

– Und jetzt? Was siehst du?

– Jetzt seh ichs wieder, fast.

– Fast. Weil ich anhielt, das Wenden meines Kopfes anhielt.

– Ja und?

– So war es dort. Ich sah, daß er den Kopf herwandte. Nur, nicht wie zufällig. Verstehst du? Ich sah sein Auge kommen: fast. Fast hätt er mich gesehen.

– Und?

– Und das war mehr als Sehen, mehr als Gesehenwerden, dieses »fast«. Denn noch als sich die Äste wieder schlossen, im Blickabschneiden noch, sah ich das Herkommen der Augen, Sichwenden seiner Augen her zu mir. Und dann, im Abgeschnittensein, das Echo dieses Blicks. Es war, als dächt ich mir das Ende dieser Wendung und das Zusammentreffen unserer Augen aus. Als säh ich, ja als hört ich: das Aufmichtreffen seiner Augen. So, durch das Abgeschnittensein, wie rasend trafen sie auf mich, mit ungeheurer Gewalt, die Augen.

17

– Und wie erklärst du dirs?

– Wie sich uns das, was wir schon immer sehen wollten, nie offen gegenüberstellt, vorm Starren unserer Augen
gleichsam den Rücken wenden muß.

– Warum kann es nicht offen vor uns treten?

– Weil du nicht von ihm weißt.

– Warum, wenn ich nicht von ihm weiß, würd ich es
sehen wollen?

– Daß du es sehen willst, das weißt du erst im Sehen. Bei
erstem Sehen, verstehst du?

– Gib mir ein Beispiel, denn ich versteh noch nicht.

– Es ist, als wenn du deinen Bruder sähst.

– Nun gut, den will ich sehn. Aber ich weiß auch von
ihm und weiß, daß ich ihn gerne sehen würde. Das kann dir
also nicht als Beispiel dienen. Denn wie sollt ich sonst nicht
von ihm wissen?

– Wirklich aber: Hast du ihn je gesehn?

– Das nicht.

– Hier ist er: Du willst ihn sehn, weißt aber nichts von
ihm, du hast ihn nie gesehn. Das ist das Beispiel.

– Was willst du sagen?

– Wenn er sich vor dich stellte: Du sähst ihn nicht. Wenn
aber, langsam sich wendend, ein Fremder, der mit dem
Rücken vor dir gestanden, noch im Wenden die Möglichkeit dir gäbe, ihn, diesen Fremden, zu sehen, indem er sich
fast zeigte – denn das ist ja das Wenden: die Möglichkeit,
zu sehen –, dann hättest du, selbst wenn der Blick jetzt

abgeschnitten würde, erfaßt, worum es geht. Nein, besser noch, du wärst in diesem Wenden miterfaßt. Denn jetzt ergänzt du, was du nicht gesehen hattest. Ergänzt das »fast« und machst es ganz. Erkennst den Fremden voll und ganz.

– Woraus ergänz ich ihn?

– Doch nur aus dir. Wen hättest du sonst?

– Aus mir? Und wo bleibt da der andere, wenn ich aus mir ergänze?

– Wo er schon immer war: in dir. Denn hier hat sich gewendet, was immer in dir war. Hier wendet er sich ganz zu dir: der du schon immer warst. Im tiefsten, unerkannten Wunsch schon immer warst.

– Und dieser Wunsch?

– Der war hineingelegt in dich. Als du nicht wissen konntest und doch schon alles wußtest. *Den* nämlich siehst du »fast« und siehst ihn heller, ungeheuer klar, wo du ihn dir ergänzt, aus dir holst, was schon immer in dir lag.

– So hat also, wenn ichs versteh, dein Abgeschnittensein, dein Nichtmehrsehen, dich klarer sehen lassen. Weil du jetzt wußtest, was zutiefst dein Wunsch war, in dir von Anfang an.

– Ja. So glaub ichs. So erklärte ich mir auch, daß ich von ihm nicht mehr losgelassen war.

– Ja, so erklärtest dus dir. Aber ob es sich wirklich so verhielt …

– Mit größter Wirkung, größter Wirklichkeit, das glaub mir.

– Naja. Ich sehe nur: du kamst nochmal vom Baum herab. Half dir denn jemand?

– Wie konnten sie? Die unten waren, schliefen doch.

– Du hättest rufen können.

– Hättest mich nicht gehört, Thomas. Du schliefst ganz fest und unbekümmert unter ihnen. Ich mußte dich wecken.

– Du … du hast mich geweckt?

– Ich wollte seinen Namen wissen und fragte dich danach.

– Ich hätte dich also schon vor Tagen gesehen?

– Du warst zunächst ganz ungehalten, daß man dich weckte. Hast kaum zu mir aufgeschaut. Du gabst mir seinen Namen, hast noch hinzugefügt: »Er ist von Gott gesandt«, und dich dann wieder hingelegt.

– Wie dem auch sei. Das Fast-Sehen, das du da beschriebst, so sehen sich auch Verliebte, meinst du nicht, Tirza?

– Ganz so.

– Und willst du etwa sagen, du, die Braut und die Versprochene, hättest dich noch verliebt, noch vor der Hochzeit, in einen andern?

– In *ihn*, in keinen andern.

– Verliebt?

– Was du hier mit »verlieben« meinst, das trifft es nicht.

– Was war es also?

– Es gab zunächst kein Wort dafür, so wie es keine Fassung gab. Ich konnt kaum fassen, wie mir war. Ich zog noch mit den andern weiter, war aber eigentlich abseits, vom Weg gebracht, auf einer andern Spur.

– Dann war doch Liebe, Tirza.

– Und wenn ich so hätt sagen können, hätt ich sie mir verboten. Nicht untreu war ich, sondern treu. So treu wie du.

– Was meinst du damit?

– Wie du, als du mich an der Hand nahmst, in die Seite zwischen die Häuser drängtest.

– Um vor den anderen zu fliehen. Sonst hätt ich dich nicht fragen können.

– Dein Fragen war es. Dein Antwort-finden-Wollen. Und warum käm das nicht der Liebe gleich?

– Der Liebe?

– … die Antwort hat im andern, der wiederliebt. Das Fragen und das Lieben sind beide aus einem.

18

– Ihr zogt also weiter?

  – Fragst du?

  – Gezwungenermaßen. Denn ich will weiter.

  – Nicht viel weiter. Denn wir hielten bald, vor Sonnenuntergang. Als wir vom Wasserholen am Jordan zurückkehrten, meine Schwester und ich, da war ich so müde, ich schlief vor Erschöpfung ein. Doch kam ich im Traum wieder zurück ans Ufer jenes Flusses, Wasser zu schöpfen. Mir war tatsächlich, als sei ich dazu aufgestanden, aus meinem Traum, als hätte ich ihn zu Ende geträumt, aufgestanden. Kennst du das, wenn man, noch ganz im Traum, doch glaubt, erwacht zu sein, endlich erwacht, auch glaubt, man stünde auf, ginge davon?

  – Ich kenne das.

  – Ich sah nochmals, wie ich es schon beim Wasserholen getan, zum anderen Ufer hinüber. Sah, um zu sehen, ob sich der Bräutigam mit seinen Begleitern nicht schon zeigte. In meinem Traum war alles Licht der Sonne gemildert durch die Wolken, von einer seltenen Gleichmäßigkeit, war sanft, war schattenlos. Da kam mein Bräutigam. Ich sah ihn, fern noch, von der anderen Seite ans Ufer kommen.

  Ob denn die Stelle hier, dacht ich, nicht allzutief, ob hier die Überquerung nicht zu gefährlich wär für ihn. Sah hin und her im ruhigen Wellenspiegel, die Stelle prüfend, auf die er zuhielt. Denn auch er, schien mir, hatte mich erkannt. Ich blickte nochmals auf die Wasser, die Tiefe prüfend, sah darin spiegelnd das Gewölk am Himmel, da plötzlich teilte sichs.

Die Wolken stießen auseinander, als risse jemand sie entzwei. Der Fluß, der sie gespiegelt hatte, brach längs der Mitte auf und trennte sich in Hälften. Die Hälfte, die mir nah war, floß ein in meinen Krug, der sie zu fassen schien und vom Gewicht der Wasser, die sich hineinverschlangen, halb einsank in die Erde vor mir, wie festgemauert. Die andere Wasserhälfte, dort, wo sie sich geschieden hatte, war aufgesogen von der Mitte. Der Flußgrund war jetzt sichtbar, ganz bleich und ausgetrocknet von der Sonne. Und da geschah erneut ein Bruch. Wo jener zweite Teil der Wasser in einer Ritze längs der Mitte verschwunden war, da brach das Flußett unter großem Ächzen der ganzen Länge nach. Und riß sich auseinander. Das andere Ufer wich in ungeheure Ferne, war nicht mehr auszumachen, war im Zerrissensein verschwunden. Und mit ihm jener, den ich kommen sah.

Und auch darunter, unterm Bruch, da war noch Welt, schien schwarzes Schachtgestein, ein wilder Adernwald aus Erz, im Sturz hinabgewachsen, darin ich Bauten, Bogen eingesprengt und fremde Tore zu erkennen glaubte. Auch hier durchs Unterirdische brach sich ein Bruch hindurch, es fraß sich auf und brach in zwei die ganze Welt. Denn dort, wo sichs gebrochen hatte, da war ein anderes sichtbar, und war von neuem aufgebrochen. Als sei die Welt wie rasend, sich immer neu zu brechen unter dieser Sonne, die immer neu mit ihren Strahlen in die Tiefe brach, in immer neue aufgebrochene Teile.

Denn es war ein Entzweien, ein großes Abschiednehmen, das immer größer wurde, das immer breiter, immer tiefer, immer rascher sich durch alles fraß, und auch im kleinen: Teilung! Teilung! schrie, und schneller dann: teilt! teilt!, sie brechend, die zusammenwaren, sie sich aufspaltend, die zusammengehörten, das Eingesehne zwiegerissen, das Zugehörige verloren. Und ich verstand den Abschied nicht von allen Dingen, den Abschied nicht, den alle voneinander hatten. Verstand nicht, warum immer wieder, rasend, geschieden werden mußte, alle und alles, entzweigerissen, friedlos-unbelassen. Da trat ich an den Rand aller Durchbrochenen und sah, dort unten auf dem Grund, ein Letztes:

Hier lag das Viereck einer Stadt, war schwarzes Gold, ein Tempel im Geviert, ein Kasten überdacht, schwarz-golden. Ich konnt die Größe nicht erfassen, ihm war nichts zum Vergleich. Es war, als sei dort, wo er lag, der Teilung Ende. Ich sah hinab, empfand nur Trauer, Traurigkeit, daß mir die Stadt, der Tempel, das Grab aller Zerrissenen schien. Da wacht ich auf.

– Erwachtest wirklich oder nur im Traum?

– Erwachte, wo ich eingeschlafen war, bei meiner Schwester. Und sah, daß alle schliefen. Ich war aber so unruhig, daß ich nicht unter ihnen blieb, sondern mich entfernte vom Lager, auch den Kreis der Tiere verließ, in dem wir lagerten. Und ging im Sand unterm Nachthimmel hin, unruhig des Traumes wegen.

– Erwähnte mir nicht jemand, einer der Wächter am Grab habe, kurz bevor sie dich dort verhafteten, in der Gruft einen Kasten bemerkt, in den hinein zwei Hände ein Licht verschlossen?

– So muß er Ähnliches gesehn haben wie ich damals, nur näher. Denn was im Kasten auf dem Grund der Welt verschlossen war, das sah ich nicht.

– Geht es nicht so? Du fragst dich: Was ist in unsere Stadt verschlossen? Antwort: der Tempel. Und hier im Tempel, was hineinverschlossen? Antwort: Die heilige Lade, einst. Ein Kasten! Da siehst du alle drei in einem.

19

– Ich wußte nicht, was der Kasten im Traum bedeutete, ob Schatz, ob Grab. Und wußte nicht, wer die war, die solches sah. Warum ichs sah. Ich ging hinaus, weg von den anderen, und mied den Fluß.

Aber der Wind trug Wärme, und die Nacht hatte himmelher Licht. Da stieß ich auf einen Hügel, der zu umgehen gewesen wäre. Dessen Sand aber lag mir so kühl und windgesiebt zart zwischen den Zehen, daß ich Lust hatte, in ihn zu steigen, die Füße und Zehen beim langsamen Aufstieg zu vergraben in ihm. Ab und zu fühlt ich auch Gräser, die in Büscheln aus der Tiefe des Hügels zu kommen schienen, ebenso kühl und zart, daß ich, kurz vor Erreichen des Hügelkamms, mich hinlegen wollte, mich anzuschmiegen dem Warmen und Kühlen hier, auch etwas ermüdet wieder, vom Gehen und langsamen Aufstieg beruhigt.

Und ich legte mich in den Hügel als in das Tuch eines Zelts, das dem Kind nachgibt, sich der Form des Kinds, sich dem Wunsch des Kinds anpaßt, als sei es verständig, das Tuch. Als wüßte es, wie diesem Kind der schönste Ort, das schönste Versteck zu bereiten sei. Wie auch ihm damals, dem Bräutigam, als er noch Kind war. Als er sich mir versteckte und ich die Zeltbahn hob, ihn sah.

Er hatte die Augen geschlossen, damals als Kind, mein Bräutigam, auf den ich jetzt wartete. Hielt die Augen so inständig verschlossen, als vermöchten die Lider, ihn tiefer zu verstecken. So, daß ich ihn ließ. Wie unentdeckt verließ. Nur einen kleinen Stein, den ich für kostbar befunden und ihm geschenkt hatte, den hob ich auf und nahm ihn wieder mit. Aus seiner Tasche war er gefallen, lag neben ihm, ich sahs. Das Tuch aber ließ ich zurückgleiten, als sei nur der Wind dran gekommen. Entfernte mich, nach ihm rufend, als wüßte ich nicht, wo er sei.

Solche Bilder erinnerte ich, als ich im Hügel lag. Aber nicht mehr den Ausgang des Spiels. Denn den Stein, den ich mir wieder genommen, den hatte ich noch und dachte: Ich will ihn zurückgeben, wenn er sich an ihn erinnert. Denn dann erkennt er auch mich, und es wär, als seien wir nie getrennt gewesen. Die Kindheit wär uns aufgehoben in diesem Aufgehobenen.

Da wurde ich geweckt aus solchen Gedanken durch Stimmen, nah, von der anderen Seite des Hügels her, kaum jenseits des Kamms. Und als ich sie hörte, wars mir, als hätte ich mich angeschlichen, als hätte mich jemand zu dieser Stelle geführt, daß ich belauschte die Stimmen.

Es waren aber zwei. Die schienen mir ebenso gelagert wie ich, und wenn ich mit meinem Arm in die Seite des Hügels gegraben, geduldig in waagrechter Richtung weitergesucht hätte, dann hätte ich, gar nicht lang, Arm oder Schulter eines der beiden erreicht. Sie lagen wohl genauso wie ich, einer dem anderen zugewandt, wie Kinder, die vor dem Einschlafen noch Dinge bereden für den nächsten Tag oder für alle Zeit. Und ich hörte sie reden, als sprächen sie über jemand, der zufällig vor ihnen lag, ihnen als Beispiel diente.

»Siehst du sie vor dir?« sprach der erste.

»Ich sehe sie.«

»Und? Sag mir, hat sie nicht Körper? Und will sie dich nicht? Denn wie eine Verliebte will sie dich, sie ist verliebt in dich, will deinen Körper.«

»Soll ich mich deshalb halten lassen?«

»Wenn du die Liebe über alles stellst, dann darfst du sie im einzelnen nicht von dir jagen. Hier, schau sie dir an, ist eine einzelne, die dich liebt. Und du willst allen gehören, windest dich aber im einzelnen Fall heraus, weil so niemand Anspruch hat.«

»Was wäre das: Anspruch?«

»Anspruch, in dich hineinzugehen. Daß du als Beispiel dich hergibst für das, was du sagst. Denn wenn ich einen Menschen töte, wenn ich zuschlage und ihn vor mir verenden sehe, dann bin ich es, stehe mit Haut und Haar vor ihm, beraube ihn ganz, suche nach dem Leben in ihm und finde es ganz, heisch noch den kleinsten Rest, der davon in ihm wäre, wie lang ich auch suchen muß.«

»Und findest du immer?«

»Finde ihn immer.«

»Wer hat ihn dahin versteckt, so tief dahinein versteckt in die Menschen?«

»Dein Vater. Weißt du das nicht? Daß er aus seinen Augen am Anfang eines nahm, das ich war? Und mich, sein Auge, in tiefste Tiefe schweifen ließ, damit er auf den Grund des Abgrunds säh durch mich, sein Aug, das er aussandte, dort zu suchen, dort in der Dunkelheit für ihn zu sehen? Als ich zurückkam, der ich die Finsternis für ihn gesehen hatte, da war das Auge, das ich ihm gewesen war, nicht leer, mich wieder aufzunehmen. Es war ersetzt. Ein Menschenauge saß an meiner Statt im Licht. Und in das Menschenaug war eingetan: das Leben. Und in das Leben hineinversteckt: Bewußtsein, daß er lebt, der Mensch. Hineinversteckt, und doch: ich find es immer, dies Bewußtsein. In seiner grauenhaften Unschuld straf ich es. Denn es gibt vor, es wisse nicht von mir, nicht von der Stelle, aus der es mich verdrängt hat. Bewußtlos ist es deshalb, dies Bewußtsein. ich will es darin nur bestärken und schlag es tot, wo ich es finden kann.

»Was hättest du an einem Menschenleben, das du bewußtlos schlägst? Du nimmst nicht daran zu.«

»Wieder willst du aufs Allgemeine. Aber ins Einzelne, ins Besondere mußt du. Da fehlt dir der Mut, mir zu widersprechen. Widersetz dich im Einzelnen, wenn du der bist, der du sagst. Denn ich sage dir: Sie rufen nach dir im Einzelnen, Einzelne sinds, Lebendige, und immer allein, wenn sie rufen. Wenn du zu ihnen willst, wie ein Mensch, mußt du dich lieben lassen. Als Einzelner, Lebendiger. Von einer, die ruft, dich lieben lassen. Mach sie lebendig, die Mutter deiner Kinder.«

»Die leben schon, sind die Erwachenden, die meine Kinder sind. Und ich bin Kind in ihnen.«

»Woraus erwachen die, wenn nicht aus leerer Nacht? Wie diese Frau. Die war so leer und unbeschrieben, die hat dich nie geahnt. So leer und unbeschrieben, daß ich ihr beim Wasserschöpfen das meine einschrieb von innen her, bevor ich sie in Stücke riß. Sie trug sich mit Gedanken an Gesichte, da hab ich ihr im Wasser das meine gezeigt, sie in den Tod getrieben. Die wacht dir nicht mehr auf. Du hättest Angst vor ihr. Du redest von Erwachenden. Die Zahl der Unerwachten, Toten, die ist wohl weitaus größer. Wenn du von wirklichem Erwachen reden willst, dann halt dich an die Körper, die unerwacht, verschleudert und im Dunkeln liegen. An diesen sollst du dich versuchen. Und mir beweisen, daß du dir wirklich Kinder zeugen kannst, Erwachende. Auch nicht den Frauenkörper scheust, aus Angst, er könnt dir andere gebären, dieser Körper. Hast du denn Angst, du könntest dich vermehren?«

»Vermehren soll sie. Und zeugen, zeugen soll sie. Und andere gemahnen, daß du sie aus dem Tod getrieben wünschtest, dich zu erinnern, und die Erinnerin dir wecken ließt. Ich will verwandeln, was du zu mir führst, und tauschen, was du täuschst, und will erinnern, wo zerstreut wurde von dir.«

So hörte ich die Stimmen reden und war starr vor Angst. Denn beim Lauschen kam mir, sie sprächen über mich.

Ihre Rede ging aber, als sei alles, auch ich, schon vergangen. Die So-Besprochene bereits geschehen. Und ging dennoch mit Leidenschaft über mich, die Geschehene, als könnte ich eben dadurch zurückgeführt und fürs Neue gerettet werden. Hörst du mich, Thomas? Machtlos war ich wie du, in die Schale des Hügels getaucht, lauschend wie du, mit verschlossenen Augen wie du. Wie der Junge im Tuch jenes Zelts, das ich über ihm ließ. Wie das Sandtuch, das sich über den Hügel legte im Wind und verbarg, wo ich lag und die Stimmen hörte. Als sei ich nie dagewesen, hätte sie nie gehört. Als seien zwei nie zusammengekommen, solches zu reden jenseits des Kamms.

– Machtlos wie ich, sagst du, Tirza. Dann begännen wir beide hier. Hätten das eine gemeinsam.

– Mit allen gemeinsam. Wir alle beginnen hier. Die, die beginnen, erinnern die Machtlosigkeit, wo sie begannen.

20

– Aber führst du mich noch, wie dus versprachst?

– Versprach ichs dir?

– Mit mir zu gehen, ihn mir zu zeigen, wo du ihn hast, Jesus, den Herrn. Manchmal, beim Rundgang, da ist mir, als hätte nicht ich dich zum Tempel geführt, indem ich mich irrte im Gassengewirr auf der Flucht vor den anderen. Sondern als seist du schon immer vorausgegangen. Hättest den Tempel gewählt, weil du ihn hier hast, hier im Tempel versteckt, seinen Körper, hier, wo ihn niemand sucht. Gehen wir im Kreis um sein Versteck?

– Du läßt dich nicht führen.

– Ich will sehen.

– Dann sieh mich an, hier, diesen Punkt, wo wir Gemeinsames fanden, die Machtlosigkeit. Du aber willst weiter. Willst das Gemeinsame, durch das einzig Erinnerung kommt, vergessen. Du willst keine Wahrheit.

– Du zeigst sie mir nicht.

– Die ich offen vor dich lege, die willst du nicht, die siehst du nicht. Ganz wie der Folterer, der, was er aus mir zog, nicht sehen wollte. Denn ihn erschrak, ihn quälte, was ich am dritten Tag für ihn erinnerte. Da ließ er mich gehen.

– Nicht, weil sich kein Beweis erbringen ließ, daß du den Leichnam aus dem Grab gestohlen hattest?

– Was ich dem Folterer gab, das wollt er nicht gefordert haben. Und was ich für ihn sah, wollt er nicht sehen. Denn die Erinnerung, die ich sprach, die war ihm Folter.

– Woran hast du erinnert?

– An das, was offen vor dir liegt, du willst es nicht.

– Ich wills. Anders als er. Denn ich werde dich nicht gehen lassen, wie er dich gehen ließ. Dich geb ich nicht frei, bis du gegeben hast. Vor der Erinnerung hab ich keine Angst.

– Du siehst nicht, die du fürchten solltest, die Wahrheit. An die erinner ich. Ich muß sie deshalb wenden, sich langsam wenden lassen. Damit du fast siehst. Und dann verschließen. Dann wirst du sie ergänzen und erkennen.

– Dann laß mich fragen: Sahst du ihn, den Bräutigam, am nächsten Tag, und kam er zu dir, wie versprochen?

– Wir sahen ihn am dritten Tag nach der Neuung, als er die Flußbahn schon morgenwärts querte, und liefen ihm zu, empfingen ihn, feierten unser Treffen den ganzen Tag.

– Und? Hat er dich wiedererkannt?

– Er wurde zu mir geführt, aber …

– Aber?

– Seine Augen gingen voraus, ungeführt, waren längst bei mir.

– Also erkannt. Und den Stein?

– Du erinnerst die Kleinigkeit, das ist gut.

– Erinnerte er?

– Als ich ihm vom Versteckspiel der Kinder erzählte, da nahm er den Stein, als hätte er ihn erkannt. Das aber mir zuliebe.

Am Abend dann, als sie berieten, wo am besten mit allen überzusetzen sei, gingen meine Schwester und ich mit zwei anderen Frauen wieder zum Jordan, Wasser zu holen. Der Fluß war nicht weit entfernt, nur eine Düne zwischen Nachtlager und Uferlauf. Als wir auf dem Kamm der Düne hielten, noch Licht auf unserer Stirn, lag das Wasser des Jordan schon im Dunkeln. Wir trennten uns, ganz ohne Absicht, denn unten am Wasser stand Schilf und anderes Gebüsch und machte die Stelle, die am nächsten gelegen wäre, unzugänglich. Die Frauen gingen stromaufwärts, ich stieg mit meiner Schwester abwärts an eine kleine Bucht, die frei lag. Mit unseren Krügen schritten wir bis zu den Knien ins Wasser und tauchten sie ein. Ich füllte das Gefäß und wusch es aus. Das Ausgießen des Wassers aber übertönte den Schritt dessen, der sich mir näherte.

Plötzlich fühlte ich etwas tumb gegen meine Fessel schlagen. Ich sah hinab, erkannte in der Strömung den hellen Krug der Schwester. Flußaufwärts sah ich sie ans Ufer fliehen. Von wem verfolgt?

Und da, mich wendend, sah ich einen Mann, der hinter mir schon wartete. Der mich ergriff, ans Ufer zerrte. Ich wehrte mich, da stieß er mir den Kopf ins Wasser und hielt mich unten, bis mir die Luft ausging.

Als ich am Ufer zu mir kam, saß er auf mir. Ich schrie. Ich schrie den Namen dessen, dem ich versprochen war. Da reckte er, mit Knien meine Arme niederhaltend, sich hinter meinen Kopf, so weit ausholend, daß mir schwindlig wurde. Für einen Augenblick war es, als trieben wir im Wasser noch. Als reckte er sich mit der Hand zu einem Ast am Ufer, um sich damit an Land zu ziehen und sich zu retten. Als würd ich jetzt der Strömung überlassen, liegend so weitertreiben.

Der Mann aber griff dort, wohin er sich gereckt, nach einem großen Stein, den er mit beiden Händen hob und rückwärts brachte über mich, so daß ich sah, er würde mich nicht liegen lassen, sondern schlagen.

Mit seinem Stein schlug er hinab in meinen Schrei. Hob auf den Stein. Und nochmals hieb hinab. Und nochmals hob er auf. Und abermals hinab. Und schlug mich damit tot.

Dann auf die Brust hat er gelegt sein Ohr und eingelauscht, ob nicht mein Herz noch schlüge. Denn sonst war alles still, mein Körper still. Ich sah ihn knien, ich war aus meinem Körper, ich sah den Mann vier Ellen unter mir. Ich sah ihn, wie er in mir grub, mit seinen Händen an mir riß, als hätte er etwas versteckt und sei gekommen, sichs zu holen. Er schloß mir nicht die Augen, sondern hielt meinen Kopf an den Haaren her, zu sich gekehrt, daß ihn die toten

Augen bei seiner Arbeit sähen. Und zwang sich ein in einen Körper, auf den ich reglos niederblickte. Ich aber wußte nicht, warum ich sah, noch immer sehen konnte. Warum ich sehen mußte, was er mir tat.

Denn der hier unter mir so zu mir kam, der kannte nicht, die er gemordet hatte. Und doch, es war noch Leben in mir. Wie in dem Krug, den ich zum Fluß hintrug und den ich, als mich der Töter griff, im Fluß versinken ließ, noch Wasser war, so war noch Leben in mir. Wie unter Wasser dieser Krug unbrauchbar war, als könne nie mehr Wasser aus ihm kommen, so war ich wie versunken, glich dem vergessenen am Boden jenes Flusses. Die Wandung meines Krugs war unnütz dort, denn er konnt nichts mehr halten, und war doch noch vom Wasser, das in ihm, aus ihm strömte, umflossen, übervoll.

21

Ich starb erst, als der Mann, ganz außer Atem, plötzlich nach oben sah. Auf mich. Als wüßt er, daß ich nicht mehr unter ihm, nicht mehr im Körper war. Als wüßt er, was danach geschieht. Als wüßt er, von woher ich auf ihn sah. Und seine Fratze starrte in mich, als seis ein Dämon, der mich sieht. Er ließ den haargehaltnen Kopf aus seiner Hand und hob die Augen schief zu mir nach oben, als wollte er mir zeigen, wie man es tut, wie man sich sinnlos stürzt ins Tote, wie man im Toten wühlt, als suche man nach Licht, als gält es, Schächte hier im wertlos-toten Körper noch zu reißen, als sei nach einem Schatz zu graben hier im roten, toten Stoff, als sei das Weichen auch der Wärme des Körpers ein Zeichen auf die Richtung, in die man dringen müßte, endlich zu finden, endlich das Irren, Irrsal des Töters zu beenden.

Es war wie eine schamlos große Klage, daß er, sich seines Zuschauers bewußt, den toten Körper noch beschimpfte, daß er nicht das enthielt, wonach er suchte, daß ers verschwendet hatte, dieser Körper, in den er sich hineingebrochen, in den man ihn hineingeschickt.

Denn jetzt wars mir, als hätt ihn, der hier unten saß und den mein Auge ungebrochen sah, jemand gesandt. Es war sein Aufsehn, das mich weitersterben ließ, sein zweites Mich-Erkennen, als kennt er mich, als sei mir kein Entkommen von ihm, den man hierher gesandt. Als sei sein Auftrag, mich zu strafen, weil er nicht in mir fand, wonach er suchte. Es war sein Aufsehn, das mich weitersterben ließ. Sein Aug, das die Verfolgung aufnahm und nicht von mir, nicht von der Toten und nicht vom Töten ließ.

Wie lange hätt ich sonst gelebt? Vielleicht über dem Körper, der da lag, noch länger ruhend ausgehalten, sie überdacht, die Frau, die jung gestorben war?

Aber sein Aufsehn, sein Hinaufsehen, weil er schon immer wußte, wo ich war, wo ich auch wäre, wenn der Körper reglos wäre, sein Aufsehn sprengte mich. Es riß sein Blick mein Augenschild und fuhr in die hinein, die nach mir war, die noch ich war, von unten her. Und stieß mich hoch in einen dunklen und unermeßlich tiefen Raum, der immer schon, nur eine Handbreit über mir, gewartet hatte.

Da kam durch diesen Raum ein großes Rad, kam auf mich zu. Das Rad schliff sich beim Wälzen durch die Nacht, und Licht, das sich von obenher auf die geschliffenen Kanten warf und suchte, wo sich das Rad verkantete und Rûnde brach, stieb klirrend über jeden neuen Grat, lichtsplitternd an den hellen Schärfen. Jetzt sah ich, daß es nur seiner Bewegung nach ein Rad, im ganzen doch ein Kasten war, achtkant, in Länge, Höhe, Breite achthundert Ellen, der sich geschliffen-kantig vorwärts wälzte, von einer Kraft getrieben. Die richtete den Kasten auf, bis er hinstürzte und alles, was oben auf dem Quader lag, abkippte, im Sturz zermalmte. Und dann von neuem, ächzend, sich aufrichtete und ragte und wieder malmend vorwärtsbrach auf alles, was dort lag. Denn ich erkannte Menschen auf jenen aufgehobenen Flächen, Menschen, die sich, wenn sich der Kasten hob, zu jener höchsten Kante ziehen wollten, um sie zu überklimmen, bevor die Seite niederbrach und alle mit sich riß. Und wer von diesen Menschen die schärfste Kante nicht zu greifen, nicht sich darüberweg zu ziehen wußte, der war hinabgestürzt, zermalmt mit allem, was vom Fall der Seite ausgepreßt, zernichtet wurde.

So stürzte über mich der Kasten und beugte mich zerschmetternd unter sich, zersprengte mich in Teile.

Auch hierhin drang das Auge noch von meinem Töter.

Drang hin bis unters Malmen jenes Kastens. Sein Auge kam den hinzerrissenen Teilen in diese Nachtwelt nach, in diese Endwelt, wo nur der Gang des Kastens dröhnte, auf dem nicht Überleben war, bis daß das Schreien auch der letzten noch, die sich nicht retten konnten, ausgestampft, nicht mehr zu hören war.

Und mit dem Hin- und Überschlag des Riesenkastens aufs letzte Leben brach auch der Raum, war nicht mehr Raum. Ich war mir noch der Zeit bewußt, nur nicht mehr eines Raums. Ich fühlte nur das Hinrinnen der Zeit. Bis, mit erneutem Überschlag des Kastens, das Niederkrachende die Zeit mitzog und alle Zeit ertötete, die Lungen ausriß aller Zeit, kein Atmen mehr, kein Puls, nur um die Leiche Zeit jetzt wieder: Raum, zurückgezuckt aus seinem Nichtmehrsein, der tote, zeitberaubte Raum, der sich, da keine Zeit mehr war, wie tot erstreckte, hingestreckt, wie tot betretbar, fühlbar war, die Atemnot in all dem Raum unendlich machte: denn für das Atmen fehlte Zeit. Die Zeit, die aber wieder, mit nächstem Überschlag des Kastens, die Bilder allen Raums verschlang, hinschlug auf allen Raum und wieder war, nur ohne Raum, ins Nichts sich sinnlos hingoß und mich hintüberkippte, hinab mich mit dem Kopf nach unten stürzte, mich, das heißt jenen letzten Teil, den noch das Auge meines Töters sah.

Denn plötzlich war es wieder Raum, in den ich zeitlos fiel, ein Niemand, unwert, ungefunden. Denn in mir war doch nicht gefunden worden, wonach er suchte, dieser Töter. Ich fiel, fiel haltlos tief in eine Tiefe ohne Lot. Da rief ich nach den Meinen. Ich rief den Namen meines Vaters, meiner Mutter, den meiner Schwester, meines versprochnen Mannes, die Namen allvertrauter Dinge, den Namen selbst des Steins, den ich ihm aufgehoben wiedergab.

Und keine Antwort.

Da schrie ich nach dem Auge, das mich verfolgt, durchbohrt, getötet hatte.

Und keines sah auf mich zurück.

Ich schrie in diese Einsamkeit nach meinem Mörder, schrie: »Hier! Hierher! Laß nicht dein Auge von mir!«

Da wurden vom Schrei zerrissen Hüllen und Verhängnisse umher, die die Gerufenen aber nicht enthielten. Auch nicht den Töter. Auch nicht sein Auge. Nur leere Kastenwand war hinter diesen Hüllen, und in den leeren Kastenlöchern sah ich die Buchstaben der ausgerufenen Namen vor meinem Schrei zerstäuben. Die Menschen, jene Engvertrauten, die ich im Fallen noch mit Namen rief, sie waren Eingebilde, die nicht waren, die nie gewesen waren, die einer in mich eingesetzt, die einer in mich eingerenkt, die einer, sich in mir einrichtend, in mich hineingemalt, so daß ich glaubte, auswärtig wahr zu kennen, was man mir innen heimlich eingeschrieben hatte. Betrug, das Wahre. Sie waren aufgemalt, die lieben Namen, sie waren eingedruckt. Die Staben ausgeblasen, Staub.

Und auch die Stimme, die also Staub gerufen hatte, verlor sich, war hinabgestürzt.

Da schoß ein Schmerz, unendlich tief, ins letzte Teil, das mich noch wußte, daß alles nur erfunden war, die Welt ein Schein, die Namen Schein des Scheins, ein Spielzeug ich, sinnlos bemalt, sinnlos zertrümmert, weggeworfen. Zerstäubt mit jenem Namen war es, mein eitles Ich-bin-ich, mein Ich-war-doch-gewesen, mein letztes War-für-DICH.

Mein Wort war nicht erhört, blieb ungehört von einem, der sich nicht zeigte, sich auch dem Weggeworfenen nicht zu erkennen gab. Warum auch? War vielleicht doch nichts und vielleicht niemand, der hier weggeworfen hätte. War doch kein Werfer, Worfler, der mich ausgesondert, abgesondert hätte. Und war auch ER sich selbst, der mich geworfen hätte, nie Name, nie noch auch Kraft, die diesen Namen trug, gewesen, war nie gewesen.

ER wär wie ich. ER war wie ich dann.

Niemand.

Was sich gefunden hatte, das schien die Zeitlang. Schien Zeitlang ich. War, als es auseinanderstob, nicht mehr. Es war, was sich gefunden, nicht mehr, und niemand mehr, der fand, und niemand, der gefunden, der je gefunden hätte. Auch Finden gab es nicht, es gab nichts mehr, es war nur eine Zeitlang so gewesen, als hätt es Zeit und auch den Raum für diese Zeit gegeben, dann tat sich das, was schien, tot auseinander, und niemand wußte mehr, was war, noch was gewesen, und zeitlos, raumlos harrte alles still.

22

Wie lange?

Niemand kam. Niemand. Aber in der Nacht muß einer gelesen haben, durch die Nacht muß einer geeilt sein, nachzulesen, aufzulesen das Hingeworfene, ins Stillsein und Nichtsein Zerstreute hinaufzulesen in eine Hand. *Die* wars, die Hand, die mich griff. Wie Mörderhand war sie, mordend den Tod, riß mich nach vorn, mit größerem Schmerz als der Tod, riß mich einlesend in eins, das sich packen ließ, führen ließ von der Hand, die holte. Denn sie war Stimme. Die sprach: »Steh auf!«

Aber weißt du, wie sie war, daß sie verstanden wurde und gehört? Wie konnt sie denn verstanden sein im weitverstreuten Ausvergessenen, in dem die Namen nichts mehr galten, in dem sich keine Namen rufen ließen, weils die, die hinter diesen Namen hätten warten sollen, nie gab? Denn da sie nur inwendig in mich hineingeschrieben waren, wenn auch auf jeden Teil, in den ich hinzerrissen wurde, so fehlte ihnen außen alles Wahre. Was draußen und mit ausgestreckter Hand erwartet wurde: das gab es nicht. Wie also jene Stimme? Und Hand, die Stimme war und die mich holte?

Die Hand rief: »Du, steh auf!« Sie rief, daß diesem Namen aus allen weitverstreuten, hinvergeßnen Teilen eines gehörte, das sich nicht rauben ließ im Raub, eines gehörte, das in der Schwärze aller Ausvergessenheit ihm noch zu sehen war, so daß er lesen konnte, es hin einsammeln konnte, zu sich, in seine Stimmenhand. Bis daß es ausgesprochen werden konnte im Namen, in seiner Stimme, die alle Namen schafft mit Hand. Der Namennamer las mich aus weitverstreuter Ausvergessenheit zusammen und rief mich, daß es aus dem Nichtraum brach wie Zeit, raumschaffende, die sich dahinzielt, stufentief und längs der Wände Streifen zieht, ein Wellenband aus raumhoch ausgehauenem Stein, in dem die Welt wohnt, Himmel, Meere, darinnen das Getier sich lebend türmt und aufschießt aufs Gestade, mit Gischt sich sprengt aufs Trockne und unter Bäumen, Gräsern, sich Schatten sucht vor einem Licht, das jetzt, wie ewig her, als hätt es ewig hier gewartet, in dieser uns gehauenen Steinbucht, in dieser Weltenhöhle, den Menschen fängt mit seinem Strahlennetz und damit einbegrenzt vor allem Dunkel, das um uns, als Erinnerung, noch taucht und das wir Menschen, wie erinnernd, aus jenem Lichtnetz auszubrechen suchend, wie todessüchtig ab und zu betauchen.

Und als ich hergezogen wurde, ins Leben wieder, von seiner Hand, den Netzen seiner Stimme, da stoben um mich Bilderfunken von abgelegten Bildern. Als hätten solche Bilder im Grab um mich gestanden, gleich starren Götzen des Vergangenen, wachend-drohend. Als rieben sich die Netze im Ziehen noch am starren Längstvergangenen, das mich umstand, und brächen Bilderfunkenstaub aus meiner starr verschlossenen Vergangenheit.

Es waren Bilder, aufleuchtend, von dem Begräbnis, das sie mir gegeben hatten, und Bilder aus dem Zeitgerinnsel nach dem Mord. Das Netz, das mich jetzt zog, streifte die Schwester, die zu den Hingelagerten gestoßen, die hingestürzt, die kaum zu hören war, die weinte, die meinen Namen schrie, die deutete: durch jenen Hügel durch, daß andere hinüberrannten. Und meinen Mörder nicht mehr fanden. Nur noch die Spuren seines Tuns und meinen Körper.

Ich sah den Bräutigam, ich sah ihn reißen durch die, die mich umstanden. Sah ihn gehalten werden, bevor er mich berühren konnte. Sah ihn zusammenbrechen. Da bäumte er sich auf, riß durch die Hände, die ihn hielten, und kam mit seiner Hand, die Tote zu umarmen, wie er es nie getan. Und kommt nicht hin.

Ich sah die Höhle dort am Fluß, wohin sie meinen Leichnam trugen. Ich sah die Stelle, die der Vater fand, die Bucht in einer Seite jener Höhle. Sah Steine aufgetürmt vor dem verhüllten Körper. Sah manchen Funken, der sich schlug, als Schwester, Mutter, Bräutigam die Steine setzten. Und sah die Bucht sich schließen. Die Klagestimmen sich entfernen. Die Seite zugemauert. Durch die brach nun sein Netz, und ich in ihm, das letzte Bild im ersten streifend.

– Du sprichst von meinem Meister? Von seiner Hand, die dich gezogen hätte?

– Denn meine Hand war schon bei ihm, in seiner. Mein Arm, mein rechter, nachgezogen, langsam, bis ich stand.

Es war ganz still.

Ich spüre eine Hand mir über Stirn und Augen streichen. Dann Stille.

Ich fühle zwei Hände, die über meine Ohren um meinen Kopf sich schließen. Gleichwie um ein Gefäß, es pressend, wärmend.

Die Hände lassen los.

Ich hör ein Rieseln, Staub und Sand vom Körper fallen.

Dann kommen seine Finger, die mir die Lippen öffnen, langsam. Die in den Mund eindringen, bitter. Die sich die Zunge greifen und auf sie tappen, schlagen.

Ich würge, reiße Luft in meine Lungen, daß es schmerzt, der ganze Körper schreit, und in die trocknen, noch geschloßnen Augen schießt Wasser.

Da öffnen, von Tränen aufgestoßen, sich meine Augen. Und sehen nicht. Ich sehe nicht. Ich höre eine Stimme, die mir den Namen wiedergibt, die Tirza ruft. Da seh ich ihn, der rief und vor mir steht, seh sein Gesicht und seh in seine Augen …

– Warum sprichst du nicht weiter?

– Die Augen.

– Ja?

– Nicht fast, nicht aus Entfernung sah ich sie. Das eine
Mal. Ich sah …

– Sag schon.

– Ich sah sie nah. Sah, daß sie weinten.

– Warum hätt er geweint?

– Ich weiß es nicht. Sein Körper war erschöpft und
schmutz- und blutverschmiert seine Gewänder. Die Haut
der Hände aufgerissen von der Arbeit. Er ging die ersten
Schritte noch gebückt, die Schultern nackenhin gezogen,
als sei ihm kalt.

– Was tat er?

– Er legte sich an eine Feuerstelle in der Höhle. Denn
draußen war noch Nacht. Das Feuer war längst ausgegangen und Glut kaum mehr vorhanden. Da fror ihn immer
mehr, daß es ihn schüttelte, als sei er fiebrig. Es ging ganz
rasch, das Fieber stieg schnell an. Er lag am Boden, völlig
kraftlos, der Schweiß sog sich in seinen Kleidern fest. Ich
kniete neben ihn, da hör ich ihn: »Wach über mir!« Und
will schon sagen: Wie? Wie willst du, daß ich über dem
wache, der mich erweckt hat? Woher hätt ich die Macht?
Ich bin doch …

– … machtlos. Da ist es wieder: machtlos.

– So scheint es. Du hast recht. Denn wenn der machtlos
ist, der dich vom Tod erwecken kann, was bist du dann?
Wieviel entmachteter, ohnmächtig scheinst du? Er aber
sagt: »Wach über mir!«

– Und du?

– Sag ihm: »Das will ich.« Ich blas ins Feuer, fang die
Funken, die letzten, sammle dazu, was brennt, daß es bald
wieder Hitze wirft. Und wach darüber.

Ich seh, er friert. Sein Atem ist dabei ganz schwach. Ich
geb ihm Wasser, denn ihn dürstet. Und halt die Hand auf
seine Stirn, die andere auf seine Wange und rede ihm zu.
Und seh ihn endlich sich beruhigen, den ganzen Körper ruhiger werden. Da schläft er schließlich ein. Ich richte mich
auf, verspüre Hunger, und eß von seinem Mitgebrachten,

das noch beim Feuer liegt, und trink aus seinem Krug. Erkenn das Wellenband am Rand des Krugs, den ich im Fluß
verloren hatte.

23

Bis kurz vor Sonnenaufgang wache ich bei ihm. Er schlägt die Augen auf und bittet, ich möge ihm vom Brot und von dem Wasser geben. Ich gebe ihm davon, daß er zu Kräften kommt. Langsam steht er auf, fragt: »War ich bewacht?« – »Ich habe Feuer gemacht«, sag ich. Da fragt er nochmals: »War ich bewacht von dir?« Ich sage: »Wasser gab ich dir, als du durstig warst.« Er aber: »War ich bewacht?« Ich sage: »Meine Hände hab ich auf dich gelegt.« Da nickt er und kommt auf mich zu, nimmt meine Hände, führt sie an seine Stirn und dankt mir für die Wache. Dann verläßt er die Höhle. Ich lauf ihm hinterher und frage: »Wie hast du mich gefunden, Herr?« — »Ein Dämon hat mir dich gezeigt«, sagt er.

– Ein Dämon, sagte er?

– Der sagte zu ihm: »Mach sie lebendig, die Mutter deiner Kinder.«

– Und er?

– Er habe geantwortet: »Ich will dir die Erinnerin wecken.«

– Das sagte er dir? Als hätte ihm ein Dämon so befohlen?

– »Vermehren soll sie«, sagt er zum Dämon, »und zeugen, zeugen soll sie. Aus zweien den einen. Zusammenführen die Geteilten. Und andere daran gemahnen, daß du sie aus dem Tod getrieben wünschtest, vorzeitig. Dich aber zu erinnern. Denn ich verwandle, was du mir zuführst, ich tausche, was du täuschst, erinnere, wo du zerstreust.« Dann, sagt er, hat er mich geholt, die Steine, die dort lagen, abgehoben und meinen toten Leib hier angefaßt, zum Zeichen, daß ich fruchtbar sei, und mich zurückgezogen. Die Frucht soll aber den erinnern, der verdirbt und sich verdunkelt, ja der sich für das Dunkel hält dort, wo das Licht sich schränkt, und der, der Dunkle, gar nicht weiß, daß er sich die Erinnerin erwecken ließ.

– Dann war er es gewesen, den du in jener Nacht hast reden hören mit dem andern. Den du belauscht hattest. Dann wußt er, was mit dir geschehen würde. Ist es so?

– So ist es.

– Dann sprach er mit dem Mörder.

– Er tauschte, was der täuschen wollte.

– Was also glaubst du, in jener Nacht gehört zu haben?

– Ich sah auf ein Geheimnis, als ich hörte. Und wars mir nicht bewußt. Es war auch nicht »in jener Nacht«, so scheint mir jetzt. Denn solches Sprechen ist allnächtlich. Wir hören es nur nicht. Und wenn wir dennoch auf Töne solcher Rede stoßen, so lauschen wir und teilen sie in zwei, wir unterscheiden, weil wir behalten wollen, und machen zwei aus *einer* Rede. Denn wir begreifen nicht die eine Stimme. Und weil wir nicht begreifen, was sich da widerspricht in Stimmen, und doch gerade deshalb daran halten, sie deshalb auch erinnern, so sterben wir. Und werden neu.

– Dann wurdest du bestraft, weil du belauschtest?

– Ich wurde neu.

– Weil du das Unerhörte hörtest?

– Weil er mich hörte, als ich schrie.

– Wie kann das sein? Er sagte doch, ein Dämon habe ihm den Weg zu dir gezeigt.

– So hören wirs, wir unterscheiden, weil wir erinnern müssen. Erinnern müssen wir, weil wir vergessen haben.

– Was aber?

– Daß es nur *eine* Stimme gibt.

– Und diese Stimme kam von ihm?

– Durch ihn. Das wußte ich. Er aber stand am Ausgang jener Höhle und sah mich nochmals an, als sei er dankbar für die Wache. Dann wandte er sich um und ging. Ich lief ihm nach und zögerte doch einen Augenblick am Ausgang. Es war ein erstes Licht, das blendete, das über unsere Hügel kam, in Hell und Dunkel teilte das Jordantal. Als ich vom Fluß, dem hellen Spiegel, aufsah: konnt ich ihn nicht mehr finden.

24

– Was meinte er, als er dem Dämon antwortete, von der Erinnerin sprach?

– Er meinte: Die, die führt. Die das Verlorene sammelt.

– Und das wärst *du*? Indem du das Verlorene sammelst? Dem Dämon die Erinnerin? Hab ich dich recht verstanden?

– Und »die, die Menschen liest«, so sagte er.

– Und warst dus, Tirza? Bist dus?

– Verloren, aufgelesen war ich. Zusammengesammelt, erinnert von ihm. Sonst nichts. Sonst niemand.

– Aber du sagst doch: »Erinnerin«, so hätt er dich genannt.

– So. Und sag es *dir* jetzt so.

– Und warum das, wenn du es doch nicht warst?

– Damit du erinnerst.

– Du führst mich im Kreis.

– Tatsächlich.

– Du weißt, was ich meine.

– Er ließ, als erstes, sie vergessen, die Erinnerin. Er ließ sie ganz vergessen, wie und durch wen alles geschehen war. Hier war die Machtlosigkeit in Macht. Denn daß er machtlos wurde, völlig erschöpft zusammenbrach im Fieber, das war es, was mir das Leben auch als Leben wiedergab. Und heimlich, ohne daß ichs merkte. Denn woher kam der Wille?

– Der Wille, über ihm zu wachen, als er dich darum bat?

– Der. Ich weiß nicht, wie. Aber ich will. So war es. Und spür, ich hab die Kraft zu diesem Willen. Und woher war die? Denn kurz davor war ich noch willenlos. Woher kam jetzt die Kraft zu sagen: »Das will ich«, noch mehr: die Kraft zu tun, was ich wollte?

– So machtlos, wie du ihn bezeichnest, wurd er uns auch von denen beschrieben, die ihn am Kreuz gesehen hatten und uns die Bilder hinter unsere Riegel, durch Ritzen, Tür- und Fensterschlitze zu flüstern wußten: höhnend, enttäuscht. »Machtlos!« flüsterten sie, daß wirs überall hörten. »Er hat sich nicht gerührt, vollkommen machtlos war er.« Die es uns so beschrieben, die wollten den Messias sehen, verstehst du? Die wollten, wie einige von uns, daß sich ihr Glaube, Jesus sei kein Prophet, sondern der Christus selbst, bewiese. Daß er herabstiege, unsere Gegner niederzwänge, sich allen zu erkennen gäbe, sein Reich begründe, seine Herrschaft. Die sahen aber nur den Angenagelten, der machtlos sprach, kaum mehr der Sprache mächtig, so kraftlos, daß er schon nach kurzer Zeit, und ohne daß sie ihm die Beine brachen, verendete.

– Ich sage dir aber: Meine Kraft, mein Wille über ihm zu wachen, kam nur von ihm, der kraftlos, machtlos lag. Der hat sie mir gegeben. Und gab sie machtlos, damit ich ohne Bande sei und nicht vom Mächtigen gebunden.

– Wie meinst du?

– So: Wenn ich dir je dein Leben gäbe, wenn ichs dir wiedergäb nach deinem Tod, hättest dus dann?

– Dann hätt ich wieder Leben, sicher.

– Leben, das mir gehörte, denn *ich* wars, die es dir gab.

– Ich wär dir dankbar, zu Dank verpflichtet, sicher.

– Dankbar, auf immer gebunden. Auch in Undankbarkeit: gebunden. Denn wirklich wär es gar nicht deines, dieses geschenkte Leben.

– Wie würd es erst zu meinem werden?

– Du *nimmst.* Du läßt es dir nicht geben. Nur so wird's dein. Und der, der es dir geben will, der es dir wirklich geben will und gibt, der wirds dich stehlen lassen. Der wird sich machtlos stellen, damit du mächtig wirst, damit du geben, wiedergeben kannst, was dir gegeben wurde. Gegeben ohne Bande. Sonst wärs kein Leben.

– Und du? Wie weißt du, was er dich vergessen machte?

– Daß er mir gab und wie er gab?

– Das. Und nicht nur das. Denn auch die Bilder, die du erinnerst aus jener Zeit, als du nicht warst und nicht mehr warst, angeblich hingemordet, wie kannst du die erinnern?

– Hör mich doch aus, dann wirst dus mit mir wissen.

– Du bindest mich aufs Rad!

– Das Rad, das wir hier redend gehen, ist unterschlächtig. Es wird von uns getrieben, von unten her, und fördert an den Tag, was unten lag. Geh also weiter, wenn du die Sache fördern willst.

– War niemand mit ihm, als er bei dir war?

– Niemand, den ich gesehen hätte.

– Und Nacht, sagst du?

– Willst du die Stunde?

– Ich will nur wissen, warum niemand von uns bei ihm war.

– Ihr schlieft wohl.

– Du machst dich lustig über mich. Jedesmal, wenn du von mir sprichst und den andern –

– … schläfst du. Mit manchem ist euch nur im Schlafe beizukommen. Es ist das Schlafen nach dem Schlaf und daß ihr nicht erinnert, was euch träumt, das euch das Beigekommene wieder raubt. Das find ich traurig, gar nicht lustig.

25

– Was ich dir glauben soll, geht über Träume weit hinaus.

– Du zweifelst, daß es so geschehen ist?

– »Ermordet«, »totgeschlagen«, »auferweckt«. Wo sind die Spuren an dir? Wie willst du, daß ich glaube, Tirza?

– Wie willst du, daß ich führe? Glaubst du: Wer Tote auferweckt, der heilt nicht ganz? Da, wo er Totes heilt, lebendig macht? Wo willst du Spuren sehen, Male? Wo mich berühren und wo mich finden im Berühren, und finden, was an mir geschah? Ich habe dir gegeben, was geschehen war, und ganz. Hier ist mein Mal, mein Zeichen: ganz. Und du willst wieder Teile nur, willst Spuren, Mordmale, willst Auferweckungszeichen sehen – und siehst mich nicht. Aber das willst du glauben, daß ich ihn versteckt, daß ich ihn weggetragen habe.

– So hat mans doch gesagt, und du hast selbst gestanden, daß sie dich sahen: im Grab, und das Grab: leer.

– Dann glaubst du ihm nicht, wenn er vor dir steht? Nur seinen Malen, den Spuren, die du suchst?

– Berühren muß ich ihn, damit ich sicher bin, daß es nicht eine Truggestalt, nicht eine …

– Was hast du?

– Ich war erinnert an die Einbildungen. Die, die du sahst, wie du behauptest, als du getötet warst. Die Einbildungen, die leeren Namen.

– Und?

– Daß er und seine Wunden nicht leerer Name bleiben, *deshalb* muß ich berühren, muß fassen können. Verstehst du nicht, Tirza? Du sagst, ich sähe nicht das Ganze. Nur Teile, Spuren, Male. Dann laß mich durch die Spur zum Ganzen finden. Und tief gebückt die Spuren lesen. Ich kann nicht über mich hinaus.

– Liest du denn meine, folgst du mir?

– Bis du mich zu ihm führst. Nur dort, bei ihm, kann sich bewahrheiten, was du mir sagst. Verlange nicht, daß ich dir glaube, was du mich lesen läßt. Bis daß ich vor ihm steh.

– Du stündest, wie dus sagst, auch vor ihm noch vor meiner Spur. Er wär dir auch nur Spur, dein Meister. Du mußt vielmehr vorbei, nein, durch ihn durch, hinter die Spur ihm kommen. Ja, hinter alle Schrift, das ist auch hinter das, was du an Spur von mir gelesen hast.

– Dort könnt ich ihn berühren?

– Dort ist Berührung. Mehr, ist Eingang.

– Den ich berühren kann?

– Wo du berühren kannst, da bist du nicht vorbei, nicht durch ihn durch, nicht hinter seiner Spur.

– Und du, die so redet, du konntest ihn nicht halten? Daß er dich zeigt, uns Jüngern und den Deinen?

– Ich fand ihn nicht mehr, wie ich dir schon sagte.

– Er wollte nicht, daß du ihm folgst.

– So dacht ich auch. Er will nicht, daß ich folge.

– Er wollte, daß du dich den Deinen zeigst, dich ihnen wieder anschließt.

– Das konnt ich nicht.

– Und du willst frei gewesen sein?

– War frei zu lieben. Und den hab ich gelebt. Wie hätt ich leben können, wenn nicht nah bei ihm? Wie hätt ich leben können, ohne ihn zu suchen?

– Dann warst du auch nicht frei.

– Hier, gib sie mir, die Hand. Gib her, faß an, hier, meine Stirn. Siehst du denn nicht? So war es doch: Den Staub noch hat er mir von Stirn und Aug gewischt, den Staub noch! So ungeheuer nah war er an mir, sein Stirn- und Haarberühren, verstehst du, war wie noch Teil der Hand, die mich ergriffen hatte, mich aus dem Tod gesammelt und wachgerufen hatte. So war noch alles frisch. Ich hätte nie verleugnen können, daß es so war. Wie hätte ich in die Alltäglichkeit zurückgefunden, den Alltag? Wie hätte ich stärker mich an den Bräutigam, an die Familie binden können als jetzt an ihn? Hier war er, der Versprochene. Denn der gab, was versprochen war: das unbedingte Leben. Das Leben frei.

– Das hattest du schon, bevors dir genommen wurde. Und machtlos warst du, als mans dir nahm.

– Und Leben, was war das, bevor ich starb? Wie faßten meine Hände das? Wie wach war ich und wie lebendig?

– Du hattest jeden Tag davon.

– Und jeden andern Tag. Und Tag nach jedem andern Tag. Und du? Hast du dir überlegt, was Leben war, dein Leben, wenn alles, was dir bleibt, jetzt bleibt, der Wunsch ist: Hand an ihn zu legen? Was war das dann, dein Leben? Was ist es jetzt? Und was, wenn dir das Leben den Beweis, den diese Male dir beweisen sollen, schuldig bliebe? Denn diese Frage, sagst du richtig, muß Antwort finden. Ich muß ihn sehen, sagst du, oder ich glaube nicht. Ich muß ihn greifen, fassen, tot oder auferstanden, sonst lebe ich nicht. Es wär so gut wie tot, mein Leben, sagst du dir. Du fragst: »Wo ist er? Wo hast du ihn versteckt?« Denn ohne dieses Fragen wär kein Leben. Es wär kein Warten auf die Lösung.

– Dann gibst du mir also recht?

– Und tot sind, die sich das nicht beweisen wollen, die sich vorm Feuer fürchten. Denn durch das Feuer müssen wir, müssen verbrennen. Da brennt die Flamme aus dem Schwert, das uns das Paradies verwehrt. Denn du hast recht: Auf diesem Sehen, dem Fassen seiner Male müssen wir bestehen. Nur ist das Tauchen in die Spur nicht schon das Ziel. Dahinter mußt du, in sie hinein, durch sie hindurch. Hinter die Schrift, mit der sie schreibt, nicht in den Staben hängenbleiben.

– Warum fand man dich dann im offenen Grab, wenn du die Spuren so verachtest und sagst, dahinter läge es? Du warst im Grab des Leichnams wegen und zu verwischen jede Spur, die du und deine Helfer hinterließen, oder nicht?

   – Es stand noch offen, als ich hinkam.

   – Das Grab?

   – Es war noch leer.

   – War leer?

26

– Neun Tage habe ich gesucht, bin seiner Spur gefolgt. Jenseits des Jordans bis nach Bethanien, wo ich den Fluß überquerte und bis nach Jericho gekommen war.

Der, den ich suchte, der sei schon durch, hinaufgezogen mit den Seinen, sagte man, zum Passah nach Jerusalem. Da ging ich durch die Wüste, verlor den Weg und fand erst Tage später, als ich auf andere stieß, die auch hinauf zum Passah zogen, hierher.

Es war am Tag des Frühlingsvollmonds, als ich die Stadt betrat, war Rüsttag. Überall auf den Straßen, durch die sich die Festpilger drängten, suchte ich nach ihm. »Sie sucht nach ihrem Liebsten«, lachten manche, »entkleidet sie!« Andere fragten mich: »Welchen suchst du? Jesus Barabbas oder Jesus von Nazareth?« und liefen dann weiter. Andere wiesen mir eine Gasse und wandten sich ab. Schließlich fand ich welche, die auch zum Nazarener wollten. Man sah, daß ich die Stadt nicht kannte und zog mich mit, »denn wir kennen den, den du meinst, man kennt ihn hier sehr gut«, und blickten mich immer wieder an, prüfend.

Da kamen wir, beim Schall der Posaunen, durch eines der Tore im Westen. Die sinkende Sonne ließ mich nicht sehen, als meine Begleiter hielten, mir deuteten: »Dorthin! Nun geh! Der, den du suchst, der breitet schon die Arme nach dir aus.«

Ich schirmte die Augen vor der Sonne, sah einen Hügel, schattenschwarz, und darauf schattenschwarz ein Richtholz, an dem, wie die Schrift sagt, der hängt, den Gott verflucht.

Und schattenschwarz hing dort auch einer, ich sah nicht weiter hin. Die, die mich hergeführt, die sahen mich an und schrieen, als sich bestätigte, daß ich nichts wußte und immer noch nichts ahnte. Und ich verstand ihr Lachen nicht, ging hin, um ihn zu suchen unter denen, die um den Hügel standen.

– Du hast ihn nicht erkannt?

– Er war im Schatten. Nur sah ich, als ich hinschritt, vom Stadttor auf den Hügel zu, daß sich der Richtpfahl teilte.

– Sich teilte?

– Sich teilte, zwiefach. Ich sah, daß hinterm ersten Pfahl zwei weitere sich im Raum verbargen, der Hügel drei Gehängte an Pfählen sehen ließ.

– Und hast ihn nicht erkannt unter den dreien?

– Ich fand ihn nicht, suchte ihn dort ja nicht. Ich sah zwei Frauen, die im Hügelschatten standen, bei anderen. Auf die wurd ich als erste aufmerksam, als sie im Schatten sich durch das Entzünden ihrer Lampen von den Umstehenden schieden, die Lampen aus dem Schatten trugen, das Licht mit ihren Händen schützend, und durch die Stillestehenden gingen. Ich sah sie seitwärts in einen Garten treten, der nah beim Hügel auslief und ihn wohl einst umschloß. Vorbei an abgeschlagenem, hingestürztem Stein verlief ihr Weg bis an die alte Steinbruchwind, die um den Garten ragt. Und sah dort eingehauen auch, wonach du fragst, das Grab: noch offen.

Die Frauen stiegen mit dem Licht hinab, verschwanden in der Gruft und kamen wieder. Sie gingen auf mich zu, denn ich war ihnen bis dorthin gefolgt. Ich rief und fragte sie, wo Jesus sei. Die eine sagte: »Warum verhöhnst du unsern Herrn?« und kreuzte dicht vor mir den Weg. Sie hielten aber, wenig später, ohne sich umzudrehen, als hätt ich ihnen nachgerufen und so befohlen: »Steht!« Da sah ich einen Römer, vor dem sie ausgewichen waren, als wüßten sie nicht, was zu erwarten sei von dem. Ohne sie zu beachten, schritt er an ihnen vorbei zum Hügel. Eine der Frauen wandte kurz darauf ihr Gesicht zu mir. Aber nicht, mich wiederzusehen, sondern *nicht* zu sehen.

Ich blickte auf und sah den Römer die Lanzenspitze in den Brustkorb eines Gekreuzigten stoßen. Da erkannte ich das Gesicht des Toten, der mich am Jordan lebendig gemacht.

Ich fiel. Es war, wie du gesagt hast: Gebunden war ich, ohne Freiheit, als ich das sah. Denn ich verstand nicht, was ich sah. Ich konnte nicht verstehen. Es war, als risse man das Leben wieder aus mir. Denn wirklich: mir gehört es nicht, es gehörte ihm. Nein, mehr: Ich wollt es nicht, dies Leben, dacht ich. Und dachte: War ich nur da, zu sehen, daß er zerschlagen war?

Denn ich war Auge eines, ders so sehen wollte, fühlt ich. Und war noch immer tot. Nur um zu sehen, daß sein Netz zerrissen war, war ich das Auge. Und wessen Auge dann? Das Auge Gottes? Dem jener Tote ein Prophet gewesen war? Daß Gott sich rächen wollte, war es so gewesen? Am »falschen Propheten« nämlich, wie ihn in Jericho einige nannten, als ich ihn suchte? Und warum nahm ER mich zum Auge, der alles sieht? Wer war hier vor mir Aug für ihn gewesen, und wer sah vor mir, damit ER alles sah? Wen hatte ER ersetzt durch mich, damit ich sähe statt des andern? Wer rächt sich, daß ich solches sehen mußte? Der Andere? Der Dämon, der mich ihm gezeigt? Und der sich rächte, weil ich gelauscht hatte, erinnerte?

Ich war wie irr an solchen Fragen. Es war, als habe Gott mich in ein Bild gestellt, ein Rätsel: Am Kreuz auf jenem Hügel hängt, der dir das Leben gab. Was soll dir das bedeuten? Wie handelst du? Hast du das Leben von ihm, lebst du? Hast du es an ihm nur, gebunden an ihn, und bist du tot mit ihm? Gibt es ein drittes? Ich wußte keine Antwort. Es war die Angst jetzt übergroß, zurückzufallen, das Leben wieder zu verlieren. Denn woher hätte ich die Kraft, mich hier zu halten?

Ich lag am Boden, wollte aufstehen, zu jenen gehen, die

das Kreuz umstanden. Man würde mich nicht zu ihm lassen, mich nicht berühren lassen, so wie ich ihn berührte, als er sprach: »Wach über mir!« Man würde mich halten, so wie man meinen Bräutigam gehalten hatte, als ich erschlagen lag. Denn die mich sahen, glaubten, ich höhnte sie. Ich mußte zu ihm, war bei ihm oder nirgendwo in dieser Welt, in die er mich zurückgerufen, in der ich ohne ihn nicht überleben konnte, nicht leben wollte. Ich wußte keine Antwort. Es war, als läg ich hier zu Boden, um zu erwachen, ans Flußufer gezerrt, den Töter über mir, ihn ausholen zu sehen …

Da fuhr ich hoch. Halb aufgerichtet sah ich am Ende der Treppe zur Gruft: ein Licht, jenseits der Schwelle im Dunkeln. Da wußt ichs.

– Was wußtest du?

– Wußte, wohin.

27

– Du gingst ins Grab, noch als es leer war?

– Ich stieg hinab. Als gält es, den Gedanken vor anderen zu verstecken. Als könnt man ihn mir rauben.

– Welchen Gedanken? Sei genau.

– Wußt ich ihn schon? Und doch war es, als hätte etwas in mir gewußt, wie ich hier handeln müßte. Wollt ich das Grab sehen? Die Kammer, in die man ihn tragen, die Stelle, wo man ihn hinlegen würde? Wollt ich die Stelle dort mit meiner Hand berühren, im Staub den Abdruck meiner Hände lassen, wo er zu liegen käme? Als läg er mir auf Händen? Sah ich es so? Noch vor den ersten Schritten, da sah ichs so. Ich sah den Staub, mit dem ich mein Gesicht mir dunkel färben wollte, auch inwendig, ihn kauend, diesen Staub.

– Warum? Das ist doch lächerlich.

– Dein Lachen hab ich nicht gehört, mein Freund, wo warst du? Du fragst, warum? Weil er verstreut sein würde unter diesen Staub, weil dieser Staub ihm wie ein Freund den Rücken hielte, ihm bliebe, wo ihn jeder doch verließ. Ist das vernünftig? Lächerlich? Ist das vernünftig: daß er sein würde wie dieser Staub, sein Körper sich hinabsenkend in ihn, zu Staub verfallend, schon in Tagen? Und das dann lächerlich: den Staub in dir zu haben, der ihm auf ewig näher wär als du? Um ihm so nah zu sein. Sag mir, wie die Vernunft hier urteilt.

– So jedenfalls hast du gedacht. Was soll mein Urteil. Wie aber hast du gehandelt?

– Die Felsflanke, an die meine Finger rührten, als ich die ersten Stufen hinabstieg, die war noch warm vom Tag. Ich hielt, war mir unsicher, ob ich nicht schon entdeckt wär. Ich sah zurück zum Hügel: wie sie mit Zangen versuchten, die Füße des Toten vom Holz zu befreien. Und hörte das Klageschreien der Frauen, als ich weiterging, spürte, wie der Stein, an dem ich niederstieg, rasch kühler wurde.

Ich stand vor dem Eingang und bückte mich hinein: sah niemand. Da trat ich hin über die Schwelle, stand in der Gruft.

Als sei ich nicht hinab, als sei ich hochgestiegen, befand mich noch in jenem Baum, so fand ich mich im Dunkeln. Ich wagte nicht, die Lampe aufzuheben, ich ging an ihr vorbei und war im Schatten, den ich an die Wände warf, verloren. Im Zögern jenes Schattens, in seinem Flackern, Bauschen, Ducken über die unebene Landschaft der Wände hin, war er, wie einst das Innere des Baums, belebt. Auch hört ich etwas um mich schließen und schleifend sich mir nähern, von hinter mir, daß ich mich wandte, wie verirrt. Doch ich sah nichts und war davon nur weitergedrängt, ging tiefer in die Gruft. Der wirre Schatten schwand, als ich mich ganz zu ihm hinschlug, ganz an die Wand mich preßte.

So fand ich jene zweite Kammer im hinteren Teil des Grabs. Ohne zurückzusehen, stieg ich hinein. Da leuchtete – daß ich erschrak, mich festhielt – ein zweites Licht, von rechter Hand. Ich sah die mandelförmig lichte Flamme am Docht der Lampe zehren. Die flackerte am Rande einer Steinbank, hüfthoch, daß ich durch ihren Schein den Staub noch fallen sah, den meine Finger von der Wand geschlagen hatten. Die Kammer selbst war eng, alles von gleichem Maß, vier Ellen eng. Als gält es hier, die Lebenden eng an den Toten hinzupressen, an den Geliebten, den sie hertragen würden. Als wären beide Teile in solche Enge nur geführt, sie daran zu erinnern, daß Trennung beider Teil gewesen war, schon vor dem Tod.

Ich trat hin vor die Bank. Ein niederes Bogendach zog

sich im Stein über sie hin. Da sah ich, sie war ausgehöhlt für einen Menschen.

Ich hielt die flache Hand hinein. Berührte den Grund des Trogs, der frisch behauen war, aus blankem Stein. Hier würde er liegen. Hier würden die Seinen Abschied nehmen.

Da wußt ich, daß ich mich nicht trennen lassen wollte. Ich wollte weiterwachen über ihm.

– Im Grab?

– Ich wollte bei ihm bleiben. Denn so wie ich ihn fand, genauso hatte er vor meinem Grab gestanden und mich gefunden. Mich nicht verlassen.

– Du sagst: du wolltest bei ihm bleiben. Du konntest aber gar nicht anders, scheint mir. Du hattest keine Wahl.

– Ich hätte gehen können, das Grab verlassen. Und wär zu dir gekommen. Ich hätte drei Tage gewartet, hätte, wie du, den Frauen nicht geglaubt, hätte gesucht nach denen, die das Grab ausraubten. Hätte gesucht nach seinem Körper. Und ihn gefunden, als sie meldeten, er sei gefunden. Würd ihn verbrennen sehen, morgen. Dann würd ich zu vergessen suchen, daß er mich von den Toten auferweckte. Und wäre tot in diesem Leugnen, diesem Irresein. Und würde leben. Das wenigstens. So würdens andere sehen, die mich nicht kennen. Und würde leben. Wie du. Verstehst du nicht? Ein Lügen wär es mir. Ein Nie-mehr-wagen-Können, dem Wahren wahr zu sein. Zu leugnen, daß er mich geholt, lebendig, wäre mir Tod gewesen. Im Grab mit ihm zu bleiben: da war Leben.

– Ihm nachzusterben also?

– So denkst du. »Ein Ende machen«, soll das heißen, als ging es um das Einholen eines, der schneller lief und der, indem du dir ein Ende machst, eingeholt wär.

– Was also?

– Sein Sterben auszuhalten, sein Totsein mit ihm auszuhalten, ihn mit dem Leben, das er mir gab, ganz auszuhalten.

– Das klingt, als wolltest du mit deinem Leben dem Toten

Nahrung geben. Wie in der Höhle, als er dir machtlos schien, du für ihn wachtest, ihm Nahrung gabst.

– Mehr als mein Aushalten hatte ich nicht. Mein Bei-ihm-Sein. Ich hörte die Gruppe, die den Toten trug und sich dem Grab näherte. Ich ging ihr nicht entgegen.

– Sondern?

28

– Wandte mich um. Denn in die linke Wand der Kammer, dem Troggrab gegenüber, da waren eingehauen zwei ebene Schächte. Es waren Schiebegräber, die eines überm andern lagen, und beide leer. Am Mund des unteren Schachtes stand ein Kasten, in den man nach Verfall des Körpers die Gebeine legt. Auch er war leer. Ich zog die Urne aus dem Mund des Grabs, kroch eilig in den Schacht, so daß ich mit Händen den Kasten nachziehen, den Mund des Schiebegrabs verschließen konnte. Versteckt lag, unsichtbar. Und doch noch hören konnte, daß sie, nur wenig später, die Gruft betraten.

Zwei Frauen hört ich klagen, laut, und weinen. Ob es die waren, die schon die Lampen stellten, weiß ich nicht. Zwei Männerstimmen dann. Die kamen hinterher ins Enge dieser Kammer, den Leichnam tragend. Das Holz der Bahre stieß an meine Wand, zweimal.

Die Männer trieben zur Eile an. Ein Ziehen, ein Streifen von Rauhem über Stein, ein Zerren von beschwertem Tuch. Den Duft von Salben roch ich. Einmal rief eine der Frauen:

»Die Augen. Die Augen!«

Und ich erschrak und schloß die Augen, als hätte sie meine Augen im Schacht hinter dem Kasten bemerkt.

Kurz darauf verließen sie die Gruft. Ich hörte den Stein, mit dem sie schlossen. Die kleinen Splitter, die er malmte, als man ihn schob. Das Reiben, als er an die Felswand rammte und hielt. Hörte die Schritte sich entfernen. Die Stimme einer Frau, die vor dem zugerollten Stein noch ein Gebet verrichtete. Dann ging auch sie. Dann war es draußen still. Vollkommen still. Und nur mein Herz schlug rasend laut, als ich begann, den Kasten langsam vor mir herzuschieben, zur Seite. Begann, zurückzukriechen in die Kammer, ins Licht, das sie gelassen hatten, die dunkle Mandelbucht der Lampe. Und mich erhob.

Hier hält die Zeit.

Ich weiß nicht mehr, wie lang ich stand. Auf den sah, der da lag. Er lag verhüllt im ausgehöhlten Stein, war rücklings auf ein Tuch gelegt, das sie ums Haupt geschlagen hatten und dann hinabgestreift, gestrafft, bis zu den Füßen hin, diese bedeckend. Das Tuch war frisch gewoben worden. Es fiel nicht auf die Seiten des toten Körpers, lag steif am Steinrand auf. Ich wollte mit der Hand die Stirn des Leichnams berühren – und konnte nicht. Denn als die Hand, im Abstand noch, hin über seine Schulter strich, der Stirne zu, greift mich Entsetzen.

Ich fühle plötzlich, ohne zu berühren, wie heiß der Körper ist, der unter dieser Hülle liegt. Gerade so, als lebte er noch. Als könnte er aus diesem Fiebertraum erwachen. Und schreck zurück, als hätt ich einen im Schlaf gestört. Und seh auf ihn. Und ruf ihn.

Sah aber keinen Atem, sah nirgendwo am Tuch Bewegung.

Da kam ich wieder nah, hielt beide Hände übers Tuch und spürte nochmals die feuchte Wärme, die durch das Leinen nach oben drang. Und dann berührte ich ihn. Fiebrig heiß lag der Körper an meiner Hand, fühlte sich an, als läg er vor mir in der Höhle noch, sagte: »Wach über mir!«, wie machtlos, im Fieber.

Ich faßte das Fußende des Tuchs und hob es auf. Hastig schlug ich es seitwärts zurück, zu sehen, ob er noch lebte. Und hielt das Tuch zurückgefaltet, zitternd, und sah hin. Aber erkannte nicht, den ich sehen wollte.

Auf einen dunklen, sternbespieenen Himmel blickte ich. Auf Sternflut des Nachthimmels, die sich vergossen, vielverzweigt glänzend über das Land gelegt hatte, als seien Himmel und Erde noch verschmolzen, noch ungetrennt, dareinverwoben aber alle Welt und wartend.

Erst als ich trennen konnte, was ich sah, nicht Sternenflut, sondern die eingepeitschten, aufgesprengten Stellen der Haut, nicht Zweige vielverzweigt, sondern geronnenes Blut, das kreuz und quer über den Körper netzte, nicht eine Nacht, von Sternen glänzend, sondern den Totgefolterten, dem diese Folter Hitze trieb, mit Fieberschweiß den Körper überflutet hatte, erst da sah ich den Menschen, der hier mißhandelt zwischen steingehauenem Himmel und steingehauener Erde lag. Als hielte er, im Letzten noch, die Luft zum Leben an: so war der Kasten seiner Brust ganz hochgezogen, hochgeschwollen, im äußersten erstarrt. Die Augen waren ihm geschlossen, und Münzen lagen auf den Lidern. Mit Tüchern waren Kinn und Hände festgebunden, die Füße auch umschnürt. Zuletzt sah ich die offene Seite, die blutig vor mir, nah am Steinrand lag.

Ich zog das Linnen über ihn zurück, umfaltete die Füße wie vorher und tauchte, wo seine Seite offen lag, das frische Tuch vom Steinrand in den Trog, hinab auf seine Wunde.

Nur wichen jetzt die Bilder, die ich gesehen hatte, nicht mehr von mir. Die waren nicht zu überdecken. Sein Körper und die eingehauenen Male traten aus jedem, das ich sah. Ich kniete hin, ich lehnte mit der Schulter an die Steinbank, war schwach und müde und sah doch vor mir, im Spurenwirrwarr der Werkzeugschläge auf dem Boden, nur den geschlagenen, wundenübersäten Körper wieder. In einer ausgehauenen engen Stelle: die Nagelwunde jener Hände, die mich gezogen hatten.

Und wie ein Kind sucht ich, mit meinen Händen mir Staub herbeizuscharren. Die Stellen zu bedecken, die Bodenmale auszuglätten. Und kroch umher, ich weiß nicht mehr, wie lang. Und sammelte und trug zusammen allen Staub und Erde, die ich fand, und glättete.

Einmal, als ich bei diesem Sammeln zurückkroch in die

Vorkammer, hört ich von draußen, daß es regnete. Auch Stimmen welcher, die auf der Treppe, nah dem Rollstein, lagerten. Ein Rinnsal floß dort, wo der Stein nicht glatt abschloß, von oben in den Rücken des Gesteins, fand in die Gruft. Ich stieß mit meinen Händen auf die nasse Spur und mischte davon ins Gesammelte und trug es naß zurück.

Auf das Geglättete strich ich mit meinen Händen die lehmige Erde, bis ich ruhiger, müder, vom Suchen ganz erschöpft, beruhigt war wie ein Kind. Ich fühlte Formen, die ich preßte, auffächerte und teilte, rundete. Ich kniete über ihnen. Ich sah nicht, was ich mit den Händen schuf, es war nur Spiel, es schien nur Spiel zu sein und zeitlos. Wie in der Kindheit legte ich mich zu Boden, den Rücken an die Steinbank, strich über die Figuren hin des Spiels, schlief ein.

Als ich aus traumlosem Schlaf erwachte, lag ich im Dunkeln. In Angst lag ich, wie reglos. In Angst, die aus dem Dunkeln kam, der nassen, eingegrabenen Erde, wo ich lag. Ganz schwach vor mir glaubt ich die Umrisse des Urnenkastens zu erkennen. Daneben schwarz das Loch des Schachts, aus dem ich hergekrochen war. Nur schien mir der unendlich tief in jene Wand hineingetrieben und jener Kasten fürs Gebein jetzt riesengroß, den Maßen unseres Tempels nachgebaut. Und aus dem Schacht sah ich Gewürm sich vorwärtsziehen, gemacht aus nasser Erde, das dem von mir Geformten glich. Bis in die tiefste Tiefe, die ich sehen konnte, war es ein Kriechen, ein Sichverzweigen, zum Ausgang hin. Ich sah die Seiten jenes Kastens sich bevölkern, das Ausgekrochene wie Maserung lebendig an ihm kleben.

Gleich würde der Kasten sich erheben, sich vorwärtswälzen, das wachsende Gewimmel der Schachtgeborenen stürzen, mit seinem ersten Sturz die Zeit aufheben, mit seinem zweiten allen Raum, mit seinem dritten mich zermalmen und ungewesen machen alles, was sich auf ihm zu retten suchte. Die alte Angst war es, die kroch hervor aus jener Dunkelheit, die mich umschloß. Es war die Angst im Baum, im Astgewirr und Zweiggewimmel, die sich zu mir herab jetzt winden wollte. Dieselbe.

Von Angst gepeinigt, schrie ich, starr, ohne Schrei. Ich wandte mich, um mit den Händen den Rand der Steinbank zu erreichen. Kaum konnt ich ihn mit meinen kaltgewordnen Fingern noch umklammern. Und hielt mich dennoch daran fest. Und zog mit letzter Kraft mich an der Kante hoch, zog meinen ganzen Leib vom Boden, zog ihn hinauf zur ausgehöhlten Grabbank.

Mit einem Schlag, kaum fühlt ich meinen Körper dort an seinem, war meine Angst wie ausgelöscht. Fiel ab. Fiel alles ab, was Angst empfinden, was Angst mit jeder Faser spüren, was Angst noch in sich saugen konnte. Es brach die Haut, als wäre sie immerschwerer Panzer nur gewesen, war abgesprengt. Ich war ganz leicht an ihm, war nah, war sprachlos, ruhend, ohne Angst. Unendlich sicher war ich.

Da kam mir, daß lebendig sei, wer mir die Angst so nimmt. Ich wandte mich, um sein Gesicht zu sehen.

Und fiel in ihn hinab.

29

– Sprich weiter, halt jetzt nicht an.

  – Und, fallend, sah ich ... Ich sah etwas ...

  – Sprich zu mir, weiter.

  – Ich werd erzählen wie aus einem Traum. Daß du verstehst: ich werde, wie man es sonst bei Träumen tut, verstehend noch zu überbrücken suchen, was gar nicht mehr verständlich ist und aller Sprache fern. In den Bereichen ist kein Sprechen mehr, das überbrücken könnte, und wenn ich sage »und«, dann lüg ich schon. Denn diese Zeiten, diese Bilder, die waren durch kein »und« verbunden, sie waren gar nicht Zeit, sie waren aller Zeit beraubt und unverbunden. Was ich erzähle, war so. Noch viel mehr aber: *ist* so. Es ist so, weil ichs dir erzähle und dich als Hörer habe: wird es so sein.

  – Was sahst du, als du sein Angesicht sehen wolltest, ob er lebendig sei, und fielst in ihn hinab?

  – Hinabgefallen sah ich mich, in der Dunkelheit liegen. Um mich her nichts als Dunkelheit. Bis ich nach langer Zeit gewahr wurde, daß ich, in einiger Entfernung, vor einem Tor zu liegen schien. Wie war es aber, daß ich das Tor bemerken konnte und »Stadttor« sagte und also eine ganze Stadt, die ich doch noch nicht sah, dahinter ahnte? Nichts rührte sich und nichts geschah, auf Jahre. Die Vorstellung, dort sei ein Tor, dahinter eine Stadt, es seien auch ab und zu Stimmen zu hören, aus einem leisen Stimmenwirbel her, als zögen welche, Feiernde, hinter dem Tor vorbei, die gab ich bald auf, die war längst aufgegeben.

Da kam einer. Kam aus der Dunkelheit. Kam näher.

Ich schrie und jammerte, daß der da kam mich höre. Ich hörte ihn stillstehen. Die Stille. Dann vom Weg ab und zu mir gehen. Da überfiel mich große Furcht vor ihm.

Die letzten Schritte her zu mir sah ich das Messer, das er hielt. Ich sahs.

Wie sah ichs? Es war, als käme eigens dazu aus dem Spalt zwischen den Torportalen ein Lichthauch in die Dunkelheit, das Niederfahren der Schneide noch zu netzen, mit Licht die Spitze anzuhauchen, so daß ich sah, wie endlich, alle Angst bestätigt, ich meinen Mörder aus der Dunkelheit herbeigerufen hatte.

Ich sah das Messer, mit dem er auf mich einstach, das schmale Lichtblatt, das sich auf seiner niederfahrenden Klinge eingesammelt hatte und in mich schnitt und einriß mein Gebäude Dunkelheit. Und als er schnitt und riß an mir, da dröhnte über mir sein Herz. Gewaltig. Es brüllte, als bräch mit jedem Bruch, als riß mit jedem Schlag etwas in ihm. Der stach und schlug, *der* wars, der schrie mit jedem Schlag und spuckte Blut, als sei ich, die zerrissen wurde, der wahre Mörder, ich, die hier lag: die über ihn Gebeugte, mein messerwunder Arm: der fahrend-reißende, der jenes Messer hielt. Und stach und festhielt. Nach jedem Stich und Reißen. Festhielt, stach. Und ihn nicht finden ließ, wonach er suchte. Und seine lichte Schneide nie sehen ließ, wonach sie stach.

Als zwänge ich ihn so, nur immer schneller zuzustechen. Als seis mein Ziel gewesen, hier Trennung, hier an mir selbst Entzweiung, hier unterm letzten Lichthauch eilig Finsternis zu schaffen. Damit auch dieser letzte Hauch auf nichts mehr träfe, das ihn spiegeln, auf kein Geheimnis hauchte, das ihn am Leben halten könnte.

Tot zog er meinen Körper endlich mit, der letzte Töter seinen letzten Toten. Die letzten tausend Schritte hin zum Tor. Da schlägt er an.

Ihm wird nicht aufgetan.

Als hätte ich es ihm verwehrt, prügelt er auf mich ein. Als sei es mein Geheimnis, das ungefundene, das ihm hier Schlüssel wär gewesen. Er lehnt mich an das Tor und wirft mit Steinen nach mir, daß es hallt. Es hallt, daß sie ihn hören müssen, denkt er.

Ihm wird nicht aufgetan.

Er reißt mich weg vom Tor, zieht in die Dunkelheit mit mir, wie blind, als gäb er auf. Zieht tausend Schritte, bis er Stimmen hört. Aus einem Stimmenwirbel hinterm Tor. Als zögen welche, Feiernde, vorbei.

Da treibt es ihn zurück. Mich schleppt er mit. Und vor dem Tor ruft er: »Macht auf!« Er schlägt ans Tor und wirft mit Steinen, brüllt.

Ihm wird nicht aufgetan.

Da wirft er mich vors Tor. Von seinen Augen nimmt er eines. Und setzt mirs ein. Damit ich für ihn sähe. Aus seinem Mund fährt Feuer, umfängt mich und verbrennt mich ganz.

Und aus den Flammen steigt mein Rauch. Der dringt dorthin, woher auch schon der Lichthauch an die Messerspitze kam, dringt durch den Spalt der Torportale. So fährt mein Rauch nach innen, hinters Tor. Und sieht für meinen Mörder.

30

Da, hinterm Tor, seh ich das Ausmaß einer Stadt, verhältnisgleich mit unserem Tempel und strahlengleich im Fest. Die Säulenhallen seh ich im Geviert durchrannt, darin die Stimmenwirbel drehen im Kreis. Ich seh das Fest am Ende aller Zeiten, das der Messias feiert, um die Gerechten zu belohnen.

Nicht aber, wie man uns davon berichtet. Denn es war schmerzvoll-rätselhaft, was hier geschah. Als hätten wir nie Licht gesehen. Was wir für Licht gehalten, war Finsternis gewesen. Denn hier war Licht.

In diesem Licht, da sah ich alle, sah jedes, das je lebte, lebend. Jedes mit seinem Entzweiten. Jedes mit seinem Entzweier. Das Auge wollt es nicht glauben.

Hier saßen Hasser und Gehaßte, Mörder und Gemordete beisammen am Tisch, daß das Licht, das von dorther kam, mir unerträglich war. Denn es ließ mich nicht sehen wie im Licht, das ich kannte, sondern wie Finsternis schien mir das Licht, das ich bisher gesehen hatte. Entmachtender als Finsternis aber das Licht, das jetzt kam.

Je tiefer ich eindrang, je mehr Räume ich sah – denn wie die Fluchten eines großen Hauses erschienen mir die Straßen, die mit den Feiernden sich füllten –, desto heftiger sah ich vereint, desto unerträglich sichtbarer wurden die, die einander einst fern, hier aber in nächste Nähe, ja unzertrennlich ineinanderverrückt waren.

Und als die letzten Fäden meines Rauchs, aus deren Netz ich all das sehend zog, sich hin zum Mittelpunkt der Stadt doch zu verlieren drohten, aber noch sehen konnten, das Unerträgliche noch sehen konnten, gerade weil der Rauch sich löste und dahin, dorthin sehend stob, da:

Sah ich mich. Sah mich leibhaftig unter ihnen, den Feiernden. Ich sah mich: Tirza. Sah mich die Hand des Menschen fassen, von dem ich einst am Fluß getrennt gewesen war. Und sah das Fest und diese Feiernden im selben Augenblick erschauern.

Vor mir? Vor dem Versprochenen, dem Entzweiten, dem, der mich hielt? Vor unserem Händeschluß?

Nein, nicht davor.

Vor dem Entzweier sah ich sie erschauern, dem Eingetretenen. Denn einer war eingetreten. Ein letzter. Dem man im selben Augenblick, da ich mich unter ihnen sah, die Torportale aufgestoßen hatte. Denn jetzt war auch ihm aufgetan.

Und er stieg über meine Asche ins schwärzende Licht, daß ich mein Blut an seinen Händen aufscheinen sah. Die Torportale aber ließ man offen. Denn sonst war niemand draußen übrig. Nur der, der eingetreten war.

Ein Jammern ergriff sie alle, die aus Getrenntestem ins Neugeeinte zusammengeführt waren, daß durch den Zutritt dieses einen alle erneut getrennt zu werden drohten. Ihr Zittern, ihr Jammern, ihr Schmerz galt dem Töter, dem Lügner, Versucher und Satan. Und es drohte zu bersten, eng wie ein Kasten, das Haus der Stadt der Feiernden, so beängstigend, als er hereintrat und alle ansieht: der Augenblick.

Da kommt aus ihrer Mitte der Herr des Fests. Kommt auf den Eingetretenen zu. Und dem, vor dem sie zittern, sich zu zerteilen drohen, dem Eingetretenen, dem öffnet die Arme der Herr des Fests. Als Bruder, als den verlorenen Sohn empfängt er ihn, der Herr des Fests. Umarmt ihn so gewaltig, daß sich ein Schrei erhebt aus allen Mündern, als würden in der Umarmung alle umgebracht.

Die Arme des Herrn aber durchhalten die Angst. Die Arme des Herrn halten fest den Gefundenen. Bis die Schreie verhallen, jedes, in der Umarmung erweckt, wiedererwacht, immer gehalten und nie verloren ist. Denn wo der Verlorene wiederkehrt, wird nie mehr verloren.

Und dann – ich sag es noch, ich sah es noch –, dann kam ein Licht. Aus der Umarmung kam es. War Licht des Lichts aus uns, die wir gesehen hatten. Aus uns kam es. War Licht dem Licht des Lichts. Zerbrach die Mauern und die Tore dieser Stadt, zerbrach, was Mauern, Tore, Straßen uns bedeuten, und tilgte ihre Zeichen. Und eingesammelt in den Armen, schuf er uns neu, aus seiner Seite. Ich sah, ich sah den Anfang noch. Ich sag ihn an.

Denn er stand vor mir. Der Auferstandene. Und ich erwachte.

Hier sah ich seine Hand, die sich zurückzog. Die noch auf mir gewesen war, auf meiner Stirn. Die mir Gesicht gegeben hatte. Hier stand er, eben noch berührend, und wandte sich.

Und ging durchs offene Felsengrab hinaus. Ich sah, ich sahs.

Da nahm ich die Grabtücher, die am Boden lagen, und faltete das Linnentuch und legte es auf die Bank in den Vorraum der Gruft. Und das Schweißtuch, mit dem man ihm das Kinn gebunden hatte, die Hand- und Beinfesseln, die legte ich auf den Grund der Gebeinurne, zum Zeichen. So auch die Lampe, die noch brannte, das Licht, mit dem wir sehen bei Nacht. Auf jene Tücher, die binden, hab ichs gestellt, in das Gefäß, das faßt. Das Kastendach darübergezogen, damit die Lampe im engen Dunkel verbrenne. Denn jetzt war neues Licht: Der aus dem Grab stieg, das ihn faßte, war nicht ergriffen. Da kamen Wachen in die Gruft, zu sehen, zu fassen, was ich gesehen, mit Händen gefaßt hatte, und begriffen mich nicht.

Aber zu dir haben sie mich geführt, Judas Thomas, begreifst du? Für dich hab ich gesehen. Wie ich, ausgesandt mit seinem Auge, für den Letzten sehen sollte, der einst ausgesandt war und nicht mehr zurückfand. Und hab dir gegeben, was ich sah. Kannst dus halten? Denn es ist für den Letzten, daß er erinnere. Und für dich. Daß du faßt. Daß du dir einig wirst, Zwilling.

– Wie werde ich einig?

– Iß, was ich dir gegeben. Iß das Eigene. Wag dich hinaus, den Verlorenen im Äußersten einzusammeln. Daß du einig wirst. Denn aschenverbrannt und irdisch ist, was dir innen fehlt. Mit dem Fehlenden aber, wenn du es faßt, schwärz deinen Himmel.

– Was kommt daraus?

– Daß du ihn siehst, den Himmel. Und nicht mehr sagst: er ist nicht sichtbar, ist hinterm Tod verschlossen. Denn nicht hier oder da ist der Auferstandene, das ist: die Umarmung. Denn er hat die Getrennten umarmt. Nicht gestern war er oder wird morgen sein. Denn wie er Licht und Dunkelheit umarmte zum neuen Tag, so Gestern und Morgen.

Sondern *jetzt* und in dir ist Er. Wo aber nicht, da trennen die Mauern. Wo nicht *jetzt,* da verschließt sich das Tor. Wo nicht in *dir,* da mordet der Mörder. Und wo Er nicht ist, da glauben Gerechte zu richten. Und stehen ungefaßt, uneins, außerhalb, wo sie einander nicht erkennen, Zutritt nicht lassen. Und der Verlorene bleibt unumarmt, wo er alle vor Angst zerreißt.

Durch zwei aber ist Eingang. Durch die kam Gott und wohnt. Geh also durch, wenn du IHN suchst.

31

Da sah ich, daß Tirza hielt, zum ersten Mal. Und nicht mehr
weiterging im Kreis, den wir zwölfmal im Viereck der Tempelmauern gegangen waren. Sondern Erde aufhob von einer
Stelle am Boden, wo das Pflaster des Vorhofs durchbrochen
und Erde sichtbar war. Und sie reichte mirs zum Mund, daß
ich esse. Und ich wollte nicht essen davon.

Meinen Kopf hielt sie fest. Und das Auge, das ihr der
Mörder gegeben hatte, damit ihr Rauch einfände zwischen
die Tore und vorsähe für ihn, das wollte sie mir geben, mein
linkes dafür zu tauschen. Und da riß mich der Schmerz, als
sies mir einsetzte mit der Hand und schwärzte den Tempelhof, daß ich schrie und erwachte.

Ich lag noch immer am Boden im Stall. Meine Kleider
waren durchnäßt, das Fieber aber gewichen.

Ich richtete mich auf, sah die Spuren, wo ich mit meiner
Hand im Boden gegraben hatte. Nur der Krug, den ich dort,
nah der Hand, wohl im Traum gesehen hatte, der fehlte.
Verschlammt, mit Wasser getränkt war die Stelle, und meine
Hand davon geschwärzt. Auch mein Mund, meine Augen.

Ich sah durch das Gatter des Stalls. Die Spuren des Regens waren längst von der Sonne getrocknet. Ich hatte wohl
eine zweite Nacht hier durchschlafen, hatte mich durch das
Fieber geträumt. Auf der Straße vor dem Stall zogen jetzt
viele entlang, lärmend, zogen in eine Richtung. Mir aber
dröhnte der Kopf noch von Tirzas Stimme, ihren Gesichten. Von Tirza, die mir im Traum erschienen war. Die ich
nie gesehen hatte. War das möglich?

Alle Kraft war wieder in mir, so schien es. Und doch mißtraute ich ihr. War ich so nicht schon einmal aufgestanden, zu Tirza gerannt, sie nicht zu versäumen? Hatte ich alles geträumt?

Über einem Stecken am Gatter lag der Umhang, den ich mitgenommen, ihr umgelegt hatte im Traum. Lag unberührt.

Und was für ein Traum? Er war unerträglich, noch in der Erinnerung. Denn die Bilder standen vor mir, als hätt ich sie mit eigenen Augen gesehen. Unerträglich, so daß ich sie nicht zusammenhalten, nicht aushalten konnte. Das Bild des Mörders und Satans, der Einlaß fand. In die Umarmung des Herrn geholt worden war. Unaushaltbar.

Und wer denkt, wer sieht so? dachte ich. Wer macht so sehen? Der in Besessenen haust, will der mich besitzen? Soll ich sein Haus werden? Daß ich, verrückt an den Bildern, ihm Einlaß gäbe in mich? Aber wenn er es ist, der durch Tirza zu mir spricht, warum dann vom Auferstandenen? Wenn es Satan ist, der mir sagt: »Auferstanden, dein Herr ist auferstanden«, belügt er mich dann, mich zu täuschen? Wessen sind diese Bilder, und wer ist ihr Herr?

Weil ich mich abgesondert hatte, mich von den anderen entzweite, kam er zu mir, der Entzweier, so dachte ich. Hatte mich ausgesucht, weil er wußte, in mich wäre leicht einzubrechen. Im Fieber würden die Bilder noch besser geschürt, auf das eine, das letzte Bild zu, darin er sich selbst ins Fest am Ende der Zeiten, das Fest des Messias, eindringen ließ, dort empfangen zu werden, vom Messias umarmt.

Warum aber ließ er mich gehen? Warum hat er mich mit dem Fieber nicht ausgebrannt, im Höhepunkt seiner Bildlügen zernichtet? Warum habe ich überlebt? Und warum sprach mir auch Tirza von ihrem Tod, ihrer Auferstehung, und sagte zum Schluß, sie habe das Gesehene nur mir berichtet und dem, den sie daran erinnern soll?

32

Ich trat hinaus auf die Straße und ließ mich in der Menge weitertreiben, wieder bei Kräften und doch kraftlos, richtungslos, denn ich wußte nicht, wie ich sehen sollte, was ich gesehen hatte.

Achtlos wurde ich von einigen, die an mich stießen, als sie sich vorbeischoben, in eine Gasse abgedrängt. In deren Schatten lief ich weiter, als hätte man sie mir gewiesen. Ich zweifelte, ob ich das Traumgeschaute je verstehen, die Bilder je mir ordnen und von mir weisen könnte.

Ich hatte mich vom Lärm der Menge schon entfernt, als ich, zwischen den Händlern, die ihre Waren am Rand der Gasse ausgebreitet hatten, eine Frau bemerkte, die ... Tirza ähnelte. Ich hielt. Mir schlug das Herz im Hals. Denn das Gesicht der Frau war abgewandt, ein Händler bot ihr Ware an.

Und dann, so wie im Tempel – im Tempel meines Traums! –, dreht sie sich her. Nur halb, nur ... fast. Und ohne Zweifel ist es die Frau, die ich in meinem Traum gesehen hatte. Die Tirza hieß. Die jener Knecht aus der Kaserne vor Tagen noch mit Namen nannte: Tirza.

Sie beugt sich herab, hebt etwas auf. Ein Wasserkrug. Dann geht sie weiter.

Ich geh ihr nach, ich muß jetzt sicher sein. War sie bei mir, als ich im Fieber lag? Kennt sie mich so, wie ich sie doch zu kennen glaube? Hat sie gesehn, wovon sie mir im Traum erzählte?

Ich folge ihr durch die Gassen. Und doch wag ich noch

nicht, sie anzusprechen. Als könnte ich, wenn sie mir nicht bestätigt, was ich geträumt habe, erfahren, daß ich, verrückt geworden, mich aufgespalten habe und das Geschaute vom Geschehnen nicht unterscheiden kann.

Seh ich die wirklich, der ich folge?

Sie hält auf eine Straße zu, an deren Ende sich ein Teich befindet. Da, plötzlich, schreit eine jüngere Frau, die Wasser trägt, sie an. Läuft auf sie zu. Fällt hin. Fällt vor sie hin. Läßt ihre Wasserlast zu Boden schlagen.

Auch andere eilen herbei. Darunter einer, dem sie Platz machen, ein Mann, der eher zögernd näher kommt. Der ihren Namen spricht, so scheint es. Ich kann nicht hören, was er sagt. Ich steh im Schatten, bleib, wo ich bin, im Schatten. Und kann nicht fassen, was ich sehe. Seh ich es denn? Oder sind es Ausläufer des Fiebers? Denn ich zittere, als ich sehe: Der Mann geht an der jüngeren – die hinfiel und weinend, schreiend liegenbleibt, nicht aufzusehen wagt – vorbei.

Er kommt. Kommt auf die zu, die ich für Tirza hielt. Denn ihr Gesicht: es bleibt mir abgewandt. Das jenes Mannes: offen sichtbar. Er hält vor ihr. Und rührt mit seiner Hand an sie. Und hält sie dann, ergreift sie, wie er sie nie gehalten. Umarmt sie, die Versprochene. Und bricht mir ihr zu Boden.

Da rast das Wort, das jener ausgesprochen haben muß, die Gasse zu mir her. Ich aber wills nicht hören. Ich geh nicht hin. Ich wag nicht hinzugehen, das Traumbild zu berühren. Fast dankbar bin ich, als mir Vorbeilaufende das Bild verschränken, die Szene um den Teich wieder alltäglich wird. Und ich mich abwende, die Gasse wieder aufwärtsgehe.

33

Schließlich fand ich zurück zur Straße, aus der ich abgedrängt worden war. Noch immer zog hier die Menge in eine Richtung, und wieder wurde ich mitgetrieben. Ich fand, daß der Einfluß der Bilder und Stimmen, die mich nicht ließen, im Gewimmel gelindert wurde, im Treiben und Stoßen der Menge langsam zerfiel.

Wir kamen auf den Platz vor der Kaserne, wo sich der Strom verlangsamte. In der Mittagshitze standen schon viele oder kamen aus anderen Gassen und Straßen, die sich hier kreuzten, hinzu. In der Menge erkannte ich auch welche von uns. Ich versuchte, mich zu ihnen zu drängen, und rief. Aber sie wehrten ab, gaben mir zu verstehen, daß wir uns offen nicht zeigen sollten als die, die wir waren. Und nachlassend wurde ich rasch getrennt von ihnen, als andere hinter mir nachdrängten.

Ich sah, daß, wo ich hingestoßen wurde, alles schon stillstand und auch ich stillstehen mußte. So dicht gestellt war hier das Volk. Und alle sahen hin zur Mitte des Platzes, die von Soldaten rundum freigehalten wurde.

Dort ragte ein Scheiterhaufen.

Ich wurde schwach in der Menge, denn ich erinnerte mich genau, wie mir der Knecht noch vor drei Tagen im Hohn den besten Platz geboten hatte, hier beizuwohnen, hier die Verbrennung meines Herrn zu sehen.

Aus der Kaserne kam ein Wächter, zog eine Leiter. Er legte sie vorsichtig an die Stirnseite des mannshohen Stoßes, über die Bündel dornigen Krauts hinweg, die zur Feuerung am Fuß der Scheite gestapelt waren, prüfte den Halt der obersten Sprosse am Scheitel der trockenen Schichten und wartete dann neben der Leiter.

Obwohl ich wußte, was hier geschah, fragte ich den, der bei mir stand: »Wen werden sie hinauftragen?« Und ohne sich zu mir zu wenden, seinen Blick immer auf den Kaserneneingang gerichtet, murmelte der: »Den Jesus von Nazareth, dessen Leiche seine Anhänger verstecken wollten.«

Aber niemand kam aus dem Kasernentor. Man ließ die Menge, die unruhig wurde, in der Hitze warten.

Indessen gab der Ring der Soldaten vor uns nicht nach. Man hörte Husten, Stöhnen, man sah die Schulter eines andern, der sich wand, die Hand, die sich nach oben reckte, wo er sich Luft verschaffen und vorwärts oder seitwärts rücken wollte. Man gab nicht nach.

Ab und zu rief einer der Soldaten nach hinten, die Gassen freizumachen. Aber von dorther strömten immer noch welche oder hatten die Gassen bereits so dicht gefüllt, daß kein Weiterkommen war. Nur manchmal, an Stellen in der Menge, wo die sengende Hitze mit Windstille zusammentraf und doppelt schwer auf diesen Teil des Platzes niederbrannte, schien sich ein Haufen innerhalb der Menge loszulösen und langsam, im trägen Wirbel, fortzutreiben, um dann, ein wenig später, festgekeilt, schon wieder stillzustehen. Lücken entstanden keine, denn andere preßten sofort nach und schlossen noch die kleinste Öffnung. So daß sich jegliche Bewegung, die uns erfaßte, nach hinten oder seitwärts fortgesetzt, wohl immer wieder um den ganzen Platz geschlungen haben mochte. Mir war das Stöhnen, Murren, die Schreie, die allgemeiner wurden – denn immer wieder brachen welche zusammen, wurden beim nächsten Ruck der Menge ohnmächtig nach unten getreten –, als zöge sich das Geschrei, das Murren, Stöhnen der einzelnen zusammen, als seien diese vielen der Lärm nur einer einzigen Bewegung, ein großes Schleifen, Reiben, Kriechen. Als zögen, hielten, zerrten wir wie Glieder eines Riesentiers, das sich hier in der Sonne wälzte und seine Kreise zog, das seine Hitze in die Mitte werfen, das Holz entzünden wollte.

Da riß einer an mir. Ich fühlte seine Hand, hörte sein Namenrufen, und konnte mich nicht wenden, wo ich war. Man wurde wütend hinter mir, weil er sich zu mir hinzuzerren suchte, das spürte ich. Bis dieses Zerren an meiner Seite, an meiner Schulter, schwächer wurde, er ganz abließ.

Die Menge wurde unruhiger, als sei etwas im Kommen. Ein Schwall zog alle plötzlich mit. Ich stürzte rückwärts über einen, der schon gefallen war, versuchte mich am Vorderen wieder aufzurichten. Da gab die Menge nach, ich fiel zu Boden. Auch andere riß es nieder. Man hätte uns zertreten, wenn nicht, im selben Augenblick, zurückgepreßt, zurückgetrieben worden wäre. So daß die Menge wieder stillstand, die unter ihr Vergrabenen schrien.

Man hörte nicht auf unsere Schreie. Niemand gab nach.

Ich hatte kaum mehr Luft, lag eingeklemmt ganz unten. Nur ab und zu, mit einem Rucken hierhin, dorthin, war ich im Dunkel von der Menge fortgeschleift. Und immer, wenn sie sich bewegte, brach Licht nach unten. In hellen Schäften schossen Blitze durch ihren aufgebrochnen Leib zu mir herab. Dann war es wieder dunkel.

In solchen Augenblicken Lichts bemerkte ich am Boden einen alten Mann, nicht weit von mir. Mit seiner Hand, die blutig war, zertreten, wollt er an meine Schulter. Er keuchte, rief etwas. Es war die Stimme von vorhin. Mir schien, daß er versuchte, sich zu mir herzuziehen. Dabei ließ er die Augen nie von mir und starrte mich nur immer an. Er stieß den schweißgenäßten, erdbeschmutzten Kopf durch eine Enge und kroch nach. Er rief nach mir mit einem fremden Namen. Dann sprach er flehentlich im Dunkeln:

»Vergibst du mir?«

Im nächsten Lichtgeflacker erkenne ich, daß er ganz nah herangekrochen ist. Ich fühle seine Hände nach meinen Händen tasten, nach meiner Stirn. Weint er, der Alte? Ich weiß es nicht. Ich hör ihn nochmals fragen:

»Kannst du mir nicht vergeben?«

Als hörte ich mich selbst, so ist es. Denn hatte ich nicht als Kind den hergeglaubten Bruder, den Zwilling, oft gefragt: »Vergibst du mir?« Und Antwort nie gehabt?

»Was soll ich dir vergeben? Ich kenn dich nicht«, sag ich zu ihm und spür den Staub in meine Kehle dringen. Da klammert er sich an mir fest, als hätt ich ihn bestraft mit meiner Antwort. Ich höre sein:

» Daß ich dich in den Tod geschickt.«

Und ich versteh ihn nicht, den Alten, der mich beweint, als sei ich tot, schon tot, als lag ich tot vor ihm im Bauch der Menge. In Wut will ich noch zu ihm schreien, daß ich lebe. Ich bin zu schwach, ich find die Worte nicht. Was sich hier trifft, scheint mir vollkommen sinnlos. Ich weiß nur, daß uns die Menge gleich den Atem nehmen und uns zertreten wird. Und doch, hier stellt ein anderer meine Frage, auf die mein Bruder niemals Antwort gab. »Vergibst du mir?« bittet der Fremde nochmals.

»Ja«, sag ich hin ins Dunkel. Und geb die Antwort für den Bruder.

In diesem Augenblick reißt uns die Menge mit. Ein Lichtschacht bricht nach unten. Ich seh, am Boden noch, gefärbt die eignen Hände, rot, wo die des Alten auf mir lagen. Ihn seh ich nicht mehr. Ich werde hochgerissen. Weiß nicht, von wem. Die nächsten pressen an mich. Ich stehe wieder, atme. Und werde mitgezogen, im Wirbel fortgetrieben.

Die Unruhe, erkannte ich bald, kam vom Kaserneneingang her. Zwei Köpfe sah ich von Soldaten, die hintereinander durchs Tor schritten, durch einen freigehaltenen Korridor den Platz betraten. Die Menge drängte nach und wurde enger hingepreßt an die, die Wache hielten und gegenpreßten, mit ihren Schilden uns zurückzudrängen suchten.

Erst jetzt sah ich, daß jene zwei die Bahre trugen, darauf der Leichnam lag. Sie gingen auf die Leiter zu, die noch am Scheiterhaufen lehnte.

Ich versuchte, die hinter mir standen zurückzudrücken,

mich abzuwenden. Aber alles stand fest. Da sah ich den Johannes, gar nicht weit vor mir, noch näher am Kasernentor, so daß ich dachte: Der muß ihn doch gesehen haben, nah genug. Und stieß mich durch, bis ich nicht weiterkam. Ich rief ihn, sah, daß er erschrak.

»Sahst du, wen sie herausgetragen haben?« frag ich.

Da wandte sich Johannes ganz zu mir, antwortete aber nicht. Ich sah in seine Augen und fragte, ohne auszusprechen: »Ist ers?«

Bei Johannes aber stand einer, der dachte, ich hätte ihm gerufen, und antwortete: »Auf dem Weg nach Jericho haben sie die Leiche gefunden. In einem Kasten lag sie versteckt. Ich war dabei!« Er reckte seinen Kopf, als gäb es andere, die das noch wissen sollten, daß er dabeigewesen war. Dann sah er rasch zurück zum Scheiterhaufen.

Die Soldaten hoben den Leichnam die Leiter hinauf, legten die Bahre flach auf die Mitte des Stoßes, und stiegen wieder herab. Die Leiter wurde abgezogen, zurückgetragen. Eine der römischen Wachen, die uns zwangen, Abstand zu halten, rief über unsere Köpfe hinweg:

»Seht euren König! Zum Thron hinaufgetragen!«

Da entstand ein Krawall, als die Menge das hörte. Ich wurde weggerissen aus der Nähe des anderen Jüngers, sah aber nochmals sein trauriges Gesicht, das mir still geantwortet hatte.

Ein Soldat lief währenddessen bis zur Mitte des Platzes und stieß seine Fackel in die dornigen Feuerungsbündel am Scheiterhaufen. Als Flammen das holzige Kraut durchstachen, begann er um das Viereck zu schreiten, die Fackel immer wieder auf die Dornen zu tauchen. Noch bevor er hinter der Rückseite des Scheiterhaufens verschwand, erkannte ich in ihm den Knecht, der mir in jener Nacht das Feuer angekündigt hatte, das er jetzt legte.

Damals war ich zusammengebrochen, als ich hörte, man hätte die Leiche gefunden und würde sie dort, wo ich stünde, verbrennen. Und wußte nicht, warum ich zusammengebrochen war. Denn was hatte ich erwartet? Ich wollte den Leichnam berühren, um Gewißheit zu haben. Ich wollte ihm nachsterben, weil ohne ihn kein Leben war. War es nicht so gewesen?

Denn ich stritt mit mir. War ich nicht aus Furcht zusammengebrochen in jener Nacht, weil ich fürchtete, ihn belogen zu haben, weil ich wußte, daß ich ihm nicht folgen konnte, feige am Leben hing? Wäre ich nicht lieber unsicher darüber geblieben, wer und wohin und wie man ihn geraubt hatte, hätte geglaubt, was sich den Gläubigen bot, und damit genug? Ins Leere geglaubt, das sich den Gläubigen bot? Mitgeglaubt, was andere an Zeichen zusammensahen, an Worten zusammenlasen?

Auf jenen Boten aber hatte ich gewartet, den Knecht im Regen, der höhnend zu mir trat mir der Nachricht: »Wir haben gefunden, den du suchst«, und war mutlos zusammengebrochen. Warum? Weil ich in seinen Worten mithörte: »Wir haben den Menschen gefunden, wo du Gott gesucht hast.«

Die Flammen schlugen schon ins Holz, da dacht ich: Aus solcher Niederlage hat sich im Traum dein Widerstand noch einen letzten Sieg geträumt. Die Antwort nämlich: dein Herr sei der Messias, Sohn Gottes, sei auferstanden. Die Feigheit, dacht ich, schafft die größten Träumer. Die Gottverlassenheit den größten Gott. Den größten Widersacher auch, dacht ich. Denn der war mir im Traum erschienen. Umarmt!

Drei Jahre waren es gewesen, und nicht drei Tage, die ich im Fieber gelegen hatte. Darin zuviel erträumt, manches erlogen, ersponnen, alles erhofft. Und warum?

Aus der einigen Angst, nie gelebt zu haben, wenn nicht mit ihm. Denn mit ihm, schien es, war das Leben nahe bei Gott. War Gottnähe. Und vor ihm war kein Leben. Es war die Flamme, mit der er sprach und tat, die alles kalt erscheinen ließ, was vor Beginn jener drei Jahre lag. So dacht ich und zerschlug mich abermals:

Bedeutungslos das alles. Bedeutungslos sein Leben, wenn es von diesen Flammen aufgefressen wird. Warum war sie ihm nachgegangen, die Frau in meinem Traum, die Tirza? Bis in sein Grab ihm nachgegangen? So hatte es keiner von uns gewagt. Wir hielten uns an das Gesetz. Die Angst. Aus Liebe aber, sagte sie, sei sie ihm nachgegangen. Sie hätts ihm nachgemacht.

Und von wem rede ich mir hier das Bild zurück? Denn sie war nur ein Bild, die Tirza, ein Traumbild. Erklärs dir so und lebe. Vergiß ihn. Der das Leben war? Vergiß ihn. Vergiß, was er getan, was er gesagt hat. Vergiß ihn, denn hier: wird er verbrannt vor dir. Wem willst du jetzt noch nachsterben? Du bist längst tot. Wie tot, als du am Boden der Menge lagst. Und wirst es bleiben. Bedeutungslos, das bist du. Machtlos. Du träumst nicht, lebst nicht, stirbst nicht. Du gehst ziellos dahin, bis es dich greift, dich träumt, dich tötet. Bedeutungslos und ziellos ein jeder deiner Schritte. Denn hier: dein Ziel verbrennt. Siehst du es noch? Hast du es je gesehen?

So dacht es in mir, denn ich war machtlos. Ohne Antwort. Als läg ich noch im Dunkel, bewegungslos am Boden, die Antwort eines andern gebend. Nicht meine. Als müßte ich, was hier geschah, mit mir geschehen lassen. Und wollte dem doch widerstehen, wollte es nicht geschehen lassen. Hielt immer wieder stand.

Da, plötzlich, gab ich auf.

Ich steh nicht mehr. Ich reiß mich durch die Menge durch, nach vorn. Ich schlag mich durch die Wachen. Ich hör das Klirren ihrer Schilde, die zusammenschlagen, wo ich entkommen und durchgekommen bin. Ich höre ihre Flüche gegen die, die nachwollen und die zurückgestoßen werden.

Ich laufe, frei – und jetzt mit vollem Willen, voller Macht – hier auf den Scheiterhaufen zu. Erreich die Seite des holzgefügten Quaders, die noch nicht brennt. Ich spring über die Dornenbündel, klammere meine Hände ins kantige Holz, zieh mich empor an astgestauter Wand. Als sei allein dort oben Rettung, allein dort oben Überleben. Als würd ich unten gleich zermalmt. Und ich erklimm die Höhe, erklimm die höchste Kante. Ich ziehe mich darüber hin. Und oben: stehe ich.

Ich höre das Gejohle, die Schreie der mich umringenden Menge, die Rufe auch des Knechts, der mit der Fackel mir befehlen will. Ich seh nicht hin. Ich seh sie alle nicht. Ich halt das Auge auf die Stelle, wo Dein Leichnam liegt. Will nah zu Dir. Ich will an Deine Seite. Die Flammen seh ich hinter Deinem Haupt ans Scheit hinschlagen. Auch um uns, an drei Seiten, steht das Feuer schon. Es drängt nach innen, der Mitte zu. Wie ich.

Ich komme näher. Erblick auf Deinem Körper die Wunden, scheußlich aufgeweitet. Die Fäule. Ich sehe Deinen Kopf von einem Tuch verdeckt, das auch Dein Kinn umbindet. Seh die durchbohrten Beine, die man am Holz der Bahre festgebunden hat.

Da bricht mein Fuß im Holzstoß ein. So daß ich hängenbleibe, das Gleichgewicht verliere und mit dem anderen Bein ins Knie geh, um nicht hinzufallen. Mein Blick schweift ab, fällt auf die Menge. Man lacht über die Hilflosigkeit des »Jesus-Jüngers«. Ich seh sie näherdrängen. Die Wachen geben nach, der Menge nicht den Spaß zu nehmen. Ich hör sie rufen: »Helft ihm! Er will nur brennen, fallen will er nicht.«

Da erblick ich zwischen den Herandrängenden eine Gestalt, die auf mich zeigt, mit starrem Arm. Die ruft zu mir und deutet, wie verrückt, mit einer Hand, die blutet. Es ist der Alte, der mich um Vergebung bat. Der jetzt die Wachen überreden will hinaufzusehen. Zu sehen, was er sieht.

Von oben seh ich deutlich: er trägt die Kleidung eines Tempelwächters. Und ich erkenn ihn, erkenne hier ein zweites Mal, den ich *nicht* kenne! Es ist der Tempelwächter Samuel, der Vater des Boas, des Findlings, und Jakins, des Sohnes. Und also seh ich vor mir den, von dem ich träumte, den mir im Traum die Tirza zeigte!

Jetzt brechen Flammen aus der vierten Seite, die ich erklommen hatte. Zerteilen mir das Bild. Der Rauch verhängt mir den, der unten ruft. Auf den ich starrte.

Ich taumle zurück, schütze die Augen mit der Hand und falle rückwärts auf die Scheite. Die Flammen pressen hinterher. Ich winde mich aus einem Brandarm, krieche weiter. Die Hitze dringt in meine Kehle, zwingt sich hinab in meine Brust, will mir den Atem rauben. Ich kann das Rufen, die Frage Samuels nicht vergessen, nicht sein Gesicht. Hin durchs gespaltene Gestrüpp der Äste zieh ich mich, unter dem Schattengehusch hindurch, dem Schwarzgefleck aus Licht und Brandrauch, das über die Oberfläche des Stoßes streift. Es ist, als spiele über mir in diesem Feuer ein Baum mit seinem windgetriebnen Laub, mir Schatten streuend. Als spielte ich, noch Kind, in einem Flammengarten. So krieche ich zum Leichnam, erreich ihn durstig, atemlos.

Endlich kann ich den Körper meines Herrn berühren. Berühre Dich. Und reich mit meiner Hand hin an Dein Tuch, das, auch ums Kinn geschlungen, Dein Angesicht verdeckt. Zieh es von Dir, um Dich zu küssen.

Und kann nicht fassen, was ich seh.

Hier liegt, im Mittelpunkt des Feuers, ganz und gar unverdeckt, ein Angesicht. Gleichsam im Spiegelwasser einer Schale. Ich starre hin: ich kann nicht sehen, seh es doch.

Ich starr in mein Gesicht.

Ich bin es ... – Ich?! Hier liegt einer wie ich. Der mir so gleicht, daß Samuel, der in der Menge vor den Flammen steht, in mir den Boas sah. In mir den Findling. Seinen verlorenen Sohn. Als sei der auferstanden. Ja, aus der Kindheit auferstanden! Hier liegt einer, der mir so gleicht, daß ich den anderen erkenne. Der Judas hieß, mein Bruder. Der mir den Namen gab. Nach dem ich Judas Thomas und Zwilling hieß. Der hätte sterben sollen. Der ausgesetzt im Tempel, vergessen war. Bevor, in Trotzgewalt, er überlebte. Als Findlingssohn des Samuel, als Boas.

Hier war der Körper meines Herrn der meines Bruders.

Und der verdeckt gewesen war, war eins mit ihm und mir. War auferstanden im Verbrennenden, war eingeholt in den Entzweiten, war wahrgeschaut im Traum. Hier war, im Feuer solcher Mitte, der Traum von Tirza wahr und Wirklichkeit. Geschautes von Geschehenem ungeschieden. Hier war noch alles ungetrennt. War ganz erinnert, unverloren. Entdeckt, nicht mehr verborgen. Hier war, der machtlos seinen Körper gab. Wie Du uns Machtlosen den Körper gabst, damit wir Nahrung hätten, aus unsrem Machtlossein neu aufzustehn. Im Körper Gottes sahen wir uns. Einander ohne Schuld. Und ich berührte seine Seite und küßte ihn, den ich gefunden. Der mir zuvorgekommen war und mir entgegen. Hier war mein Anfang: Denn der Dir nachzusterben suchte, war gestorben. Geboren war ich. Frei.

Ich sprang vom Feuerhaufen in die Menge. Und riß mich zu Dir durch. Und halt die Hand in Deine Seite, mein Bruder, Herr und Gott. Ich halt sie in den Anfang.

Hier

KOMMENTAR

Vorbemerkung

Die Grundlage dieses Kommentars bilden Gespräche und eigene Forschungen. In einem neuntägigen Interview, das Reinhold Zwick (Münster) und ich mit dem Autor an drei Wochenenden im April und Mai 2005 über die *Christus Trilogie* führten, gab Patrick Roth Auskunft über den Entstehungsprozess und die Konzeption der Texte, seine Inspirationsquellen und Vorbilder. Er sprach über sein Vorgehen beim Finden und Entwickeln des Stoffs und erläuterte in einzelnen Fällen den semantisch-symbolischen Gehalt zentraler Bilder und Konstellationen.

Die Kommentierung greift auf diese Aussagen zurück und ergänzt sie mit Hinweisen zum historisch-geographischen Kontext, Erläuterungen zur Wortgeschichte und zur Zahlensymbolik. Frühere Interviews des Autors und spätere poetologische Statements werden mit in die Darstellung einbezogen. In einem zweiten Schritt stellt der Kommentar durch Zitat und Erläuterung die Referenztexte zur Verfügung, die den kulturgeschichtlichen Horizont der *Christus Trilogie* bilden. Sie stammen aus den vier Bereichen, die Roth als die eigentlichen »Quellen« seiner Literatur bezeichnet: der Bibel, der Tiefenpsychologie C. G. Jungs, dem Film und der Literatur.

Wie jedes Kommentarprojekt versteht sich auch dieses als ein *work in progress.* Es stellt Interpretationsansätze bereit, ohne abschließend deuten zu wollen.

Dem Leser sei empfohlen, sich zunächst subjektiv und ohne Anleitung auf die Texte der *Christus Trilogie* einzulassen. Nur so ist eine eigene Erfahrung möglich, die durch eine zweite Lektüre mithilfe des Kommentars vertieft werden kann.

Mannheim im April 2017   Michaela Kopp-Marx

Riverside
Christusnovelle

Inhalt und Konzeption

Im Zentrum der im Jahr 37 n. Chr. in Judäa angesiedelten Novelle steht eine Gottesbegegnung, die im ›Nachtgespräch‹ zwischen dem Eremiten Diastasimos und zwei Schülern des Apostels Thomas rekonstruiert und vergegenwärtigt wird. In den Tagen vor der Kreuzigung hatte Jesus von Nazaret auf seinem letzten Gang nach Jerusalem Station in der Höhle des jüdischen Einsiedlers gemacht, um ihn vom Aussatz zu heilen. Niemand wusste von der Begegnung in den judäischen Bergen, bis Diastasimos vier Jahre nach der unerhörten Begebenheit den Plan fasst, Rechenschaft über seine Jesus-Erfahrung abzulegen. Seine Adressaten sind die Apostelschüler Andreas und Tabeas, die im Frühjahr 37 die Höhle des Einsiedlers mit dem Auftrag betreten, die Überlieferung des Diastasimos für die Spruchsammlung des Thomas zu dokumentieren.

Eine Höhle als Schauplatz, ein Jesuszeuge als Held und zwei Jesusjünger der zweiten Generation als Zeugen einer Heilungsgeschichte – was zunächst an das Genre der volkstümlichen Jesuslegende denken lässt, ist bei genauerem Hinsehen eine moderne Um- und Fortschreibung der antiken Gattung des Evangeliums. Urchristliche Bilder und theologische Konzepte werden in Diastasimos' Dialog mit den Apostelschülern aufgeworfen und diskutiert, u. a. der Glaube an den Messias und das ewige Leben, der Zusammenhang von Sünde und strafendem Gott; das Paradigma der Judasfigur als Inkarnation des Bösen. Vor dem Hintergrund des christlichen Erbes entwirft *Riverside* eine Lehre, die Antwort auf die moderne Problematik der Spaltung zwischen Immanenz und Transzendenz sucht und die religiöse Dimension menschlicher Existenz neu in den Blick rückt.

Im Kern erzählt die *Christusnovelle* die Lebensgeschichte des Diastasimos, der im Jahr 28 n. Chr. als jüdischer Kleinbauer im römisch besetzten Judäa lebt, eines Tages vom Aussatz befallen wird und nacheinander alles verliert: die Gesundheit, die Familie und seinen jüdischen Gottesglauben. In der Verbannung der judäischen Wüste erscheint Jesus, dem Verzweifelten einen Ausweg aus der Krise zu weisen. Der mit seinem Gott hadernde Diastasimos vermag die im Gleichnis gesprochenen Worte – sinngemäß »Gehe in Dich, suche den Anderen in Dir und versöhne Dich« – nicht auf Anhieb zu verstehen. Doch bewirkt die Präsenz des Göttlichen die Fähigkeit zur inneren Sammlung und das Wiedererwachen der Lebenskräfte. Von der Fremdheit Jesu fasziniert und zugleich abgestoßen von seiner Macht schleicht Diastasimos ihm und seinen Jüngern oberhalb der Straße nach Jerusalem nach und wird zum Zeugen einer essentiellen Prüfung, der sich Jesus an einer von Römern bewachten Wegkreuzung willentlich unterzieht. In der Konfrontation zwischen dem Gottessohn und dem römischen Hauptmann ereignet sich das Unerwartete – die Versöhnung von Todfeinden, die Diastasimos in einem transzendenten Moment der Einswerdung von äußerer und innerer Wirklichkeit in sich selbst erfährt. Die spontane Einsicht in die Wirklichkeit des »Anderen«, mit dem man sich unbewusst teilt, bewirkt die innere Ganzwerdung, die äußerlich als Heilung vom Aussatz erscheint. Nach sieben Jahren Introversion in der Wüste bricht für Diastasimos die Zeit der aktiven Vermittlung der numinosen Erfahrung an. Er fasst den Plan, das Jesuszeugnis an den beiden von Thomas zum Protokoll gesandten Jesusjüngern zu erproben. Das philosophisch-pädagogische Projekt der Vermittlung eines Offenbarungserlebnisses bildet den eigentlichen Erzählanlass der Novelle. Die Form der Rahmenerzählung stellt die mündliche Erzählsituation her, die nach dem Vorbild eines platonischen Dialogs gestaltet ist. Die Figur des jüdischen Einsiedlers mit dem griechischen Namen Diastasimos ist von der historischen Figur des Sokrates inspiriert. Sein berühmtes Postulat, wonach ein Leben ohne Selbsterforschung nicht lebenswert ist, dient auch Diastasimos als Maxime und oberstes Gebot des Handelns. Nicht zuletzt ist die Losung seines pädagogischen Projekts, »Verhülle Dich, denn sie verfassen Schrift« (RS 14,22), sokratisch fundiert. In der Erteilung der Lehre greift Diastasimos auf die mäeutischen Grundsätze und die Inszenierungs-Ironie des Sokrates zurück, etwa wenn er vor seinen Besuchern den von Gott gestraften, ungläubigen Alten in Lumpen mimt, den selbst Jesus nicht zu heilen vermochte. Die gezielte Täuschung ist integraler Teil des Plans, der die ahnungslosen Jesusjünger dazu bringen soll, den vorgeblichen Aussätzigen im Sinne des Auftrags Jesu zu heilen. Durchgängig verhüllt Diastasimos seine wahren Absichten und treibt zugleich wie Odysseus ein listiges Spiel, das niemals Selbstzweck ist, sondern der Vorbereitung des Zeugnisses dient, das auf fruchtbaren Boden fallen muss, wenn es transformierend wirken soll.

Ganz auf der Linie platonischer Philosophie liegt auch das Prinzip des Dialogs als der einzig geeigneten Form der Vermittlung von essentiellem Wissen. Insofern Diastasimos den schriftfixierten, vor allem an protokollierbaren Daten und Fakten interessierten Apostelschülern das Jesuszeugnis zunächst verweigert und verhöhnt, dass seine Worte aufgeschrieben werden, steht er in der Tradition der großen Unmittelbaren von Sokrates über Buddha bis Jesus, von denen keiner Schrift verwendet hat. Schrift tötet die unmittelbare Erfahrung, und auch das Lernen aus Schriften vollzieht sich als bloße Aneignung von grauen Worten, die flüchtig sind und niemanden überzeugen. Diastasimos fordert die authentische Seelenschrift, die auf innerer Erfahrung beruht. »Denn warum soll ich auf die Seite von Schreibern gehen, die ihre Predigt nicht im eigen Fleisch und Blut geschrieben finden, sondern in Tintenstrichen auf Papier? Gebt mir den *Mensch* [Hervorh. i.O.]

zu lesen, wenn ihr Menschen lesen wollt.« (RS 21,2 ff.) Andreas und Tabeas sollen, wie Paulus einmal an seine Gemeinde schrieb, selbst zum Brief werden, nämlich zu Trägern des »Geist[es] des lebendigen Gottes« (2 Kor 3,3), der sich in ihnen einschreibt-inkarniert, auf dass sie mit ganzem Wesen von ihm künden.

Als Erzähler, Regisseur und Darsteller seiner eigenen Lebensgeschichte polemisiert Diastasimos nicht nur heftig gegen das Medium der Schrift und die Technik des »Aufschreibens« – er verkörpert den Lehrer, der wahrhaft erfahren hat. Essentielles Wissen kann nicht in abstrakten Worten gelehrt werden; es muss die Seele des Schülers erreichen. Darum übt sich Diastasimos in der authentisch-unmittelbaren, kunstvoll komponierten Rede des Rhapsoden, dessen Darstellungskunst die Ereignisse der Vergangenheit lebendig in die Gegenwart holt. Die Modernität seines Erzählens erweist sich im Verfahren, seinen Zuhörern Rechenschaft über die eingesetzten narrativen Mittel zu geben. Nachdem er die Apostelschüler absichtlich in die Irre geführt hat, erläutert er seine Methode mit einem verdeckten Thomas-Zitat: »Erst muß verwirrt sein, verworren sich im Altgelernten nicht mehr kennen, der etwas finden will. Denn hat euer Herr nicht gesagt: ›Lasset den, der sucht, nicht aufhören zu suchen: als bis er findet. Und wenn er findet, verstört wird er sein. Wenn aber verstört: taucht's in ihm auf staunend: wird herrschen über All?‹« (RS 49,31 ff.).

In der Figur des weisen Alten verbinden sich Tradition und Mythos mit dem Streben nach Kritik und Selbsterkenntnis. Der Doppelaspekt von Unmittelbarkeit und Vermitteltheit, Authentizität und Inszenierung, der Roths Schreiben charakterisiert, erhebt *Riverside* zu einem modern gebrochenen, sich selbst kommentierenden Erzähltext, in dem das Medium zugleich die Botschaft ist. Diese Botschaft, die Roth in die einem Evangelium gemäße Form eines Gleichnisses fasst, kann als »Zusammenführung der Gegensätze« bestimmt werden: Die Gegensätze zu sehen und auszuhalten, ist der Inhalt der Lehre, die Diastasimos den Apostelschülern nicht allein vermittelt – durch die familiäre Vereinigung mit seinen Söhnen setzt er das existentielle Gebot auch in die Tat um. Die für die *Christus Trilogie* grundlegende Gegensatz-Thematik ist in *Riverside* nicht nur im Namen des Protagonisten »Diastasimos« *(griech.* der In-Sich-Entzweite, der Auseinander-Gestellte) angedeutet, sie ist im Titel schon angelegt. Am wortgeschichtlichen Ursprung des Wortes »River« *(engl.* to rive = zerreissen, spalten) liegt *(lat.)* »ripa« = Ufer; eigentlich das ab- oder herausgebrochene Stück, das entsteht, wenn der Fluß das Land in zwei Hälften teilt. Diastasimos lebt gleichsam am Zerrissenen, dem Ufer als einem Resultat von Spaltung, das zugleich die eigentliche Voraussetzung für die Ganzwerdung darstellt.

Als von einem Erzählrahmen eingefasste Novelle in Dialogform entspricht *Riverside* auch in formaler Hinsicht der Kultur der Mündlichkeit, die der Protagonist so nachdrücklich vertritt. Historisches Vorbild für die Verwendung der Form des literarischen Dialogs sind die als Wiedergabe wörtlicher Rede verfassten Schriften Platons, denen die Auffassung zugrunde liegt, dass authentische Lehre sich ungeschrieben, nämlich im intensiven Gespräch und Zusammenleben vollzieht. Die »familiäre Unterredung«, so Platon im *Siebten Brief*, sei geeignet, die »Idee« aus der Seele entspringen zu lassen, wie das angezündete Licht aus dem Feuerfunken, um sich dann selbst weiter Bahn zu brechen (*Briefe,* 341c-d).

Eine anonyme Erzählstimme führt an den Schauplatz der Höhle heran, fängt den Hauptdarsteller und seine seltsamen Verrichtungen ein, um sich mit der Ankunft der Schüler langsam wieder auszublenden, zurückzutreten hinter das nächtliche Gespräch, das auf der vierten Seite einsetzt und auf der vorletzten endet. Das Lagerfeuer der Höhle bildet als Erzählort das archetypische Kraftzentrum der Novelle, von dem die Erzählbewegung ausgeht und zu dem sie regelmäßig zurückkehrt. In vier Episoden blendet Diastasimos in die Vergangenheit der Jahre 28 und 30 n. Chr. zurück, die sich aus vier verschiedenen Schauplätzen zusammensetzt: dem Wassertrog vor dem Haus, in dessen Spiegel sich eines Morgens die Krankheit zeigt, dem Vorhof im Tempel, wo Diastasimos in ein Massaker gerät und fast erschlagen wird; der Höhle im Wüstengebirge, in der sich die Begegnung mit Jesus zuträgt und dem Felsvorsprung oberhalb der Wegkreuzung nach Bethanien, wo sich die Versöhnung ereignet. Seinen Bericht lässt Diastasimos nach jeder Station in die Gegenwart am Feuer zurückmünden – ein episodisches Verfahren, das es ermöglicht, die dramatischen Ereignisse wieder in die Distanz einrücken zu lassen und aus zeitlichem Abstand zu betrachten.

Diastasimos erweist sich in seinem Ansinnen, das in den Gesprächspartnern angelegte Wissen zu aktivieren, als überaus performativer Erzähler, der die Ereignisse detailreich und dramatisch, mit Gesten und inszenierten Einlagen ebenso wie mit schnellen Schnitten und überraschenden Perspektivwechseln geradezu filmisch zu schildern weiß. Was einst geschah – im Tempel, in der Höhle oder auf dem Felsvorsprung – ereignet sich als Aufdeckung *jetzt*, als Zum-Vorschein-Bringen eines horrenden oder heiligen Geschehens, das die Schüler nachhaltig verstört, ihnen den Atem verschlägt und sie ihren Auftrag »aufzuschreiben« vergessen lässt. Chiffre für dieses wieder-holende, in der Erinnerung lebendig werdende Erzählen ist das »Zusammensammeln« (RS 12,29) bzw. »Einholen« (RS, 36,36) des Zerstreuten, das verborgene Zusammenhänge aufdeckt. Wie in einer griechischen Tragödie führt die sinnsuchende Aufdeckung der Vergangenheit im erinnernden Erzählen zu einer Veränderung der Gegenwart: Andreas und Tabeas entdecken zuletzt, dass sie Teil der Geschichte sind, die Diastasimos ihnen erzählt. Diastasimos wiederum zieht aus seinem tiefgreifenden Erlebnis die praktische Konsequenz und gibt sich seinen Söhnen als Vater zurück. Synchron zur finalen Wiedervereinigung verschränken sich die Erzählebenen: Der anonyme Rahmenerzähler gibt sich als »Tabeas« zu erkennen, der »dies aufgeschrieben« (RS 67,30). Tabeas ist somit Zeuge des Zeugnisses seines Vaters; er vollendet sein Werk, indem er dessen Gottesbegegnung in Schrift fasst und an die nachfolgenden Generationen weitergibt.

Riverside ist eine in sich geschlossene, subtil komponierte Erzählung, in der sich die Tradition der Novelle mit Strukturelementen des klassischen griechischen Dramas verbindet. Die Handlung spielt an einem einzigen Schauplatz, der Höhle des Diastasimos, in der die beteiligten Personen am Lagerfeuer zusammentreffen, um die unerhörte Begebenheit der Gottesbegegnung im Verlauf einer Nacht noch einmal zu beschwören. Der Plot der in vier Kapitel eingeteilten Novelle folgt ebenfalls dramatischen Regeln: Eine knappe Exposition schildert den Schauplatz und führt die Hauptfigur ein; das erste Kapitel etabliert den Konflikt in Form der Krankheit, die ihn den Tempel aufsuchen lässt, wo die individuelle Katastrophe des Protagonisten zum kollektiven Massaker an den Juden eskaliert. Dem sicheren Tod entronnen, doch ohne die erhoffte Antwort Gottes, zieht Diastasimos sich im zweiten Kapitel in die Wüste zurück. Auf dem Höhepunkt der Krise tritt die Wende ein. Die Begegnung mit dem Gottessohn und das von ihm gesprochene Gleichnis von den Teilenden bewirkt den Umschlag als innere Umkehr (Metanoia). Das dritte Kapitel dramatisiert die Lösung des Konflikts, die Jesus für Diastasimos in der Konfrontation mit dem römischen Hauptmann ausagiert. Die wundersame Umarmung zwischen Todfeinden, eine äußere und innere Vereinigung, hat in geheimnisvoller Synchronizität die Heilung des Helden zur Folge. Das vierte Kapitel greift die in der Jesusszene konstellierte Figuration der Wiedererkennung (Anagnorisis) auf und führt sie in die Erzählgegenwart. Im Sprung des Andreas nach dem Gewand kehrt die Erinnerung an ein altes Kindheitsritual wieder, die den Moment der Revelatio herbeizwingt. Es ist diese im Körpergedächtnis gespeicherte Erinnerung des Sohns, die das Wiedererkennen des verloren geglaubten Vaters ermöglicht.

Neben der strengen Komposition erweisen die ausgeprägte Dingsymbolik, die Verflechtung der anleitenden Motive und die Tendenz zur poetischen Verdichtung *Riverside* als Novelle klassischen Zuschnitts. Jedes Detail hat seinen Ort innerhalb eines komplexen Beziehungsgefüges, insofern einzelne Motive, aber auch ganze Ereignisfolgen via Analogie und Korrespondenz Zusammenhänge herstellen. Neben der Symbolik des Gewands, das zu Beginn aufgehängt und am Ende herbeigetragen wird, könnte der Balken genannt werden, den Diastasimos einst versäumte, als Schwelle in sein Haus einzulegen; als von Jesus auf den Schultern getragene Last präfiguriert er die Kreuzigung und gewinnt als »teures Holz« höchsten Wert. Ein weiterer gewichtiger Gegenstand ist die Sichel, die, wie der verwandte Pflug, zum Bildfeld der Ernte gehört. Im Zuge der ersten Waschung wird der Aussatz auf Schulter und Rücken entdeckt; die zweite Waschung am Wassertrog in der Höhle signalisiert Heilung und mithin die Lösung des Konflikts. Der finale Satz »Und siehe, sie glänzt« (RS 67,36) schlägt den Bogen zurück zum entscheidenden Ereignis der Umarmung bei der römischen Wache: »[...] glatt und rein war mein Leib, und ich sah ihn glänzen im Aufschein der Feuer von unten.« (RS 62,13 ff.)

Besondere Beachtung verdient die archaisierende, stark rhythmisierte Sprache, die mit ihren parataktischen Fügungen, charakteristischen Wendungen (»Und siehe!«) und Inversionen sowohl an die Bibel wie an Hölderlins Hymnen erinnert. Sie ist reich an lyrischen Neologismen, Wortfiguren und Komposita (»tonbetört«, »rückengetragen«, »handumgriffen«), die eine eigentümliche Poetizität evozieren. Programmatisch ist die Brechung des historisierenden sprachlichen Gestus mittels Kolloquialismen (»jemanden schlagen, dass die Fetzen fliegen«, »sich davonscheren«) und gegenwartssprachlichen Wendungen (»informiert sein«). Solche alltagssprachlichen Einsprengsel konterkarieren den biblischen Ton und verleihen der Aura des Heiligen eine Wendung ins Zeitgenössische.

Die Gattungsbezeichnung »Christusnovelle« ist eine eigene, von William Wylers Hollywood-Klassiker *Ben-Hur* (1959), im Untertitel *A Tale of The Christ*, inspirierte Prägung – einem Film, der stilbildend für die Novelle war, insofern einzelne, besonders ausdrucksstarke Szenen in die Darstellung der Christusfigur eingeflossen sind. Des Weiteren ist auf Goethes *Novelle* (1828) und deren Definition als Darstellung einer »unerhörten Begebenheit« angespielt, die *Riverside* als Gottesbegegnung dramatisiert und zum Mittelpunktsereignis und eigentlichen Zentrum erhebt, auf das die Handlung zielgerichtet zuläuft. Mit Goethes Spätwerk teilt die *Christusnovelle* die Dimension des Mythisch-Zeitlosen und die Vergegenwärtigung des Numinosen: »In seiner [Goethes] ›Novelle‹ kommen, dem Ende zu, bis dahin unerhörte Stimmen, un-erhörte Aspekte zu Wort, eine Einigung der Gegensätze scheint auf, das Licht der Natur und das Licht des Geistes finden zu einer gemeinsamen Sprache. [...] Sie ist die Sprache der Unerhörten, denn sie spricht für sie und, das ist das Wunderbare, spricht im Einklang mit uns, faßt uns darin verwandelnd.« (Patrick Roth: *Zur Stadt am Meer*, S. 69)

Quellen und Kontexte

Riverside wurde ohne Entwurf oder Plan, Szene um Szene binnen weniger Wochen niedergeschrieben; Ausgangspunkt war das innere Bild einer urzeitlichen Höhle, in der ein vermummter Mann einsam am Feuer sitzt. Aus dieser Urszene entspann sich eine szenische Folge, die den Titel *Höhlenlicht* trug und in einem zweiten Durchgang in ein Prosastück umgearbeitet wurde. Prägend für die erste Phase der Niederschrift war der *Phaidon* von Platon, den die Schaubühne Berlin 1986 als Zweipersonenstück zur Aufführung brachte. Die karge, ganz auf den Bühnenraum konzentrierte Inszenierung, die Roth in einem Video-Mitschnitt sah, vermittelte eine erste Vorstellung von der Konzeption der Höhlengeschichte. In der eigentlichen Phase der Niederschrift waren die wirkmächtigen Bilder der großen Bibel-Produktionen Hollywoods von einigem Einfluss, neben der monumentalen *Ben-Hur*-Verfilmung das Melodram *King of Kings* (Nicholas Ray, 1961), eine ambitionierte Schau des Lebens Jesu in Technicolor. Eine weitere filmische Inspirationsquelle stellen die kammerspielartigen Frühwerke des japanischen Regisseurs Akira Kurosawa dar: *Judo-Saga* (1943) und *Die Männer, die dem Tiger auf den Schwanz traten* (1945), die Roth 1986 in einer umfassenden Retrospektive in Los Angeles zu Gesicht bekam; aus ihnen gingen bestimmte Plot-Elemente, einzelne Szenen und atmosphärische Details in die Darstellung ein.

Ein gezieltes Studium historischer Quellen fand bis auf wenige Ausnahmen nicht statt. Konkrete Recherchen liegen der Schilderung des zweiten jüdischen Tempels und des sog. Tempelaufstands gegen die Römer im Jahr 28 n. Chr. zugrunde, für die Flavius Josephus' *Geschichte des Jüdischen Krieges* (75-79 n. Chr.) die maßgebliche Bezugsquelle war. Ganz im Hintergrund der Novelle liegen die intensive Lektüre der Bibel, insbesondere des Markus- und Johannesevangeliums (beide in der unrevidierten Luther-Übersetzung) und die sprachschöpferische Übertragung von Martin Buber und Franz Rosenzweig (*Die Schrift*, 1954ff.). Schließlich gewannen die Dialoge Platons, seit der Schulzeit im humanistischen Gymnasium eher in Vergessenheit geraten, wieder große Aktualität.

Sokrates / Platon

Die Bezüge zur sokratischen Philosophie sind vielschichtig. Sie betreffen die Dialogform, die Gesprächsführung und Argumentationstechnik des Protagonisten, das Prinzip der Ironie, die mäeutische Methode der Vermittlung, die Anamnesislehre bis hin zur Vorstellung vom »daimónion« als dem Vernehmen einer inneren Stimme, die Sokrates bzw. Diastasimos zukommen lässt. In die Konzeption der Diastasimos-Figur sind entsprechend viele Züge Platons eingeflossen, vor allem seine Rolle als erster großer Kritiker der Schrift und Erfinder des philosophischen Dialogs haben tiefe Spuren hinterlassen. Die problematische Seite der Schrift hatte Platon im Dialog *Phaidros* anhand der mythischen Geschichte vom ägyptischen Gott Theuth (Thoth) analysiert, der neben den Zahlen, der Messkunst und Sternkunde auch die Buchstaben erfunden hatte und eines Tages vor den König trat, die neue Errungenschaft zu preisen: Sie würde die Ägypter weiser und gedächtnisreicher machen. Der König ist anderer Auffassung: »Diese Erfindung wird der Lernenden Seele vielmehr Vergessenheit einflößen aus Vernachlässigung des Gedächtnisses, weil sie im Vertrauen auf die Schrift sich nur von außen vermittels fremder Zeichen, nicht aber innerlich sich selbst und unmittelbar erinnern werden. Nicht also für das Gedächtnis, sondern nur für die Erinnerung hast du ein Mittel erfunden, und von der Weisheit bringst du deinen Lehrlingen nur den Schein bei, nicht die Sache selbst. Denn indem sie nun vieles gehört haben ohne Unterricht, werden sie sich auch vielwissend zu sein dünken, da sie doch unwissend größtenteils sind, und schwer zu behandeln, nachdem sie dünkelweise geworden statt weise.« (*Phaidros*, 275a-c)

Platon, der »Gedächtnis« (mneme) gegen »Erinnerung« (hypomnemis) ausspielt, gibt die Argumentationslinie für Diastasimos vor, der die lebendige Rede über die mechanische Schrift stellt und im Übrigen davon ausgeht, dass das Wissen im Einzelnen liegt und dort erweckt werden muss. »Gedächtnis« ist Platons Formel für die Fähigkeit, Erkenntnis und Weisheit in der eigenen Seele zu finden; »Erinnerung« dagegen ist der äußeren Speicherung von Wissen in einem (Buchstaben-)Gestell vorbehalten. Was der äußeren Aufbewahrung zuträglich ist, ist der inneren Erfahrung abträglich. Wer dem Sog der Schrift erliegt wie die beiden Apostelschüler, den zwingt sie zum äußeren Aufbewahren von Wissensinhalten, die innen gefunden werden müssen, wenn Erkenntnis entstehen soll.

»Lernen« ist Platon zufolge Wiedererinnerung (Anamnesis), das Heraufsteigen vergessener Bestände. Unter dieser Perspektive ist das Medium Schrift nur eine Krücke, die nicht mit dem eigentlichen Wissen verwechselt werden darf: Aufschreiben ist nicht Erkennen und das Geschriebene nicht die Wahrheit. Weil, so Platon, Schrift bloß »eidolon« (Abbild) des lebendigen »logos« ist, bringt sie nur Scheinwissen hervor; wahres Wissen hingegen wird nur in der Tiefe der eigenen Seele gefunden. Platon verwendete auf die dramatische oder erzählerische Darstellung einer Situation große Mühe. Die Imaginationskraft des Schülers anzuregen ist auch das Ziel des Diastasimos, der seine Geschichte so anschaulich und lebendig darzubieten weiß, dass Wiedererinnerung eintreten kann.

Analog zur sokratischen Mäeutik hat Diastasimos' Gesprächsführung eine destruktive und eine konstruktive Seite. Zu Beginn der Unterredung zielt die Strategie darauf, das Wissen der Apostelschüler als »Scheinwissen«, als angelesene, ungeprüft übernommene Meinung zu entlarven. Das Dogma von der Gerechtigkeit Gottes sucht Diastasimos zu erschüttern, indem er seinen Zuhörern sein einstiges ungläubiges Gewahrwerden des Aussatzes mit großer Eindringlichkeit darlegt (RS 20,24 ff.). Alles kommt in seiner Argumentationskunst zusammen: die Glaubwürdigkeit des Redners, die Tragkraft seiner Beweisführung und das Gefühl, das er zu erregen weiß. Häufig greift er zum Mittel der Ironie im Sinn der Verstellung und bewussten Selbstverkleinerung, etwa wenn er die moralischen Vorhaltungen des Andreas, es sei die

Sünde der Eitelkeit gewesen, die Gott gegen ihn aufbrachte, ironisch, nämlich durch den Verweis auf das verursachte seelische Leid entkräftet: »Die *Eitelkeit*, du sagst es, gibt ihm der Alte ruhig zurück. Und stellt sich wie geschlagen. […] Jetzt wird mir alles klar, Andreas. Die war es auch, die mich vor vielen Jahren einst erwachen ließ: In Gottes Morgendämmerung.« (RS 20,19 ff.) In der »simulatio« macht der Redner sich die gegnerische Meinung in betont harmloser Weise zu eigen, um sie, etwa durch beständiges Wiederholen, effektvoll ad absurdum zu führen. Auch die »dissimulatio« wird eingesetzt, z. B. wenn es darum geht, den eigenen Standpunkt durch Vortäuschung von Unwissenheit zu verschleiern, so wenn Diastasimos seine Besucher unschuldig fragt, ob man ihn in der Gemeinde noch erinnere (RS 17,1 f.). Auch stellt er die Dinge gern ins Zwielicht ostentativer Mehrdeutigkeit »Ich war dabei und nicht dabei«, (RS 49,20) in der Absicht, die Spannung zu erhöhen und die Aufmerksamkeit seiner Zuhörer zu erzwingen. Das Prinzip des kritischen Prüfens des eigenen Standpunkts ist ein wiederkehrendes Thema der Unterredung mit den Jesusjüngern, die immer wieder davor gewarnt werden, sich auf andere zu beziehen, statt der eigenen Erfahrung zu vertrauen: »Könnt ihr denn nur von *andern künden?*« (RS 19,9). Auch das Handeln, die Umsetzung des für richtig Befundenen in die Lebenspraxis ist in der sokratischen Lebensführung wie für Diastasimos wesentlich: »Aber was tut ihr? Wo wird gehandelt? Wollt ihr mich lehren? Dann packt an! Faßt mich an! Lebt, springt hinein in dieses Haus!« (RS 29,14 ff.; vgl. RS 45,4 ff.).

Die konstruktive Seite von Diastasimos' Gesprächsführung wird evident in den erzählenden Passagen, wenn der Alte mit großem Engagement und dramaturgischem Geschick die Begegnung mit Jesus wiederaufleben lässt. Als Geschichtenerzähler vermag er seine Zuhörer in einer Weise zu affizieren, dass sich ihnen der Weg zur Erkenntnis der Wahrheit öffnet.

Ijob

Die Ijob-Erzählung des Alten Testaments bildet das biblische Paradigma der in *Riverside* erzählten Gottesbegegnung. Das archetypische Muster der schweren Prüfung, die Diastasimos im Zeichen des Aussatzes schicksalhaft auferlegt wird, parallelisiert seinen Fall mit der Geschichte des frommen Mannes aus dem Land Uz, den Gott eines Tages in größtes Unglück stürzt und mit allerlei Krankheiten schlägt. Wie Ijob, dem alles genommen wird, was ihm lieb und wert ist, verliert auch Diastasimos sein altes Dasein als Familienvater und frommer Jude. In seiner Not um den Beistand Jahwes flehend, muss er erkennen, dass niemand antwortet und sein Leben beinahe ausgelöscht wird. Die Existenz in der Verbannung, die Aussätzigen nach jüdischem Recht geboten war, bedeutet einen symbolischen Abstieg in die Unterwelt und die Erfahrung einer inneren Transformation: Am

Tiefpunkt der Verlassenheit erscheint Jesus in der Höhle des Eremiten wie sich einst Gott dem Ijob in der Gewitterwolke zeigte, um den Dialog zu eröffnen.

Im Gleichnis von den Teilenden (RS 40,19 ff.) weist Jesus auf die ungesehene dunkle Seite hin, jenen »Anderen«, der verfolgt und nach dem Leben trachtet. Auch Jahwe hatte Ijob auf das dunkle Prinzip verwiesen, die am Grund des Meeres lebenden Ungeheuer Behemot und Leviathan, seine eigenen Geschöpfe. Dieses abgespaltene Böse soll vom Menschen gesehen und angenommen werden. *Riverside* stellt in der Tradition der *Ijob*-Erzählung die Frage, wie mit dem Wissen vom radikal Negativen zu leben ist, ohne daran zu zerbrechen. Ijob kann seine gottesfürchtige Einstellung bewahren, er hofft vertrauensvoll auf eine Wende zum »Guten« (Ijob 2,10); Diastasimos hingegen bricht mit seinem Gott: »Wie kann ich dem glauben, der Menschen so zeichnet – und grundlos?« (RS 40,2 ff.) fragt er Jesus, der gekommen ist, ihn zu heilen. Zieht man die Anspielungen auf den Holocaust in Rechnung, die in die Schilderung des Massakers am Tempelberg eingeflochten sind (RS 27,14.; RS 39,30.) ist in Diastasimos das moderne Ich repräsentiert, das angesichts der Wirklichkeit des absolut Bösen seinen Glauben verliert. Den in der Rolle der Freunde Ijobs agierenden Apostelschülern, die die Meinung vertreten, dass nur der Ungerechte von Gott bestraft wird, entgegnet Diastasimos: »Ihr habt mich gefragt: Warum zürnst du Gott? Weil ich zu jenen gehöre, die nicht mit Hiobshaut geboren. Wir aber sind Mehrheit.« (RS 28,26 ff.). Diastasimos ist kein reumütiger Dulder, der die Schuld bei sich sucht, vielmehr bleibt er seinem Eindruck treu, grundlos bestraft worden zu sein. Als moderner Hiob hält er an der Autonomie des Individuums fest.

Stellenkommentar

11 10 *Ich sehe eine Höhle]* Die persönliche Zeugenschaft der anonymen Ich-Erzählinstanz erinnert an das Johannesevangelium, wo das Ich gegen Ende seines Berichts nach vorne tritt und verkündet: »Dies ist der Jünger, der dies alles bezeugt und aufgeschrieben hat, und wir wissen, dass sein Zeugnis wahr ist.« (Joh 21,24).

11 ff. *Springflut Regens ... Glut der Höhle]* Die Höhle fungiert als Schutzraum und Bühne für das folgende Geschehen. Regen in Judäa kündet vom Frühling, Zeit der Ernte und des Pessach. In einer tieferen Schicht spielt das eröffnende Regenmotiv auf Akira Kurosawas Film *Judo-Saga* (1943) an. Dort verweilt die Kamera in einer berühmten Einstellung auf den Holzschuhen des Judoschülers, die am Straßenrand im Regen verwittern, während der Judo-Schüler zum Meister heranreift. Wie Kurosawa das Hauptthema seines Films in einer Nebenszene verdichtet, so setzt *Riverside* nicht das bekannte Drama vom Erlöser Jesus in Szene – vielmehr wird die Jesusgeschichte

324

als apokryphe Nebengeschichte zur Überlieferung der Evangelien neu erzählt (vgl.: *Der Autor, der aus Kurosawas Regen kam*. Patrick Roth im Gespräch mit Rainer Weiss, 1993).

14 f. *Zusammengesammelt … windumstoben]* Drei Verb-Adjektiv-Komposita evozieren den Ort des Erzählens, die Feuerstelle in der Höhle. Die vier Urelemente Feuer (Glut), Wasser (Regen), Luft (Wind) und Erde (Wild-Trockenes) konstituieren den Schauplatz der Handlung. Die Höhle im Wüstenwadi spielt auf den Vorgang der Kosmogonie an, wie Roth in einem Interview ausführt (*Der Autor, der aus Kurosawas Regen kam*, 99).

21 f. *kalkgraue, aschenverschmierte Lumpen … die Last]* Anspielung auf die Ijob-Figur. Nachdem Satan die letzte Plage, »böse Geschwüre« niedergebracht hatte, nahm Ijob »eine Scherbe und schabte sich und saß in der Asche.« (Ijob 2,7-8) Die gebeugte Haltung deutet auf den kreuztragenden Jesus voraus.

26 f. *trocken-brüchigen Lehm … Ernte zu ziehen]* Als Pflug dient die Leiter der Vorbereitung von Wachstum: Andreas und Tabeas, welche die »Ackerfurchen der Leiter« (RS 12,33) queren, gleichen Samenkörnern, die im präparierten Boden aufgehen werden. Das Bild der »Ernte« verweist auf die biblischen Wachstumsgleichnisse (Joh 12,24) und auf die ägyptische Mythologie, in der Osiris in Form eines Samenkorns in die Erde gesenkt stirbt, um mit der sprießenden Saat im Frühjahr wieder aufzuerstehen. Die Leitersymbolik rekurriert auf Wittgensteins Vergleich seiner philosophischen Sätze mit den Sprossen einer Leiter, über die der Leser stufenweise zur Erkenntnis gelangt (Ludwig Wittgenstein: *Philosophische Untersuchungen*, 327).

33 f. *Und hält … auf der siebenten Sprosse]* Die Entwicklung des Menschen und des Kosmos wird traditionell in Perioden von Sieben und Neun verlaufend vorgestellt. Neun ist die Zahl der Geburt – neun Sprossen hat Diastasimos' Leiter, neun Jahre bringt er in der Wildnis zu, bevor Andreas und Tabeas erscheinen, seine Geschichte aufzuschreiben. Die Symbolik der Sieben findet sich in den sieben Tagen der Schöpfung, den sieben Lebensaltern oder den sieben Himmelssphären des ptolemäischen Weltbilds, aus denen sich die sieben Stufen der Wandlung in der Alchemie ableiten. Zahlensymbolisch ist die Sieben mit dem Phänomen der Initiation, des Übergangs und der Transformation verbunden.

12 6 f. *die Fingerspitzen … ist ers zufrieden]* Die prüfende Geste erweist das Aufhängen des Gewandes als Inszenierung, dessen Sinn sich am Ende der Geschichte zeigt.

17 f. *Stein, niedergehauen vom Berg]* Der autonom sich lösende Stein verweist auf die Zerstörung des Gottesbildes in der Vision des Nebukadnezar im *Buch Daniel* (Dan 2,31-35). Der Stein, der das Standbild trifft, wurde in der christlichen Exegese als Präfiguration Christi gesehen: Jesus zerschlägt mit seiner Menschwerdung die alten Gottesbilder, wie auch Diastasimos' Gottesbild zerschlagen wird.

32 f. *sind jung, treten ein … die Ackerfurchen der Leiter]* Der Satz

versammelt stilistische Eigenheiten, einen biblischen Ton zu suggerieren: die Parataxe, die Inversion, das ungewöhnliche Epitheton als Partizip. Das gegensätzliche Temperament der Protagonisten spiegelt sich in ihren Namen: Andreas (*griech.*) »andreios« = Mannhaftigkeit, Tapferkeit, Tüchtigkeit, bezeichnet das Streitbar-Aufbrausende des Andreas-Naturells. »Tabeas« (*engl.*) »tubby« = rundlich, fassartig suggeriert einen dicklichen, gemütlichen Typus, wie auch Tabeas der Einlenkende, Verbindlichere ist. Etymologisch steht der erfundene Name in Verbindung mit »Tabea«, der neulateinischen Form von (*aram.*) »tabita« = Gazelle.

34 *der Alte, die Augen im Feuer]* Der Blick ins Feuer ist Ausdruck innerer Sammlung und Konzentration auf das Zentrum, das im Feuerkreis repräsentiert ist (vgl. RS 11,14 f.).

13 5 f. *Andreas ... tropft der gesammelte Regen]* Hinweis auf den befruchtenden Frühjahrsregen; konstelliert ist der Zusammenhang von Wachstum, Bewusstwerdung und göttlichem Segen.

18 *Sei gegrüßt, Diastasimos]* Der Name »Diastasimos« ist eine aus (*griech.*) diistēmi = auseinanderstellen, i. e. dem Präfix »dia« = auseinander, entzwei und »histēmi« = stellen, abgeleitete Eigenbildung mit der Bedeutung »der Auseinanderstehende« bzw. »der Auseinandergestellte«, freier übersetzt: der »In-Sich-Entzweite«.

34 f. *als Tabeas ... Schreibtafel und Stilus]* Die Apostelschüler sind als Vertreter der Schrift auch Exponenten der Medien; vor einem kirchengeschichtlichen Hintergrund gesehen repräsentieren sie die Fixierung und Kanonisierung der mündlich überlieferten Worte und Taten Jesu und agieren als Evangelisten, die das Zeugnis für ein breites Publikum sichern wollen, um es für die christliche Mission zu nutzen.

14 6 *genießt ihr Erschrockensein]* Das Sich-Verstellen ist ein typisch sokratisches Hilfsmittel in der Unterweisung von Schülern, das zum Hinterfragen eines Sachverhalts anleiten soll.

19 *vor Sonnenaufgang riet ... eine Stimme]* Die Instanz der inneren Stimme, die Weisungen erteilt, erinnert an das »daimonion«, den Schutzgeist eines Menschen, modern gesprochen sein Gewissen. Sokrates versteht den »daimon« als göttliches Wesen, das sich vor allem durch Abraten bemerkbar macht: »Mir aber ist dieses von meiner Kindheit an geschehen: eine Stimme nämlich, welche jedes Mal, wenn sie sich hören läßt, mir von etwas abredet, was ich tun will, – zugeredet hat sie mir nie.« (Apologia 31 c-d, 40a). Im christlichen Kontext erscheint die innere Stimme als Stimme Gottes, z. B. bei der Berufung des Propheten Samuel (1 Sam 3,1-21).

22 f. *»Verhülle dich ... verfassen Schrift«]* Für die von Diastasimos vertretene Schriftkritik sind zwei Quellen wesentlich: Der Dialog *Phaidros*, in dem die mythische Geschichte vom Erfinder der Schrift, dem ägyptischen Gott Theuth erzählt wird, und der *Siebte Brief*, in dem Platon begründet, warum es über seine Philosophie keine Schriften gibt. Im *Phaidros* argumentiert Platon, dass Schrift dem Gedächtnis nicht zuträglich sei, da sie nur der äußeren Aufbewahrung von

Wissen diene, weshalb sie nicht »weise«, sondern nur »dünkelweise«
mache. Die geschriebene Rede sei nur ein Schattenbild der »lebenden
und beseelten Rede des wahrhaft Wissenden« (274c-276a). Im *Siebten
Brief* vertritt Platon die Auffassung, dass sich authentische Lehre stets
ungeschrieben, nämlich im intensiven Gespräch und Zusammenleben
vollzieht. (341c-d). Wie Platon ist Diastasimos der Auffassung, dass
sich der lebendige Geist nicht durch Schrift festhalten und verbreiten
lässt. Heilige Gedanken in Buchstaben gefasst fallen der Profanität
anheim.

15 9f. *ich, Andreas Markus]* Der römische Zweitname »Marcus« kann
auf ein etruskisches Wort »mar« (= Ernte) zurückgeführt werden, basiert aber wohl eher auf dem Namen des römischen Kriegsgotts »Mars«.

1ff. *in der Höhle … dem nahen Bethanien]* Die Erwähnung Betha-
niens, in dem Diastasimos bis zum Ausbruch seiner Krankheit mit
der Familie lebte (RS 20,24), gibt einen ersten Hinweis auf die geo-
graphische Lage der Höhle. Drei Kilometer südöstlich von Jerusalem
am Ölberg gelegen, hatte das Dorf Anschluss an die Straße, die Jesus
bei seinem letzten Gang nach Jerusalem von Jericho aus in Richtung
Jerusalem nahm. Die synoptischen Evangelien erwähnen Bethanien
je dreimal, Johannes zweimal; es diente bei Besuchen in Jerusalem als
Hauptstützpunkt. Im Haus Marthas und Marias, der Schwestern des
erweckten Lazarus (Joh 11), wohnte Jesus während der Passionswoche.

20 *verlangt es das Gesetz]* Unter der in der Bibel erwähnten Krankheit Aussatz sind alle Arten von Hautkrankheiten gefasst: Krätze,
Beulen, Hautflechten, Pusteln, Ausschlag, offene Wunden, Geschwüre,
Schuppen, möglicherweise auch Lepra. Aussätzigen war die Gemeinschaft mit anderen versagt (Lev 13,45), die Kultfähigkeit wurde ihnen
abgesprochen. Aussätzige galten als Quelle der Verunreinigung für
ihre Umgebung. Die Heilung von Aussatz wurde Totenerweckungen
gleichgestellt.

29ff. *Die meine … daß es Zeit sei]* Der rechte Zeitpunkt zu handeln
wurde bei den Griechen als »Kairos«, Gott des günstigen Augen-
blicks, personifiziert. Lässt man ihn vorbeigehen, kann das von großem Nachteil sein.

33f. *Zeit … zu vertauschen Gelübde und Lehre]* Das Gelöbnis stellt
eine Parallele zu Ijob dar, der sieben Tage lang schwieg, nachdem Gott
ihn mit Aussatz geschlagen hatte (Ijob 2,13).

16 3 *geistesgestört]* In die Rede des Alten sind kolloquiale Elemente ein-
gestreut, meist dann, wenn seine ironische Grundhaltung Ausdruck
finden soll. Vgl. »Bürschchen« (RS 15,15) oder die Redewendung »Ich
kenne eure Sorte […]« (RS 14,31).

19 *daß er sei jener Stimme Sohn]* Anspielung auf die Taufe Jesu.
»In jenen Tagen kam Jesus aus Nazareth in Galiläa und ließ sich von
Johannes im Jordan taufen. Und als er aus dem Wasser stieg, sah er,
dass der Himmel sich öffnete und der Geist wie eine Taube auf ihn
herabkam. Und eine Stimme aus dem Himmel sprach: Du bist mein
geliebter Sohn. An dir habe ich Gefallen gefunden.« (Mk 1,9-11 EÜ).

20f. *König der Seinen … aller Juden]* Die Bezeichnung »König der Juden« steht auf dem Kreuzestitulus; sie spielt schon im Prozess vor Pilatus eine zentrale Rolle, wenn dieser den Angeklagten fragt: »Bist du der König der Juden?« und Jesus antwortet: »Du sagst es.« (Mk 15,2) Die Formel spielt kritisch auf die politischen Heilserwartungen an, die Jesus seit seinem Einzug in Jerusalem, der als messianische Verheißung verstanden wurde, entgegenschlug. In der Schlussszene des Matthäusevangeliums fordert er selbst dazu auf, seine Botschaft in die Welt zu tragen: »Mir ist alle Macht gegeben im Himmel und auf der Erde. Darum geht zu allen Völkern und macht alle Menschen zu meinen Jüngern; tauft sie auf den Namen des Vaters und des Sohnes und des heiligen Geistes, und lehrt sie, alles zu befolgen, was ich euch geboten habe.« (Mt 28,18-20) Diastasimos vertritt die Auffassung, dass Jesus ursprünglich nur zu den Juden, den »verlorenen Schafen des Hauses Israel« (Mt 15,24) gesandt ist. Die Nachfolger, insbesondere Petrus und Paulus haben seine Sendung, auf die »Heiden und alle Welt« ausgedehnt und damit möglicherweise gegen die ursprüngliche Intention erweitert.

22f. *geprüft seid ihr … in solchen Stimmen]* Gemäß der uneigentlichen, ironischen Rede ist Volkes Stimme gemeint, das Gegenteil der »inneren Stimme«, auf die Diastasimos sich in seinem Handeln beruft.

17 3f. *abseits … herauf nach Jerusalem]* Die Höhle liegt im Hinterland der Passstraße, die Jericho mit Jerusalem verbindet. Unmittelbar nach der in einer Senke des Jordan gelegenen Oasenstadt beginnt im Wadi el-Kelt der Aufstieg ins Gebirge, ein zerklüftetes Bergland mit kahlen, von tiefen Tälern durchzogenen Hängen, felsigen Schluchten und Hohlwegen. Der um rund 1200 Meter ansteigende Weg wurde später der Farbe des Gesteins wegen »Blutsteige« genannt.

18f. *in euer Ohr gelegt … mich zu heilen?]* Die Frage impliziert, dass der Fragende ungeheilt ist und gehört zur Verstellungstaktik.

24 *Thomas, einer der Zwölf]* Der Apostel Thomas wird bei den Synoptikern unter den Aposteln genannt, doch nur im Johannesevangelium spielt er als »Thomas, der auch Zwilling genannt ist« (Joh 11,16) eine herausragende Rolle als Zweifler an der Auferstehung (Joh 24). Als Zwilling und ›ungläubiger Thomas‹ avanciert er zur Hauptfigur von *Corpus Christi*, dem letzten Teil der Trilogie. In *Riverside* bleibt er als Auftraggeber von Tabeas und Andreas im Hintergrund, wo er als eine geistige Autorität der Jerusalemer Gemeinde fungiert.

30 *dein Unglaube ist berühmt]* Die Apostelschüler geben den Wissensstand der Gemeinde wieder; dass Diastasimos ungeheilt blieb, war die Auskunft des Johannes, der Jesus zusammen mit Judas beim Besuch in die Höhle des Aussätzigen begleitet hatte (RS 31,14).

32f. *Schattenhuscherei … in Jerusalem treibt]* Anspielung auf die dem Simon Petrus in der *Apostelgeschichte* zugeschriebenen Heilungen, die durch seinen Schatten, der auf die Kranken fiel, bewirkt wurden: »Immer mehr wurden im Glauben zum Herrn geführt, Scharen von

Männern und Frauen. Selbst die Kranken trug man auf die Straßen hinaus und legte sie auf Betten und Baren, damit, wenn Petrus vorüberkam, wenigstens sein Schatten auf einen von ihnen fiel. Auch aus den Nachbarstätten Jerusalems strömten die Leute zusammen und brachten Kranke und von unreinen Geistern Geplagte mit. Und alle wurden geheilt.« (Apg 5,12-16 EÜ) Die Rede vom »Überschatten« impliziert eine gewisse Kritik an Petrus; dieser wird in der *Apostelgeschichte* in die Imitatio Jesu gestellt.

18 1f. *dem Ananias ... ergangen sein]* Anspielung auf den Bericht in Apg 5,4-20, der von der Unterschlagung der für die Gemeinde bestimmten Gelder durch das Ehepaar Hananias und Saphira erzählt, die entgegen ihrer Zusicherung einen Teil des Erlöses aus einem Grundstück heimlich für sich behielten. Nachdem Petrus die Art ihrer Sünde, Unehrlichkeit, ausgesprochen hatte, strafte Gott sie, wie Petrus es angekündigt hatte, an Ort und Stelle mit dem Tod.

3 *nicht gut informiert]* Die gegenwartssprachliche Floskel identifiziert die Apostelschüler als Journalisten, die an schnell verwertbaren »Stories« interessiert sind. Ihre Reporter-Haltung kontrastiert mit dem Bezogensein auf die innere Stimme als höherer Autorität, die Diastasimos verkörpert.

6f. *auf jenen Acker ... hinabfiel]* Anspielung auf das Schicksal des Judas, der auf dem neu erworbenen Acker in zwei Teile auseinandergebrochen sein soll: »Mit dem Lohn für seine Untat kaufte er sich ein Grundstück. Dann aber stürzte er vornüber zu Boden, sein Leib barst auseinander und alle Eingeweide fielen heraus. Das wurde allen Einwohnern von Jerusalem bekannt; deshalb nannten sie jenes Grundstück in ihrer Sprache hakeldamach, das heißt Blutacker. Denn es steht im Buch der Psalmen: Sein Gehöft soll veröden, niemand soll darin wohnen! und: Sein Amt soll ein anderer erhalten!« (Apg 1,18-20)

7ff. *getan ... selbst befohlen war]* Diastasimos opponiert gegen das Judasbild der Gemeinde, das der Auffassung der Evangelien entspricht, die Judas als Jesusverleumnder und Gottesverächter zeichnen. Ihm zufolge beging Judas den Verrat nicht aus Niedertracht, sondern aus Loyalität zu seinem Herrn, dessen Auftrag er befolgt habe, weshalb ihm auch vergeben worden sei (RS 18,18). Zu dieser Sichtweise gibt es Spuren im Johannesevangelium, das Jesus als denjenigen darstellt, der im Voraus um das Handeln des Judas weiß (vgl. Joh 6,64; 6,70; 13,19) und das Geschehen des Verrats wie ein Regisseur in Gang setzt.

12 *Den Judas kannte ich]* Vorausdeutung auf die Begegnung mit Jesus, der die Höhle des Aussätzigen in Begleitung von Judas und Johannes aufsucht (RS 32,9).

19f. *Lehren flechten ... euer Herr gesagt]* Die Metapher rekurriert auf das Theologisieren und Dogmatisieren des Erbes Jesu als dem historischen Hintergrund der Handlung; in der Frühzeit der christlichen Bewegung vollzieht sich die Verfestigung der Worte und Taten Jesu zum christlichen Dogma, wobei noch nicht feststeht, was kirchliche Theologie und was Häresie ist.

24 *Statt euch selbst fest halten zu lassen]* Reflex der Schriftkritik, die Diastasimos' Rede leitmotivisch durchzieht. Das »Aufschreiben« (RS 18,28) und »Festhalten für andere« (RS 18,23 f.) ist ein oberflächliches Protokollieren, das innere Erfahrung unterbindet. Vgl. dazu Platons Unterscheidung von »Erinnerung« und »Gedächtnis« im *Phaidros*-Dialog (275a-b). Während »Erinnerung« das äußere Aufbewahren bezeichnet, die Speicherung von Wissen im System Schrift, bezeichnet »Gedächtnis« die Fähigkeit, Wissen in der »lebendigen Seele« aufzubewahren und mit eigenen Gedanken und Erfahrungen zu verbinden.

24 f. *Ihr Schattenhuscher und Menschenverdammer!]* Kritik an der Gemeinde, insbesondere an Simon Petrus und die in seiner Nachfolge (vgl. RS 17,32 f.). Petrus' Führerschaft wird von allen Evangelien, mit Abstrichen auch vom Johannesevangelium, anerkannt. Er ist es, der Jesu wahre Identität erkennt und ausruft: »Du bist der Messias« (Mk 8,29 ff.), woraufhin Jesus (nur nach der matthäischen Tradition) ihm verheißt: »Du bist Petrus und auf diesen Felsen will ich meine Gemeinde bauen.« (Mt 16,18). Petrus hielt als erster unter den Jüngern in Jerusalem die erste öffentliche Predigt nach Jesu Tod; noch am selben Tag sollen sich dreitausend Menschen zum neuen Glauben bekannt und die erste Gemeinde gebildet haben (Apg 2,41). Auf diesen Petrus, Führer der Urgemeinde und Befürworter der Israelmission, der die universale Völkermission folgen sollte (Gal 2,7-9; Lk 24,47; Mt 28,19), dessen römische Gemeinde zur Ur- und Keimzelle der römisch-katholischen Kirche aufstieg, zielt die Kritik des Diastasimos.

25 f. *Wo ist das Zeugnis eures Herrn]* Im Sinn des griechischen Begriffs »martys« = Zeuge, von dem sich der Terminus »Märtyrer« ableitet, wird »Zeugnis« als ganzheitliches Konzept verstanden. Wie die frühen Christen sich als Zeugen ihres Glaubens an Jesus verstanden, für den sie notfalls in den Tod gingen, so fordert Diastasimos von den Jesusjüngern, Zeugen ihres »Herrn« zu sein und seine Botschaft mit ihrem Leben zu vertreten.

32 f. *Wir sammeln die Worte ... begegnet sind]* Tabeas und Andreas haben sich als Jünger der zweiten Generation, die Jesus nie begegnet sind, auf das Dokumentieren seiner Worte und Taten spezialisiert; sie sehen ihre Aufgabe darin, das Aufgezeichnete für die Missionierung anderer zur Verfügung zu stellen.

34 f. *als Zeugnis ... kommen werden]* »Zeugnis« wird im profanen Sinn des Bezeugens einer Sache durch Dokumentation verstanden. Das Aufschreiben der Worte Jesu zum Zweck ihrer Verbreitung rückt das »Zeugnis« in die Nähe der Propaganda und stellt das Gegenteil dessen dar, was Diastasimos unter Zeugnis versteht.

19 3 *nicht im eigen Fleisch und Blut geschrieben]* Im Hintergrund dieser Stelle liegt ein verstecktes Paulus-Wort, der die Korinther mahnt, nicht mit Empfehlungsbillets zu hantieren, sondern selbst »Brief« zu sein: »Die Lehre seid ihr ... unser Brief seid ihr ... ihr seid der Brief Christi ... geschrieben nicht mit Tinte, sondern mit dem Geist des

lebendigen Gottes, nicht auf steinerne Tafeln, sondern auf Tafeln, die fleischerne Herzen sind.« (2 Kor 3,1-6 ELB)

15 *Was weißt du von der Welt, du Hund]* »Hund« (*griech.*) »kyon«, ein in der Antike weitverbreitetes Schimpfwort, spielt auf kynische Elemente in Diastasismos' Weltbild an. Die philosophische Bewegung des Kynismus ist im griechischen Außenseiterphilosophen Diogenes von Sinope (403-323 v. Chr.) repräsentiert, der in einem alten Vorratsfass hauste und bürgerliche Werte wie Geld, Ehre, Familie, Religion und Staat verhöhnte. Kynisches Gedankengut und Ansätze einer kynischen Lebensweise finden sich bei den alttestamentlichen Propheten (etwa Elija) und bei Johannes dem Täufer. Jesu Kritik etablierter Religion, seine praxisnahe Seelsorge und friedliche Verkündigung, ebenso wie das praktizierte Armutsideal weisen Ähnlichkeiten mit der kynischen Philosophie auf.

31 *Der dreinschlug ... sieben Stämme]* Die Ausrottung der sieben Stämme bezieht sich auf den Krieg, den die Israeliten nach dem Tod des Mose führten, um das gelobte Land zu erobern; heute wird er als Geschichtsfiktion zur Legitimation des Landbesitzes gedeutet. Das Buch Josua kennt mehrere Listen von Völkern, die unter der Führung Josuas bzw. Jahwes niedergezwungen wurden: die Hetiter, die Amoriter, die Kanaaniter, die Perisiter, die Hibiter und die Jebusiter (Jos 12,8; vgl. auch Dtn 7,1).

36ff. *ein Stückchen Fleisch und Blut ... soll geredet sein]* Die Fleisch-und-Blut-Metapher (RS 19,3) spielt auf das aufbrausende Temperament des Andreas an. Gefühlsreaktionen sind authentisch und geben etwas vom Wesen eines Menschen preis. In einem tieferen Sinn deutet die Redewendung auf die noch unentdeckte Blutsverwandtschaft der Gesprächspartner.

20 8 *Götter zürnen, keine Menschen.]* Die Auffassung, dass hinter starken Affekten die Götter stehen, findet sich z.B. in der *Illias* Homers, der den »Zorn des Achilleus« sprichwörtlich werden ließ. Zorn, Rache, Eifersucht und andere Leidenschaften sind in ursprünglichen Kulturen im Gottesbild personifiziert; sie treffen den Menschen, der sie tragen muss.

8f. *winden uns ... und nennens Zorn]* Das Ausleben eines Affekts wird als Ausweichen vor Schmerz und Schmach interpretiert, die aus Stolz nicht eingestanden werden können. Das Sich-Ergehen im Affekt würde demnach die Wunde überdecken, die Gott dem Menschen schlägt, wenn er ihn in Zorn versetzt.

13 *Dann war das deine Sünde]* Die Apostelschüler vertreten die gängige Auffassung von Aussatz als einer gerechten Strafe Gottes für verborgene oder offene Sünden. Sie wird u.a. im Buch Ijob von den drei Freunden in vielen Variationen vorgetragen und geht zurück auf die Geschichte der Mirjam, der Schwester des Mose, die mit Aussatz bestraft wurde, nachdem sie sich gegen die Heirat ihres Bruders Aaron mit einer Äthiopierin aufgelehnt hatte (Num 12,1-16). Aussatz ist in der Sichtweise der hebräischen Bibel Antwort auf eine vorgängige

Verfehlung; jede Krankheit, jede Not und Bedrängnis beruht demnach auf einem Vergehen gegen Gott.

13 *die Eitelkeit?]* Das mittelhochdeutsche »itel« = nichtig, leer hat sich im Verb »vereiteln« = »zunichtemachen« erhalten. Die hebräische Bibel gibt »Eitelkeit« metaphorisch mit »hævæl« (*hebr.* Windhauch) wieder und eröffnet ein Bedeutungsspektrum, das von »flüchtig«, »vergänglich«, »vergeblich«, bis »sinnlos« reicht und besonders differenziert im Buch Kohelet (Prediger Salomo) ausgestaltet ist, dem notorisch pessimistischen Lehr- und Weisheitsbuch des Alten Testaments. Ihm zufolge sind aller Genuss des Lebens, alles Streben nach Weisheit, alle Sorge um sich und den Nächsten, selbst die Kindheit und Jugend: »eitel«, ein »Haschen nach dem Wind«. Im katholischen Dogma gilt »Eitelkeit« als eine der sieben Todsünden; sie lenkt das Denken des Menschen von Gott ab hin zu sich selbst. Andreas argumentiert in diesem moralischen Sinn, wenn er die rhetorische Eloquenz und philosophisch-kritische Einstellung seines Gesprächspartners als Eitelkeit kritisiert.

20 *wie geschlagen]* Beispiel für die sokratische Ironie, als Mittel der Verstellung bzw. bewussten Selbstverkleinerung zum Zweck der Irreführung des Gegners.

25 *Wie eitel war es da]* Die ironische Figur der »simulatio« macht sich betont harmlos das Argument der Gegenseite zu eigen, um es z.B. durch wiederkehrende Wiederholung ad absurdum zu führen.

36 ff. *war ich eitel-starr]* Als Aussätziger fällt Diastasimos aus allen Ordnungen und Sicherheiten; eine gefahrvolle Zeit des Übergangs bricht für ihn an.

21 6 ff. *Überkleid … je wieder zugetragen]* Das tägliche Ritual ist eine nachgetragene Erklärung zur eröffnenden Gewandaufhängung (RS 11,32 ff.). Mit dem unwiderruflichen Ende des familiären Einsseins verändert sich die Funktion des Kleids; dem Aussätzigen wird es als »Versteck« (RS 21,10) dienen, das ihm die Teilnahme am Gemeinschaftsleben noch für eine kurze Weile erlaubt.

16 f. *vielleicht nur ER gewußt]* Die Großschreibung der Gott bezeichnenden Buchstaben imitiert das Tetragramm, das in der hebräischen Bibel den Eigennamen Gottes darstellt (JHWH). So verfuhren Luther und andere in ihren Bibelübersetzungen, z.B. Buber/Rosenzweig, aus deren Übertragung der hebräischen Bibel das erste Motto der Novelle stammt: »ER, Gott, rief den Menschen an …«

18 *Ihr ahnt … ganz herrlich]* Der sich im Folgenden entfaltende Disput greift die Streitdialoge der Ijob-Erzählung auf; Andreas und Tabeas wollen Diastasimos zu einem Schuldgeständnis bewegen und ihn auf den ›rechten Weg‹ zurückzuführen.

24 f. *des großen Zornes Grund … entzündet]* Anspielung auf die dunkle Seite Gottes, die Diastasimos zufolge jederzeit hervorbrechen kann.

36 *der Strafe Gottes würdig?]* Die Vorstellung vom gerechten Gott ist für Diastasimos unzureichend begründet, insofern das eigene Vergehen in keinem Verhältnis zur erfolgten Strafe steht. Indem er an

seiner Unschuld festhält, bleibt er seiner Erfahrung treu und hält an seinem subjektiven Eindruck gegen die kollektive Moral fest.

22 15 f. *windgetragnen Sinn der Krankheit]* Poetisches Epitheton; Atem, Wind, Geist *(hebr.)* »ruach« ist ein Medium des Wirkens Gottes, z. B. hört Ijob die Stimme Gottes aus dem Wettersturm. Wie der Wind kommt auch die Krankheit von Gott, bei ihm wäre ihr möglicher Sinn zu erfahren.

25 f. *fleischgeworden Bild der Ernte ... Regen traf]* Der Aussatz, der die Haut mit Flecken, Pusteln bis hin zu Geschwüren zeichnet, hat seine Parallele im Regen, der die Ernte zerstört, weshalb er als »Pestilenz« (RS 22,35) bezeichnet wird. Der implizite Vergleich korreliert Aussatz mit verdorbener Ernte – beide verweisen auf das Schicksal als eine vernichtende Macht.

26 f. *nah am Passahfest]* Passah *(hebr.)* »pessach«, bezeichnet das »Vorübergehen«, »Auslassen« oder »Überspringen« jüdischer Häuser während Jahwes Strafgericht an den ägyptischen männlichen Erstgeborenen in der Nacht des Auszugs (Ex 12,13). Die Israeliten wurden verschont, weil sie ihre Türen mit dem Blut geopferter Tiere als Schutzzeichen markiert hatten (Ex 12,27). Das Pessach war in der Zeit Jesu das Hauptfest des Judentums und wurde traditionell am 14. Nisan (März/April) anlässlich der Befreiung aus der ägyptischen Knechtschaft gefeiert. In Palästina ist das Passah zugleich Erntezeit.

23 9 f. *noch unter euch]* Anspielung auf Diastasimos' Identität als Vater. Am Tag des Offenbarwerdens der Krankheit war die Trennung von der Familie noch nicht vollzogen.

12 *Nicht »festgestellt« ... Tempelpriester]* Das jüdische Gesetz erhebt konkrete Vorschriften über das Verhalten von an der Haut Erkrankten und den Umgang mit ihnen. Die in Kapitel 13 und 14 des *Buches Leviticus* aufgeführten Bestimmungen verlangen neben dem Tragen zerrissener Kleidung, dem öffentlichen Anzeigen der Krankheit im Ruf »unrein, unrein!«, den vollständigen Rückzug in die Isolation. »Und solange die Stelle an ihm ist, soll er unrein sein, allein wohnen, und seine Wohnung soll außerhalb des Lagers sein.« (Lev 13,45-46) Sowohl für die Feststellung wie für die Reinsprechung ist der Tempelpriester zuständig, der ein Testat ausstellt. Schon bei bloßem Verdacht war der Kandidat »sieben Tage ein[zu]schließen« (Lev 13,5). Die Rigorosität im Umgang mit dem Aussatz spiegelt sich in Jesu Wirken, der im Markusevangelium einem Aussätzigen nach der Heilung einschärft, das Gesetz der Reinigung einzuhalten. »Und Jesus drohte ihm und trieb ihn alsbald von sich: Sieh zu, daß du niemandem etwas sagst; sondern geh hin und zeige dich dem Priester und opfere für deine Reinigung, was Mose geboten hat, ihnen zum Zeugnis.« (Mk 3,43-44)

19 *gesteinigt, zu Recht]* Das jüdische Recht kennt die Steinigung als häufigste Hinrichtungsart, sie wurde bei Vergehen gegen Gott und das Volk verhängt.

22 f. *mich nicht für tot gehalten]* Da die Krankheit als Gottesgericht verstanden wurde, waren Aussätzige auch in seelischer Hinsicht ent-

wurzelt und ohne Trost. Aussatz zeugte nach Meinung des Kollektivs von einem ›bösen Geist‹, der den Menschen ergreift, wenn er sich schuldig gemacht hat.

31 *Ich war nicht schuldig]* Diastasimos übernimmt keine persönliche Verantwortung für seine Not; indem er darauf besteht, nicht der Verursacher seines Unglücks zu sein, setzt er sich Gott als autonomes Individuum gegenüber und übt sich in Selbstbegrenzung.

24 1 *Gottlosigkeit und Selbstsucht]* In Parallele zur Ijob-Erzählung tritt Andreas in die Rolle des Anklägers ein, der Diastasimos moralische Schuld zuweist.

8f. *die kamen auch ... zur Stadt zum Passahfest]* Anspielung auf die Apostel, die mit Jesus nach Jerusalem zogen, das Pessachfest zu feiern. Jesus, der die meiste Zeit seines Lebens in Nazaret und später in Kafernaum verbrachte, wo er als Rabbi, Lehrer und Heiler tätig war, brach mit den Jüngern und Anhängern von Galiläa, der im nördlichen Teil Palästinas gelegenen bäuerlichen Provinz, nach Jerusalem auf. Während die Synoptiker nur einen Zug kennen, spricht das Johannesevangelium von insgesamt drei Aufenthalten in Jerusalem.

12 *zu der Zeit, da Pilatus versuchte]* Die Begegnung mit Jesus ist an die historisch belegte Revolte auf dem Jerusalemer Tempelberg im Jahr 28 n. Chr. geknüpft. Außerbiblische Quellen (Philo von Alexandria, Flavius Josephus) beschreiben den neuen Präfekten von Judäa, Pontius Pilatus, als skrupellosen Machtpolitiker, der rücksichtslos römische Interessen vertrat und ebenso korrupt wie grausam war. Dagegen zeichnen die Evangelien ein geschöntes Bild, wenn etwa die jüdischen Autoritäten und das Volk mehr Schuld an der Kreuzigung Jesu tragen als der Statthalter, der seine Hände demonstrativ in Unschuld wäscht (Mt 27,34).

15f. *wir erinnern uns auch]* Anspielung auf den Verlust des Vaters, der seit der Volkserhebung auf dem Tempelberg als vermisst gilt.

17f. *Pilatus nahm ... Geld für den Bau]* Die Episode von der Finanzierung eines Aquädukts zur Wasserversorgung des Jerusalemer Tempelbezirks mit Geldern aus dem Tempelschatz, die zum Anlass der Revolte wurde, berichtet der jüdische Geschichtsschreiber Flavius Josephus in seiner *Geschichte des J*üdischen Krieges (75-79 n. Chr.). Der Statthalter ließ den Protest der Juden gegen den Bau der Wasserleitung rigoros niederknüppeln.

21f. *Salomon einst hat gebaut ... den Tempel]* Die Geschichte des jüdischen Tempels, dem religiösen Mittelpunkt Israels, geht auf Salomo (965-926 v. Chr.) zurück, der David als König über Israel und Juda beerbte. Der salomonische Tempel wurde bei der Eroberung Jerusalems durch die Babylonier im Jahre 586/87 v. Chr. zerstört, nach der Rückführung aus dem Exil wieder aufgebaut und im Jahre 515 v. Chr. neu eingeweiht. Diesen vergleichsweise bescheidenen Tempel ließ Herodes der Große mehr als 500 Jahre später aufwändig aus- und teilweise neu aufbauen. Die Grundfläche wurde verdoppelt und das Gelände nach Süden zum Kidrontal hin, wo das Areal mehr als 40

Meter tief abfällt, verlängert, sodass ein massives rechteckiges Plateau von gewaltigen Ausmaßen entstand. Das Tempelgebäude selbst war 18 v. Chr. vollendet, während die Arbeiten im gesamten Tempelbezirk erst im Jahr 4 v. Chr. abgeschlossen waren. Der herodianische Tempel, der als eines der Wunder der antiken Welt galt, wurde im jüdisch-römischen Krieg im Jahr 70 n. Chr. zerstört. Erhalten hat sich ein Teil der monumentalen westlichen Einfassung, die sog. Klagemauer.

23 *Darinhinein … mich retten]* Die doppelte Präposition verstärkt die Dringlichkeit der Suche nach Schutz und Geborgenheit.

27 ff. *wie nachgezogen … lebendig-lehmig hergezogen]* In Rhythmus und Klang der Erzählstimme werden die vergangenen Ereignisse lebendig. Das raunend-beschwörende Erzählen setzt wie die Leiter der Eröffnungsszene (RS 11,23) an, die ›Erde‹ aufzureißen, dem eingelegten Samen zum Wachstum zu verhelfen.

30 *Es war um die dritte Stunde]* Im Ton der Legende präsentiert Diastasimos seinen Bericht von dem Ereignis, das sein Leben veränderte. Nach jüdischer Sitte beginnt der Tag um sechs Uhr morgens; die dritte Stunde entspricht der Zeit von neun Uhr vormittags.

30 f. *Stufen hinauf … östlichen Huldah-Tor]* Aus Bethanien kommend betrat Diastasimos Jerusalem durch das Tor beim Schiloach-Teich, setzte seinen Weg über die Hauptstraße hinauf zum Tempelberg fort, wo er auf die Südmauer der Tempelumfassung und die vorgelagerte breite Treppe stieß, die mittels zweier Toranlagen Zugang zum Inneren bot. Sowohl das östliche dreiteilige, wie das westliche zweiteilige sog. Hulda-Tor führten unter der königlichen Säulenhalle hindurch zum Tempelplatz. Die jüdische Tradition verbindet den Namen der Tempeltore mit der Prophetin Hulda, die unter König Josia wirkte. Nach einer anderen Auslegung leitet sich Hulda (*hebr.*: cholæd = Maulwurf) von der Funktion und Anlage der Tempeltore her: Sie bildeten die Eingänge zu 80 Meter langen unterirdischen Gängen, die durch die südliche Tempelbefestigung hindurch zu einer gewaltigen Treppenanlage führte, die den Besucher nach oben zur Plattform leitete. Die Tore sind heute noch im Umriss ihrer Vermauerung in der Südmauer der Tempelumfassung sichtbar.

25 1 f. *großen Tempelvorhof … inneren Mauer hin]* Das Tempelareal gliederte sich in vier baulich voneinander geschiedene Bereiche, die vier kultischen Reinheitsgraden entsprachen. Nur das äußere Geviert, »Vorhof der Heiden« genannt, durfte von Nichtjuden betreten werden; hinter der Einfriedung führten 14 Stufen zur Mauer, die den inneren Tempelbezirk umgab und von vier Toren durchbrochen wurde. Das rechte Portal führt zum »Vorhof der Frauen«, hinter seiner westlichen Mauer erhob sich der Tempel. Der dritte schmale Vorhof hinter der Westmauer durfte nur von Männern betreten werden; der vierte, sog. Priestervorhof, beherbergte den Brandopferaltar, das Waschbecken und die Schlachtplätze der Opfertiere. Zum innersten Bezirk, dem ›Allerheiligsten‹, hatte nur der Hohepriester Zugang.

6 f. *Unruhe … alle zusammenzog]* Das Verhalten der aufgebrachten

Menschenansammlung suggeriert im rhythmischen Zusammenziehen und Ausdehnen das Bild eines Herzens mit seinem Zyklus von Systole und Diastole, analog verwendet Diastasimos auch die Wellenmetapher (RS 25,13). Beide Bilder stellen die Autonomie organischer Vorgänge heraus, die von einem verborgenen Zentrum gesteuert werden.

10 f. *Ende des Tempelplatzes ... Burg Antonia zu]* Die ans nordwestliche Tempelareal angrenzende römische Festung mit ihren vier wuchtigen Türmen zu je 25 bzw. 35 Metern Höhe trägt ihren Namen als Referenz an den römischen Feldherrn Antonius. Ihre Besatzung wurde zu den Wallfahrtsfesten zusätzlich verstärkt.

12 *stand bei einem ... Jude wie ich]* Erste Begegnung mit dem »Anderen« im Sinne des Unbekannten, Fremden, der ihm in einem verborgenen Aspekt ähnlich ist.

14 ff. *in meiner ... eingeschriebenen Angst ... die seine]* Diastasimos und der »Andere« bilden ein Gegensatzpaar; die verborgene Zugehörigkeit des einen zum anderen, offenbart der syntaktische Parallelismus (»Und der ... erfuhr nun in *meiner* ... Angst: ... die *seine*«), die Gegensätzlichkeit in der Überkreuzstellung der Attribute: »entdeckt-erkannt zu werden« steht gegen »erkannt-entdeckt zu werden«. Die Zusammenspannung der Gegensätze in einem Satz signalisiert, dass das Eine aus zwei äquivalenten Hälften besteht, die einander widerstreiten, aber aufeinander verwiesen sind. Die namenlose Angst resultiert aus dem Extrem eines unversöhnlichen Gegensatzes.

19 f. *mich vielleicht verfolgt hatte]* Der Antipode ist bewusst geworden; die Verfolgungsphantasie zeugt von innerer Abwehr.

21 *Weg von Bethanien ... Kidron Tal]* Das Kidrontal, von (*hebr.*) »qadar« = dunkel sein, trauern, war in der Zeit Jesu das zwischen Jerusalem und dem Ölberg eingeschnittene Tal östlich der Stadt, das in Regenzeiten mit Wasser gefüllt war. Wie Diastasimos durchquerte Jesus das Tal nach Westen aus Bethanien kommend. Als er nach dem letzten Abendmahl die Stadt wieder verließ, passierte er es in entgegengesetzter östlicher Richtung, um sich in den Garten Getsemani an den unteren Hang des Ölbergs zu begeben (Joh 18,1).

26 1 f. *geheime Vater ... Eher Verfolger]* In seinem transzendenten Aspekt wird dem Verfolger Göttliches zugeschrieben; zwischen »Vater« und »Verfolger« oszillierend verkörpert die Gestalt ein Paradox. Erstmals erscheint der dunkle Aspekt des jüdischen Gottesbildes.

2 ff. *brach die Menge los ... Stirn zu bieten]* Flavius Josephus' *Geschichte des Jüdischen Krieges* schildert die Tempelberg-Revolte wie folgt: »Einige Zeit später gab er [Pilatus] den Anlaß zu neuer Unruhe, da er den Tempelschatz [...] für eine Wasserleitung verbrauchte; man führte aber das Wasser aus einer Entfernung von 400 Stadien heran. Die Menge war darüber sehr erbost, und als Pilatus nach Jerusalem kam, drängte sie sich schreiend und schimpfend um seinen Richterstuhl. Pilatus hatte diese Unruhe der Juden im Voraus vermutet und eine Anzahl von Soldaten, zwar bewaffnet, aber als Zivilisten verkleidet, unter die Menge gemischt und ihnen den Befehl

gegeben, vom Schwert keinen Gebrauch zu machen, die Schreier aber mit Knüppeln zu bearbeiten. Nun gab er vom Richterstuhl her das verabredete Zeichen; als es aber plötzlich Schläge hagelte, gingen viele Juden unter den Streichen zugrunde, viele andere aber wurden auf der Flucht von ihren eigenen Landsleuten niedergetreten. Erschreckt über das Schicksal der Getöteten verstummte das Volk« (Flavius Josephus: *De Bello Judaico. Der Jüdische Krieg*, Bd. 1, S. 217).

10 ff. *beiden Hände ... um Schwert und Geißel]* Wie bei Josephus geschildert, provozieren von Pilatus gedungene Soldaten den Aufstand der Juden. Im Vergleich zur historischen Vorlage erscheinen die Ereignisse in ihrer Gewalttätigkeit gesteigert. Während der Abfassung der Novelle ereignete sich die »Erste Intifada«, der Volksaufstand der Palästinenser gegen die israelische Besatzungsmacht. Insbesondere das sog. Tempelbergmassaker vom 8.10.1990, bei dem siebzehn Palästinenser von der israelischen Polizei erschossen und Hunderte verletzt worden waren, hat Roths fiktive Schilderung beeinflusst. Schwert und Geißel sind zentrale Requisiten im Motivgewebe der Novelle, insofern sie die Diastasimos- mit der späteren Jesus-Handlung verknüpfen (vgl. RS 60f.).

14 *riß er ... bleiköpfigen Geißel]* Mit dem »flagellum« wurde Jesus nach seiner Verurteilung und Verhöhnung geschlagen (Mk 15,15); die römischen Geißel besteht aus zu Knoten geflochtenen Lederriemen, in die Metall- oder Knochenstückchen eingelassen sind, deren Widerhaken die Haut aufreißen.

30 f. *Rücken voll Aussatz und Blut]* Moment der Enthüllung einer Blöße; die Szene kehrt in der Jesushandlung wieder (vgl. RS 60,36ff.).

36 ff. *sah meinen Soldaten ... Schwert auf mich fiel]* Biblische Metaphorik für den tödlichen Schwerthieb; ein filmischer Suspense-Moment. Die Wendung zeugt von der Einsicht in den Anderen als einem Zugehörigen.

27 2 *meinen Händen ... zwei Tauben]* Zwei Turteltauben, »die eine als Sündopfer, die andere als Brandopfer«, nennt das Gesetz über die Reinigung von Aussätzigen als angemessenes Opfer dessen, der arm ist (Lev 14,22).

6 *naßquerte die Schwertbahn]* Poetisches Kompositum, das die Zerteilung der Opfertaube anzeigt.

10 *jenes andere, zwiefache Huldah Tor]* Auf das hinausleitende Tor war beim Eintritt in den Tempel die Hoffnung gerichtet, geheilt ins alte Leben zurückkehren zu können (RS 24,31).

12 f. *wahrhaft ... gereinigt von Gott: gottlos]* Die Erfahrung der dunklen Seite des Gottesbildes teilt Diastasimos mit Ijob, der auch ohne Antwort geblieben war: »Denn er ist nicht ein Mensch wie ich, dem ich antworten könnte, dass wir miteinander vor Gericht gingen.« (Ijob 9,32)

14 *Also betrogen, schlich ich die Rampe hinab]* Indem die große Treppe vor den Huldah-Toren als »Rampe« bezeichnet wird, einem Terminus aus dem Schreckensvokabular der Shoah, wird ein unmittel-

barer Zusammenhang zwischen dem »Massaker« im Tempel und dem Genozid an den Juden im Dritten Reich hergestellt.

17 *totgeglaubt wollt ich sein]* Als Ungeheilter, seiner Existenz Beraubter und von Gott Geschiedener ist Diastasimos der In-Sich-Entzweite, den er im Namen trägt. Der radikale Bruch mit dem bisherigen Leben wird als symbolischer Tod erlebt, der sich äußerlich im Leben in der Verbannung manifestiert.

28 15 *Du lästerst Gott]* Zum Selbstverständnis der Apostelschüler als Anwälte des gerechten Gottes in der Tradition der Freunde Ijobs vgl. die Anm. zu RS 21,18. Da Gott niemals »unrecht rechtet« (Ijob 8,3), den »Frommen« nicht verwirft (Ijob 8,20) und den »Gerechten« nicht »vertilgt« (Ijob 4,7) bestraft er nur »Ungerechte« und »Gottlose«. Der Mensch, der in eine Not geraten ist, hat nach dieser Auffassung die Verantwortung für sein Leid allein zu tragen und die Schuld bei sich zu suchen: Er säuft »Unrecht wie Wasser« (Ijob 15,16) und erzeugt sein Unheil selbst (Ijob 5,7).

25 *Jahwe ... den Messias bereithält]* Der Glaube an die Wiederkehr des Messias ist ein zentraler Gedanke der frühchristlichen Bewegung. In den Schriften des Neuen Testaments ist von »Christus« (*hebr.* maschiach = »der Gesalbte«) als dem »Kommenden«, dem »Sohn des David« oder dem »König der Juden« die Rede. Man erhoffte die Wiederkehr des Messias für die nahe Zukunft, z.B. tröstet Paulus die Thessalonicher: »Wir, die Lebenden, die noch übrig sind, wenn der Herr kommt, werden den Verstorbenen nichts vorausshaben. Denn der Herr selbst wird vom Himmel herabkommen, wenn der Befehl ergeht, der Erzengel ruft und die Posaune Gottes erschallt.« (1 Thess 4,15-16, EÜ).

27 *nicht mit Hiobshaut geboren]* Anspielung auf Ijob als frommen Dulder und reuigen Sünder; Diastasimos versteht seine Beziehung zu Gott gerade nicht in dieser Traditionslinie, insofern er das traditionelle Gottesbild hinterfragt.

27 f. *Wir aber sind Mehrheit]* Gemeint sind die Toten der Tempelbergrevolte. Hinter dem Massaker sieht Diastasimos Gott in seinem negativen Aspekt walten, womit die Problematik der Theodizee aufgeworfen ist: Wie kann Gott gut sein, wenn er sein unschuldiges Volk hinschlachten lässt?

29 2 ff. *Nichts ist verborgen ... das Verhüllende]* Variation eines Jesusworts aus dem Thomasevangelium: »Jesus spricht: Erkenne, was vor deinem Angesicht ist, und das, was für dich verborgen ist, wird sich dir enthüllen. Denn es gibt nichts Verborgenes, das nicht offenbar werden wird.« (ThomEv 5) Das Weisheitswort ist auch im Matthäusevangelium überliefert; dort ist es Teil der Jüngerbelehrung: »Denn nichts ist verhüllt, was nicht enthüllt wird, und nichts ist verborgen, was nicht bekannt wird.« (Mt 10,26 EÜ)

8 f. *entrissen werden ... aufersteht der Begrabene]* Aus dem griechischen Verb »apokalyptein« = enthüllen, entbergen leitet sich »Offenbarung« und erst im weiteren Sinn die Bedeutung »Weltuntergang«,

»Gottesgericht«, »Zeitenwende« ab. Die prophetisch-visionäre Rede vom Enthüllen des Verhüllenden spielt auf den Sieg über den Tod an, der genuin apokalyptisches Gedankengut ist. Bei Paulus heißt es: »Denn da durch einen Menschen [Adam] der Tod gekommen ist, so kommt auch durch einen Menschen [Jesus] die Auferstehung der Toten. […] Der letzte Feind, der vernichtet wird, ist der Tod.« (1 Kor 15,21-26).

12 *Ihr redet groß]* Der Neigung seiner Besucher zum Theologisieren begegnet Diastasimos mit Skepsis; das Großsprechen bringt die Gefahr der Inflation mit sich, des Aufgeblasenwerdens durch angelesenes, abstraktes Wissen.

15 *Wo wird gehandelt?]* Das Insistieren auf der Tat kennzeichnet Diastasimos als Pragmatiker (*griech.*: prāgma = »Tat«), der den Wert einer Idee daran bemisst, ob sie sich im gelebten Leben bewährt.

17 *Laßt euch ein in den Körper]* Andreas und Tabeas sollen, »hier und jetzt« Stellung beziehen und den Kranken anfassen und heilen, statt sich in Ideen und Ideale zu flüchten.

19 *Väter dieses Hauses]* Traditionelle Metapher für den Leib, der als »Haus der Seele« bezeichnet wird. In 1 Kor 6,19-20 erklärt Paulus, dass der menschliche Körper ein »Tempel«, nämlich das Haus Gottes ist, von diesem dem Menschen gegeben. In 2 Kor 5,2 spricht er vom »irdischen Haus«, das einst abgebrochen wird, um von der ewigen Behausung im Himmel überkleidet zu werden. Diastasimos fordert von seinen Besuchern, die sich in kühler Distanz üben, Empathie und unmittelbares Engagement.

22f. *jedes Ding sein Gegenteil … anders wird]* Ironische Replik auf Andreas' Rede (RS 29,2 ff.). Das Leben in einem apokalyptischen Erwartungshorizont zu führen impliziert die Geringschätzung der Gegenwart und kann ein Ausweichen vor dem Leben bedeuten.

27f. *die Worte eures Messias … ob ihr sie nicht verdammt]* Diastasimos' Zorn speist sich aus der Kränkung, unschuldig bestraft worden zu sein.

34f. *Handelt doch, aber mit Macht!]* Direktes Vorbild für die wiederholte Aufforderung, zu handeln ist Jesus, der an Kranken, Verstoßenen, Besessenen »mit Vollmacht und nicht wie die Schriftgelehrten« (Mk 1,22) handelte. Vollmacht (*griech.* »exousia«) impliziert, der Krankheit zu »befehlen«, wie im Fall von Exorzismen.

30 1 *Steht auf, packt mich]* Die Berührung des Körpers durch Auflegen der Hände ist für viele Heiler das Mittel, die göttliche Heilkraft zu transferieren. Wie die Begegnung mit der »blutflüssigen Frau«, die heimlich von hinten den Saum des Gewands Jesu berührt, zeigt, springt die göttliche Heilkraft im direkten Kontakt über: »Und sogleich versiegte die Quelle ihres Blutes, und sie spürte es am Leibe, daß sie von ihrer Plage geheilt war. Und Jesus spürte sogleich an sich selbst, daß von ihm eine Kraft ausgegangen war, und wandte sich um in der Menge und sprach: Wer hat meine Kleider berührt?« (Mk 5,29-30).

1f. *Befehl der Krankheit]* Die Apostel sind von Jesus bevollmächtigt,

Heilungen vorzunehmen, wie es z.B. von Petrus, dem »Schatten-huscher« (RS 17,32f.) berichtet wird. Noch in der heutigen Kirche wird die Vollmachtsübertragung im Zeremoniell der Ordination voll-zogen, wobei die Handauflegung das Zeichen der Berufung ist.

26f. *»so wird euch gegeben«]* Ein Wort aus der Bergpredigt: »Bittet, dann wird euch gegeben; sucht, dann werdet ihr finden; klopft an, dann wird euch geöffnet. Denn wer bittet, der empfängt; wer sucht, der findet; und wer anklopft, dem wird geöffnet. Oder ist einer unter euch, der seinem Sohn einen Stein gibt, wenn er um Brot bittet, oder eine Schlange, wenn er um einen Fisch bittet?« (Mt 7,7-11).

31 2 *Johannes ... Sohn des Zebedäus]* Johannes war der jüngere der beiden Brüder, die Jesus zusammen mit ihrem Vater Zebedäus am See Genezareth Netze flickend antraf und zu seinen Jüngern berief (Mk 1,19-21). Die christliche Tradition kennt ihn als »Lieblingsjünger«, der auch als Verfasser des Johannesevangeliums galt.

16f. *das Unvermögen dessen ... Messias verehrt]* Ein Versuch, die Apostelschüler vom Aufschreiben abzuhalten; die theologischen Be-zeichnungen »Gottessohn« und »Messias« signalisieren Kritik am Jesus-bild der Gemeinde.

20f. *dein Leid ... am auferstandenen Christus]* Jesus wird ›himmli-scher‹ gemacht als er sich selbst darstellte; diese Vergöttlichung lehnt Diastasimos ab, da sie den Menschen Jesus mindert.

26 *den rechten Weg suchen lernen]* Diastasmos' Schicksal soll für die christliche Morallehre benutzt werden; wie die Unehrlichkeit des Ehepaars Hananias und Saphira (Apg 5,4-20; vgl. RS 18,1) soll sein »Unglaube« als abschreckendes Beispiel dienen.

32 6f. *der erste ... einem dritten spricht]* Der neben Johannes zweite Begleiter Jesu ist in der Gemeinde in Vergessenheit geraten – nicht ohne Grund: Judas galt als Inkarnation des Verräters und wurde aus dem Jüngerkreis ausgeschlossen.

11 *Sohn des Simon Iskariot]* »Judas« ist die griechische Form des hebräischen Vornamens Jehuda, der auf einen Stammvater der zwölf Stämme Israels zurückgeht; der vierte der von Lea geborenen Söhne Jakobs (Gen 29,35) war Juda. Der Beiname »Iskariot« (Ischariot) wird zum einen als »Isch Qerijot« (*hebr.* isch = Mann), Mann aus Kariot, gedeutet, nach dem gleichnamigen Dorf in Judäa. Nach einer anderen Theorie weist »Iskariot« auf eine Mitgliedschaft bei den Zeloten hin, die gewaltsame Attentate auf Römer verübten und deshalb von die-sen »Sikarier« = Dolchträger genannt wurden. Die Evangelien führen Judas als Apostel ein, sein Name erscheint in den Listen der zwölf erstberufenen Jünger.

13 *von dem jetzt ... Acker soll voll sein]* Neuerliche Erwähnung der Blutacker-Episode (vgl. RS 18,6ff.), die in der *Apostelgeschichte* berichtet wird und Judas den Tod eines Gottesverächters sterben lässt: Er »barst auseinander und alle Eingeweide fielen heraus« (Apg 1,18 EÜ).

19 *den Beutel am Gürtel]* Judas tritt als Verwahrer der Finanzen auf,

in der Rolle, die ihm auch die *Evangelien* zuschreiben; an sie ist die Verräterlegende geknüpft, der zufolge Judas seinen Herrn für dreißig Silberlinge verkauft haben soll (Mk 14,10-11parr). Judas wurde auch als Betrüger am Gut der Mitjünger und der Armen dargestellt, so in der Episode der Salbung Jesu mit kostbarem Nardenöl gegen die Judas im Johannesevangelium protestiert: »Das sagte er aber nicht, weil er ein Herz für die Armen gehabt hätte, sondern weil er ein Dieb war; er hatte nämlich die Kasse und veruntreute die Einkünfte« (Joh 12,5-6).

31 *sein letzter Gang hinauf]* Die letzte Reise nach Jerusalem führte von Jericho im Tal durch das judäische Gebirge hinauf in die Heilige Stadt. Anlass war das bevorstehende Pessachfest, woraus sich die Begegnung mit Diastasimos auf wenige Tage vor dem Pessach des Jahres 30 datieren lässt.

31 f. *Einzug in die Stadt ... in Bethanien gehalten]* Sein letztes Heilungswunder vor dem Zusammentreffen mit Diastasimos wirkte Jesus am Ortsausgang von Jericho: »Und als er aus Jericho wegging, er und seine Jünger und eine große Menge, da saß ein blinder Bettler am Wege, Bartimäus, der Sohn des Timäus« (Mk 10,46). Unmittelbar nach dem Besuch in der Höhle vollbrachte Jesus in Bethanien die Erweckung des Lazarus, der bereits drei Tage im Grab gelegen hatte (Joh 11).

33 1 f. *nach Bethphage an den Ölberg]* Zwischen Bethanien und Jerusalem liegt Betfage (*hebr.*) = »Haus der grünen Feigen« an der Ostseite des Ölbergs, das Anschluss an die Straße von Jericho nach Jerusalem hatte. Die Evangelien erwähnen das Dorf in Zusammenhang mit der Ausschickung zweier Jünger, die für den Einzug in Jerusalem eine Eselin besorgen (Mk 11,1parr).

8 f. *meine H*öhle *... Hügeln der Steige]* Zur Lage der Höhle im judäischen Bergland vgl. Anm. RS 17,3 f. Der Gebirgspass, der Jericho mit Jerusalem verbindet, wurde aufgrund seines ziegelroten Felsgesteins und des Opfertods Jesu in Jerusalem volkstümlich »Adummim-« (*hebr.*) = »rot« bzw. »Blutsteige« genannt.

11 *Römern das Reich streitig]* Anspielung auf die verbreitete Erwartung von Jesus als einem politischen Messias, der die Juden in den Befreiungskampf gegen die Römer führen würde. Entsprechend sah die römische Obrigkeit im Wunderheiler mit großer Anhängerschaft einen potentiellen Aufrührer, den es zu bekämpfen galt. Auch für die etablierte Theokratie war Jesus ein Ärgernis, insofern er die vorherrschenden Praktiken und Hierarchien in Frage stellte. Um den Gefährder beseitigen zu können, musste der römische Machthaber über ihn zu Gericht sitzen, der einzig berechtigt war, Todesurteile auszustellen.

12 *damals ... ihm auflauerte]* Die *Evangelien* verzeichnen das ausgeprägte Misstrauen der jüdischen Obrigkeit gegen den Wanderprediger und Heiler: »Und sie gaben Acht, ob Jesus [den Mann mit der gelähmten Hand] am Sabbat heilen werde; sie suchten nämlich einen Grund zur Anklage gegen ihn.« (Mk 3,2 EÜ) Nachdem die Heilung vollbracht ist, gehen »die Pharisäer hinaus und faßten zusammen mit

den Anhängern des Herodes den Beschluß, Jesus umzubringen.«
(Mk 3,6)

16f. *gegen Abend, da hör ich Geröll]* Die dritte Rückwendung in
Diastasimos' Bericht hat die Begegnung mit Jesus zum Gegenstand.
Wie bei der Ankunft von Tabeas und Andreas (RS 12,17f.) fallen Steine
vom Berg – Zeichen einer anstehenden Wende.

19f. *sah drei Männer kommen]* Jesus in Begleitung von drei Jüngern ist eine in den Evangelien wiederkehrende Figuration, z.B. bei
der Verklärung, wenn Jesus »Petrus, Jakobus und Johannes bei Seite
nimmt« (Mk 9,2). Dieses stete Muster wird signifikant abgewandelt –
statt drei sind es nur zwei Begleiter, die stark kontrastieren: Johannes
und Judas, der Lieblingsjünger und der Erzverräter.

25 *aus ihrer Mitte erschien er]* Jesus tritt zwischen den Antipoden Judas und Johannes hervor und auf Diastasimos zu. Die Triade verbild-
licht die Einung der Gegensätze durch Jesus, eine symbolische Konstellation, die in der Kreuzigung wiederkehrt, wenn Jesus zwischen den
ungleichen Schächern hingerichtet wird (Lk 23,39-44).

29 *Drosselgrube voll Schweiß]* Die Drosselgrube (*lat.*: jugulum) bezeichnet die Vertiefung zwischen den Schlüsselbeinen unterhalb des
Kehlkopfes. Das visuelle Detail geht zurück auf eine der eindrück-
lichsten Szenen aus William Wylers *Ben-Hur*-Verfilmung (1959), in
der Hur auf seinem Weg durch Nazaret eine Kelle Wasser aus Jesu
Hand erhält. Das kostbare Nass rinnt über Hals und Kehle des Sträf-
lings und sammelt sich in der Drosselgrube.

31f. *schwarzsträhnig verklebter Stirn ... Augen]* Der prononcierte,
energiegeladene Blick wurde von *Ben-Hur* inspiriert, der in der Trink-
szene hinaufblickt zum Spender, dessen Blick sich in seinen Augen
und Gesichtszügen spiegelt.

34 10 *hierher, wo ich jetzt stehe]* Diastasimos praktiziert eine Art ›Sta-
ging‹, die Position und Bewegung der drei Männer im Raum der Höhle nachzustellen.

14f. *zwei Schritte vom Eingang ... Judas dort]* In ihrer zunehmenden
Genauigkeit erinnert die Rekonstruktion an ein Reenactment, mit dem
Ziel, die Begegnung möglichst realitätsgetreu und plastisch vor Augen
nachzustellen.

23 *im Kleinsten sich zu verheddern]* Anspielung auf den Widder
der Genesiserzählung, der sich mit seinen Hörnern in einer Hecke
verfängt und von Abraham als Ersatzopfer für Isaak dargebracht wird
(Gen 22,13).

35 34f. *wollte sie ... ermüden]* Das Wichtige vom Unwichtigen *nicht* zu
unterscheiden und die Chronologie des Ereignisablaufs nicht zu be-
rücksichtigen, ist Teil von Diastaimos' pädagogischem Plan der Vermittlung seines Zeugnisses, der vorsieht, die Apostelschüler gezielt zu
verwirren.

36 23 *Augen auf mir, immer ausgewichen]* Moment der Epiphanie;
die unvermittelte Erscheinung des Göttlichen in der wirklichen Welt
bedeutet eine Intensivierung und eine Verzeitlichung; das eigene

Leben wird plötzlich durchscheinend auf eine Transzendenz, die jetzt wahrgenommen werden kann. Die überwältigende Anziehungskraft, die von Jesus ausgeht, die unmittelbar ergreift und zugleich abstößt, entspricht dem »mysterium fascinans et tremendum«, das Rudolf Otto zufolge zur Phänomenologie des Heiligen als dem »ganz Anderen« gehört. Otto spricht von »Doppel-Charakter« und »Kontrast-Harmonie« als Merkmal des Göttlichen (Rudolf Otto: *Das Heilige*, S. 42ff.).

27ff. *sinnlos die Höhle ... auch die Eltern ... sinnlos]* Im Moment der Gottesbegegnung wird Diastasimos sich erstmals bewusst, dass er nicht eins mit sich ist. Das Schlüsselwort »sinnlos«, das Zerstreuung und Verlorenheit bezeichnet, ein Leben ohne Richtung und Verbindung zu einem Zentrum, fällt in diesem Schlüsselabschnitt siebenmal.

33f. *alles Verlorene eingeholt ... sinnlos verloren]* Das Zerstreute und Gespaltene kommt im mystisch aufgeladenen Moment der Anwesenheit des Göttlichen zusammen, der Zustand der Auflösung endet. In der Bibel erscheint das Moment des Einigenden, Sorgenden zum Beispiel im Bild des »guten Hirten« (Joh 10,11), eine Referenz auf Psalm 23, »Der Herr ist mein Hirte«. Der sammelnde Hirten-Aspekt ist insbesondere nach Phasen der Dissoziation konstelliert. In Jer 31,10 spricht Jahwe: »Der Israel zerstreut hat, der wird's auch wieder sammeln und wird es hüten wie ein Hirte seine Herde.«

36ff. *gesät und gestorben, ausgestreut und verdorben]* Die Metaphorik des Säens gehört zum Bildfeld der Ernte (vgl. die Anm. zu RS 11,26f.) und impliziert Tod, Wandlung und Erkenntnis. Wie aus dem sterbenden Samenkorn in der Erde das junge Grün hervorgeht, die Natur neues Leben aus dem Tod des alten Lebensträgers hervorbringt, so erneuert sich das Individuum im Tod des alten Bewusstseins. Der weisheitliche Zusammenhang von seelischem Leid und geistiger Erneuerung ist auch Inhalt der Jüngerbelehrung: »Wer sein Leben finden will, wird es zugrunde richten; und wer sein Leben um meinetwillen zugrunde richtet, wird finden.« (Mt 10,39; vgl. Mk 8,34; Joh 12,24-25)

37 12 *kein Wort ... faßt mich an]* Die körperliche Berührung kann die Mauer unverbindlichen Geredes durchbrechen und in die Tiefe wirken. Diese Erfahrung liegt der wiederholten Aufforderung an die Apostelschüler zugrunde, Diastasimos anzufassen. Das furchtlose Berühren des kranken Körpers ist ein »Handeln mit Macht« (vgl. RS 29,34f.), das Jesu Göttlichkeit bezeugt.

19 *Einer bricht in dich ein]* Angesichts der strengen Regeln des jüdischen Gesetzes (vgl. Anm. zu RS 23,12) ist das Berühren eines Aussätzigen eine unerhörte Tat, die überwältigend auf den Betroffenen wirkt. Die Metaphorik des Einbruchs versinnbildlicht das Gesehen- und Erkanntwerden durch ein Höheres und zählt zum Vokabular der Erfahrung des Heiligen.

27f. *in einer Bewegung ... »Du Tor«]* Da Jesus ohne Worte handelt, ist die Schilderung seines Tuns eine Interpretation, die nachträglich

in die Handlung hineingelegt wird. Indem Diastasimos sich selbst
als Tor begreift, charakterisiert er sich als Unverständigen, der nicht
begriffen hatte, dass seine Erlösung gekommen war. Der Tor steht in
einer besonderen Beziehung zu Gott, insofern er eine Weisheit repräsentiert, die vom Intellekt verworfen und verachtet wird. Die Existenz
am Rand der Gesellschaft und die Indifferenz gegen Konventionen
befähigen den Narren zur Introversion und in der Folge zum Tiefer-
Sehen, wie das Sprichwort »Kinder und Narren sagen die Wahrheit«
weiß. Auch der »tumbe Thor« der Parzivalsage ist unschuldig, naiv
und dumm wie ein Kind – und doch ist er der Auserwählte, dem das
Mysterium offenbart wird. Die Würde des Toren hat Paulus vertreten,
der den zur Aufgeblasenheit neigenden weltlichen Intellekt gegen
den tieferen, göttlichen Geist des Narren ausspielt und die Korinther
warnt: »Welcher unter euch meint, weise zu sein in dieser Welt, der
werde ein Narr, daß er weise werde. Denn die Weisheit dieser Welt ist
Torheit bei Gott. Denn es steht geschrieben: ›Die Weisen fängt er in
ihrer Klugheit‹« (1 Kor 3,18-20).

38 19 ff. *bricht durch ... will mich brechen]* Hinter dem Aufbegehren
steht die Kränkung durch Jahwe, der dem Heilungswunsch im Tempel
nicht entsprochen hatte (vgl. RS 27,12). Diastasimos' Groll richtet sich
gegen den Sohn dieses Gottes und dessen heilende Macht.
34 f. *»Rühr mich nicht an«]* Jesuswort aus der Maria-Magdalena-
Perikope (Joh 20,17), das der Auferstandene zur suchenden Frau
spricht. Die Zurückweisung gründet im ambivalenten Status Jesu
zwischen Auferweckung und Erhöhung: »Denn ich bin noch nicht
aufgefahren« (Joh 20,17). Der Jesus, der Maria Magdalena am Ostermorgen gegenübertritt, ist nicht mehr ganz von dieser Welt; der Jesus,
der in der Höhle des Diastasimos erscheint, ist hingegen ein schwit-
zender, erschöpfter Mensch. Im »Noli-me-tangere«-Zitat steckt eine
doppelte Provokation: Diastasimos spricht die Worte eines spirituell-
entrückten Gottessohns, um sie gegen den irdisch-menschlichen Jesus
zu richten, der ihm helfen will.
36 ff. *»Wollt ihr mich heilen?«]* Jesus wird zur Rede gestellt, von ihm
die Antwort zu erfahren, die der »Vater« schuldig geblieben war (vgl.
RS 27,15).

39 25 f. *diesen Gott ... keinen Grund hatte zu strafen]* Anspielung auf
das Fatum der Krankheit (RS 22,25 f.) und das Attentat im Tempel (RS
26,22 ff.) Diastasimos vermag in seinem Leiden keinen Sinn zu erkennen.
30 *auszustampfen das Ungeziefer]* Wie schon im Wort »Rampe«
(RS 27,14) ist im Bild des »Ungeziefers« auf die Judenverfolgung im
Dritten Reich angespielt.
33 f. *jener Gott ... mich jetzt heilen]* Diastasimos' Schicksal ist von einem Paradox beherrscht: Erst zerschlägt Gott ihn aus heiterem Himmel, dann will er ihn heilen.
35 *Du bist nicht von* IHM] Im Verzweiflungsschrei deutet sich
eine Einsicht an: Jesus wird nun nicht mehr mit Jahwe identifiziert,
sondern vom »Vater« unterschieden.

40 8 f. »*Zeig dem, mit dem dus geteilt*] Diastasimos wird auf sich selbst zurückverwiesen: Er soll zum Anderen gehen, dem Angreifer, der den Aussatz sah. Dieser ›Teilende‹ ist in ihm; seine äußere Entsprechung ist der römische Soldat, der ihm als »Verfolger« (RS 26,1 f.) erschienen war.

9 » *laß dich heilen*«] Die Hinwendung zum Anderen impliziert heilende Wirkung. »Heil« (*germ.* haila, hailaz) bedeutet »ganz«, »unversehrt« (vgl. auch *engl.* »whole« = ganz, heil) wie es in der Wendung »heil machen« zum Ausdruck kommt.

10 f. *Regen zu fallen … Netz über dem Staub*] Sinnbild für das Einholen des Verlorenen (vgl. RS 36,33 ff.); Regen signalisiert die Auflösung verhärteter Fronten – Himmel und Erde sind einander im Regen verbunden.

16 f. *hinausblickend auf den Regen*] Die zum Stillstand gekommene Handlung kontrastiert auffällig mit der Hast, die die Evangelien verbreiten, wenn es auf die Passion zugeht. Auch das Bild Jesu, der sich an der Schönheit der Natur erfreut, kommt im Neuen Testament nicht vor.

19 f. »*Zwei sahen aus ihrer Höhle in einer Nacht*«] Das Gleichnis von den Teilenden steht in thematischem Bezug zum platonischen Höhlengleichnis, das ebenfalls die Bedingung der Möglichkeit von Erkenntnis auslotet. Platon zeigt die sinnlich wahrnehmbare Welt als illusionären Schattenwurf auf einer Höhlenwand, vor der die Menschen gefesselt sitzen. Das wahre Sein ist außerhalb der Höhle, wo im Licht der ewigen Welt die Urbilder herrschen, die nur von wenigen Auserwählten erkannt werden können. Im Gleichnis von den Teilenden sind innen und außen nicht unterscheiden – beide liegen in derselben primordialen Dunkelheit, der Mensch verharrt auf der Schwelle zwischen ihnen. Das Licht, das in Form eines Blitzes die Dunkelheit durchreißt, spaltet das undifferenziert Eine in Zwei und schafft damit die Bedingung für Erkenntnis.

22 f. »*Dunkel liegt vor ihnen das Land*«] Das »Land in Dunkelheit« ist ein altes Sinnbild für das Jenseits und den Tod, etwa in Shakespeares Schauspiel *Hamlet* (3. Akt, 1. Szene), in dem vom »undiscovered country« die Rede ist. Bei Roth verweist das Land in Dunkelheit auf das Unbewusste. Es wird von den »Teilenden« bewohnt – eine Metapher, die auf das Eine, Ganze zurückverweist: das (*lat.*) »Individuum« = das Unteilbare. Es besteht aus zwei zusammengehörigen Hälften, die sich nicht erkennen und eins mit dem dunklen Land sind, das sie umgibt. Diese Situation ursprünglicher Einheit entspricht dem Zustand vor der Schöpfung: Die Erde ist wüst und leer und über den finsteren Tiefen schwebt der Geist Gottes (Gen 1,2).

26 f. »*durch das Dunkel ein Blitz*«] Das autonome Naturphänomen erscheint als kosmogonisches Ereignis, das die Geburt des Bewusstseins vorstellt. Licht ist in vielen Kulturen synonym mit Geist; zum Beispiel wird man erleuchtet, wenn man eine Erkenntnis hat oder man wird von einem Einfall getroffen wie von einem Blitz.

29 »*werden sich sehnen nach Licht*«*]* Das Streben nach Erkenntnis ist ein ursprüngliches Verlangen; hat das Bewusstwerdungslicht die innere Landschaft erhellt, führt kein Weg mehr zurück in die Dunkelheit des ›Un-Bewusstseins‹.

32 *Wer sollte der andere sein]* Diastasimos versteht die gleichnishafte Rede konkret und vermutet den »Teilenden« in der Höhle anwesend. Jener andere ist *in* ihm selbst, wird aber zunächst als äußere Gestalt, als feindlich gesinnter römischer Soldat (vgl. RS 26,21 f.) wahrgenommen.

41 2 f. *»Rabbi«… von ihm sprechen gehört]* »Rabbi« (*hebr.* = mein Lehrer, Meister) ist die Anrede im Kreis der Jünger; sie adressiert Jesus als Lehrmeister einer Schülergruppe und enthält noch kein christologisches Bekenntnis. Diastasimos' Anrede schließt an das offiziellere »Meister« (RS 38,23) an, das bereits ein Anerkennen von Jesu Charisma signalisierte.

9 *»Nah wie ich vor dir stehe«]* Jesus lehnt es ab, Diastasimos zu therapieren (vgl. RS 40,5). Die Botschaft ist das Gleichnis; die Umsetzung in die Praxis liegt beim Individuum. Jesus ist gleichsam das Licht, das die Dunkelheit erhellt, der Weg zur Bewusstwerdung muss aus eigener Verantwortung gegangen werden.

11 *»Dort soll sichs erfüllen«]* Anspielung auf den Kreuzestod in Jerusalem als der Bestimmung Jesu.

14 f. *»Der mit dir teilt, der ist in dir«]* Die Essenz der Botschaft: Diastasimos, der In-sich-Entzweite, soll im Annehmen des Anderen im Eigenen ganz werden.

16 f. *fern in der Nacht ein Feuer]* Das Feuer brennt an der Weggabelung bei Bethanien; dort wartet ein Wachposten, die nach Jerusalem Reisenden zu kontrollieren.

35 *»Auf die Zwölf und den Einen«]* Die zwölf Jünger und Jesus als der Eine (Quintessenz der Zwölf) sind als Gruppe im Visier der Römer. Diastasimos weiß von der Absicht, den Wanderprediger aus Galiläa festzusetzen (vgl. RS 42,5 ff.)

42 8 f. *bei Nacht und Nebel… zu vernichten]* Die Phantasie einer heimlichen Verhaftung und Tötung Jesu parallelisiert die römische Unterdrückungspolitik mit der nationalsozialistischen Vernichtungspolitik. Die Redewendung »Nacht und Nebel« zitiert *Nuit et Brouillard* (dt. *Nacht und Nebel*, Frankreich 1955) von Alain Resnais, einer der frühesten Dokumentarfilme über den Holocaust, der die zeitgenössische Wirklichkeit des zerfallenden Lagers Auschwitz/Birkenau in Farbbildern einfängt und mit schwarz-weißem Archivmaterial der Befreiung kontrastiert. Der Filmtitel spielt auf die sog. Nacht-und-Nebel-Aktionen in den besetzten Gebieten an, bei denen NS-Polizeidienste Regimegegner heimlich festnahmen und spurlos verschwinden ließen, indem sie ohne Verfahren hingerichtet oder in Konzentrationslager verschleppt wurden.

27 *Nur der Judas bleibt ruhig]* Als Kontrastfigur zum Bedenkenträger Johannes tritt der kühle Stratege Judas auf, die Gefahr der Verhaftung zu meistern. Die folgende Planszene erinnert an die List

des Odysseus, der sich als Bettler verkleidet in Troja einschleicht. Im vierten Gesang der *Odyssee* erinnert sich Athene: »Seht, er hatte sich selbst unwürdige Striemen gegeißelt, / Und nachdem er die Schultern mit schlechten Lumpen umhüllet, / Ging er in Sklavengestalt zur Stadt der feindlichen Männer« (Vers 244 ff.).

43 5 f. *»geh mit Johannes … unser Knecht]* Das Motiv der Prüfung ist von Akira Kurosawas Film *Die Männer, die dem Tiger auf den Schwanz traten* (Japan 1945) inspiriert. Held des auf dem Nō-Drama *Ataka* (1465) basierenden Films ist ein berühmter General und Krieger aus dem Minamoto-Clan, der vor dem feindlichen Bruder ins Ausland fliehen muss. Sein Leben zu retten, schlüpft der Fürst ins Gewand eines Wandermönchs und zieht mit seinen ebenfalls als Mönchen verkleideten sechs Gefolgsmännern durch den tiefen Wald in Richtung Grenze, wo ein Wachposten auf sie wartet.

14 *Da lag ein Balken Holz]* Jesus tritt in die ihm zugedachte Rolle als Knecht ein. Im Alten Testament werden große Patriarchen und Propheten wie Abraham (Gen 2,24), Mose (Num 12,7), David (2 Kön 20,6) oder Ijob (Ijob 1,8) als Knechte adressiert. Dieser Traditionslinie folgend rücken die Evangelien Jesus und seinen Opfertod am Kreuz ins Licht des im *Buch Jesaja* entworfenen *leidenden Gottesknechts*, der die Sünden vieler trug. »Wie einer, vor dem man das Gesicht verhüllt, war er verachtet; wir schätzten ihn nicht. Aber er hat unsere Krankheit getragen und unsere Schmerzen auf sich geladen. Wir meinten, er sei von Gott geschlagen, von ihm getroffen und gebeugt. Doch er wurde durchbohrt wegen unserer Verbrechen, wegen unserer Sünden zermalmt.« (Jes 53,3-5 EÜ).

14 ff. *Rest eines Stamms … die Leiter geschlagen]* Der Balken ist aus demselben Stamm geschnitzt wie die Leiter (RS 11,33), die Diastasimos zur Aufhängung des Gewands dient, bevor sie als Pflug den Boden aufreißt (RS 11,25 ff.). Der Stamm symbolisiert das ›Holz‹ des Individuationswegs, der auf das Kreuz zuführt.

18 f. *»Laß mich tragen die Schwelle«]* Im Bild der nicht ausgeführten Schwelle nimmt Jesus ein Unerledigtes auf sich und trägt es stellvertretend, wissend, dass sein Vorbild anleitend wirkt.

25 *hat er sie schweigen gemacht]* Zum ersten Mal schwiegen Andreas und Tabeas am Ende des Berichts über das Tempelbergmassaker (RS 27,21).

29 *von einer Wache gehört]* Die Episode am Wachfeuer der Römer ist wie das Treffen in der Höhle des Aussätzigen eine literarische Fiktion, die als zusätzliche Stationen in die Chronologie des Heilsweges eingefügt sind.

35 *Zu Thomas werden wirs bringen]* Andreas und Tabeas pflegen nach wie vor die kühle Haltung von Protokollanten, die ihren Auftrag als Fixieren des »Zeugnisses« für die Nachwelt verstehen (vgl. RS 18,31).

44 11 *euer Herr, wie hat er Zeugnis gegeben]* Diastasimos nimmt den Diskurs über das »Zeugnis des Herrn«, das den ganzen Menschen fordert (vgl. RS 29,12 ff.), wieder auf.

20 f. *habt ihn nie selbst gesehen]* Diastasimos vertritt die Ansicht Platons, wonach wahre Erkenntnis bedingt, in der Tiefe der lebendigen Seele erfahren worden zu sein (vgl. Anm. zu RS 18,24). Als Jünger der zweiten Generation haben die Schüler die Botschaft aus zweiter Hand empfangen – sie verfügen lediglich über abstraktes ›Kopfwissen‹, noch nicht über tiefes Erfahrungswissen.

24 f. *Jakobus ... uns für ihn gewonnen]* Jakobus als geistiger Ziehvater ist zu unterscheiden von Jakobus dem Älteren, dem Bruder des Johannes, einem der beiden Zebedeiden. Der hier gemeinte sog. Herrenbruder Jakobus spielt im vorösterlichen Jüngerkreis noch keine Rolle. Dieser ist nach der Auferstehung Jesu gläubig geworden und stieg in der Folge zur führenden Gestalt der judenchristlichen Urgemeinde in Jerusalem auf.

45 8 f. *tut Größeres noch als er]* Anspielung auf ein Jesuswort aus den Abschiedsreden des Johannesevangeliums: »Amen, amen, ich sage euch: Wer an mich glaubt, wird die Werke, die ich vollbringe, auch vollbringen und er wird noch größere vollbringen, denn ich gehe zum Vater« (Joh 14,12).

10 f. *die an ihn glauben ... nicht diese Macht gegeben]* Im Hintergrund der Rede liegen zahlreiche Bibelstellen, in denen Jesus den Jüngern Auftrag erteilt, seine Botschaft zu verbreiten: »Geht und verkündet: Das Himmelreich ist nahe. Heilt Kranke, weckt Tote auf, macht Aussätzige rein, treibt Dämonen aus!« (Mt 10,7-8). »Er rief die Zwölf zu sich und sandte sie aus, jeweils zwei zusammen. Er gab ihnen die Vollmacht, die unreinen Geister auszutreiben« (Mk 6,7); »Dann rief er die Zwölf zu sich und gab ihnen die Kraft und die Vollmacht, alle Dämonen auszutreiben und die Kranken gesund zu machen. Und er sandte sie aus mit dem Auftrag, das Reich Gottes zu verkünden und zu heilen« (Lk 9,1-2).

22 f. *der sich an mir ... versündigt]* Diastasimos attackiert die angelernte Moral der Apostelschüler, indem er das Sünden-Argument in einem sokratischen Zirkelschluss ad absurdum führt.

13 f. *lahm an den Händen, ohnmächtig im Herzen]* Rhetorische Schmährede, in der Leid und Zorn in einem sich über zehn Zeilen zur Klimax aufbauenden Satzgebilde fühlbar werden. Die Redekunst des Diastasimos erweist, dass seine Erregung ein inszeniertes Poltern ist, das auf einem authentischen Kern beruht und den Zweck verfolgt, die Apostelschüler für das Zeugnis Christi zu öffnen.

46 5 *»Petrus«? Wer kann das schon sein]* Petrus, Führer der Jerusalemer Urgemeinde, früh als »Schattenhuscher« und »Menschenverdammer« (RS 17,32; 18,25) verunglimpft, fungiert in der Auslegung und Vermittlung von Jesu Botschaft als Gegenspieler.

9 f. *wird die »Unerfahrenheit« ... größer]* Wenn es keine Träger der lebendigen Botschaft Jesu mehr geben und die unmittelbaren Zeitzeugen in immer weitere historische Ferne gerückt sein werden, droht das »Zeugnis« sich zum Dogma zu verfestigen, das nur noch gelehrt und geglaubt werden kann. Wenn essentielles Wissen die Zeiten über-

dauern und späteren Generationen noch einleuchten soll, muss es zur persönlichen Erfahrung werden.

13f. *Zeit dazwischen ... wie ihr euch tröstet]* Anspielung auf den Messiasglauben (RS 28,25). Das Projizieren auf die bessere Zukunft unterbindet die Erfahrung.

27 *noch eine Fackel mitgeben]* Die Fackel markiert das Ende des langen Erzählabschnitts, der die Spanne zwischen dem Ende des alten Lebens in Bethanien und der ersten Begegnung mit Jesus in der Höhle umfasst. Der Same für den zweiten Teil der Diastasimos-Geschichte ist im Hinweis auf die römische Wache vor Bethanien bereits gesät (vgl. RS 41,16f.).

47 6f. *römischen Hauptmann ... Diener gerettet haben]* Anspielung auf die Wunderheilung in Kafarnaum, die Matthäus erzählt. Der Römer, der Jesus nicht zumuten wollte, das Haus eines Heiden zu betreten, bat: »Sprich nur ein Wort, so wird mein Knecht gesund« (Mt 8,8), worauf Jesus den Glauben des Hauptmanns rühmt und den Diener aus der Ferne heilt.

12 *Bethanien erreichten]* Die Ereignisse vor der Ankunft in Bethanien sind nicht belegt – niemand kann sie bezeugen, keiner der Beteiligten hat je von ihnen gesprochen; diese narrative Lücke füllt Diastasimos' Bericht über seine zweite Jesusbegegnung aus der Ferne.

14f. *du sagst, Judas war dabei]* Judas, der aus dem Kreis der Jünger Ausgestoßene, ist in der Gemeinde Anathema; niemand in Jerusalem weiß etwas von einer Jesus-Judas-Johannes-Konstellation (vgl. RS 32,9ff.).

28 *vor dem Judas kniete ... Füße wusch]* Die fiktive Szene ist nach der Fußwaschung gebildet, die im Kontext des Abendmahls erzählt wird: »Es fand ein Mahl statt, und der Teufel hatte Judas, dem Sohn des Simon Iskariot, schon ins Herz gegeben, ihn zu verraten und auszuliefern. Jesus, der wusste, dass ihm der Vater alles in die Hand gegeben hatte, und dass er von Gott gekommen war und zu Gott zurückkehrte, stand vom Mahl auf, legte sein Gewand ab und umgürtete sich mit einem Leintuch.« (Joh 13,2-3 EÜ) Als Petrus nicht nur die Füße, sondern auch Hände und Haupt gewaschen bekommen will, erklärt Jesus: »Wer vom Bad kommt, ist ganz rein und braucht sich nur noch die Füße zu waschen. Auch ihr seid rein, aber nicht alle. Er wusste nämlich, wer ihn verraten würde; darum sagt er: Ihr seid nicht alle rein.« (Joh 13,10-11 EÜ)

49 20 *Dabei und nicht dabei]* Beispiel für die paradoxe, andeutungsreiche, ironische Rede, die Diastasimos pflegt; sie entspricht sokratischer Rhetorik, die darauf zielt, den Zuhörer zu eigener Erkenntnis anzuleiten und das in ihm angelegte Wissen zu aktivieren.

25f. *wart auch hier ... dabei und nicht dabei]* Versteckte Kritik an der reservierten Haltung der Apostelschüler, die sich emotional nicht einbringen wollen.

31 *Erst muß verwirrt sein]* Die pädagogische Strategie der gezielten Verwirrung des Schülers ist nach der Methode sokratischer Mäeutik gebildet. Sie zielt darauf, das angelernte und somit ungeprüfte Wissen

des Schülers zu erschüttern, in der Absicht, ihn für die Wahrheit zu öffnen, die im eigenen Inneren liegt und dort erweckt werden muss.

33 f. »*Lasset … nicht aufhören zu suchen*«] Jesuswort aus dem Thomasevangelium, es lautet in der wissenschaftlichen Übersetzung: »Jesus spricht: Wer sucht, soll nicht aufhören zu suchen, bis er findet. Und wenn er findet, wird er bestürzt sein. Und wenn er bestürzt ist, wird er erstaunt sein. Und er wird König sein über das All.« (ThomEv 2)

50 5 f. *wir kennen uns ja*] Versteckte Anspielung auf die Identität des Diastasimos als Vater, die Andreas und Tabeas verhüllt ist (vgl. Anm. zu RS 19,36 ff.).

14 *Diastasimos bläst ins Feuer*] Angesichts der vierten und letzten Rückwendung rückt noch einmal der Erzählsituation in der Höhle in den Fokus (vgl. RS 12,27; 13,24.). Das Feuer fungiert als Energie- und Konzentrationsquelle, in die der Erzähler sich hineinvertieft, den letzten Teil seiner Geschichte zu vergegenwärtigen.

18 *Dabei war ich und nicht dabei*] Anspielung auf die indirekte Zeugenschaft der zweiten Gottesbegegnung. Diastasimos bleibt für die handelnden Figuren unsichtbar, hat aber vollen Einblick in das Geschehen.

22 *den Mann … heilen wollte*] Noch einmal wird die Perspektive des »Ungläubigen« eingenommen, der an der Sinnlosigkeit seines Schicksals laboriert und nicht erlöst werden will (vgl. RS 39,6 ff.).

24 f. *teilte … mit Unsichtbaren und Geistern*] Rückbezüglicher Verweis auf das »Gleichnis von den Teilenden«, die Botschaft Jesu, die nicht verstanden wurde (RS 40,5 ff.).

51 5 f. *seitwärts voran … Bergeskamm entlang*] Bei seinem heimlichen Nachschleichen geht Diastasimos buchstäblich auf ›schmalem Grat‹.

8 f. *waren aber zwei Feuer*] Die sich gegenüberliegenden Feuer kennzeichnen den Wachposten als Kontroll- und Durchlassstelle; zwischen diesen beiden Feuern werden die Reisenden geprüft.

11 f. *Brust an den Stein … vornüber hinab*] Das Geschehen wird von einem Felsvorsprung aus beobachtet. Wie im Theater wird ein Platz auf einem oberen Rang eingenommen, der es erlaubt, die Ereignisse aus der Distanz und doch nah genug zu verfolgen.

25 f. *Und waren zehn*] Judas' Plan folgend (RS 42,27 ff.) erscheinen zunächst die zehn Jünger, die den Dreien vorausgingen. Sie werden im Licht des Feuers gemustert, zu prüfen, ob der gesuchte Eine sich unter den zehn aufhält.

27 *Der Hauptmann der Wache*] Der Hauptmann, auf den Diastasimos im Vorfeld seines Berichts bereits anspielte (RS 46,35 ff.; RS 48,6 f.), rückt in den Fokus. Seine Position ist nah am Beobachterposten unterhalb am selben Felsen. Die vier Soldaten des Wachkorps lagern am anderen Feuer, das Diastasimos' Felsen gegenüberliegt.

30 f. *noch einen bei sich*] Dieser Eine, der auch der »Andere« (RS 51,31) genannt wird, fungiert als Berater des Hauptmanns.

52 4 *befahl … den Syrern*] Die Soldaten des Wachkorps sind aus der

nördlich gelegenen römischen Provinz Syria rekrutierte Legionäre im Dienst der römischen Armee.

9ff. *stimme mit eurem Bericht … ganz überein]* Bestätigung der Information, dass die Jünger sich vor dem Pessachfest in Bethanien aufhielten (RS 47,12), sodass alle zuvor die römische Wache passiert hatten.

15 *Nicht aber, wie ich berichte]* Jesus, Johannes und Judas sind verspätet zum Kreis in Bethanien gestoßen; was sich bei der Wache wirklich zugetragen hat, erzählt Diastasimos im Folgenden aus erster Hand.

22 *standen zwischen den Feuern]* Die Situation der Prüfung wurde von Akira Kurosawas Film *Die Männer, die dem Tiger auf den Schwanz traten* (vgl. Anm. zu RS 43,5f.) inspiriert. Ein biblisches Vorbild für den mit dem Element Feuer verbundenen Aspekt der Läuterung und Reinigung findet sich in der Geschichte von den drei »Jünglingen im Feuerofen« (Dan 3), die ebenfalls von einer fundamentalen Probe erzählt.

29 *das schwere Holz auf den Schultern]* Jesus erscheint in der gebeugten Haltung, die auch Diastasimos in der Eröffnungsszene zugeschrieben wird (RS 11,22); seine Leiter korrespondiert mit dem Balken – beide sind aus demselben Holz (RS 43,14).

53 2f. *auseinanderweichen … jenen dritten vorzulassen]* Das Eintreten des Dritten ins Zentrum ist eine Jesus wiederkehrend zugeschriebene Grundfigur (vgl. RS 33,21ff.); er ist der Vermittler, der die Gegensätze eint.

5f. *Lumpen … umgelegt hatte]* Ein weiteres Attribut, das Jesus mit Diastasimos verbindet (RS 11,21).

33f. *»Nicht Unruhe zu stiften«]* Die Sorge eines Aufstands war zu Festzeiten, wenn sich die Masse der Gläubigen im Tempel versammelte, besonders groß.

54 1f. *»transportiert … bei Nacht und Nebel«]* Die Redewendung bringt Diastasimos' Sorge hinsichtlich einer Verhaftung und Aburteilung Jesu wieder in Anschlag (vgl. RS 42,7ff.)

3 *»gemessen und zugehauen für das Haus«]* Anspielung auf das Jesuswort »Brecht diesen Tempel ab, und in drei Tagen will ich ihn aufrichten.« (Joh 2,19) Impliziert sind die Erfüllung der Mission im Opfertod und der Beginn der Gottesherrschaft: »Und etliche standen auf und gaben falsch Zeugnis wider ihn und sprachen: Wir haben gehört, daß er sagte: Ich will den Tempel, der mit Händen gemacht ist, abbrechen und in drei Tagen einen anderen bauen, der nicht mit Händen gemacht sei.« (Mk 14,57)

15f. *sah ich ihn stelzen]* Verbmetapher zur Verdeutlichung des mechanischen Gebarens des Beraters; die eiserne Miene ist ein weiteres Merkmal seiner unmenschlichen, diabolischen Natur.

32f. *teures Holz … herrlich zugeschnitten]* Das Holz, das einmal der profane »Rest eines Stamms« (RS 43,14f.) war, hat sich auf dem Weg durch die Nacht in ein wertvolles, seltenes Material verwandelt. War es zunächst »teuer« im materiellen Sinn, ist es jetzt (*lat.*) »carus« = kostbar, insofern es einen hohen ideellen Wert symbolisiert. Insofern das Holz auch auf das Kreuzesholz verweist und also die Kreuzigung vorwegnimmt, erinnert das »teuer« auch an Paulus' Mahnung an die Gemeinde: »Ihr seid teuer erkauft« (1 Kor 7,23).

34 f. *die Runde gemacht um das Holz]* Der Gehilfe nähert sich in einer »Circumambulatio«, der aus Stammesreligionen bekannten Form »der Umkreisung des Heiligtums. Sie endet in einer Aug-in-Auge-Situation – dem Moment des Erkennens.

56 9 f. *»ein römischer Hauptmann wie du«]* Anspielung auf den Hauptmann von Kafarnaum (Mt 8,5-13; Lk 7,1-10; Joh 4,46-54), dessen Diener von Jesus geheilt wurde (vgl. RS 47,6), und auf den Hauptmann von Cäsarea, der als erster römischer Heidenchrist gilt (Apg 10).

12 *»halten ihn nicht versteckt«]* Jesus ist dem Hauptmann direkt vor Augen und doch sieht er ihn nicht. Wie der Stein der Weisen in der Alchemie wird er von jedermann gesehen, aber von niemandem erkannt.

19 f. *»Gottessohn ... mich unterrichtet«]* Auch über innerjüdische Diskurse ist der unheimliche Gehilfe informiert. Die Lage spitzt sich zu: Römer und Juden stehen sich als Verfolger und Verfolgte gegenüber, die Wache ist im Begriff, Jesus zu ergreifen und auszuliefern.

25 *im ganzen Körper ... Angst]* Johannes vertritt als ›Philosoph‹ das Geistprinzip; er glaubt an die Macht der Worte, die Physis (das Körperliche) hingegen ist abgespalten. Judas repräsentiert hier die Einheit von Körper und Geist und verkörpert in dieser Szene den ›ganzen‹ Menschen.

36 *wie sehr wir lieben den Herrn]* Signalwort des Christentums als der ›Botschaft der Liebe‹. Die Rede des Johannes, des »Lieblingsjüngers« (Joh 21,20), kontrastiert mit dem Barbarentum der römischen Besatzer, personifiziert im römischen Hauptmann.

57 4 *Ihn verraten ... nicht um mein Leben.«]* Die großen Worte kompensieren die große Angst, entdeckt zu werden. Das Pathos erinnert an Petrus, der Jesus entgegen seinen großen Worte verleugnet. »Auch wenn alle (an dir) Anstoß nehmen – ich nicht! Jesus antwortete ihm: Amen, ich sage dir: Noch heute nacht, ehe der Hahn zweimal kräht, wirst du mich dreimal verleugnen. Petrus aber beteuerte: Und wenn ich mit dir sterben müßte – ich werde dich nie verleugnen.« (Mk 14,29-31 EÜ)

9 *»vergibt mir die Sünden«]* Anspielung auf das christliche Glaubensbekenntnis mit den Eckpunkten der Sündenvergebung und der Verheißung ewigen Lebens.

32 f. *»Sondern vergibt ... die Verlorenen zu sich«]* Jesus ist derjenige, der das ›Rad‹ der Sünde bricht. Nach christlicher Lehre stirbt er für die Sünden der Menschheit am Kreuz und erlöst mit seinem Opfer die Welt vom Bösen. Die Vorstellung vom Sammeln des Verlorenen schließt an die Rede vom »Einholen des Zerstreuten« (RS 36,35 ff.) als Bild für den Vorgang der Bewusstwerdung an.

35 *»Wie verschieden wir sind«]* In ihrer Spiritualität, Verinnerlichung

und Ausrichtung auf den einen Gott stellt die jüdisch-christliche Kultur das Gegenbild zur extravertierten, materialistischen, pluralistischen Gottesauffassung der Römer dar.

58 16 *Johannes leugnet ... ein drittes Mal]* Parallele zur Prophezeiung Jesu, dreimal verraten zu werden, ehe der Hahn zweimal kräht (Mk 14,30), und Petrus' dreimaliger Verleugnung im Hof des Hohenpriesters (Mk 14,66-72).

33 *Hört also her und seht also her]* Wendepunkte im Handlungsverlauf werden mit der Erzählformel »Hört und seht« angekündigt (vgl. RS 52,15); so auch in der Wachfeuer-Episode, wenn die Peripetie eintritt und das Unerwartete geschieht.

33 ff. *der Knecht ... schwankt]* Der Knecht steht im Spannungsfeld zwischen den Gegensätzen; die Balance zwischen »mens« (Johannes) und »corpus« (Judas) endet im Moment seiner Entdeckung. Der zu Boden fallende Balken kündet die Wende in einer ausweglosen Situation an und eröffnet dem Geschehen neue Richtung.

59 4 f. *reißt Judas ... römische Bleikugelpeitsche]* Die Bleikugelpeitsche verknüpft die Szene am Wachfeuer mit der Szene im Tempel (RS 26,23), in der Diastasimos von dem römischen Soldaten angegriffen wird.

8 *Schlägt ... und schreit ihn an]* Das Motiv der Gewalt gegen den eigenen, geliebten Herrn ist ein Plot-Element aus *Die Männer, die dem Tiger auf den Schwanz traten* (vgl. Anm. zu RS 43,5 f.). In Kurosawas Film schlägt der Diener Benkei seinen Vorgesetzten, um den argwöhnischen Gehilfen des Wachpostens von ihm abzulenken.

10 f. *drischt ... daß die Fetzen fliegen]* Der Kolloquialismus betont die Brutalität der Züchtigung, die ebenso irrational wie authentisch ist. Es ist die unerhörte Gewalttat des Jüngers gegen seinen Herrn, die den Umschwung der Handlung bewirkt.

24 f. *und sie hatten ihr Spiel mit ihm gehabt.]* Anspielung auf die Verspottung Jesu nach der Geißelung (Mk 15,16-20) und das Würfelspiel um das Gewand des Heiligen. Die Spielmetapher deutet auf den Vorgang einer Inszenierung.

30 f. *Und den Hauptmann ... rührte es an]* Die Züchtigung durch den eigenen Anhänger bewirkt eine authentische Gefühlsreaktion im Gegner; es wird erkannt, dass Jesus aus Liebe geschlagen wird, ihn vor dem Erkanntwerden zu retten.

60 5 f. *der fallen ließ seine Tracht.]* Die »Tracht« (*ahd.:* traht) bezeichnet »das, was auf einmal getragen wird«, besonders das »zu Tisch Getragene«. Daraus leitet sich die »Tracht Prügel« ab, die auf einmal gegeben wird sowie die »Leibesfrucht«, die auf einmal getragen wird.

8 f. *achte ... nicht dieses Geringsten]* Im Hintergrund der Rede liegt das Bild vom ›leidenden Gottesknecht‹, dem »Allerverachtetste[n] und Unwerteste[n], voller Schmerzen und Krankheit« (Jes 53,3), sowie Jesu Rede von den »Geringsten« (Mt 25,40;45).

17 *Heiligsten peitschen wie einen Hund]* Ein ungeheures Paradoxon wird bewusst: Gewalt kann unter Umständen äußerster Liebe ent-

springen. Auch das Gottesbild ist widersprüchlich: Jesus ist Gott und Knecht, Heiliger und Hund in einer Person.

26 *das wirrgehauene Peitschenbündel]* Das Kompositum beschreibt im Zustand der Bleikugelpeitsche die »wirrgehauenen« Verhältnisse.

30f. *läßt er fallen … reißende Peitsch]* Schilderung im Modus der Mauerschau; die Naheinstellung auf den römischen Hauptmann und der Tempuswechsel unterstreichen die Dramatik der Ereignisse.

33 *springe etwas vom Geschlagenen auf]* Die Szene bildet das Pendant zum Zusammenstoß zwischen Diastasimos und dem römischen Soldaten im Tempel (vgl. RS 26,22-27,7).

34f. *weicht aus vor wem?]* Das Motiv des Ausweichens erscheint erstmals bei der Begegnung von Diastasimos und Jesus in der Höhle (RS 36,32). Der energiegeladene Blick des Gottessohns trifft den römischen Hauptmann mit Macht und verwandelt ihn.

36f. *Peitschenkugeln … aufgeteilt … das Kleid]* Wiederkehr der Entdeckungsszene im Tempel, als Diastasimos' Gewand unter den Schlägen des Römers aufriss und den Aussatz erkennen ließ (RS 26,28f.).

61 12f. *erkannt ich den Hauptmann]* Eine doppelte Wiedererkennung ereignet sich: Diastasimos realisiert im römischen Hauptmann den römischen Soldaten im Tempel, seinen »Verfolger« (RS 26,1f.). Der römische Hauptmann wiederum erkennt im hingestürzten aussätzigen Jesus den Juden (Diastasimos) im Tempel, den er hatte töten wollen.

22 *dem Gott … ihn sehen ließ]* In Anspielung auf den numinosen Blick Jesu, der einigt und ganz macht (RS 36,33f.), ist auf das Gleichnis von den Teilenden (RS 40,5ff.; RS 40,19ff.) verwiesen. Es gebietet, den Anderen im Eigenen zu erkennen und anzunehmen.

35f. *mich richtete … aufhob vor ihm]* Moment der Transzendenz; das äußere Aufgehobenwerden Jesu entspricht dem inneren Aufgehobenwerden des Diastasimos: Was außen auf dem Schauplatz beobachtet wird, vollzieht sich synchron auch innen in der Seele.

62 2 *Jesus-und-Diastasimos, beide in eins erinnert]* Was Jesus geschieht, geschieht auch dem heimlichen Beobachter Diastasimos. Im *Hymnus Christi* der apokryphen *Johannesakten* ist die Spiegelfunktion Christi explizit benannt: »Ein Spiegel bin ich dir, der du mich erkennst.« (Vers 25) Und weiter: »Sieh dich selbst in mir […], erkenne, was ich tue, […] weil dein ist dieses Leiden des Menschen, das ich leiden werde« (Vers 31-32).

6 *Umarmung, die eine und einzige]* Die Umarmung repräsentiert die Vereinigung von Gott und Mensch, Römer und Jude etc. Sie steht im Rang eines überzeitlichen, heiligen Ereignisses.

8 *oben mich stehend fand … geheilt]* Die im Modus der auflösenden Rückwendung vermittelte Heilung erweist, dass Diastasimos bereits geheilt war, als er seinen Besuchern gegenüber vorgab, mit Aussatz behaftet zu sein.

13f. *rein war mein Leib … sah ihn glänzen]* Die Wiederherstellung des Leibes ist das äußere Zeichen der Einswerdung. Der Physis, dem irdisch-materiellen Prinzip, wird das transzendierende Phänomen des Glanzes zugesprochen.

17 f. *Knechtgott … fernhin heilen]* Jesus verkörpert den Typus des »wounded healer«, der aus eigener Verletztheit heraus heilt. Er entspricht darin der Tradition des leidenden Gottesknechts, der die Sünden der Welt auf sich nimmt (vgl. RS 43,14; RS 60,6).

20 *seht, ich war … geheilt]* Die Adressierung der Zuhörer markiert den Übergang in die Rahmenhandlung, die Rückkehr zur Erzählsituation am Lagerfeuer der Höhle.

22 *und kam viel näher noch: als er fern]* Anspielung auf das Nähe-Ferne-Paradox einer Beziehung. Als Diastasimos Jesus Aug in Auge gegenüberstand, war er nicht zu heilen (RS 41,9); erst als er die Botschaft aus der Ferne vernahm, wurde er gesund.

25 f. *viel weniger … ein Wunder]* Diastasimos zufolge ist seine Heilung kein Wunder, sondern das Ergebnis des inneren, durch Jesus gewiesenen Wegs zur Erkenntnis, dem er aufrichtig folgte.

26 *Gleichnis auf ihn und auf uns]* Die gleichnishafte Sicht auf die Dinge teilt Diastasimos mit Jesus, der seine Lehre in Gleichnissen zu vermitteln pflegte: »Und er sprach: Womit wollen wir das Reich Gottes vergleichen, und durch welches Gleichnis wollen wir es abbilden?« (Mk 4,15) Die Frage nach der symbolischen Bedeutung entkleidet die Erfahrung ihres individuellen, zeitgebundenen Kontextes – diese Schichten werden gleichsam abgeschält, um zum größeren, universellen Muster zu gelangen, das hinter der Oberfläche liegt und im Gleichnis Ausdruck findet.

29 *wie versteckt … vor euch]* Wiederaufnahme des Motivs der geheimen Verwandtschaft (RS 16,24 f.) und des pädagogischen Projekts der Vermittlung einer Lehre.

63 1 *tausendmal mehr als die Schrift]* Diastasimos' Vorbehalt gegen die Schrift bricht wieder durch (vgl. RS 14,19 f.; RS 19,2). Wissen muss ihm zufolge zur lebendigen Erfahrung werden, d.h. es muss mit Eigenem verbunden werden, wenn es überdauern soll. Diastasimos hat sein Zeugnis so lebendig und eindringlich vermittelt, dass die Apostelschüler ihren Auftrag, aufzuschreiben, vergessen haben.

2 f. *die Probe nicht machen]* Der Erzähler Diastasimos fordert von seinen Zuhörern, das Gehörte kritisch zu prüfen und entsprechend zu handeln. Darin folgt er der Tradition des sokratischen Prinzips des »krinein« (*griech.*) scheiden, unterscheiden. Um ein möglichst sicheres Wissen davon zu erhalten, was das Gute ist, empfiehlt Sokrates, seine Ansichten einer wiederholten schonungslosen Prüfung zu unterziehen. Halten sie stand, können sie vorerst als Wissen gelten. Bei Diastasimos liegt der Akzent indessen auf dem Handeln – das für richtig Befundene muss anschließend auch in die Praxis umgesetzt werden.

64 1 *verstört und entsetzt]* Mit dem Ende seiner Erzählung ist der Zustand eingetreten, den Diastasimos zu Beginn mit einem Jesuswort prophezeit hatte: Die Apostelschüler sind verwirrt (RS 49,31 ff.) und verstehen die Welt nicht mehr. Mit dem Verlust der alten Bewusstseinsordnung ist der Idealzustand für das »Verpassen der Lehre« (RS 15,34) erreicht.

24 ff. *Ausreden … dem Erleben des Glaubens]* Diastasimos insistiert darauf, dass sich die Apostelschüler für die Botschaft Jesu öffnen und sein Zeugnis nach innen nehmen, um es im Eigenen zu »erleben«. In diesem Sinn ermahnte Paulus die Korinther: »Die Lehre seid ihr […] unser Brief seid ihr […] ihr seid der Brief Christi […] geschrieben nicht mit Tinte, sondern mit dem Geist des lebendigen Gottes, nicht auf steinerne Tafeln, sondern auf Tafeln, die fleischerne Herzen sind« (2 Kor 3,1-6 ELB; vgl. auch Jer 31,33).

35 f. *von oben … in den Zeitenbrunnen]* Angesprochen ist das Problem der Verbindung mit der spirituellen Quelle: Wie kann weisheitliches Wissen lebendig bewahrt werden, wenn der Meister und Lehrer nicht mehr gegenwärtig ist und mit jeder Generation weiter ins Historische rückt (vgl. RS 46,8)? Die »Zeitenbrunnen«-Metapher wurde von Thomas Manns Vorspiel zu den *Joseph*-Romanen inspiriert, dem einleitenden Satz »Tief ist der Brunnen der Vergangenheit«. Traditionell ist der Brunnen ein Ort der Labung. Jesus bietet der Samariterin am Brunnen das Lebenswasser an: »Wer aber von dem Wasser trinkt, von dem ich ihm geben werde, wird niemals mehr Durst haben; vielmehr wird das Wasser, das ich ihm gebe, in ihm zur sprudelnden Quelle werden, deren Wasser ewiges Leben schenkt.« (Joh 4,14-15 EÜ) Beeinflusst ist das Brunnenbild außerdem von einer Episode aus Andrej Tarkowskijs Film *Iwans Kindheit* (1962), einer Traumsequenz: Der junge Iwan schläft erschöpft ein und träumt von einem Erlebnis aus seiner Kindheit mit der Mutter. Die Kamera fährt dabei am Kopf des Träumers vorbei; man hört Wasser tropfen, da schwenkt die Sicht nach oben, und der Zuschauer erkennt: sie blickt aus der Tiefe eines Brunnens durchs Wasser nach oben, wo sich die Mutter und Ivan gerade über den Brunnenrand beugen, in ihn herabzusehen. Es folgt ein Schnitt, eine kurze Überblendung, die die beiden von unten her näher bringt. Die Mutter erklärt dem Kind, dass der Tag für die Sterne Nacht sei und sie jetzt dort unten im Brunnen schlafend zu sehen wären. Im Traum ist Iwan sogleich unten im Brunnen und greift durchs Wasser nach dem hellen Stern. Die Berührung des Sterns wird zum Alptraum: Fremde Stimmen hallen im Brunnen wider – noch freudig blickt er hinauf, zurück zur Mutter, die am Brunnenrand vom Schuss eines deutschen Soldaten getötet wird.

65 6 *»Deinen Mörder umarme«]* Die Worte bilden die Essenz des Gleichnisses von den Teilenden (RS 40,5), das am Wachfeuer der Römer konkret wurde (RS 61,36) und den Kern der Lehre, die Diastasimos aus seiner Erfahrung mit Jesus gezogen hat. Den »Mörder umarmen« ist Sinnbild für das Sehen und Annehmen des angefeindeten Anderen im Eigenen, dem theologisch das Gebot der Feindesliebe aus der Bergpredigt (Mt 5,44) entspricht.

9 f. *»dein Feind … nicht vergeben hast«]* Anspielung auf die biblische Endzeitrede, bei der die Gerechten von den Ungerechten geschieden

werden (Mt 25,31-46). Von den Gerechten heißt es: »Was ihr für einen meiner geringsten Brüder getan habt, das habt ihr mir getan« (Mt 25,40 EÜ) und über die Ungerechten spricht der Herr: »Was ihr für einen dieser Geringsten nicht getan habt, das habt ihr auch mir nicht getan.« (Mt 25,45 EÜ) Wird der »Geringste«, der Missachtete und Gehasste, nicht gesehen, bleibt er »unumarmt« und wird sich zum Feind entwickeln.

19 *setzt er sich dort?]* Mit dem Übergang in den Rahmen wechselt die Erzählperspektive zurück in die personale Sicht und die Fokalisierung springt wie zu Beginn der Novelle in die Außensicht. Die der expressionistischen Stummfilmszenaristik des Drehbuchautors Carl Mayer (1894-1944) entlehnte Fragetechnik hat die Funktion, die Imaginationskraft des Lesers anzuregen, insofern dieser den Agierenden gewissermaßen mitbeobachtet.

25 *nimmt Tabeas die Fackel]* Wiederaufnahme des Fackelmotivs, das zur Heilungserzählung überleitete (RS 46,29); das Entzünden kündet die bevorstehende Erleuchtung, den eigentlichen Moment der Wahrheit, an.

28f. *an einem Wassertrog sitzend]* Re-Inszenierung der Wassertrogszene vor dem Haus (RS 20,23), bei der der Ausbruch der Krankheit entdeckt wurde.

30f. *wäscht ... rußverschmierte Gesicht]* Wie in Schauspieler nach der Vorstellung nimmt Diastasimos sich die Schminke vom Gesicht. Die Geste stellt den Inszenierungscharakter seiner Erzählung heraus, der einem höheren Zweck dient: der möglichst eindrücklichen Vermittlung der Lehre Jesu.

31f. *Schein der Fackel und dreht sich halb um]* Der Moment der Wahrheit tritt in der Wendung des Körpers ein; auch Tabeas wird sich im Umdrehen gewiss, dass Diastasimos wahr gesprochen hat.

34f. *Tabeas schaudert ... steht zitternd]* Sehen ist hier Erkennen, das sich physisch und psychisch manifestiert.

66 2f. *Scheint ... zu genießen]* Die Erfüllung des sehnlichen Wunsches nach Berührung gleicht Diastasimos einem Kind an.

7f. *rennt Tabeas ... zum Bruder]* Parallelisierung der Entdeckung der Heilung mit der Auferstehung am Ostermorgen im Motiv des Hin- und Herlaufens von Maria von Magdala, Johannes und Simon Petrus von und zum Grab. (Joh 20,1-9) Die räumliche Bewegung bildet den inneren Erkenntnisprozess nach, der in erfahrenem Glauben mündet.

24f. *»gute Nachricht« ... zu verkünden]* Ironische Anspielung auf die Heilung als (*griech.*) »eu-angelion«, gute Nachricht, die den Glaubensbrüdern verkündet werden soll.

26f. *Thomas und Simon wissen von mir]* Diese spät in die Erzählung eingetragene Notiz deutet auf eine Absprache zwischen Thomas, Simon Petrus und Diastasimos hinsichtlich des Auftrags von Tabeas und Andreas, diesen als Jesuszeugen zu befragen.

36f. *noch zu geben ... wie ich euch ... von mir gegeben]* Die Beziehung zu den Söhnen wird von Diastasimos im Zeichen eines »symbolon« gesehen *(griech.)* = das Zusammengefügte, eines unter Freunden ausgetauschten Erkennungszeichens. Es entstand durch das Zerbrechen einer Münze, eines Tontäfelchens oder eines Rings in zwei Hälften und diente seinen Besitzern als Beweis ihrer Verbindung, insofern bei der Wiederbegegnung der abgebrochene Teil gegeben wurde, der sich mit dem Gegenstück, das beim anderen geblieben war, wieder zum Ganzen fügte. Im Sinne des Bildes von der gebrochenen und zusammengefügten Münze nannten die frühen Christen ihr Glaubensbekenntnis »symbolon«.

67 2 f. *es ist Zeit]* Der Augenblick, das Zeugnis konkret werden zu lassen; die Formel, die auf den griechischen Gott Kairos verweist, schlägt den Bogen zurück zum Anfang (RS 15,31), als es Zeit war, dem Auftrag der inneren Stimme Folge zu leisten.

18 *Geh, hol mir mein Kleid]* Hinter der Aufforderung steht das familiäre Ritual zwischen Vater und Sohn (vgl. RS 21,2). Indem das Platzieren und Zutragen des Gewands Anfang und Ende der Novelle markiert, wird das Geschehen dazwischen als Prozess sichtbar, der an sein Ziel kommt.

20 f. *hochspringen, von der Erde hoch]* Der Tempuswechsel suggeriert Gegenwart; das dreimalige »hoch« betont die Anstrengung, einen einmal gewonnenen Standpunkt aufzugeben. Im physischen Sprung weg von der Erde bricht die Erinnerung und mit ihr die Wiedererkennung (Anagnorisis) in Andreas durch.

25 *das Springen aber noch in den Gliedern, erkennt er ihn]* Moment der Revelatio, Aufdeckung des »auferstandenen« Trägers des Gewands: Diastasimos, ausgelöst durch einen im Körpergedächtnis gespeicherten Schlüsselreiz.

29 f. *und der dies aufgeschrieben]* Das späte Sich-zu-Erkennen-Geben des Erzählers Tabeas erinnert an das Johannesevangelium, dessen Verfasser sich am Ende seines Berichts als Autor bekennt: »Dieser Jünger ist es, der all dies bezeugt und der es aufgeschrieben hat; und wir wissen, daß sein Zeugnis wahr ist.« (Joh 21,24) Die vermeintlich neutrale Erzählstimme des Rahmens (RS 11,10) stellt sich als ein vom Erzählten zutiefst Betroffener heraus, der in der Geschichte des Vaters auch die eigene präsentiert.

31 f. *neu beginnend am Wasser]* Verweis auf das Flussufer *(engl.)* »Riverside«, als traditionellen Ort der Taufe; Johannes der Täufer taufte am Ufer des Jordan.

33 f. *ein Licht ... dunkel war]* Anspielung auf den *Johannes*-Prolog »Und das Licht leuchtet in der Finsternis / und die Finsternis hat es nicht erfaßt«.

35 *des Wassertrogs kleinem Teich ... die Sichel]* Anschluss an die häusliche Szene vom morgendlichen Reinigen des Werkzeugs (RS 20,28). Anfang und Ende der Diastasimos-Geschichte werden im wiederkehrenden Bild der Sichel bogenförmig zusammengeschlossen.

36 *Und siehe, sie glänzt]* Die Wendung »und siehe« *(griech.)* »kai idou« ahmt den Duktus der Evangelien nach. Das Glänzen der Sichel

verweist auf das spezifische Licht des Mondes, der mit dem Prinzip des Weiblichen konnotiert ist. Im Erzählzusammenhang weist der Glanz zurück auf den »reinen Leib«, der im Schein des Feuers glänzt (RS 62,13 f.), und voraus auf den Protagonisten des Folgebuchs, »Johnny Shines«.

Johnny Shines
oder
Die Wiedererweckung der Toten
Seelenrede

Inhalt und Konzeption

Der Roman, der unmittelbar nach *Riverside*, in den Jahren 1991/92 geschrieben wurde, erzählt die zu Beginn der 1990er Jahre in Kalifornien spielende Geschichte des obdachlosen, auf die Lebensmitte zugehenden Johnny Shines, der uneingeladen auf Beerdigungen erscheint, um sich ans Grab zu drängen und dem Toten unter Berufung auf Matthäus 10,8 zu befehlen, aufzustehen. Den Typus des Helden als gesellschaftliche Randfigur mit hochdifferenziertem Innenleben entwickelte Roth u.a. aus seiner Begegnung mit einem Schauspieler, mit dem er in seinem zweiten Kurzspielfilm *The Killers* (1980) nach Charles Bukowski arbeitete und der einst ohne festen Wohnsitz in Los Angeles lebte. Die Urlandschaft der Mojave-Wüste im Südosten Kaliforniens, ein beliebter Drehort von Hollywood-Western seit den 1930er Jahren, bildet die monumental-zeitlose Kulisse des unzeitgemäßen Erweckungsdramas.

An der Textoberfläche präsentiert sich der Roman als postmoderner Pastiche, der Elemente des Western, der Detektivgeschichte und des Thrillers kombiniert und nach dem mythischen Muster einer Nekyia (Unterweltsfahrt) anordnet. Der Glaube an die Auferstehung ist das primum movens des Protagonisten Johnny: Er fungiert im Spannungsfeld von persönlichem Glauben, moderner Psychose und umfassender spiritueller Leere als Medium eines wirkmächtigen christlichen Urbilds, das ihn als Werkzeug höherer Mächte agieren lässt: Wie die Propheten des Alten Testaments Elia und Elisa, wie der Gottessohn selbst und sein Nachfolger Petrus fühlt Johnny Shines sich berufen, Totenerweckungen im irdischen Leben zu vollbringen. Auch die Auferweckung in der Endzeit, die nicht einem einzelnen Menschen, sondern einer Gruppe gilt, wie die große Totenfeldvision des Ezechiel (Ez 37,7-10), hat ein spätes Echo in Johnny, wenn der Dreizehnjährige beim heimlichen Lesen im Kriegstagebuch des Vaters von der Vision einer universellen Totenerhebung überwältigt wird.

Die ungebrochene Macht des christlichen Auferstehungsmysteriums erweist der Roman an einem auf den ersten Blick durchschnittlichen Helden ohne besondere Fähigkeiten und Begabungen. Sein Name ist dem Bluesmusiker Johnny Shines (1915-1992) entlehnt, auf den Roth bei seiner täglichen Lektüre der *L.A. Times* gestoßen war. Mit dem Namen *Johnny* ist in der amerikanischen Popularkultur der durchschnittliche »everyman« assoziiert, wie er z.B. in der Bürgerkriegshymne *When Johnny comes marching home* (1863) angesprochen ist; *Shines* hingegen, von (*engl.*: »to shine«) = glänzen, strahlen, leuchten, verweist auf das Gegenteil – den singulären höchsten Wert, der im Glanz, Synonym für Gold, aufgerufen ist. Das Streben nach dem Göttlichen, das schon dem Kind Johnny eigentümlich ist, zeigt sich in seinem Wunsch und Willen, die Stimme des Herrn zu hören. Man könnte sagen: Im Gottsucher Johnny Shines bricht die metaphysische Not nach Transzendenz durch, die Sehnsucht des Individuums nach religiöser Erhebung. Die spirituelle Ödnis des säkularen Zeitalters spiegelt der Roman äußerlich im Schauplatz der Wüste, durch die der Held ziellos zieht, um seinem vermeintlich unmöglichen Auftrag nachzukommen. Innerlich wird die existenzielle Verlorenheit in einer tiefgreifenden psychischen Dissoziation sichtbar, die ihn so befremdlich agieren lässt. Die Umstände, die jene innere Teilung bewirkten, sind Inhalt der *Seelenrede,* die den Roman im Kern konstituiert, insofern in ihm die Seele als anonyme weibliche Stimme spricht.

Der *Johnny Shines*-Roman verfolgt eine umfassende Strategie der Mythisierung. Man fühlt sich an den Satz Gerhart Hauptmanns aus den *Einsichten und Ausblicken* erinnert: »Dichten heißt, hinter Worten das Urwort aufklingen lassen« (*Das Gesammelte Werk*, Abt. 1, Bd. XVII, S. 415). Alltägliche Geschehnisse und Verrichtungen werden auf archetypische Hintergründe bezogen und so mit Bedeutung und Sinn aufgeladen. Zum Beispiel parallelisiert Roth die Lebenswende seines Protagonisten mit dem astronomischen Ereignis der Wintersonnenwende und lässt am 21. Dezember 1992 eine Frau namens Hallie Doniphan auf den am Straßenrand Ausgesetzten zukommen und eine Reise durch das Death Valley mit ihm antreten. Lebenskrise und Jahreszeitenwechsel koinzidieren im übergeordneten Motiv des Untergangs und Übergangs in einen neuen Lebens- bzw. Jahresabschnitt. Insofern das Subjekt sich in die größere Ordnung des Kosmos eingebunden erfährt, bergen solche Spiegelungen Potentiale der Erlösung.

Die Erhellung des größeren mythischen Lebenshintergrunds ist das eigentliche Geschäft der Hallie Doniphan, Johnnys Begleiterin auf der Fahrt durch die Wüste. Im Spiel des Fragens und Antwortens führt sie ihn an prägende Ereignisse der Kindheit heran und deckt nach und nach den verborgenen Schicksalszusammenhang auf, der am Grund seiner Erweckungsobsession liegt. Als Seelenführerin und weise Frau weiht sie den gescheiterten Totenerwecker in das Geheimnis des Lebendigmachens ein, indem sie die aus der Kindheit bekannte Geschichte von der Löwengrube neu erzählt. Das Abendmahl, das die beiden am Ende der Wüstenfahrt unterm Dach eines verlassenen Predigerzelts miteinander begehen, versinnbildlicht die Ganzwerdung des in sich entzweiten Helden.

Am Ende seiner Nachtmeerfahrt kehrt Johnny nach Blade zurück, um dem Auftrag seiner Begleiterin nachzukommen, das Widerfahrene zu reflektieren. Im Schlaf verwickelt ihn die Stimme einer unbekannten Frau in einen Dialog. Gegenstand des Gesprächs ist die wenige Stunden zurückliegende Begegnung mit Hallie. Erst in der Selbstversenkung werden Johnny die tragischen Ereignisse seines Lebens voll bewusst: der Brand der Kirche des Vaters, den der Dreizehnjährige ebenso verschuldete wie den Unfalltod der kleinen Schwester Monate später. Von der übermächtigen Schuld und dem Problem, mit ihr umzugehen, handelt die mythische Geschichte von der Löwengrube, die der Vater wie ein dunkles Orakel durch die Kindheit hindurch zu erzählen pflegte, deren möglicher Sinn sich Johnny aber erst im Gespräch mit Hallie erschließt.

Johnny Shines ist ein ebenso spiritueller wie philosophischer Roman, in dem sich die zeitgenössisch säkulare Welt der Mojave und die zeitlos archetypische Welt der Bibel durchdringen, um fundamentale Konstellationen menschlichen Daseins offen zu legen. Im vielschichtigen, die sinnlich-konkrete Erscheinungswelt mit der geistig-symbolischen Welt der Psyche verschränkenden Handlungsverlauf erweist sich »Auferstehung« als universelles Phänomen: Die uralte Glaubenswahrheit erhebt der Roman in den Rang eines im säkularisierten Alltag möglichen Geschehens – wenn Johnny auf dem Friedhof ansetzt, den Sarg aufzubrechen und dem Toten die Auferstehung zu befehlen. Sie erscheint zugleich als innerpsychischer Vorgang, wenn Johnnys Seele im Schutz des Nachtgesprächs wiedererwacht. Das Ineinander von Immanenz und Transzendenz verleiht dem Roman sein spezifisch spirituelles Gepräge und ist schon im Titel *Die Wiedererweckung der Toten* aufgerufen: Der Genitivus objectivus verweist sowohl auf die konkreten Erweckungsversuche an den Toten auf den Friedhöfen der Mojave, als auch auf die symbolische Auferstehung der *einen* Toten *in* Johnny, die via Seelenrede Wirklichkeit wird. Als Genitivus subjectivus gelesen wäre es eine Tote (Femininum Singular), die wiedererweckt. Das wiese auf die bis dahin wie tot liegende Seele Johnnys hin, die, einmal als innere Stimme erkannt, alles belebt.

Bauform und Struktur

Johnny Shines verknüpft hochliterarische Gattungen (Legende, Gleichnis, Bekenntnis) mit populären Stilelementen (Detektivgeschichte, Thriller, Western) und verwebt sie mit Prätexten aus der Bibel, der Kabbala und aus dem Film zu einem organisch entfalteten Entwicklungsroman in Dialogform. Der Vielfalt der Stimmlagen antwortet eine komplexe Textarchitektur, die nicht nur mehrere Erzählebenen und Zeitschichten ineinander blendet, sondern auch eine fluktuierende Erzählstimme aufweist, die von der dominant personalen Position gleichsam übergangslos in die Ich-Perspektive zu wechseln vermag; auch der Standpunkt kann vom distanzierten Beobachten in die direkte Beteiligung am Geschehen umschlagen. Diese Flexibilität setzt sich in der Erzählweise fort: Während im Hauptteil der *Seelenrede* der szenisch dialogische Modus vorherrscht, sind die Rahmenteile durch einen berichtartigen Stil geprägt, der einen ebenso biblischlegendenhaften Duktus wie sachlich-neutralen Berichtton annehmen kann.

In die 21 Kapitel umfassende Handlung führt ein Rahmen ein, der das Panorama des Schauplatzes, das fiktive Wüstenstädtchen Blade, an den Horizont malt und den Helden darin verankert. »Talwärts, ins Bett eines mächtigen Rivers hatte Gott sie gelegt und die Mandelform der großen Insel zum Speer schleifen lassen, bis der große Fluß sich vergoß, die unterschlürften Seiten der Insel keilförmig aufragen ließ, in Erinnerung an den Vergossenen« (JS 73,10 ff.). Die schöpfungsmythische Szenerie stimmt auf die zeitlose Welt der »Mojave Desert« ein, wobei der Anblick des regengefüllten Flussbetts im Wüstental die Landschaft der judäischen, von sintflutartigen Regenfällen heimgesuchten Bergwüste in Erinnerung ruft, Schauplatz des Vorgängerbuchs *Riverside*. In der Referenz an den Gekreuzigten klingt das Los des Protagonisten an, der sich als moderner Totenerwecker in den mythischen Spuren des »Vergossenen« bewegt. Gleich einem antiken Helden betritt er die Szene von den umliegenden Hügeln absteigend bei Nacht und strömendem Regen.

Die Handlung setzt mit einem Rätsel ein: Auf der zuschauerumlagerten, hell ausgeleuchteten Hauptstraße seines Heimatdorfs umfasst Johnny Shines die Füße einer fremden Frau, die er als ›Auferstandene‹ anruft, bevor er bewusstlos zusammenbricht. Ort, Zeit und Umstand der Begebenheit trägt das Folgekapitel nach, doch das Motiv für die seltsame Anrufung bleibt bis zuletzt im Dunkel. Der Vorfall wird noch mysteriöser, wenn Johnny sich Stunden später des Verbrechens an Hallie Doniphan bezichtigt, die er auf grausame Weise getötet haben will. Mit der Verwahrung des Helden in der Zelle der kleinen Polizeistation und dem Aufbruch der Polizisten zum Tatort endet die Rahmenhandlung. Die Aufklärung des Falls wird zum Gegenstand des Nachtgesprächs in der Zelle, das die Vorgeschichte von Johnnys bizarrem Auftritt auf der Main Street nach und nach aufrollt.

Der Roman, der in medias res mit dem vorgeblichen Mord an Hallie Doniphan einsetzt, ist nach dem Prinzip analytischen Erzählens gebaut. Zugleich ist er mythischen Erzähltraditionen verpflichtet, wie die Kreisschlüssigkeit und andere Formen von Gleichzeitigkeit und Wiederkehr erkennen lassen: Im Anfang ist das Ende schon enthalten, wie auch das Ende in den Anfang zurückmündet. Besonders einsichtig wird die zirkuläre Komposition anhand des Leitmotivs: Die Auferstehung, die sich im ersten Kapitel scheinbar zufällig und zusammenhanglos ereignet, ist in Wahrheit Folge jenes numinosen Abendmahls im Wüstenzelt, mit dem Johnnys Fahrt durch die Nacht ihren Abschluss findet. Dort heißt es: »Und wußte nicht [...] was ihm geschehen war, und rannte aus dem Zelt. Und kam dieselbe Nacht nach Blade, die Stadt seiner Geburt« (JS 174, 18 ff.). Die Handlung mündet in einem Bogen zurück in den Anfang, der Ankunft in Blade. Zwei zeitlich und räumlich auseinanderliegende Sequenzen – die Fahrt durch die Wüste und das Nachtgespräch in der Zelle zu Blade –

werden mittels eines Sprungs zusammengeführt. Und so markiert die Auferstehung der jungen Frau, zu deren Zeuge Johnny bei seinem Einzug nach Blade wird, ein Ende *und* einen Anfang. Zu Ende ist die Reise mit Hallie Doniphan, die Johnny dazu bewegte, Zeugnis von sich abzulegen und seine Schuld einzugestehen. Neu beginnt die Phase des Assimilierens jener im Gespräch mit Hallie zutage geförderten Erinnerungen und Einsichten. Dies geschieht im Dialog mit der inneren Stimme, der im dritten Kapitel mit Beginn der Nacht einsetzt, um im zwanzigsten Kapitel mit dem Anbruch des Morgens zu enden.

Medium der Bewusstwerdung ist somit die Erinnerung, wie auch die weibliche Stimme, die im Schlaf zu Johnny spricht, als Muse und »Erinnerin« (JS 250,26) bezeichnet wird. Das Nachtgespräch in der Zelle entpuppt sich als Rückschau, Rückblende auf den Vortag, der mit Johnnys Vertreibung aus Shinbone einsetzte und die rettende Begegnung mit Hallie einbrachte. Wenn Johnny im neunten Kapitel ansetzt, das Gespräch mit ihr wiederzugeben, verschwimmen die Grenzen zwischen der Erzählgegenwart in der Zelle und der Autofahrt des Vortags. Die Hallie-Erzählung wird wieder Gegenwart – mit dem Effekt, dass die Rollen der weiblichen Dialogpartnerinnen in eins fallen und beide Instanzen in einer Stimme zu Johnny sprechen.

Nicht nur die Zeitebenen und Erzählstimmen greifen ineinander, auch die erzählten Inhalte verzweigen sich, um die existentielle Tiefendimension der Johnny-Geschichte freizulegen. Die eigentliche Schlüsselrolle innerhalb des komplexen Gewebes aus eingelassenen Geschichten und Erinnerungen fällt der *Löwengrube* zu – einer fiktiven Christuslegende, die den zwölfjährigen Jesus zum Helden hat und durch den Roman hindurch (in Kapitel 3,12, 13, 19) in immer neuen Ansätzen und Varianten erzählt wird. Während die Kindheitsgeschichte der *Löwengrube* den archetypischen Hintergrund von Johnnys Lebensproblematik aufspannt, erzählt die Kirchenbrand-Episode (Kapitel 15) von der Verwicklung des Dreizehnjährigen ins Netz einer persönlichen Schuld.

Das letzte Kapitel ist wie schon das erste aus der zeitlichen Überschau erzählt und führt die Erzählebenen abschließend zusammen. Auf den letzten Seiten verklärt der Roman das Leben und Wirken des Johnny Shines zur Legende und stilisiert den Protagonisten zum überzeitlichen Heros. Sieben Jahre nach seiner Entlassung, am Tag der Jahrtausendwende, dem 31. Dezember 1999, fördert ein Erdbeben in Blade den leeren Sarg der Schwester zutage – Beweis, dass Johnny Shines wahr gesprochen und die Tote auferweckt hat.

Quellen und Kontexte

Die Grundthematik der seelischen Ganzwerdung ist eine genuin psychologische und als solche von der Tiefenpsychologie der Schule C.G. Jungs inspiriert. Der Schauplatz der Handlung und seine zeitlos ursprüngliche Atmosphäre gründen in der Bewunderung für zwei Filmklassiker der 1960er und frühen 1970er Jahre: John Fords spätes Meisterwerk *The Man Who Shot Liberty Valance* (1962) und Peter Bogdanovichs New Hollywood-Ikone *The Last Picture Show* (1971); beide Filme spielen im ländlichen Amerika, im Westen bzw. Süden des Landes. Bei aller Wertschätzung für das Kino darf das konkrete sinnliche Erlebnis der Wüstenlandschaften Utahs, Arizonas und Kaliforniens, die Roth vor Beginn der Arbeit am Roman reisend erkundete, nicht außer Acht gelassen werden. Insbesondere die Extremlandschaften des Monument Valley (zugleich die Filmlandschaft des »John Ford Country«) und Death Valley mit »Zabriskie Point« in der kalifornischen Mojave hinterließen Eindrücke, die sich in der Erinnerung mit Filmbildern und eigenen Traumbildern überlagerten.

Die in der Vorbereitung zufällig gelesene *Kreutzersonate* (1891) Lew Tolstois gab den Anstoß, den Roman als Bekenntnisrede anzulegen. Wie Vasilij Pozdnyšev gleich zu Beginn der Handlung eingesteht, seine Gattin umgebracht zu haben, so gesteht Johnny Shines unmittelbar nach seiner Ankunft am Erzählort, seine Begleiterin auf unsagbare Weise getötet zu haben. Das Anfangsgeständnis hat zur Folge: die detailgetreue Rekonstruktion der Ereignisse in Form eines Nachtgesprächs zwischen Johnny und seiner Seele. Schließlich ist das Kernthema des Romans, die Spaltung zwischen dem männlichen (Logos-) und dem weiblichen (Eros-) Prinzip, das der Held stellvertretend für das moderne Individuum austrägt, in der jüdischen Mystik, etwa dem Buch *Sohar* (1280-1286), vorgeprägt – eigens angezeigt ist dieser Kontext im zweiten, der Schechina gewidmeten Motto des Romans. Einen Teil des *Sohar* (Hauptwerk der klassischen Kabbala, das die Lehre von den zehn Sefiroth entfaltet) las Roth in der Übersetzung Gershom Scholems im Vorfeld der Arbeit am Roman.

Die Tiefenpsychologie C. G. Jungs

Im Hintergrund des Werkkomplexes der *Christus Trilogie* liegt die intensive Auseinandersetzung mit der Jung'schen Auffassung der Psyche. Neben der systematischen, in den frühen 1990er Jahren einsetzenden Lektüre der Werke Jungs, insbesondere der Autobiographie *Erinnerungen, Träume, Gedanken* (1961), der Arbeiten zur Methodik der Trauminterpretation (*Traumanalyse*, 1984; *Kinderträume*, 1987), sowie der Erstlingsschrift über das Motiv des Helden und der Individuation als psychischem Entwicklungsprinzip (*Symbole der Wandlung*, 1912/1952), umfasste das Privatstudium Jung'scher Psychologie auch die Arbeit mit den eigenen Träumen. Jungianisches Gedankengut prägte schon das Gottesbild und den Erkenntnisprozess der *Riverside*-Novelle, in *Johnny Shines* wird dieser Einfluss konkret, wenn die gesamte Handlung als innerpsychisches Drama, als *Seelenrede*, präsentiert wird.

Der kontinuierliche Dialog mit Inhalten der Psyche entspricht der von Jung empfohlenen Beziehung zum Unbewussten, als der steten Beachtung seelischer Bilder in den Routinen des Alltags. In einem engeren Sinn bezieht sich die Dialog-Metapher auf die Methode der »Aktiven Imagination«, eine therapeutische Technik des In-Beziehung-Tretens mit dem Unbewussten. Sie ermöglicht es, aus den tieferen Schichten der Psyche aufsteigende, undifferenzierte, verfolgende Gefühle oder Ahnungen durch Personifizierung und Verbildlichung greifbar zu machen, nämlich qua Reflexion in ein Objekt zu verwandeln, dem man fragend und antwortend gegenübertreten kann. Die Eignung der »Aktiven Imagination« als literarische Erzählform resultiert insbesondere aus ihrem Zwiegespräch-Charakter: Das Ich wendet sich ans Unbewusste, wie auch umgekehrt das Unbewusste als innere Figur oder inneres Bild zum Ich ›spricht‹. Jede Seite bringt sich gegenüber der anderen zum Ausdruck, sodass sich eine heilende Verbindung zwischen beiden Sphären herstellen, ein Gespräch stattfinden kann. Roth hat der Aktiven Imagination ein Kapitel seiner *Frankfurter Poetikvorlesungen* gewidmet, in dem er den Ertrag der Methode für die schriftstellerische Arbeit erläutert (*Ins Tal der Schatten*, S. 113-139).

Den Part der Seele hat in *Johnny Shines* die anonyme weibliche Stimme inne, die Johnny in mehreren Rollen gegenübertritt: Sie agiert als anonyme Interviewstimme, später als namentlich bezeichnete, unbekannte Frau (Hallie Doniphan) und – in den Kindheitspassagen – als Johnnys Schwester Sharon. Als innere Stimme kommt sie Johnny zunächst fremd vor, um mit zunehmender Dauer des Austauschs immer vertrauter zu werden. Diese weibliche Instanz, die das Leben, die Gedanken und Gefühle des Helden bis in die letzten Winkel hinein kennt, entspricht dem innerpsychischen Phänomen, das Jung »Anima« (*lat.:* Atem, Wind, Seele, Leben) nannte und als weiblichen Seelenanteil in der Psyche des Mannes bestimmte. Die Anima ist ein eingeprägtes Urbild, das die Beziehungsfähigkeit des Mannes, seine Gefühlsfunktion, repräsentiert, die bei erwachsenen Männern vergleichsweise undifferenziert ist und auf geeignete Frauen im äußeren Leben projiziert wird. In Träumen kann diese innerpsychische Funktion als mythisches ebenso wie realiter existierendes weibliches Wesen in Erscheinung treten. Diese ›innere Frau‹ kommt auf Johnny zu, um ihn für die Erinnerung zu öffnen. Sie führt ihn gesprächsweise zurück in die Kindheit, mit dem Ziel, das in der Jugend Abgespaltene, Verdrängte und unbewusst Gewordene bewusst zu machen und auf diese Weise in die Persönlichkeit zu integrieren.

Die christliche Symbolik des Abendmahls spielt in jenem innerseelischen Prozess der Ganzwerdung des Helden eine herausragende Rolle – zwei Schriften Jungs, die sich mit der Bedeutung von Opfer, Inkarnation und Wandlung für die Ausbildung des Individuums auseinandersetzen, sind für das Verständnis dieses Zusammenhangs relevant: *Versuch einer psychologischen Deutung des Trinitätsdogmas*

(1942/53) und *Das Wandlungssymbol in der Messe* (1942/54). Das zentrale Ritual des Christentums symbolisiert in tiefenpsychologischer Sichtweise den Prozess der Individuation.

Der Film

Johnny Shines ist eine Hommage an John Fords *The Man Who Shot Liberty Valance* (1962). Die Nähe zu diesem selbst zum Mythos avancierten Spätwestern wird bereits im ersten Motto »I'm here for a funeral« deutlich, einem Zitat aus dem Anfang des Films, das auf das zentrale Thema von Tod, Auferstehung und Bewusstwerdung einstimmt. Weitere direkte Anleihen finden sich in den Namen des Romanpersonals, die von wenigen Ausnahmen abgesehen aus Fords Film stammen. Auch Shinbone, der Name des Wüstenkaffs, in dem Johnny sich als Totenwecker versucht, ist eine Entlehnung aus dem Drama um den Outlaw Liberty Valance, dessen Bande die Einwohner des Städtchens terrorisiert; Roth verlegt es in die Landschaft der kalifornischen Mojave, nicht zuletzt, weil die Wüste ein traditioneller Ort der bösen Geister, der Versuchung und der Introversion darstellt.

Das Eröffnungsmotiv vom Tod eines Gefährten liefert im Film wie im Roman den Anlass, an den Ort einstigen Wirkens zurückzukehren, um sich der Ereignisse noch einmal zu vergewissern und der Wahrheit die Ehre zu erweisen. Dem mythischen Muster der Rückkehr zum Ursprung folgend eröffnet *Der Mann, der Liberty Valance erschoß* mit der Ankunft des angesehenen Politikers Ransom Stoddard (James Stewart) im Wüstendorf Shinbone, anlässlich der Beerdigung des einstigen Freundes Tom Doniphon (John Wayne). In einer langen, fast den gesamten Film einnehmenden Rückblende lässt Ford die Ereignisse der Vergangenheit noch einmal aufleben – bis hin zur Aufdeckung der Identität des *Mann[es], der Liberty Valance erschoß*. In *Johnny Shines* entspricht diese späte Enthüllung dem überraschenden Bekenntnis der anonymen Erzählstimme in der letzten Romanzeile, die die *Wiedererweckung der Toten* als wahres Ereignis erweist.

Film und Roman veranschaulichen das komplexe Verhältnis zwischen Mythos und Logos als das zweier fundamentaler Welterklärungsweisen, die nicht unbedingt einen Gegensatz bilden, wie die berühmte, kurz vor dem Filmende gesprochene Sentenz aus dem Mund des Reporters suggeriert: »When the legend becomes fact, print the legend«. Wo Fords Film die Fakten zurückweist, um die Legende am Leben zu erhalten, verdichten sich in Roths Roman die Fakten zuletzt zur Legende, um die alltäglich-konkrete mit der mythisch-transzendenten Wirklichkeit zu versöhnen. Mythos, so könnte ein Fazit lauten, ist wahre Rede, weil das, wovon er erzählt, noch wirklich ist, nämlich wirkt.

Ein anderer Lieblingsstreifen Roths, Peter Bogdanovichs Generationenporträt *The Last Picture Show* (1971; dt. *Die letzte Vorstellung*), ein Film über das Heranwachsen einer Gruppe von Teenagern in einem abgelegenen Texasstädtchen zu Beginn der 1950er Jahre, stand Pate für das spezifische Lebensgefühl der amerikanischen Provinz. Die typische Mischung aus Langeweile, innerer Leere und hochgespannten Erwartungen ist in der Auftakt-Einstellung eingefangen: dem langen Schwenk über die leergefegte Dorfstraße, durch die der Wüstenwind Reisigbüschel und Staubwolken treibt, im Hintergrund die einzige Attraktion des Provinznests: das heruntergekommene Kino, das als Tribut ans heraufziehende Fernsehzeitalter schließen muss. Die stillen, von leiser Beatlesmusik untermalten Kindheitsabende der sechziger Jahre in Blade, die Hallie noch einmal für Johnny beschwört, atmen dieselbe vom ewig brausenden Wüstenwind getragene Stimmung von Enge und Aufbruch.

Lew Tolstoi, Die Kreutzersonate

Die berühmte Novelle über die Unmöglichkeit der Ehe, die mit einem Geständnis eröffnet, hatte nachhaltigen Effekt auf die Erzähldramaturgie des Romans: In der Spur der *Kreutzersonate* lässt auch in *Johnny Shines* ein mündlicher Ich-Erzähler die Tragödie seines Lebens im Gespräch mit einem unbekannten Gegenüber noch einmal Revue passieren. Der Mitreisende bei Tolstoi, der zum Zuhörer und späteren Übermittler der Lebensbeichte wird, bleibt, wie die Dialogpartnerin in *Johnny Shines* unbeschrieben und anonym. Schauplatz der Handlung bilden in sich geschlossene Räume – ein Eisenbahncoupé bei Tolstoi und eine Gefängniszelle sowie das Innere einer Limousine bei Roth. Ist das Ziel der Reise erreicht, ist auch die Geschichte auserzählt. In dem die Einheit der Handlung wahrenden, die Landschaft passierenden Gefährt steigen die Helden im Verlauf einer Nacht erzählend in die Tiefe der Erinnerung.

Das im Geständnis vorweggenommene Ende der Geschichte hat dramaturgisch zur Folge, dass sich der Fokus der Handlung vom Täter auf die Tat, ihre Vorgeschichte, Begleitumstände und Folgen verschiebt. Der eigentliche Fall wird zum Anlass einer psychologischen Tiefenstudie, die das Drama der Tötung noch einmal genau nachverfolgt. Pozdnyševs monomanischer Bericht ist durchsetzt mit starken Affekten wie Hass, Wut, Eifersucht und Rache, die bis in feinste Abstufungen hinein im Akt des Erzählens wieder aufflammen; in *Johnny Shines* werden existenzielle Ängste und eine abgründige Verlorenheit wach, wenn der Totenerwecker sich seinem Lebensverhängnis stellt. Während Tolstoi seinen Helden im Wahn und damit in der totalen Sinnlosigkeit enden lässt, erfährt Roths Johnny eine spirituelle Neugeburt, sofern es ihm gelingt, sich mit seinem Schicksal zu versöhnen.

73 10 *Talwärts … mächtigen Rivers]* In der Erzählweise antiker Schöp-
fungsmythen wird der Schauplatz als archetypisches Ensemble aus
Tal, Fluss und Insel entworfen. Der »mächtige River«, in dessen Mitte
der Ort der Handlung liegt, schafft die Verbindung zur vorausgegan-
genen *Riverside*-Novelle und zum nachfolgenden *Corpus Christi*-Ro-
man, der jenseits des Flusses im Jerusalem des Jahres 30 n. Chr. spielt.
Legt man der *Christus Trilogie* als Gesamtkomposition das mythische
Bild der Flussüberquerung zugrunde, bildet *Johnny Shines* das Mittel-
stück, das auf einer Insel im Fluss angesiedelt ist, die der Protagonist
zu Beginn des Romans wie eine Bühne betritt.

11 f. *Mandelform … Speer schleifen lassen]* Der Schauplatz der Insel
vereinigt den Gegensatz von weiblichem und männlichem Prinzip. In
der rund-ovalen Form der Mandel und der länglich-schmalen Form
des Speers ist das Mysterium der Gegensatzvereinigung annonciert.

13 f. *in Erinnerung an den Vergossenen]* Die Metapher bezieht sich
auf das Blut Christi, das aus der Seitenwunde floss, wie im Johannesevangelium berichtet: »Als sie aber zu Jesus kamen und sahen, dass er
schon gestorben war, brachen sie ihm die Beine nicht; sondern einer
der Soldaten stieß mit dem Speer in seine Seite, und sogleich kam Blut
und Wasser heraus.« (Joh 19,33 f.) Jesus repräsentiert das »lebendige
Wasser«, das ewig fließt (vgl. Joh 7,38). Weiterhin klingen die Wand-
lungsworte im Abendmahl an, die das »Blut des Bundes« verkünden,
das für viele vergossen wird (Mk 14,22-26).

15 *Blade, POP 912]* Das Kürzel bezeichnet die Einwohnerzahl
(*engl.*: population) Blades. Die Summe aus 9 + 12 ergibt die Anzahl
der Kapitel des Romans: 21 bzw. 3 × 7. Die Sieben ist die symbolische
Zahl des Wachstums und der Veränderung; ihre Zusammensetzung
aus der männlich ungeraden Drei und der weiblich geraden Vier impliziert die Vereinigung von Logos und Eros. Im Namen »Blade«
(*engl.*) = Klinge eines Messers oder Schwerts, sind die Operationen
des Bewusstseins aufgerufen: das Unter-scheiden, Differenzieren und
geistige Durchdringen eines Sachverhalts. Die indogermanische Wurzel *bl/blo* = wie z.B. in Blühen, Blüte oder (*engl.*) bloom verweist auf
die Naturkraft, die Pflanzen zum Blühen bringt. Blade repräsentiert
den Ort, an dem ein bislang Unbekanntes zu Bewusstsein kommt und
ein geistiges Wachstum sich ereignet.

17 *war er angekündigt]* Das Motiv der Ankündigung verweist auf
ein göttliches Element in Johnny. Wie Jesus (vgl. Mk 1,2-15) ist er ein
Angekündigter und Neuerer. Eng mit dem Bild der Ankündigung, das
ein Gesandtsein und mithin einen Auftrag impliziert, verknüpft das
Ritual der Taufe, die Initiation in ein neues, gottbezogenes Leben.

22 *Fackelhell … durch die Nacht]* Die nächtliche Stadt unter Licht
spielt auf das uranfängliche Licht der Bewusstwerdung an, welches
die Finsternis teilt. Der gnostische Topos vom ›Licht-im Dunkel‹ rekurriert auf Schöpfung, das Werden einer neuen Welt: »Und das Licht

scheint in der Finsternis und die Finsternis hat's nicht ergriffen.« (Joh 1,5)

22 f. *schlammbedeckte Furt … Regenwasser füllten]* Die Furt, eine natürliche Untiefe im Flusslauf, verweist auf John Ford (*engl.*: Furt, Schwelle), einem von Roth besonders geschätzten Regisseur, mit dessen Spätwerk, *The Man Who Shot Liberty Valance,* der Roman die Erzählstruktur und die Rehabilitation des Mythos teilt. Die Furt bedeutet Passage, Durchgang, (Fluss-)Überschreitung – ein archetypisches Motiv, das ein neues Ufer verheißt und mit der Gefahr des Untergangs verbunden ist. Der strömende Regen, eine Parallele zur Eröffnung von *Riverside*, zeigt den Zustand der ›solutio‹ an: das Feste ist in Auflösung begriffen, um sich in der Folge neu auszuformen.

24 f. *Er watete hinüber … Rücken und Schultern]* Im Motiv der Flussüberschreitung klingt die Legende von Christopheros an, der das Jesuskind durch eine Furt über den Fluss trägt (*griech.* »christos« und »pherein« = Christusträger). Je weiter er vordringt, desto schwerer wird die Last, desto tiefer sinkt er ein. Da eröffnet ihm das Kind, dass es der Heiland ist. Christopheros hatte beim Tragen den Eindruck, als laste ihm das Gewicht der Welt auf den Schultern.

26 f. *Lehmschlamm … Figuren gezogen]* Anspielung auf eine im Kindheitsevangelium des Thomas erzählte Episode. »Als Jesus fünf Jahre alt war, gab es einmal einen starken Regenguß. Jesus spielte an einer seichten Stelle am Bach. Er leitete das vorbeifließende Wasser in kleine Vertiefungen, sammelte es dort und machte es augenblicklich – allein durch sein Wort – ganz klar. / Dann knetete er weichen Lehm und formte daraus zwölf Spatzen. Es war an einem Sabbat. […] Joseph eilte an die angegebene Stelle, sah, was Jesus gemacht hatte, und rief: ›Warum tust du verbotene Dinge am Sabbat?‹ Doch Jesus klatschte in die Hände und rief den Spatzen zu: ›Los, fliegt weg.‹ Da breiteten die Spatzen ihre Flügel aus und flogen laut tschilpend davon.« (KThom 2,1-5)

31 *kesselpaukengroße … dampfende Lampen]* Sog. Klieg-Lights, Kohlebogenscheinwerfer mit verdoppelter Leuchtkraft, sind ein erster Hinweis auf die Dreharbeiten, die den Rahmen für Johnnys Einzug in Blade bilden.

31 f. *für ihn an Gerüsten befestigt]* Der Erzählfokus wechselt von der Außen- in die Innensicht, um den psychotischen Zustand Johnnys, der alles auf sich bezieht, zu vermitteln.

32 f. *Gestrüpp … Hemd verhakte]* Das Motiv parallelisiert Johnny mit dem Widder der Genesis, der sich mit seinen Hörnern in einer Hecke verfängt und von Abraham »an seines Sohnes Statt« (Gen 22,13) als Brandopfer dargebracht wird. Die kirchliche Auslegung deutete die Stelle als Präfiguration des Opfertods Jesu.

74 2 *als stünde er in einer Grube]* Vorausdeutung auf die LöwengrubenLegende (JS Kap. 12), die von einer existenziellen Probe handelt und von besonderer Bedeutsamkeit für Johnny ist. Als Vertiefung in der Erde repräsentiert die Grube, ähnlich wie das Grab, einen Hohlraum, in dem sich die Transformation ereignen kann.

8f. *den Zelten vor Maidstone]* Der Name des fiktiven Ortes, an dem der Vorfall mit Hallie Doniphan geschah, wurde Joni Mitchells Folkballade »Song for Sharon« (1976) entliehen, wo »Maidstone« den Sehnsuchtsort der Vermählung des Weiblichen und Männlichen bezeichnet. »When we were kids in Maidstone, Sharon / I went to every wedding in that little town / To see the tears and the kisses / And the pretty lady in the white lace wedding gown / And walking home on the railroad tracks / Or swinging on the playground swing / Love stimulates my illusions / More than anything« (*Hejira* ,1976).

15f. *Schunemiterin ... des Propheten]* Anspielung auf die im Buch der Könige erzählte Geschichte von der Schunemiterin, der zweiten Totenerweckungserzählung im Alten Testament, die von dem Propheten Elischa (Elisa) handelt, der in Schunem von einer reichen »Schunemiterin« aufgenommen wird. Als der von Elischa prophezeite Sohn unwartet stirbt, begibt sich die Schunemiterin zum Propheten auf den Berg Karmel, die Erweckung ihres Kindes zu erflehen: »Als sie aber zu dem Mann Gottes auf den Berg kam, umfing sie seine Füße; Gehasi aber trat herzu, um sie wegzustoßen. Aber der Mann Gottes sprach: Laß sie, denn ihre Seele ist betrübt ...« (2 Kön 4,27).

18 *ein Mädchen ... silbernen Airstream]* Markenname eines amerikanischen Luxus-Wohnwagens aus den dreißiger Jahren des 20. Jahrhunderts, der sich durch seine charakteristisch rund geformte Aluminiumkarosserie auszeichnet. Die Silberfarbe deutet auf den Mond und das feminine Prinzip. Der Mond symbolisiert mit seinem phasischen Ab- und Zunehmen Fruchtbarkeit und die Haltung des hinnehmenden, empfänglichen Erfassens. Das Mädchen, das aus dem Gefährt steigt, ist sowohl eine Tochter des Mondes wie eine Tochter des Windes (*hebr.*) »ruach« = Wind, Atem, Geist.

21f. *Menge pfiff und grölte.]* Anspielung auf die Verspottungsszene aus der Passionsgeschichte (Joh 19,5).

22f. *Hielt ihren Schirm ... Weltüber]* Das Schirmmotiv ist ein Element des Weiblichen, wie es u.a. in den beschirmenden Flügeln der ›Schechina‹, Bild der weiblichen Dimension Gottes in der Kabbala, erscheint. Die Beschirmung durch das Weibliche spielt auf die platonische Idee der ›Anima Mundi‹ an, welche die Welt schützend umhüllt und zugleich im Inneren des Menschen webt, der auf diese Weise von einem umgebenden Ganzen getragen wird (vgl. Platon: *Timaios* 29e-37c).

75 17f. *schreiend ... Last zusammenbrach]* Hinweis auf die zu tragende Last, die im Durchgang durch die Furt als besonders beschwerlich verspürt wird (vgl. JS 73,24f.) C.G. Jung deutet das Phänomen als typisches Heldenmotiv: »Das Kreuz oder was der Held immer als schwere Last trägt, ist er selber, oder, genauer gesagt, sein Selbst, seine Ganzheit, ebenso sehr Gott wie Tier, nicht nur empirischer Mensch, sondern die Fülle seines Wesens, die in der Tiernatur wurzelt und über das Nurmenschliche in die Göttlichkeit hinaufreicht« (C.G. Jung: *Symbole der Wandlung*, GW 5, S. 390).

19f. *aus Los Angeles angereisten Produktionsgesellschaft]* Die drei bis vier Autostunden von Los Angeles entfernte Mojave-Wüste ist seit den 1930 Jahren ein beliebter Drehort für Hollywoodproduktionen, insbesondere von Westernfilmen.

26f. *war »John T. Shines« siebenunddreißig Jahre alt]* Mit seinen 37 Jahren steht Johnny im Alter der Kreuzigung, wenn man bei Jesu Geburtsjahr von zwischen 7 und 4 vor unserer Zeitrechnung und bei seinem Tod von 30 oder 33 nach unserer Zeitrechnung ausgeht. Auf das Kreuzsymbol deutet das Initial T seines zweiten Vornamens. Im Altgriechischen hat das »Tau« sein graphisches Symbol in der »crux commissa«, dem sog. Taukreuz oder »ägyptischen Kreuz«, das in der Form eines T geschrieben wurde. Im Juden- und Christentum avancierte es zum Gotteszeichen mit der Funktion des Schutzes und der Zugehörigkeit. Als Instrument der Hinrichtung und Vollendung der Mission Jesu wurde das Kreuz in Gestalt des Hochkreuzes (»Lateinisches Kreuz«, »crux immissa«) seit dem 4. nachchristlichen Jahrhundert zum Zeichen des Opfertods und Synonym des Christentums. Im ›Kreuz‹ des Mittelnamens ist die Gegensatzproblematik repräsentiert; auch der Nachname Shines (*engl.*) »scheinen«, »leuchten« enthält die Spur des Gegenteils, nämlich den Schatten (*griech.*) »skia«, der etymologisch mit (*engl.*) »shine« und (*dt.*) »scheinen«, »schimmern« verwandt ist.

32f. *1 Tagesreise … Shinbone]* Shinbone (*engl.*) »Schienbein«, ist eine fiktive Ortschaft, die semantisch an Dürre, Starre und Tod gemahnt. Der Name wurde aus John Fords *The Man Who Shot Liberty Valance* entlehnt und bezeichnet dort den Hauptschauplatz, in den zu Beginn der Zug des Senators einfährt.

34 *Predigerzelt des Panamint Valley]* In Wüstenzelten pflegen fundamentalistische Prediger aufzutreten, für deren Revival-Missionen archetypische Endzeitorte besonders förderlich scheinen. Das mehr als 100 Kilometer lange und 16 Kilometer breite Tal liegt am nordöstlichen Rand der Mojave-Wüste, wo es sich in nord-südlicher Richtung vom Death-Valley-Nationalpark bis zu den San Bernardino Mountains erstreckt.

76 16f. *in einer Art Wachtraum begleitet]* Der Realitätsstatus der Begegnung mit Hallie wird erstmals als inneres Erlebnis in Erwägung gezogen. Es ist so eindrücklich, dass es realen Status für das erlebende Subjekt hat.

29 *als Hallie Doniphan vorgestellt]* »Hallie Doniphan« ist eine Kombination zweier Rollennamen aus *The Man Who Shot Liberty Valance*: Hallie (Vera Miles) heißt die Frau des Rechtsanwalts und angesehenen Politikers Ransom Stoddard (James Stewart); Doniphon ist der Name des virilen, heldenhaften Cowboys (John Wayne), dem sie eigentlich versprochen ist. Roth adaptiert Fords Hallie-Figur für die weibliche Hauptfigur seines Romans und verheiratet sie gewissermaßen mit demjenigen, der sie schon als junges Mädchen liebt, sie dann aber an den aufstrebenden Anwalt und späteren Politiker Stoddard

verliert. Die veränderte Endsilbe (Doni)-»phan« verweist auf (*griech.*) »phainesthai« = erscheinen, leuchten, sich zeigen und deutet auf den immateriellen, spirituell-luziden Aspekt der Figur. Die Zusammensetzung ihres Namens aus einer weiblichem und einer männlichen Rolle verweist wiederum auf die Grundthematik der Gegensatzvereinigung.

77 10f. *mein Gespräch ... wieder auf]* Die anonyme Ich-Erzählstimme des ersten Kapitels ergreift wieder das Wort. Als innere Stimme eröffnet sie den Dialog mit Johnny, der schläft.

13 *Licht auf sein Geheimnis]* Die innere Stimme kann als Anima, i.e. als Personifikation des weiblichen Seelenanteils in Johnny gelesen werden. Sie hat das therapeutische Anliegen, Johnny ins Gespräch zu führen, um die abgespaltenen Inhalte der Psyche aufzudecken, die sich im Bewusstsein als Todesbesessenheit, Grabfaszination und Erweckungsdrang äußern. Um die Spaltung in den tieferen Schichten der Psyche zu heilen, muss im Fragen und Antworten Bewusstsein (»Licht«) in diesen dunklen Bereich des persönlichen Unbewussten gebracht werden.

25ff. *der Fragenden ... kreisgeschlossen ineinsfielen]* Die Form der gesprächsweisen Auseinandersetzung des Ich mit seinem Unbewussten wurde von C.G. Jung als therapeutische Methode entwickelt.

30f. *ich kann nur erinnern]* Die Seele ist der antiken Idee der »Mnemosyne« (Gedächtnis, Erinnerung) verwandt. Die Göttin der Erinnerung verleiht nach antiker Auffassung der Rede des Poeten autoritative Kraft.

78 1f. *Macht des Bildes der Tötung ... zusammenzubrechen]* In Johnnys psychose-nahem Zustand vermischt sich das innerseelische Erleben untrennbar mit der Wahrnehmung äußerer Realität, sodass psychische Vorgänge als konkrete Wirklichkeit empfunden werden.

14 *Auseinandergenommen ... hab ich sie]* Anspielung auf die Zerteilung der Hostie im Abendmahl (»fractio panis«) und auf die rituelle Tötung von Tieren beim jüdischen Opferkult.

21 *›fühlst‹ doch so gerne]* Auf die Annäherungs- und Beruhigungsversuche der weiblichen Stimme reagiert Johnny mit kaltem Zynismus. Seine Verachtung gilt insbesondere dem Gefühl als dem emotionalen, ›weiblichen‹ Faktor, i.e. der Anima als dem Gegensatz zum ›männlichen‹ Logos, dem intellektuellen Vermögen.

28 *Da bin ich geschlagen worden]* Erster Hinweis auf das Geschäft des Totenweckens, bei dem Johnny die Empörung und Wut der Trauernden auf sich zieht.

33f. *kam ich herunter ... Grubentief]* Das Herunterkommen beschreibt die Annäherung an die Seele als eine Bewegung des steten Abstiegs im Sinne einer Introversion, Beginn der Bewusstwerdung.

79 5 *Es war einmal ein Wanderer]* Seine Tätigkeit als umherziehender Totenwecker fasst Johnny sarkastisch ins Schema der Legende. Durch die ironische mythische Einkleidung schimmert das persönliche Schicksal hindurch: die ihm aufgegebene Suche nach Gott, die im Drang, Tote zu erwecken, offenbar wird.

13 *Dein Schlaf stört … überhaupt nicht]* Die Anima pflegt im Schlaf durch den Traum zu sprechen. Sie könnte sinngemäß ergänzen: »Denn ich komm' dir ja im Schlaf!«

23 f. *in den Hügeln … merkwürdigen Traum]* Die weibliche Stimme lenkt Johnnys Erinnerung auf den Vortag, an dem sich die Begegnung mit Hallie zutrug; Der Traum aus der Nacht zuvor enthielt bereits die Aufforderung nach der Erweckung der Toten, die Hallie an ihn richten wird (vgl. JS 118,13).

80 8 f. *die Ohren … mit Wachs versiegelt]* Das Motiv der versiegelten Ohren spielt eine wichtige Rolle in der Kirchenbrand-Episode (JS 147,31 ff.); es ist außerdem relevant in der Löwengruben-Legende (JS 142, 29 ff.). Intentional verschlossene Ohren deuten auf Introversion, die Hinwendung zu inneren Vorgängen.

33 *ahnte ich … ein besonderer Tag]* An diesem Tag hatte Johnny den prophetischen Traum, der ihm befahl, »lebendig zu machen« (JS 80,10 f.); ein Nachbild ist davon im Gedächtnis geblieben.

35 *eine Geschichte … »Löwengrube«]* Äußerlich an die biblische Erzählung *Daniel in der Löwengrube* (Dan 6) angelehnt, ist die fiktive Christuslegende inspiriert von einer alchemistischen Erzählung aus dem frühen 17. Jahrhundert, die 1785 unter dem Titel *Parabola* im zweiten Buch der *Geheimen Figuren der Rosenkreuzer* erschien. Auf die mystisch traumhafte, von der Initiation eines Adepten in eine Geheimgesellschaft handelnde Geschichte war Roth bei der Lektüre von Herbert Silberers Studie *Probleme der Mystik und ihrer Symbolik* (1914) gestoßen.

81 8 *genauso alt wie du, Johnny]* Johnny befindet sich in derselben Lebensphase wie der Protagonist der *Löwengrube*. Mit dreizehn Jahren beginnt ein neuer Entwicklungsabschnitt – der Übertritt in die Adoleszenz und ins Erwachsensein. In den traditionellen Stammeskulturen wurde dieser zentrale Lebensübergang im Ritual der Initiation angezeigt, das im dreizehnten Lebensjahr begangen wurde und sich in modernen westlichen Kulturen als Bar Mizwa, Firmung, Konfirmation erhalten hat.

10 *ein Jahr älter als du, Sharon]* Der Name der Schwester spielt auf die Ebene Scharon in Nordpalästina an, deren Schönheit und Fruchtbarkeit im *Hohen Lied* im Bild der »Lilie von Scharon« gepriesen wird. Die Lilie, ein Symbol der Reinheit, wurde zur Metapher für das junge Mädchen und die Geliebte (Shulamith): »Ich bin eine Blume auf den Wiesen des Scharon, / eine Lilie der Täler. / Eine Lilie unter Disteln / ist meine Freundin unter den Mädchen.« (Hld 2,1-2)

36 f. *Was du noch nicht bist]* Der Nietzsche-Satz aus *Ecce Homo* »Wie man wird, was man ist« klingt in diesem Omen an, hinter dem Pindars Vers »Werde, der du bist« aus den *Pythischen Oden* steht. Der zu werden, der man ist, impliziert Prüfung und Wandlung – Vorgänge, die im Zentrum der Ereignisse in der *Löwengrube* stehen.

82 7 ff. *gebunden … aus dem Dorf gezogen]* Der Raub des Jungen hat seine Parallele in der Absonderung des Kandidaten im Initiations-

ritual. Der Initiant wird in eine abgelegene Hütte oder Höhle verschleppt, wo er im ›Verschlungenwerden‹ durch ein Ungeheuer einen symbolischen Tod stirbt.

16f. *das Universum ... Ende dieses Satzes]* Der Punkt repräsentiert in vielen Schöpfungslehren das Paradox von Augenblick und Ewigkeit, Nichts und Alles. In den antiken Geometrien bedeutet er Ursprung, Einheit, Unteilbarkeit; der Kabbalismus kennt die Vorstellung vom Urpunkt als dem ersten Anfang aus dem Nichts (*hebr.* »En-Sof«), das zugleich Urwort ist. Auch die Urknalltheorie geht vom Punkt als Urbeginn aus, wenn postuliert wird, dass alle Teilchen und Kräfte der Natur (Materie, Raum und Zeit) aus einer ursprünglichen Singularität hervorgegangen sind.

25f. *im Anfang ... rätselhafter Hinterhalt]* Das Schicksal erscheint als präexistentes Muster, das sich auch gegen den Willen des Individuums während des Lebens ausfaltet. Es ist unbewusst und kann erst im Nachhinein, gegen Ende des Lebens rückblickend erschlossen werden.

27f. *zerbricht ... neuen Verwandlungen]* Johnnys privater Schöpfungsmythos ist Aristoteles' Entelechie-Idee eng verwandt. »Entelecheia« (= sein Ziel in sich selbst haben) bezeichnet die organisierende Kraft, die von der uranfänglichen Einprägung ausgeht. Sie bewirkt, dass die gegebene Form sich in einem dynamischen Prozess ausfaltet – hin *zum Anfang an* im Individuum angelegten Vollendungsziel. Klassisches Beispiel ist das Bild der Eichel, die den ganzen Baum als von Beginn an vorhandenes Potential in sich birgt.

83 14f. *zuschlagen ... erkennen geben]* Im negativ konnotierten Bild des »offenen Hinterhalts« (JS 80,27) manifestiert sich das Zwiespältige des Entelechie-Prinzips: Das vorgegebene Muster, das nach Erfüllung drängt, gibt dem Leben zwar anleitend Richtung, zugleich aber schränkt es den freien Willen ein – es bedeutet das Unterworfensein unter eine höhere Macht und bewirkt existenzielle Unsicherheit.

31ff. *Dörfer und Städte ... Inyo County]* Johnny durchzieht einem ewigen Wanderer gleich jene unwirtlich-ursprüngliche Wüstenwelt, deren Ortsnamen die große Welt suggerieren: Cartago verweist auf Afrika, Nevada und Kalifornien sind mit Spanien und Lateinamerika assoziiert; Inyo erinnert an Indianisches.

84 9 *Weckt die Toten auf!]* Jesuswort aus der Jüngerunterweisung Mt 10,8: »Macht Kranke gesund, weckt Tote auf, macht Aussätzige rein, treibt böse Geister aus. Umsonst habt ihr's empfangen, umsonst gebt es auch.«

24 *Cartago oder Lone Pine]* Lone Pine unterhalb der Ostflanke der Sierra Nevada gelegen und die Gegend westlich davon, die sog. Hills, sind filmgeschichtlich berühmte Landschaften, Schauplatz zahlreicher Western von den 1930er bis in die 1960er Jahre.

33f. *das erste ... noch erinnerst]* Die Methode, mittels des ersten Eindrucks verdrängte Inhalte bewusst zu machen, zählt zur psychotherapeutischen Technik des Assoziierens.

85 10 *der Schlag]* Eröffnender Moment im Ablauf der Totenerweckung; eine typische, mit starken Sinneseindrücken verknüpfte Assoziation, die zu weiteren Assoziationen führt.

20 f. *Frau unter Frauen]* Klassische Formel der Frauenverehrung nach dem Vorbild des *Hohen Lieds*: »Weißt du es nicht, du Schönste unter den Frauen, so geh hinaus auf die Spuren der Schafe und weide deine Zicklein bei den Zelten der Hirten« (Hld 1,8).

22 f. *großen Zertrümmerns … reißenden Stoffs]* Vgl. die Schilderung des Kreuzestodes im Matthäusevangelium: »Und siehe der Vorhang im Tempel zerriß in zwei Stücke von oben an bis unten aus. Und die Erde erbebte, und die Felsen zerrissen, und die Gräber taten sich auf, und viele Leiber der entschlafenen Heiligen standen auf.« (Mt 27,51-52)

24 *Zungenlärm, meiner]* Wortneuschöpfung zur Bezeichnung der Zungenrede (Glossolalie). Das Sprechen in Zungen ebenso wie seine Auslegung ist laut biblischem Bericht eine Gabe der Gnade; in der Erzählung vom Pfingstwunder erscheint sie als Form der inspirierten Rede: »Und es erschienen ihnen Zungen zerteilt, wie von Feuer; und er [der heilige Geist] setzte sich auf einen jeden von ihnen, und sie wurden alle erfüllt von dem heiligen Geist und fingen an, zu predigen in andern Sprachen, wie der Geist ihnen gab auszusprechen« (Apg 2,3-4). Bei Paulus ist die religiöse Praxis des Zungenredens aufgrund der Unverständlichkeit negativ konnotiert: »Denn wenn ich in Zungen rede, so betet mein Geist; aber was ich im Sinn habe, bleibt ohne Frucht« (1 Kor 14,14). Heute wird das Zungenreden vor allem in Kreisen christlicher Fundamentalisten praktiziert.

30 f. *kam aus den Hügeln herab]* Das Herabsteigen von einem Berg, einem Ort der Andacht und Meditation, findet sich in Moses Horeb-Erfahrung (Ex 32,1; 34, 29). Die 40 Tage und Nächte, die er allein auf dem Berg verbrachte, die Gottesbegegnung dort, hatten ihn verwandelt (vgl. auch 1 Sam 10,5). Das archetypische Motiv eröffnet den Spielfilm *After Dark, My Sweet* (USA 1990, Regie: James Foley), ein Road-Movie, dessen spezifische Atmosphäre des Umherziehens in einer Wüstenlandschaft prägend für den Roman wurde. Der Film weist auch Parallelen in der Konzeption des Helden auf; er erzählt die Geschichte eines ehemaligen Boxers, der seinen Gegner im Ring tötete und seit seiner Flucht aus der Psychiatrie ziellos durch die kalifornische Wüste wandert.

31 *im Winkel der Felsplatten]* Das Nächtigen im Felsversteck ist eine Reminiszenz an Hölderlins Gedicht *Der Winkel von Hahrdt* (1803/05); bei Hölderlin handelt es sich um zwei gegeneinander gelehnte Sandsteinplatten, die den sog. Ulrichstein am Steilhang des Flüsschens Filder bilden. Felsvorsprünge und Felsspalten sind klassische Orte der Zuflucht und der Gottesoffenbarung. Vgl. das Motto von *Riverside* »Rock of Ages, cleft for me, let me hide myself in thee«.

86 12 f. *mein Stemmeisen … Rippen]* Das Instrument des Totenerweckers ist ein assoziativer Verweis auf die Passion Christi, die vom »Eisen« des Longinus gewirkte Seitenwunde (Joh 19,35).

30 *clavis adulterina]* Nach- oder Beischlüssel, auch: »falscher Schlüssel«; ein Schlüssel, der zu einem Schloss passt, ohne eigens für dieses gefertigt zu sein, im Volksmund »Dietrich« genannt. Johnny vermag mit der »clavis adulterina« jeden Sarg zu öffnen, den Toten zu erwecken. Das lateinische »adulterare« (= fälschen, nachmachen, ehebrechen) eröffnet bestimmte Assoziationen, die beim Totenerwecken, insbesondere im Fall von weiblichen Leichnamen, mitschwingen.

87 6f. *sah einen Buick … halb über Sand]* Filmisch eingefangene Szene, die das Geschehen mit einer Totalen eröffnet und in eine Nahaufnahme wechselt. Das Stehen des Wagens über der dunklen Teer- und der hellen Sandzone deutet auf die Grundthematik der Gegensatzsymbolik, die in der Szene als Annäherung zwischen Männlichem und Weiblichem dramatisiert ist.

12f. *linke Licht … brannte noch]* In der Symbolsprache des Traums ist die rechte Seite mit Bewusstsein, Ratio, dem intellektuellen Vermögen assoziiert. »Links« verweist auf das Unbewusste und die Seele.

16f. *und sei mir so beschert]* In der Kabbala ist »die Bescherte« die vom Anbeginn der Welt an einzig zugedachte Frau, die dem Mann Bestimmte.

23f. *das schoßgesperrte Licht]* Das zum Wortfeld der Zeugung gehörende Kompositum »schoßgesperrt« wurde von Rilkes Gedicht *Pietà* aus dem *Marien-Leben*-Zyklus (1912) inspiriert, dessen letzte Verse lauten: »Jetzt liegst du quer durch meinen Schoß, / jetzt kann ich dich nicht mehr / gebären« (R.M. Rilke: *Werke*, Bd. 2, S. 32).

24f. *Zirrenheer … nichtigkleinen Staubpartikel]* Wüstenstaub verwandelt sich in dieser kosmogonischen Phantasie in Sternenstaub. Der »Zirrus«(*lat.*) cirrus = Haarlocke, Franse bezeichnet eine Wolke in großer Höhe, die sich in schmalen Bändern mit ausgefransten Rändern über den Himmel zieht.

88 2 *In ihre Kehlen wolltest du]* Metaphorische Umschreibung für den sexuellen Akt; die Kniekehlen der Frau bilden sinngemäß das Gefäß, die Knie des Mannes aufzunehmen. Etymologisch stammt das Wort »Knie« von (*lat.*) »gignere« = hervorbringen, zeugen.

6 *Und Zungenschwert]* Das Bild verweist im Kontext des sexuellen Akts auf den Phallus, zugleich beinhaltet es eine geistige Komponente. Sie erscheint im »zweischneidigen Schwert« der *Offenbarung*: »[…] und er hatte sieben Sterne in seiner rechten Hand, und aus seinem Munde ging ein scharfes, zweischneidiges Schwert, und sein Angesicht leuchtete, wie die Sonne scheint in ihrer Macht« (Offb 1,16). Das vom Mund des apokalyptischen Menschensohns ausgehende Schwert ist nach Hebr 4,12 der Logos, das ›verbum dei‹: »Denn lebendig ist das Wort Gottes, kraftvoll und schärfer als jedes zweischneidige Schwert; es dringt durch bis zur Scheidung von Seele und Geist.«

12 *Im Körperlärm]* Im »Körperlärm« sich zu vergessen ist eine Umschreibung der physischen Vereinigung, die Johnny im Sinn hat. Durch die Analogie der Wortbildung Körperlärm / Zungenschwert

wird die transgressive, die Grenzen des Bewusstseins übersteigende Qualität des sexuellen Akts evident.

14 *Der dir verrottet]* Nach platonischer Vorstellung endet der Körper im Tod, während die Seele Anteil am Ewigen hat. In diesem Sinn verrottet der Leib, wenn er sich vom Geist trennt.

29 f. *angsteinflößender ... mich aussondernder Tag]* Die Empfindung von Enge ist synonym mit der Erfahrung von Angst, *(lat.)* angustiae = Enge. Das Ausgesondertsein verweist auf die Individuation als der Bestimmung, den eigenen, dem inneren Gesetz entsprechenden Weg zu gehen. Vgl. die Stellen bei Paulus, der diesen Zustand in (Röm 1,1 ; Kor 1,1) konstatiert und von seinem eigenen Ausgesondertsein von Geburt an (Gal 1,15) spricht.

90 10 f. *Null Meter ... der 21. Dezember]* Shinbone im Death Valley stellt einen mythischen Schwellenort dar. Der 21. Dezember, Tag der Wintersonnenwende, bildet hierzu die jahreszeitliche Entsprechung: Ort und Zeit markieren Tiefpunkte, die zugleich entscheidende Lebenswendepunkte repräsentieren: Im Tal angelangt, führt der Weg wieder nach oben, und nach dem Tag mit der längsten Nacht nimmt das Licht wieder zu.

12 *Kaufte mir ... Shinbone Star]* Der Name der Lokalzeitung ist eine weitere Referenz an John Fords *The Man Who Shot Liberty Valance*; im Film erzählt Ransom Stoddard (James Stewart) den Redakteuren jenes Blatts seine Lebensgeschichte.

13 f. *St. Thomas Church ... »Thomas Didymos«]* Johnnys Ankunft in Shinbone fällt auf den Namenstag des Heiligen Thomas, den aus dem Johannesevangelium berühmten Zweifler und Zwilling (vgl. Joh 11,6; 20,27 ff.), der auch in symbolischer Hinsicht ein Zwillingstag ist, insofern er das Jahr in zwei Hälften teilt.

91 5 *Kreuzigungsalter]* Zum mit 37 Jahren angesetzten Kreuzigungsalter vgl. die Anmerkung zu JS 75,26 f.

6 f. *Ethan Jaynes ... Rancharbeiter]* Der Name des Verstorbenen bildet annähernd ein Anagramm zu »Johnny T. Shines«. »Ethan« bedeutet »der überdauern wird«. Der Name ist auch eine Reminiszenz an John Fords Western *The Searchers* (USA 1958), dessen Held Ethan Edwards heißt und von John Wayne dargestellt wird.

18 f. *sein ganzes Leben ... Staub geschluckt]* Die altertümliche Redewendung gründet in den biblischen Fluchreihen nach dem Sündenfall. Gott spricht über die Schlange, die riet, die verbotene Frucht vom Baum zu essen: »Weil du das getan hast, bist du verflucht unter allem Vieh und allen Tieren des Feldes. Auf dem Bauch sollst du kriechen und Staub fressen alle Tage deines Lebens.« (Gen 3,14 EÜ)

92 7 *Lee Ransom]* Ebenfalls ein Name aus Fords *The Man Who Shot Liberty Valance*; dort trägt der von James Stewart gespielte idealistische junge Anwalt den Vornamen Ransom (Stoddard). »Lee« hingegen lautet der Vorname des Schauspielers, der Stoddards Gegenspieler, den Erzbösewicht Liberty Valance spielt: Lee Marvin. Lee Ransom verkörpert einen gemischten, zwischen gut und böse, hilfreich und

destruktiv changierenden Charakter. »Ransom« (*engl.*) Lösegeld und »to ransom« = auslösen, freikaufen, deuten auf ein in der Figur angelegtes rettendes Potential. Zum biblischen Hintergrund der Lösegeld-Metapher vgl. (Mk 10,45): »Denn auch der Menschensohn ist nicht gekommen, um sich dienen zu lassen, sondern um zu dienen und sein Leben hinzugeben als Lösegeld für viele.«

9 f. *alten Stall … ausbauen lassen]* Der Stall als Notunterkunft verweist auf das Leben Jesu; Maria kommt in einem Stall in Bethlehem nieder, wo sie das Neugeborene in eine Krippe legt (Lk 2,6-7). In der christlichen Ikonographie wird Jesu Geburtsort häufig als halb zerfallener Stall abgebildet – in Kontrast zur Machtfülle des Kaisers Augustus; während jener sich als Erlöser verehren ließ, wurde der wahre Erlöser in der Niedrigkeit eines Stalls geboren.

93 3 *Lee … der bessere roper]* »Roper«, ein Begriff aus der Tätigkeit des Cowboys, ist derjenige, der das Lasso wirft, um das Vieh auf der Weide einzufangen.

11 *Lee nimmt sein lariat]* Das »lariat« ist die im Amerikanischen geläufige Bezeichnung für »Lasso«, eine Verballhornung aus (*span.*) la riata = das Seil.

16 *wirfts andre Ende … Balkenkreuz]* Ethan wird gebunden und kopfüber gekreuzigt. Laut den apokryphen Petrus-Akten (2. Jh. n. Chr.) soll Petrus darum gebeten haben, mit dem Kopf nach unten hingerichtet zu werden.

20 *wie … einen Hirsch]* Der Hirsch, der laut *Physiologus*, dem verbreiteten Tier- und Pflanzenbuch aus dem 2. Jahrhundert n. Chr., Schlangen vertilgt, ist ein traditionelles Christussymbol. Aufgrund seines besonderen Merkmals des abgeworfenen, wieder nachwachsenden Geweihs gilt er als Sinnbild von Verwandlung und Erneuerung.

21 f. *ein großes … »X« am Balken]* Anspielung auf die Kreuzigung des Apostels Andreas, der laut Legende auf ein x-förmiges Kreuz (»Andreaskreuz«) gebunden wurde.

36 f. *wie eine Hostie … im Licht zerstückt.]* Der Todesort, ein runder Bartisch, steht durch den Hostien-Vergleich mit der Opfersymbolik des Abendmahls in Verbindung. Der Riss in der Tischplatte spielt auf den Ritus des Brotbrechens in der römisch-katholischen Messe an: Die Hostie wird über dem Kelch in zwei Teile gebrochen, wobei von der linken Hälfte nochmals ein kleiner Teil (particula) für den Ritus der Consignatio und Commixtio abgebrochen wird.

94 1 *Mein Finger rührte an den Bruch]* Der Impuls, die Bruchstelle zu berühren, erinnert an den mystischen »Punkt« im Buch des Vaters (vgl. JS 82,16 ff.), der das ganze Universum in sich enthält. Bruch und Punkt sind Beispiele für die faszinierende Wirkung der Entelechie-Idee (vgl. Anm. zu JS 82,27).

3 f. *Hier sah ich … auf die Landschaft]* Das Muster im Marmor wird als kosmologische Konstellation im Kleinen erkannt, die ähnlich einem Sternbild in die Zukunft blicken lässt. Die schwarzen Schlieren im Stein formieren sich zu jenen Schlammströmen im Panamint

Valley, die am Ende von Johnnys Reise durch die Nacht auf dem Highway erscheinen (vgl. JS 170, 10ff.).

12ff. *offenen Hinterhalt … durchkreuzen würde]* Zur Privatmetapher für das Unterworfensein unter eine höhere Macht vgl. (JS 80,27; 82,25f.) Der Entführer der *Löwengrube* klingt an, der jahrelang bereit liegt, den jungen Jesus seinem Schicksal zuzuführen (JS 81,29ff.), ihn zu »binden«. (*Hebr.*) akedah = Bindung bezeichnet die Opferung Isaaks durch Abraham (Gen 22). Drei Tage lang, den ganzen Weg zum vorbestimmten Berg, lag Abraham »im Hinterhalt«, den eigenen Sohn Jahwe zum Opfer zu bringen.

27ff. *rotkarierte Hemd … aus seinem Stall getragen]* Dem rotkarierten Hemd korrespondiert die schwarz-rot karierte Plaidjacke Johnnys; die Strohlast auf Ethans Schultern, entspricht der »Dunkelheit« auf Rücken und Schultern (JS 73,25), die in der Eröffnungsszene über die Furt getragen wird.

35ff. *wie ein Fluch … flüchtig hin- und hergeknickten Zeichen]* Die Strohhalme im Rücken erscheinen als Menetekel (Dan 5,24-28), das verkündet: Der Tod sitzt dir in Form von geschnittenem, ausgedroschenem, trockenem Gras im Rücken. Die negative Konnotation von Stroh erhellt die sog. Jesaja-Apokalypse, in der Jahwe Moab prophezeit, »wie Stroh in die Mistlache« getreten zu werden (Jes 25,10).

95 10 *Wenn Gott … zertreten wollte]* Anspielung auf Ijob, den Gott im Verbund mit Satan ohne ersichtlichen Grund beinahe vernichtet hätte.

16 *hätt ER mich hergebracht]* Die Großschreibung der Gott bezeichnenden Buchstaben ist an Luthers Schreibweise angelehnt, der das Tetragrammaton (JHWH) mit HERR wiedergab. Ähnlich verfährt die Übersetzung der hebräischen Bibel durch Martin Buber und Franz Rosenzweig, die für das Tetragramm des Originals ER bzw. IHM setzt.

25 *Mein Glaube sollt mich führen]* Wie bei den Jüngern, die in Jesu Namen handelten, ist es auch bei Johnny der Glaube, der ihn zu göttlichen Taten berechtigen soll: »Geht aber und predigt und sprecht: Das Himmelreich ist nahe herbeigekommen. Macht Kranke gesund, weckt Tote auf, macht Aussätzige rein, treibt böse Geister aus. Umsonst habt ihr's empfangen, umsonst gebt es auch.« (Mt 10,7-8)

96 8 *Meine Worte sind Leben]* Das Wort aus dem Johannesevangelium klingt an: »Die Worte, die ich zu euch geredet habe, die sind Geist und sind Leben« (Joh 6,63); vgl. auch Joh 6,35: »Ich bin das Brot des Lebens. Wer zu mir kommt, den wird nicht hungern; und wer an mich glaubt, den wird nimmermehr dürsten.«

29ff. *auf unvorstellbar großen Flügeln … getragen]* Anspielung auf die Vorstellung der »Schechina« (*hebr.*) Einwohnung, ein Aspekt des Göttlichen in der jüdischen Religion. Sie bezeichnet Gottes Präsenz auf Erden, sein »Zelten« unter dem Volk; in der Kabbala wurde sie als weibliche Seite Gottes gedacht. Mit dem Bild der Flügel verbindet sich weiterhin der Gedanke des Beschirmtseins und die Vorstellung von Gott als majestätischem, schutzgebietendem Vogel: »Ihr habt gesehen, was ich mit den Ägyptern getan habe und wie ich euch getragen habe auf Adlerflügeln und euch zu mir gebracht.« (Ex 19,4)

35 f. *unters versiegelte Half and Half … das Milchhütchen]* »Half and Half« ist ein amerikanischer Produktname für Kaffeesahne. Er verweist auf den Einschuss der weißen Milch in den schwarzen Kaffee, im übertragenen Sinn auf die bevorstehende Mischung und Zusammenkunft der Gegensätze.

97 6 f. *den Zirren … Abbild meines Anfangs]* Zum Bild der »Zirre« vgl. (JS 87,24). Anspielung auf den Schöpfungsmythos der Kabbala, bei dem die Gefäße unter dem Ansturm des Urlichts zerbrechen, das Licht ausfließt und in Funken zerstreut ins ewige Dunkel sinkt, aus dem es erlöst werden muss. Zur Vorstellung vom »Bruch der Gefäße« vgl. Gershom Scholem: *Zur Kabbala und ihrer Symbolik*, S. 146 ff. Der Blick in die Kaffeetasse ist ein Motiv, das auf eine Szene aus Jean-Luc Godards Film *Vivre sa vie* (Frankreich 1962) zurückgeht und in Martin Scorseses Kultfilm *Taxi Driver* (USA 1976) abgewandelt zitiert wird – als Blick ins Wasserglas, in dem sich eine Aspirintablette in wirbelnden Strömen auflöst.

24 ff. *um den Mittelpunkt … wie Galaxien-Nebel einst]* Die Reihe der kosmogonischen Bilder kreist um die Vorstellung des Hervorgehens der Welt aus einem Mittelpunkt oder Keim, der sich selbst erschafft.

30 f. *Jahrmillionen später hier … damals längst beschlossen]* Die Weltentstehung in der Kaffeetasse verweist auf die Welt des Urzeitlich-Ewigen, die im Zeitgenössisch-Alltäglichen erfahrbar ist. Dem Vergleich zugrunde liegt die insbesondere aus alchemistischen Texten bekannte Makro-Mikrokosmos-Analogie. Die *Tabula Smaragdina*, das hermetische Weisheitsbuch und spätere Gesetzbuch der Alchemisten, lehrt die Symmetrie von Oben und Unten: »Himmel droben / Himmel drunten / Sternen droben / Sternen drunten / Das, was oben / ist auch unten / Wer das weiß / hat viel gefunden.« (Zit. nach: *Geheimnisse der Alchemie*, S. 40)

98 2 f. *3 quarters … neben der Tasse]* Die drei Viertel-Münzen verweisen auf das fehlende Vierte, das den Kreis voll macht. Auf dieses Vierte geht es in Johnnys Erzählung nun zu – auf das Reich der Toten und das Unbewusste. (Vgl. C.G. Jung, GW 12, *Psychologie und Alchemie*, S. 41 f.).

99 13 *Als käms jetzt zum Duell.]* Typische Western-Situation, wie z. B. in *High Noon* (1952; Regie: Fred Zinnemann), wo die menschenleer öde, in der Mittagshitze flirrende Dorfstraße zur Kulisse eines Kampfes auf Leben und Tod wird.

21 *im Windstrom … zu hören]* Der Wind (*hebr.*) »ruah« ist eine der Erscheinungsformen Gottes; die hebräische Bibel übersetzt häufig mit »Geist«, Gottes Wirken im Wind zum Ausdruck zu bringen. In der zweiten Grundbedeutung, »Atem«, ist die schöpferische Potenz angesprochen, tote Materie zu beleben: »So spricht Gott der Herr: Odem, komm herzu von den vier Winden und blase diese Getöteten an, daß

sie wieder lebendig werden! Und ich weissagte, wie er mir befohlen hatte. Da kam der Odem in sie, und sie wurden wieder lebendig und stellten sich auf ihre Füße, ein überaus großes Heer.« (Ez 37,9-10)

25 f. *»Du Fool« ... den Arkaden her]* Die Stimme gehört der Anima als der Verkörperung der inneren Stimme. Sie gibt zu verstehen, dass der Weg zum Friedhof ein Irrweg ist – insofern außen ausagiert wird, was eigentlich ein innerer Vorgang sein sollte. Die Bezeichnung »Fool« verweist auf die Stelle aus dem Korintherbrief, die als Motto vorangestellt ist: »Du Tor! Was du säst, wird nicht lebendig, wenn es nicht stirbt.« (1 Kor 15,36)

99 27 f. *ER hat ... zubereitet]* Johnny sieht sich als Teil eines göttlichen Strategems; alle Dinge und Ereignisse in der äußeren Welt werden als Zurichtung auf das Ziel gedeutet, dem sein Leben zustrebt. Im Sinne der Prädestination soll sich auf dem Friedhof zu Shinbone erfüllen, wozu er sich berufen glaubt.

100 33 *die Hände des Herrn ... zusammensetzten]* Reminiszenz an die Schöpfungsgeschichte der Genesis: »Da machte Gott der Herr den Menschen aus Erde vom Acker und blies ihm den Odem des Lebens in seine Nase. Und so ward der Mensch ein lebendiges Wesen.« (Gen 2,7)

101 7 *Zu trauen komm ich]* »Vertrauen« (*griech*.) pisteuin, steht semantisch in engem Bezug zu »glauben«. Pistis = »Treue«, »Vertrauen« und seine Adjektivfom pistos = »treu«, »zuverlässig« bilden die ältere Sinnschicht von »glauben«, »Glaube«. Indem Johnny das ursprünglichere »pisteuin« anspricht, charakterisiert er seinen Glauben an Gott als ein »treu« sein, im Sinne von »die Treue halten«.

14 f. *Sprich ... wird er seelen]* Das im Vergleich zu »beseelen« bzw. »beseelt« seltene Denominativum nimmt den Sprachgestus der Übertragung der hebräischen Bibel durch Martin Buber und Franz Rosenzweig auf. Gemeint ist: »mit Seele versehen«, das Wiedereintreten der Seele in den Körper.

101 28 ff. *den Frauen am Grab ... zu mir herüberschaut]* Es handelt sich um die fremd-vertraute Frau, eine Verkörperung der Anima, die immer schon da war und jetzt auch außen wahrgenommen wird. Es ist dieselbe Frau, die er Stunden zuvor auf dem leeren Highway beobachtet hatte (JS 87,8.).

102 25 *der erste Teil der Schlacht]* Der Vorgang des Wiedererweckens ist ein Kampf, bei dem Gott herausgefordert wird, ähnlich wie im Ringen Jakobs mit dem Engel am Jabbok (Gen 32,23-33).

104 3 *den Sarg nur berühren]* Anspielung auf den im Lukasevangelium erzählten Bericht von der Auferweckung des Jünglings von Naïn, die sich im Berühren der Totenbahre vorbereitet: »Als der Herr die Frau sah, hatte er Mitleid mit ihr und sagte zu ihr: Weine nicht! Dann ging er zu der Bahre hin und faßte sie an. Die Träger blieben stehen und er sagte: Ich befehle Dir, junger Mann: Steh auf! Da richtete sich der Tote auf und begann zu sprechen und Jesus gab ihn seiner Mutter zurück.« (Lk 7,13-15)

18 ff. *in wieviel Teile sich .... jeder deiner Zum-Grab-Schritte bricht]*

Ein ähnlicher Gedanke findet sich beim Vorsokratiker Zenon von Elea (490-430 v. Chr.). Zenon befragte die Erfahrung des Kontinuums von Raum und Zeit und regte an, die Welt in distinkte Einheiten zerlegt zu denken, die wiederum zerlegbar wären – ad infinitum. Sein berühmtes Beispiel ist das Paradox vom Pfeil, der in der Luft ruht. Vorstellbar wird das Bild vom ruhenden Pfeil in Bewegung, wenn man sich die Flugbahn des Pfeiles in unzählige Teile zerlegt denkt. Diese Vorstellung entspricht Johnnys Imagination der Schritte und Töne, die sich in immer noch kleinere Schritte und Töne zerlegen lassen, sodass auf dem Weg zum Grab Stillstand eintritt, die Zeit sich ins Endlose dehnt und die Schwierigkeiten auf dem Weg dorthin schier unendlich, d.h. unüberwindbar scheinen.

29f. *liegen als nichtigkleine Teile …* für Wünsche] In Johnnys Theorie stehen die Kiesel und Sandkörner unterm Schuh für die inneren Regungen und Stimmungen, die nicht angehört, nicht angenommen werden. Wünsche, die unbewusst bleiben, erzeugen neue Wünsche.

105 21 *die Dinge, die sie nicht tun]* Ein Gedanke, der sich variiert bei Paulus (Röm 7,15) findet: »Denn das Gute, das ich will, tue ich nicht, sondern ich übe eben das Böse aus, das ich nicht will.« Das, was die Trauernden nicht tun, aber im tiefsten Inneren tun wollen ohne es sich einzugestehen, das tut Johnny für sie – »das Gute«.

25 *die Gruppe zur Landschaft]* Johnnys Methode, die Fremdheit am Grab zu überwinden und Vertrauen herzustellen, ist eine kulturgeschichtlich uralte Praxis. Was er »Landnamen« nennt, beschreiben vergleichende Mythenforscher wie Joseph Campbell (*Die Kraft der Mythen*, S. 102-105) als Verfahren der Aneignung eines neuen Terrains durch Einbindung des Fremden in die eigene Mythologie, was am einfachsten durch Namensgebung gewährleistet wird. Nach diesem Prinzip benannten die Pilgerväter die neu besiedelten Gebiete mit Vorliebe nach Ortschaften, die aus ihrer Heimat, der Bibel oder der griechischen Mythologie bekannt waren. Auch die Indianer belegten bei ihren Wanderungen Gebiete mit vertrauten Namen, die fremde Umgebung in ihre Mythologie zu integrieren.

106 18 *Es waren an diesem Tag … nur Frauen]* Die Majorität der Frauen am Grab entspricht der Situation bei der Grablegung Jesu, bei der – beginnend mit der Augenzeugenschaft seines Todes – außer Joseph von Arimathäa nur die Frauen zugegen waren (Mk 15,40ff.; Mk 16,1-8).

25-26 *in staubiges Schwarz gekleidet … ist Kapernaum]* Die auf dem Weg zum Grab passierten Frauen verwandeln sich in der Wahrnehmung Johnnys zu Orten und Landschaften in Palästina, an denen Jesus wirkte. In der Abfolge der Städtenamen wird der Weg zum Grab zum Gang Jesu, der ihn vom heimischen Galiläa über Samarien bis nach Jerusalem führte. Ausgangspunkt ist der Ort Kafarnaum (Kapernaum) am nördlichen Ufer des See Gennesaret, hier wie oft im Jüdischen als »Meer« bezeichnet. In dem galiläischen Fischerdorf lehrte der junge Jesus am Sabbat in der Synagoge und heilte einen Besessenen (Lk 4,31ff.).

107 4 *ist Tiberias und dahinter ... den Tabor]* Tiberias, am Westufer des
See Gennesaret gelegen, wurde ab 17 n. Chr. von Herodes Antipas als
neue Hauptstadt seiner Provinz im griechisch-römischen Stil erbaut.
Der Tabor ist ein westlich von Tiberias gelegener, isoliert sich aus der
Ebene erhebender Berg (588 m), der traditionell mit der Verklärung
Jesu in Zusammenhang gebracht wird.

6f. *Samarien ... jetzt frei macht]* Samarien, die jüdische Provinz
zwischen Galiläa im Norden und Judäa im Süden, ging aus der Ab-
spaltung der zehn nördlichen Stämme Israels vom Königshaus David
926 v. Chr. hervor.

10f. *der schönen, navyblaumantligen Tirza]* Die ursprünglich kana-
näische Bergstadt Tirza lag östlich von Samaria und war Hauptstadt
des israelischen Nordreiches. Sie galt als bemerkenswert schöne Stadt;
im *Hohen Lied* wird sie als »Liebliche« (Hld 6,4) besungen. Tirzah
(*hebr.*) »rasa« = erfreut sein, jemandem Gunst erweisen ist ein seltener
Frauenname, der die Anima verkörpert.

12f. *Ebal und Garizim ... Schultern von Schechem]* Die Ebene von
Sichem (Schechem), ein altes kananäisches Kultur- und Kultzentrum,
begrenzen die Berge Garizim (881 m), der südlich der Stadt Nablus
liegt, und Ebal (938 m) nördlich davon. Der Namen »Schechem« bzw.
»Sichem«, gebildet aus der kanaanäischen Wurzel ŠKM für »Schulter,
Nacken, Rücken«, bezieht sich auf die prominente Lage zwischen den
Bergen Garizim und Ebal in Samarien, heute Mittelpalästina.

23f. *die Akraba, die benachbarte]* Die nächste Station nach Sichem
ist das 18 km vom heutigen Nablus südöstlich gelegene antike Akraba.

108 13f. *»Unaussprechliche« ... einem dieser Kataloge]* Eine Rücküber-
setzung aus dem Amerikanischen, das jene Art der Reizwäsche als
»unmentionables« kennt.

32 *Calvary Mortuary]* Anspielung auf Golgota, der Hinrichtungsstätte Jesu auf einem Hügel außerhalb Jerusalems. »Calvary« = Kal-
varienberg stammt von (*lat.*) »calvariae locus« = des Schädels Stätte;
Luther übersetzt »Schädelstätte«.

109 12 *endlich zum Jordan hinab]* Johnnys innerer Weg zum Grab führt
zunächst ins Tal, um von hier aus die sog. Blutsteige hinaufzugehen,
die steile Passstraße, die in Jericho beginnt und durch die jüdäische
Bergwüste hinauf nach Jerusalem führt.

16 *denn sie sind Jericho]* Jericho war beim Einzug ins gelobte Land
die erste von den Israeliten eroberte und zerstörte Stadt westlich des
Jordans. Unter dem Schall der Widderhörner wurden ihre legendären
Mauern nach siebenmaliger Umrundung zum Einsturz gebracht (vgl.
Jos 6,4ff.).

21 *nach Bethanien ... raschelt schon Wort]* Bethanien, ein ca. drei
Kilometer südöstlich von Jerusalem am Ölberg gelegenes Dorf, das
durch die Erweckung des Lazarus (Joh 11) bekannt ist, hatte Anschluss
an die Straße, die Jesus bei seinem letzten Gang nach Jerusalem nahm.

33f. *Arkaden Bethesdas ... brücheschließenden Gnadenteich]* Das
Ritualbad (*aram.*) »beth«, »hesda« = Haus der Gnade; es lag außerhalb

385

der zweiten Stadtmauer am nördlichen Ende des Tempels und bestand aus zwei großen Becken, die von fünf Säulenhallen umgeben waren. Unter den vielen Kranken heilte Jesus einen Gelähmten, der sich seit 38 Jahren dort aufhielt, weil er nie rechtzeitig in das von einem Engel bewegte Wasser kam. »Jesus hört ihn an und spricht: Steh auf, nimm dein Bett und geh hin! Und sogleich wurde der Mensch gesund und nahm sein Bett und ging hin.« (Joh 5,8-9)

110 4f. *das Tor hinein in die Jerusalem]* Im Griechischen und Hebräischen ist Jerusalem bzw. Hierosolyma ein Femininum.

12f. *nach rechts und nach Westen durchs andere Tor geh]* Es handelt sich um das Gennat-Tor (Gartentor), das zur Hinrichtungsstätte, dem Golgota-Hügel führt, der unmittelbar außerhalb der Stadtmauer lag.

5f. *our brother Ethan Lee Jaynes]* Ethans Mittelname, der hier erstmals fällt, ist zugleich der Name seines Mörders, Lee Ransom (vgl. JS 94,7).

3ff. *In sure and certain ... dust to dust]* Die Worte zur Bestattung, wie sie im *Book of Common Prayer*, der Agende der Anglikanischen Kirche, verzeichnet sind.

14ff. *the Lord bless him ... and give him peace]* Aaronitischer Segen (Num 6,22-26), der zum Abschluss der Grabliturgie gesprochen wird.

111 4ff. *Schlag zu ... das baumstille Holz]* Johnnys Zustand der Entrückung spiegelt sich in der stark rhythmisierten, expressiven, von Alliterationen und Assonanzen durchwirkten poetischen Rede mit effektvoller Schlussstellung des Objekts.

9ff. *zur Rechten sitzt Er]* Anspielung auf Jesus als endzeitliche Richtergestalt: »Von nun an werdet ihr sehen den Menschensohn sitzen zur Rechten der Kraft und kommen auf den Wolken des Himmels.« (Mt 26,64)

10f. *daß es birst ... die Schlösser dem Baum sprengt]* Die Identifizierung des Sargs mit einem Baum (vgl. »das baumstille Holz«, JS 111,6f.) deutet auf den Mythos des Osiris, der von seinem feindlich gesonnenen Bruder Thyphon in einen Sarg gesperrt und dem Meer übergeben wurde. Nach Plutarchs Bericht (*De Iside et Osiride*) soll sich der an Land gespülte Sarg in einer Baumheide verfangen haben, die in kurzer Zeit zu einem prachtvollen Baum aufgeschossen sei, die »Truhe« des Osiris zu umfangen und in ihrem Inneren schützend zu bergen.

14f. *unverhofft-wiedergesehen: der Mensch]* Anspielung auf Johann Peter Hebels Kalendergeschichte *Unverhofftes Wiedersehen* (1811), die von der wundersamen Wiederkehr eines Bergmanns und Bräutigams handelt, der 50 Jahre tief unter der Erde lag, bevor er eines Tages unversehrt und frisch aus den Tiefen des Bergwerks gehoben wird.

24f. *sag seinen Namen im Du]* Das Anrufen des Toten mit seinem Namen bedeutet, Macht über ihn zu haben. Auch Jesus fragt die Kranken wiederholt nach ihrem Namen und zielt darin auf die Identität, die Mitte der Persönlichkeit wie im Fall des Besessenen von Gerasa: »Jesus fragte ihn: Wie heißt Du? Er [der Dämon] antwortete: Mein Name ist Legion, denn wir sind viele.« (Mk 5,9)

27 *Sags mit dem Zungenschwert]* Zum Bild des Zungenschwerts vgl. (JS 88,6).

112 2f. *Als das eigene ausgetauscht]* Der mystische, ich-lose Zustand reinen Empfangens, den Johnny anstrebt, wie auch die grundsätzliche Vorstellung von der Möglichkeit eines unmittelbaren Dialogs mit Gott hat eine Parallele in den Auffassungen Meister Eckharts (1260-1328). Für Eckhart ist Gott zuinnerst in der Seele eines jedes Menschen anwesend. Der »Seelengrund« wird als zeit- und raumloser Raum erfahren, in dem völlige Ruhe, ein Leersein, herrscht; dort ist der Mensch ein aufnahmebereites Gefäß, in das Gott einströmen und transformierend wirken kann: »Was in ein anderes verwandelt wird, das wird eins mit ihm. So auch werde ich verwandelt in ihn, daß er mich als sein Sein wirkt, Ungleiches in eins.« (*Deutsche Predigten,* Predigt VI, S. 64)

20ff. *Erst wenn kein … dann ist Stille]* Rhythmisch ansteigende Wort- und Bildfolge, die den inneren Vorgang der Auslöschung von Sinneseindrücken, Gedanken und Erinnerungen nachbildet. Die Satzkaskade schlägt auf dem Höhepunkt in die ersehnte Stille um, einen nirwana-ähnlichen Zustand, in dem jede denkbare Form von Energie zurückgezogen und nach innen genommen ist, wo sie in Ruhe gehalten wird.

33 *lärmt Rahab ohne End]* Sinnbild für das Chaos, das in den Reden Ijobs (9,13; 26,12) und des Propheten Jesaja (Jes 51,9) erscheint. »Rahab« stellt eine mythische Personifikation des Meeres in Drachengestalt dar und gilt als widergöttliche Macht des Verderbens.

34f. *War ich geschlagen … ER mich schlug]* Parallele zu Ijob und seiner Klage. »Er hat meinen Weg vermauert, daß ich nicht hinüber kann, und hat Finsternis auf meinen Steig gelegt. […] Er hat mich zerbrochen um und um, daß ich dahinfuhr, und hat meine Hoffnung ausgerissen wie einen Baum. Sein Zorn ist über mich entbrannt und er achtet mich seinen Feinden gleich.« (Ijob 19,8-11)

113 11 *Ich spürte seine Hand]* Ijob ruft auf dem Höhepunkt seine Klage aus: »Erbarmt euch über mich, erbarmt euch, meine Freunde; denn die Hand Gottes hat mich getroffen!« (Ijob 19,21)

14 *An deinem, seinem Handwerk, sozusagen]* Das Motiv der Gotteshand findet sich zahlreich in der Bibel, u.a. im Buch Daniel: »Und siehe, eine Hand rührte mich an und half mir auf die Knie und auf die Hände, und er sprach zu mir: Daniel, du von Gott Geliebter, merk auf die Worte, die ich mit dir rede, und richte dich auf; denn ich bin jetzt zu dir gesandt.« (Dan 10,10-11). Die Berührung durch die göttliche Hand kann als unerträgliche Last, als inwendige Sicherheit, aber auch als Auftrag, zu Höherem berufen zu sein, empfunden werden.

26 *»du fuckin' loony«]* Das Schimpfwort »loony« = Bekloppter, Verrückter, eine Verballhornung von »lunatic« = Irrer, Wahnsinniger, stammt von *(lat.:)* »lunaticus« = mondsüchtig. Der Mond als Quelle von Irrsinn spielt im weiteren Verlauf der Geschichte noch eine Rolle (JS 157,6ff.).

27 f. *Lieutenant Brasher]* Der Namen des Polizisten – gebildet aus (*engl.*) brash = aufdringlich, dreist – soll eine gewisse Brutalität vermitteln.

116 11 f. *stand in Samarien, navyblaumantlige Tirza]* Zur Zeit Jesu waren die Bewohner Samariens eine jüdische Religionsgemeinschaft mit eigenen Opferstätten und Heiligtümern, weshalb sie von den Israeliten gemieden wurden. Über ihre Zuordnung zu Samarien ist Tirza als vom Kollektiv ausgegrenzt gekennzeichnet – ein Los, das sie mit Johnny teilt. Zugleich ist sie mit dem blauen Mantel der Himmelskönigin Maria ausgezeichnet. Der schutzgebende Animaaspekt der Tirza-Figur kommt auch in der Imagination des kindlichen Spiels mit den weiten Mantelärmeln (JS 116,16 ff.) zum Ausdruck.

36 f. *sie wischte ... Blut von Stirn und Händen]* Die Geste liebender Fürsorge ist einer Szene aus *The Man Who Shot Liberty Valance* entlehnt, in der Hallie die Wunden des nach einem Raubüberfall übel zugerichteten Ransom Stoddard versorgt, ihm zu essen und zu trinken gibt, wobei die beiden sich ineinander verlieben.

3 f. *wenn ich nur ihrem Anliegen nachkäme]* Dieses Anliegen entspricht den vergeblichen Versuchen der Anima, mit Johnny ins Gespräch zu kommen und Verbindung zu ihm herzustellen (vgl. JS 77,13).

10 ff. *Saturn und Venus ... beinah eins]* Die Planetenkonstellation entspricht der tatsächlichen astronomischen Situation am 21. Dezember 1992 und spiegelt zugleich die innere Seelenlage Johnnys. Saturn, der am weitesten von der Sonne entfernte Planet, gilt als kalt und trocken; die Alchemie verknüpfte mit Blei: dem Stumpfen, Bedrückenden, Begrenzenden. Venus, der Planet, der der Erde am nächsten kommt und das hellste Objekt (vom Mond abgesehen) am nächtlichen Himmel darstellt, regiert die Qualitäten warm und feucht und wird mit Bindung, Attraktion und Gefühl bzw. Eros assoziiert. Die Saturn-Venus-Konjunktion am Abendhimmel der Wintersonnenwende kündet von Niedergeschlagenheit *und* Bezogenheit gleichermaßen: Johnnys depressiver Zustand zeugt von der bleiernen Schwere des Saturn, doch ist die attrahierende Venus in Gestalt der Hallie Doniphan präsent.

23 *die Panamint Bergkette]* Kurze Gebirgskette am nördlichen Rand der Mojave-Wüste. Sie verläuft ca. 160 Kilometer in nord-südlicher Richtung und bildet den westlichen Rand des Death Valley, das dieses vom Panamint Valley trennt.

28 f. *eine Freundin ... wieder lebendig machst]* Anspielung auf Verse des Hohen Lieds: »Ich bin eine Blume in Scharon und eine Lilie im Tal / Wie eine Lilie unter Dornen, so ist meine Freundin unter den Mädchen.« (Hld 2,1-2) Die »amica mea«, Sinnbild der geliebten, schönen Frau, deutet auf die symbolische Dimension der Erweckungsbitte.

119 20 *Denn du bist angekündigt]* Ein zentrales Anfangsmotiv des Romans (JS 73,17) wird eingelöst.

123 27 f. *Aber sag mir ... kleinsten Erfolg gehabt]* Der Fragegang entwickelt sich im Stil sokratischer Mäeutik, nämlich mit dem Wissen, das im Gesprächspartner angelegt ist, statt mit von außen herangetragenen Daten.

32f. *als Kampf ... ein Ringen mit dem Tod]* Das biblische Muster ist Jakobs Kampf mit dem Engel (Gen 32,23-33). Im Zuge dieses Ringens schreibt sich Gott dem Menschen ein: Jakob heißt seitdem »Israel« (Gottesstreiter) und »hinkt an seiner Hüfte« (Gen 23,32).

124 12 *erkennen sie das Wahre]* Das Erwecken ist im Kern eine Revolte gegen den Tod, der in den Zeugen am Grab den alten Kindheitsglauben wach werden lässt.

33f. *kaum zu entfernen ... die Hoffnungsmale]* Parallelbildung zu (*griech.*) »Stigma« = Stich, im Sinne eines Malzeichens, das in die Stirn oder die Hand eingebrannt wurde. Der Glaube an die Möglichkeit eines Wunders ritzt sich in die Trauernden ein und hinterlässt eine Spur.

125 14ff. *mit Hammer und Seele ... daß er keiner ist]* Roth charakterisiert seinen Helden in einem Interview als einen, der in seiner Suche nach der Wahrheit von einer großen Wut besessen ist: »Most people say he's crazy or call him psychotic, but I sympathize with his rage, which may be nothing more than the great intensity with which he pursues his search for truth.« (P. Roth: *Gather at the River*, S. 116).

126 23 *wollt ich wie Elischa]* Anspielung auf die Totenerweckungen aus den beiden »Büchern der Könige«, wo schon der Prophet Elia das Wunder wirkt, indem er den Körper des Toten ganz mit dem eigenen bedeckt. »Und er legte sich auf das Kind dreimal und rief den Herrn an und sprach: Herr, mein Gott, laß sein Leben in dies Kind zurückkehren!« (1 Kön 17,21)

24f. *auf keinen Mund deinen Mund]* Verweis auf die Erweckung des Sohnes der Schunemiterin durch Elischa (Elisa), den Schüler Elias: »Und als Elisa ins Haus kam, siehe, da lag der Knabe tot auf seinem Bett. Und er ging hinein und schloß die Tür hinter sich zu und betete zu dem Herrn und stieg aufs Bett und legte sich auf das Kind und legte seinen Mund auf des Kindes Mund und seine Augen auf dessen Augen und seine Hände auf dessen Hände und breitete sich so über ihn; da wurde des Kindes Leib warm. Er aber stand wieder auf und ging im Haus einmal hierhin und dahin und stieg wieder aufs Bett und breitete sich über ihn. Da nieste der Knabe siebenmal; danach tat der Knabe die Augen auf.« (2 Kön 4,32-35)

128 24f. *in diesem Land ... nichts wissen willst]* Sinnbild für das Jenseits, psychologisch: die unbekannte Welt des Unbewussten (vgl. RS 40,22f.)

130 25f. *jenem Wahren Muster ... in uns liegt]* Die Vorstellung des Musters hat neben Aristoteles' Konzept von der Entelechie (vgl. Anm. zu JS 82,27f.) eine biblische Parallele in den Anweisungen, die Jahwe dem Mose zum Bau der Stiftshütte und der Fertigung ihres Zubehörs gibt (vgl. Ex 25,9ff.). Die himmlische Stiftshütte als »Wahres Muster« thematisiert auch Hebr 8,5.

131 12f. *In den Herzen der Zuschauer ... auch wenn sie spielt]* Durch die Hallie-Figur, ihrem Plädoyer für die Fiktion – den Mythos, die

Dichtung, das Theater –, klingen dichtungstheoretische Grundsätze an, die Roth in den späteren *Frankfurter Vorlesungen* zur Poetik ausformulierte, dazu zählt insbesondere die Auffassung von der Literatur als einer »Passagenbereiterin«. (P. Roth: *Ins Tal der Schatten*, S. 147)

133 6f. *mandelbraune Augen … rabenschwarzes schulterlanges Haar]* Verweis auf die »amica mea« des Hohen Lieds, eine Verkörperung der Anima (vgl. Hld 4,1). Die Mandel als erste blühende Frucht des Gartenjahres repräsentiert in der hebräischen Bibel das Erwachen, die Wachsamkeit und weiterführend Erkenntnis bzw. Bewusstwerdung. Rabenschwarz deutet auf das Gegenteil: das Unbewusste, noch Unerweckte.

14 *starb mit zwölf Jahren]* Die beginnende Pubertät als Übergang von der Kindheit ins Erwachsensein ist eine Veränderungen und Gefahren verbundene Schwellenzeit. Biblische Parallelen sind die Erzählung vom Verschwinden des zwölfjährigen Jesus im Tempel (Lk 2,41-52) und der Bericht von Tod und Auferweckung der zwölfjährigen Tochter des Jaïrus (Mk 5,21-43).

135 10f. *nach der Geburt … am Brechtentag]* Der »Brechtentag« ist der 6. Januar, Epiphanias, Tag der Anbetung des Jesuskinds durch die »Weisen aus dem Morgenland«, der sog. Dreikönigstag. Der Name ist eine Ableitung von »Bercht«, bzw. »Percht« (*ahd.*: »peraht« = hell, glänzend; die Glänzende); er bezeichnet eine weibliche Erdgottheit, die in der nordischen Sagenwelt als die Märchengestalt »Frau Holle« bekannt ist und Bezüge zur germanischen Totengöttin Hel aufweist. Die mythische »Bercht« ist in den Rauhnächten zwischen dem 25. Dezember und dem 6. Januar unterwegs – den zwölf Nächten, die im Mondkalender außerhalb der Zeit liegen und offen für Geister sind.

29f. *drei Könige … zur Geburt ihres Sohnes gekommen]* Roths fiktive Christuslegende verwebt Elemente aus biblischen Erzählungen wie der Geschichte von den *Drei Weisen im Morgenland* (Mt 2,-12), mit typischen Motiven und Themen der Alchemie, insbesondere der Lehre von der Trennung und Vereinigung der Gegensätze, die zum Topos der Wandlung und Erneuerung gehört.

30f. *Der vierte im Bund]* Anders als das Matthäusevangelium kennt Roths Geschichte einen vierten König, jene dunkle, mit dem Schicksal identifizierte Gestalt des Entführers (vgl. JS 81,3).

31f. *Herodes die Kinder hinmorden ließ]* Die Huldigung durch die Magier ließ König Herodes auf das Neugeborene aufmerksam werden: »Als Herodes merkte, daß ihn die Sterndeuter getäuscht hatten, wurde er sehr zornig, und er ließ in Betlehem und der ganzen Umgebung alle Knaben bis zum Alter von zwei Jahren töten, genau der Zeit entsprechend, die er von den Sterndeutern erfahren hatte.« (Mt 2,16 EÜ)

136 5ff. *im Kreuz der von vier Fackeln … Lichter und Schatten]* Die Betonung der Zahl vier – vier Seiten hat die Grube, an je einer Seite befindet sich ein König, die vier Ecken sind von je einer Fackel besetzt – charakterisiert die Grube als Symbol der Ganzheit. Jesus steht darin

»im Kreuz«, i.e. im Zentrum der Gegensätze, das vom Schattenwurf der vier Fackeln erzeugt wird – Bild für eine Prüfungssituation.

17 *den am Grubenrand Knienden]* Der Topos der von alten Weisen arrangierten und kommentierten Prüfung eines Kandidaten wurde von der sog. *Parabola* inspiriert, einem alchemistischen, 1785 von Rosenkreuzern überlieferten Text des frühen 17. Jahrhunderts. Die alchemistische Parabel erzählt aus der Sicht des Adepten von seiner Aufnahme in einen als »collegium sapientiae« bezeichneten Geheimbund. Darin wird der junge Mann in einer Grube einem Löwen zugeführt, gegen den er sich behaupten muss. Nachdem er den Löwen erlegt und ausgeweidet hat, erhält er den Befehl, ihn wieder lebendig zu machen. Roth stieß auf diesen alten Text in der Studie *Probleme der Mystik* (1914) von Herbert Silberer, einem frühen Schüler Sigmund Freuds.

20 *sagte da ... einst Gold gebracht]* Entsprechend der Dreizahl der biblisch bezeugten Kostbarkeiten für das Jesuskind (Mt 2,11) – »Gold«, »Weihrauch« und »Myrrhe« – bringen die Könige der Löwengrube je eine Gabe, während der vierte König den jungen Jesus selbst bringt.

24f. *Macht seines Gottvertrauens gezähmt]* Verweis auf die Erzählung von Daniel in der Löwengrube (Dan 6,2-29) – die unerschütterliche Treue Daniels zu Gott, die vom Engel, der den wilden Tieren den »Rachen zuhält«, belohnt wird.

137 33f. *durchkreuzt er dein Leben ... Sohn des Simon]* Gemeint ist Judas, einer der zwölf Jünger Jesu, der in den Evangelien häufig als »Sohn des Simon« bezeichnet wird. Er galt schon den Urchristen als Inbegriff des Verräters, weil er die Festnahme Jesu im Garten Gethsemane ermöglichte mit der Folge der Auslieferung und Verurteilung durch die Römer.

138 3f. *kraft königlicher Kunst ... vorbereitet hatten]* Als »ars regia« wurde seit der Neuzeit die Alchemie bezeichnet.

4f. *warfen nun ein Messer in die Grube]* Das Messer verweist neben seiner offensichtlichen Bedeutung als tödliche Waffe in symbolischer Hinsicht auf den scharfen, unterscheidenden Verstand – auf Analyse und Differenzierung.

9f. *fuhr die Klinge ... die Pulsader kreuzend]* Die Wunden, die der junge Jesus an Handgelenk und Brustkorb erleidet, markieren antizipierend die Stellen am Jesuskörper, die bei der Kreuzigung durchbohrt werden.

138 27f. *ein Schleifen und Zischen ... auf Sand entlang]* Die Schlange repräsentiert das Prinzip des Bösen wie z.B. in der Offenbarung des Johannes: »Und es wurde hinausgeworfen der große Drache, die alte Schlange, die da heißt: Teufel und Satan (Offb 12,9). Zugleich vertritt sie das Prinzip der Bewusstwerdung – analog zur Schlange im Paradies, die dazu anstiftet, die Frucht vom Baum der Erkenntnis zu essen (Gen 3,1-6).

32f. *Und Jesus übermannte die Wut]* Starke Gefühle wie Zorn und Unduldsamkeit schreiben auch die Evangelien Jesus zu. Er reagiert mit Zorn und Betrübnis (Mk 3,5), als die Pharisäer versuchen, ihm am

Sabbat eine Falle zu stellen; vor dem Einzug in Jerusalem verflucht er einen Feigenbaum, weil er keine Früchte trägt (Mk 11,12-25). Die meisten Affekte werden ihm in den Apokryphen zugeschrieben. Im Kindheitsevangelium des Thomas lässt der aufgebrachte Jesusknabe einen Jungen, der sein Spiel stört, »ganz und gar verdorren«; ein anderer muss auf der Stelle sterben: »Jesus wurde wütend und sagte: Du sollst deinen Weg nicht weitergehen! Sofort fiel der Junge um und war tot« (KThom 3,1ff.; 4,1ff.).

139 18 *Erst mußt du ... lebendig machen]* Die eigentliche Prüfung ist ein Mysterium, das nur der zukünftige »Heiland« (JS 136,35 f.) erbringen kann. In der Vorlage der *Parabola* fordert einer der Alten, nachdem der Held den Löwen zerstückelt hat: »[...] er muß ihn auch wieder lebendig machen, sonst kann er unser Collega nicht sein.« (H. Silberer, *Probleme der Mystik*, S. 9)

141 17f. *von seinem Vater ... Urgroßvater überliefert]* Die Überlieferung in dritter Generation zeigt, dass in der Familie ein ungelöster Konflikt vorliegt, der in Gestalt der mythischen Erzählung von Generation zu Generation weitergereicht wurde.

21 *im Bauch der Grube ... sterbenden Judas trat]* Parallelisierung mit der alttestamentlichen Erzählung von Jona, der im Bauch des Wals in Dunkelheit und Angst zu Gott betet. »Ich schrie aus dem Rachen des Todes, / und du hörtest meine Stimme. Du warfest mich in die Tiefe, mitten ins Meer, / daß die Fluten mich umgaben. [...] Wasser umgaben mich und gingen mir ans Leben, / die Tiefe umringte mich, Schilf bedeckte mein Haupt.« (Jona 2,3-5)

142 12 *bis in sein »Eli, Eli«]* Anspielung auf die sog. sieben letzten Worte Jesu am Kreuz, die alle vier Evangelien nennen: »Mein Gott, mein Gott, warum hast du mich verlassen?« (Eli, Eli, lama asabtani). Der Vergleich suggeriert, dass der Mord, den der Jesus der *Löwengrube* an Judas begehen musste, ebenso von Gott verlangt wurde wie der Tod am Kreuz.

17f. *sterbend ... gekreuzt vom Fackelschattenschein]* Judas Position in der Mitte der Grube, überschattet von vier Streifen, erweist ihn als einen Gekreuzigten, der erlösungsbedürftig ist.

33 *gefüllt war voll mit Wachs]* Das Motiv der versiegelten Ohren findet sich prominent bei Homer, der Episode von Odysseus bei den Sirenen im 12. Gesang der *Odyssee*. Bei Roth hat es die Funktion, die Verständigung mit Worten zu unterbinden: Die Möglichkeit des Diskurses hätte den göttlichen Plan, Jesus zum Mörder zu machen, verdorben. Das Verstummen-Machen durch Gott findet sich in der Bibel in der Geschichte des Zacharias, des Vaters von Johannes dem Täufer. Zacharias wird mit Stummheit geschlagen, weil er dem Engel nicht glaubt, der ihm die Geburt seines Sohnes ankündigt (Lk 1,20).

34f. *nicht hatte hören sollen ... Oberen es so wollten]* Ähnlich Ijob, der einer von Gott zugelassenen Intrige Satans zum Opfer fällt, erkennt sich Jesus als Teil eines »wahnsinnigen« Plans von oben, dem nicht zu entrinnen ist.

144 31 *Um zu hören]* Das bewusste Verschließen der Ohren deutet im Allgemeinen auf den Wunsch, zu introvertieren, um die innere Stimme zu hören, im Fall von Johnny die Stimme Gottes.

145 3f. *Die IHN gesehen … Moses und Johannes]* In der hebräischen Bibel ist Gott dem Menschen verborgen und sichtbar zugleich; sein Anblick wird häufig in Licht- und Feuerbildern beschrieben, so in der Begegnung auf dem Sinai: »[…] am siebenten Tage erging der Ruf des Herrn an Mose aus der Wolke: Und die Herrlichkeit des Herrn war anzusehen wie ein verzehrendes Feuer auf dem Gipfel des Berges vor den Israeliten« (Ex 24,15-17). Der Abglanz des göttlichen Lichts spiegelt sich später in Moses leuchtendem Angesicht (Ex 34,29-30). Auch Johannes, dem Seher der Apokalypse, erscheint Gott im übernatürlichen Lichtglanz: »Sein Haupt und seine Haare waren weiß wie weiße Wolle, leuchtend weiß wie Schnee, und seine Augen wie Feuerflammen; seine Beine glänzten wie Golderz, das im Schmelzofen glüht, und seine Stimme war wie das Rauschen von Wassermassen. In seiner Rechten hielt er sieben Sterne, und aus seinem Mund kam ein scharfes, zweischneidiges Schwert, und sein Gesicht leuchtete wie die machtvoll strahlende Sonne.« (Offb 1,14-17, EÜ).

4f. *heiligblendendes Feuer, die Schechina]* Die »Schechina«, Gottes Präsenz auf Erden im Tanach, erscheint in der Septuaginta als (*griech.*) doxa, nach (*hebr.*:) »kabod« = Herrlichkeit«. Die einbrennende Kraft der Herrlichkeit Gottes schaute Ezechiel, der ihn als »mächtige Wolke und loderndes Feuer« erfuhr: »Glanz war rings um sie her, und mitten im Feuer war es wie blinkendes Kupfer.« (Ez 1,4)

13f. *Als aber der Sohn … den Wüstenwind]* Die Stimmung der Kindheitsabende wurde von Peter Bogdanovichs Film *The Last Picture Show* (USA 1971) und Larry McMurtrys gleichnamigem Roman (1966) geprägt. Der Erzähler schildert das Heranwachsen einer Gruppe von Teenagern in einem abgelegenen Texasstädtchen zu Beginn der 1950er Jahre. Der gleichförmige, vom steten Brausen des Wüstenwinds untermalte Alltag schafft eine Atmosphäre geistiger Enge und metaphysischer Trostlosigkeit, die Aufbruch signalisiert.

23f. *Dann Scharren, Schlittern … Rütteln an der Fliegentür]* Der Wind, ein traditionelles Medium Gottes erscheint als »Herr der Fliegen«, der volksetymologisch »Beelzebub« heißt – eine Verballhornung des (*hebr.*:) »Baal Zebul« = »Herr der Erhabenheit« und Synonym für den Teufel. In Goethes *Faust* nennt Faust den hinterm Ofen der Studierstube hervortretenden Mephistopheles »Fliegengott, Verderber und Lügner.« (J. W. Goethe: *Faust*, Studierzimmerszene, Vers 1334)

26 *Lachen der Honeymooners]* Eine amerikanische Sitcom aus den 1950er Jahren um den New Yorker Busfahrer Ralph Kramden und dessen Frau Alice, die bis in die siebziger Jahre zahlreiche Revivals und Neuauflagen erlebte.

29 *beim letzten »Can't buy me –« hängenblieb.]* »Can't buy me love«, Song der Beatles, der in den USA am 16. März 1964 als Single veröffentlicht wurde.

147 11 f. *Gibsom Street ... hab ich überquert]* Der Name der Straße wurde dem gleichnamigen Song der amerikanischen Folksängerin Laura Nyro entlehnt. Darin ist Gibsom Street der Ort, an dem das Rauschmittel Heroin gehandelt wird: »Don't go to gibsom cross the river / The devil is hungry / The devil is sweet ...«

21 f. *Das Buch ... den Tag des Täufers aufgeschlagen]* Der Johannistag, Festtag Johannes des Täufers und Tag der Sommersonnenwende (20. bis 22. Juni) wird in vielen Kulturen mit Feuerritualen begangen. Das Christentum identifiziert die Sonne sowohl mit Christus wie auch mit seinem Wegbereiter Johannes dem Täufer, der ihn als gewaltiges Feuer ankündigt: »Ich taufe euch nur mit Wasser (zum Zeichen) der Umkehr. Der aber, der nach mir kommt, ist stärker als ich, und ich bin es nicht wert, ihm die Schuhe auszuziehen. Er wird euch mit dem Heiligen Geist und mit Feuer taufen. Schon hält er die Schaufel in der Hand; er wird die Spreu vom Weizen trennen und den Weizen in seine Scheune bringen; die Spreu aber wird er in nie erlöschendem Feuer verbrennen.« (Mt 3,11-12 EÜ)

148 26 f. *Seine Hand: an meine Hand]* Vgl. die Szene am Grab von Ethan Jaynes (JS 113,11).

31 f. *Atemnah-heiß ... hat Er gesengt]* Das Göttliche erscheint in Gestalt eines Dämons bzw. Drachens, der den Menschen zu verschlingen droht.

4 f. *im Feuer seiner Worte ... ganz ausgelöscht]* Ein Topos der Gotteserfahrung, der in vielen Prophetenberichten zu finden ist. Im Buch Daniel erscheint Gott als Türkisstein mit einem Antlitz wie ein Blitz und mit Augen wie »feurige Fackeln«, ein Anblick, der ohnmächtig zur Erde sinken lässt. (Dan 10,8-9) Johannes, der Seher von Patmos, berichtet: »Und als ich ihn sah, fiel ich zu seinen Füßen wie tot; und er legte seine rechte Hand auf mich und sprach zu mir: Fürchte dich nicht! Ich bin der Erste und der Letzte und der Lebendige.« (Offb 1,17-18)

149 27 f. *Flamme ... in die Kirchgrube bricht]* Die Wortneubildung stellt den Bezug zur *Löwengrube* her und identifiziert Johnnys Kirchenbrand-Erlebnis mit dem Löwengruben-Erlebnis des jungen Jesus. Beide implizieren eine Gotteserfahrung, bei der sich das Subjekt als Opfer erlebt.

30 *dem Feuerstifter]* Anspielung auf Prometheus, der Gottvater Zeus das Feuer stahl, um die Entwicklung der Menschheit zu befördern, und zur Strafe an einen Felsen geschmiedet wurde.

31 *im Hinterhalt gehangen]* Zur Hinterhalt-Metaphorik vgl. (JS 80,27; 82,26; 94,12).

150 6 f. *jemand eingetreten und wolle öffnen]* »Extra ecclesiam«, außen um die Kirche herum gehend, verkörpert der Wind eine Art Naturnumen, einen neuen Geist, der in die brennende Kirche fährt.

13 f. *durch die ... mandelförmig-gezahnte Bresche]* Die Form der Mandorla (*ital.*) = Mandel, die eine Glorie oder Aura um eine heilige Figur bezeichnet, sowie die Innen-Außen-Situation suggerieren den

Vorgang einer Geburt. In höchster Not entkommt Johnny dem Verschlungenwerden durch das mütterlich Unbewusste, das im Bild der feuergezahnten »vagina dentata« aufscheint.

20f. *um meine Füße ... als spräch es eine Bitte]* Verweis auf den Bittgestus der Schunemiterin, die um Erweckung ihres Sohnes fleht (2 Kön 4,27); vgl. auch Johnnys eigenes Flehen (JS 74,24).

31f. *Da stob der Wind ... ins holzgeschnittene Haupt]* Der vom Rumpf abgetrennte Kopf verweist auf Johannes den Täufer, dem laut Legende Salome den Kopf abschlagen ließ. Der Windgeist fährt trennend zwischen Johnny und den im Kruzifix repräsentierten Gott seiner Kindheit.

151 7 *die alles hier gesehen ... die Schwester]* Das Motiv der heimlichen Beobachterin eines existentiellen Dramas findet sich u.a. in der Exoduserzählung des Alten Testaments, wo die Schwester aus einem Versteck verfolgt, wie das Mose-Kind ausgesetzt wird: »Als sie ihn aber nicht länger verbergen konnte, machte sie ein Kästlein von Rohr und verklebte es mit Erdharz und Pech und legte das Kind hinein und setzte das Kästlein in das Schilf am Ufer des Nils. Aber seine Schwester stand von ferne, um zu erfahren, wie es ihm ergehen würde.« (Ex 2,4)

152 22 *bin ja da und beschirm dich]* Das Beschirmen ist eine Eigenschaft der »Schechina« (vgl. Anm. zu JS 74,22f.; 96,29ff.) und zählt zu den Qualitäten der Anima.

28f. *in der Stille verschlingen wollte ... schrie ich]* Anspielung auf Paul Gerhardts *Abend-Lied* (1647), dessen achte Strophe zu einem populären Kinderlied wurde. »Breit aus die Flügel beide, / o Jesu, meine Freude, / und nimm dein Küchlein [Küken] ein! / Will Satan mich verschlingen, / so lass die Englein singen: / dies Kind soll unverletzet sein.« Vgl. auch das amerikanische Kindergebet: »Now I lay me down to sleep, / I pray the Lord my soul to keep, / If I shall die before I wake, / I pray the Lord my soul to take«.

153 5 *meine Ohrverletzung]* Das Brandmal am oberen Bogen des linken Ohres als Erinnerungszeichen einer Gottesbegegnung entspricht der Hüftverletzung des Jakob, die dieser davontrug, als er am Jabbok mit dem Engel rang (Gen 32,23-32).

154 7 *Jetzt mach sie ... lebendig]* Die Aufforderung, die die Begegnung mit Hallie begründete (JS 117,28f.) und dem jungen Jesus in der Löwengrube gestellt war (JS 139,18).

8 *Erinner dich]* Erinnern ist ein Synonym für »lebendig machen« – das Tote, das verdrängt oder unbewusst ist. Zur Poetik der Totenerweckung bei Roth vgl. ders: *Ins Tal der Schatten* (2002).

155 5 *war doch ein Abschiednehmen]* Das Ende der Kindheit, Zustand der Ursprünglichkeit, Unschuld und Einheit, ist seit alters an die Vorstellung von der Vertreibung aus dem Paradies geknüpft.

156 12 *Da war es das letzte Mal]* Die formelhafte Wendung imitiert den feierlichen Sprachgestus der Bibel: »Da war es Abend, da war es Morgen, erster Tag« (Gen 1,8; 1,13; 1,19).

17ff. *eine alte Uniform ... schwarzrote Plaidjacke]* Der Traum verdichtet unterschiedliche Räume und Zeiten zu einer Wirklichkeit; Uniform und Stiefel verweisen auf den Zweiten Weltkrieg und die frühere Tätigkeit des Vaters als Militärpfarrer (JS 157,31) bei der US-Army. Die Plaidjacke wird zur Zeit des Traums realiter vom Vater getragen, sie wird zur späteren ›Arbeitskleidung‹ des Sohnes (JS 86,10), die er bei Beerdigungen zu tragen pflegt. Die Kluft des Vaters, die auf den Sohn übergeht, versinnbildlicht das ›Wandern‹ einer seelischen Problematik von einer Generation zur nächsten.

157 2f. *querte ein Streifen Mondlicht ... Korridor entzwei]* Der Eintritt in die väterliche Welt des Arbeitszimmers ist als Überschreitung einer Grenze bzw. Übertritt in ein jenseitiges Reich in Dunkelheit markiert, das an die Totenwelt gemahnt. Das silberne Mondlicht steht für das Irrationale schlechthin und meist auch für das Weibliche als Gegenprinzip zur (goldenen) Sonne, die in den meisten Kulturen den (männlichen) Logos symbolisiert. Das mondbeschienene Zimmer kündet von einer in doppeltem Sinn ver-rückten Welt, in deren Bann der »loony«/»lunatic« (JS 114,26) Johnny gerät.

11 *zeigte teilnahmslos den neuen Tag]* Parallele zum Eindringen in die Kirche des Vaters in der Johannisnacht (JS 147,19ff.). Der Übergang vom alten zum neuen Tag ist die Stunde der Gespenster und anderer übernatürlicher Mächte.

12 *in einem Spankästchen ... Sperling]* Die »Schachtel« (JS 155,28) ist zum Sarg geworden, der verstorbene Sperling zum Vorboten von Tod und Auferstehung (vgl. JS 73,28f.).

158 14ff. *durchs Lager gegangen ... von Toten überladen]* Impliziert ist, dass Johnnys Vater als Pfarrer in einer Einheit der US-Army diente, die bei ihrem Vormarsch im April 1945 ein Konzentrationslager befreite.

16 *Ein Gott der Lebenden willst du sein!]* Vgl. die Klage des Ijob, der schwersten Prüfungen ausgesetzt, sein Leben verflucht: »Ausgelöscht sei der Tag, an dem ich geboren bin, und die Nacht, da man sprach: Ein Knabe kam zur Welt! Jener Tag soll finster sein, und Gott droben frage nicht nach ihm! Kein Glanz soll über ihm scheinen!« (Ijob 3,1-4)

28f. *Nur aus den Mündern ... sowas wie Beten]* Vermutlich das »Kaddisch« (von *aram.:* »kadosch« = heilig bzw. Heiligung), das jüdische Totengebet, das die Befreier der Vernichtungslager häufig hörten. Die Anfangsworte »Verherrlicht und geheiligt werde sein großer Name« berühren sich eng mit dem *Vaterunser*-Gebet.

31f. *Zieh mich aus dieser Totenwelt ... lehmigen Gestrüpp]* In ihrer Bildhaftigkeit, Satzstruktur und Rhythmik imitiert die Klage Sprache und Melodie der Psalmen, etwa Psalm 130 »Aus der Tiefe rufe ich, Herr, zu Dir«.

158 35ff. *wie auf den Luftphotos ... denen nichts anzusehen war]* Anspielung auf das historische Faktum alliierter Luftaufnahmen des Vernichtungslagers Auschwitz-Birkenau. Durch Zeugenberichte wussten amerikanische und britische Regierungsstellen seit 1942 von der systematischen Ermordung der Juden. Der Tagebucheintrag wirft die Frage nach der Mitschuld der Alliierten an der Massenvernichtung indirekt auf, insofern diese nichts unternahmen, um das Töten zu beenden.

159 2 *auf Deinen blutüberlaufenen Erdnapf spucken]* Die Anklage gegen Gott schlägt um in äußerste Blasphemie. Die Schöpfung erscheint als verachtungswürdiger, besudelter Fraß für Tiere, dem Schöpfer selbst wird das Existenzrecht abgesprochen.

8 f. *In deinen Schlund will … die Grube, aus der das Wort stieg]* Anspielung auf den Mythos von Saturn, der seine Kinder frisst; das Wort aus der Grube rekurriert auf den ersten Schöpfungsbericht (Gen 1), nach dem die Welt durch die Scheidung der Gegensätze Licht und Finsternis, Himmel und Erde entstanden ist. Darüber hinaus klingt der Prolog des Johannesevangeliums »Am Anfang war das Wort« an. Die gesamte Schöpfung soll in dieser Phantasie gleichsam eingeebnet und in den Urzustand zurückversetzt werden.

17 f. *alle kamen … erstanden auf]* Die Vision einer universellen Totenerweckung erinnert an die Endzeitvision des Propheten Ezechiel, den Gott auf ein weites Feld voller Totengebeine führt: »Und er sprach zu mir: Du Menschenkind, meinst du wohl, daß diese Gebeine wieder lebendig werden? […] Und ich weissagte, wie mir befohlen war. Und siehe, da rauschte es, als ich weissagte, und siehe, es regte sich, und die Gebeine rückten zusammen, Gebein an Gebein. […] Da kam der Odem in sie, und sie wurden wieder lebendig und stellten sich auf ihre Füße, ein überaus großes Heer.« (Ez 37,1-7)

160 12 f. *Rasch, überrascht … Der Schuß]* In schneller, intensiver Wechselrede im Stil der antiken Stichomythie (Zeilenrede), einer Technik der Gesprächsverdichtung, fördert Hallie die Wahrheit über den Tod der Schwester zutage.

3 f. *In einer Hand. / In deiner Hand]* Johnny ist von seiner Tat vollständig dissoziiert; er schildert den Tathergang, als habe die Waffe autonom geschossen.

161 13 f. *War völlig machtlos, hab sie angestarrt.]* Dem Tod der Schwester entspricht auf der seelischen Ebene der Tod der Anima – des Persönlichkeitsanteils, der das Gefühlsleben symbolisiert. Hier setzt die Aufgabe an, die Johnny gestellt ist (vgl. JS 117,28 f.).

30 *Und blitzte auf … War Glas]* Das Einmachglas entspricht dem blitzenden Kelch in der Löwengruben-Legende (JS 143,1 f.).

32 f. *ringelte und wand sich … zu füttern gekommen]* Der Wurm spielt auf Edgar Allan Poes Gedicht *The Conquerer Worm* (1843) an. Ein »blutroter« Eroberwurm frisst in einem von Engeln arrangierten Bühnenstück namens »Mensch« die orientierungslose Schar der Schauspieler. »Doch seht, was ringelt sich zuletzt / dort ein in die Redoute?! / Ein blutrot Ding, das einsam bis jetzt / in der Kulisse ruht. / Wie's ringelt! – Wie's ringelt …« (E.A. Poe, *Shadow / Schatten*, S. 203). Insofern das Glas mit dem Kelch parallelisiert wird, ist auch Jesus selbst impliziert. Auf ihn wird traditionell Psalm 22 bezogen, in dem es heißt: »Ich aber bin ein Wurm und kein Mann« (Ps 22,7).

162 35 *Es war im Schmerz, war Zungenlärm]* Die verzweifelte Trauer des

Vaters ist eine Reminiszenz an Goethes *Novelle*, die Roth zuerst in der Hörspielfassung von Max Ophüls (1953) begegnete. In der Szene wirft sich die Wärterin »heulend und schreiend« über den erschossenen Tiger während der Erzähler kommentiert: »Den gewaltsamen Ausbrüchen der Leidenschaft dieses unglücklichen Weibes folgte, zwar unterbrochen stoßweise, ein Strom von Worten, wie ein Bach sich in Absätzen von Felsen zu Felsen stürzt. Eine natürliche Sprache, kurz und abgebrochen, machte sich eindringlich und rührend; vergebens würde man sie in unsern Mundarten übersetzen wollen.« (J. W. Goethe, *Sämtliche Werke*, Bd. 8, S. 546-547)

164 2 *Die Räuber noch … die Beraubten]* Die Schutzlegende der Mutter zwingt den Sohn, die Tat von sich abzuspalten und die Schuld zu verdrängen. Die Eltern sind »Räuber« und »Beraubte« in einem, insofern sie das Spendengeld einstecken und die Tochter verlieren.

166 4 *Ich sahs als heilige Landschaft]* Die Verwandlung der toten Schwester in geordnet-kultivierte Natur und Geschichte, wird vom späteren Totenerwecker zur Methode des »Landnamens« (vgl. JS 106,21 ff.) ausgebaut, einer imaginativen Technik zur Bewältigung der Angst am Grab.
13 f. *Und wie Sharon … eine Schunemiterin auf Karmel]* Zur Etymologie von Sharon vgl. JS 81,10; zur Geschichte der Schunemiterin, die dem Propheten Elischa auf den Berg Karmel folgt, vgl. JS 74,16. Das Erweckungswunder, das der Schunemiterin geschah, wird Johnny seit dem Tod der Schwester zum persönlichen Mythos (vgl. JS 74,15; 126,22 f.).
32 f. *Der Bestatter hatte es, wo es vom Schuß zerstört worden war, mit Wachs nachgeformt.]* Neben der Verbindung und Nähe zu Gott verkörpert das Ohr in der christlichen Ikonographie den Ort der Zeugung. In der »conceptio per aurem«, der Empfängnis durch das Ohr, treffen Lichtstrahlen das Ohr der Maria, die Geburt Jesu anzukündigen.

168 9 f. *Was hatte ER gesagt … gesprochen worden]* Johnny sucht trotz seines Leidens an Gott weiterhin den Dialog. Damit steht er in der Tradition des Ijob, der in größter Not die Verbindung zu Gott nicht abreißen ließ.
19 f. *Ich starrte auf die Grube … ohne Relation]* Das Grab der Schwester wird zum buchstäblich schwarzen Loch, in das Johnny am Ende der Kindheit fällt. Die Erfahrung des Sturzes in eine tiefe dunkle Grube hat ein filmisches Vorbild in Alfred Hitchcocks *Vertigo* (USA 1958), dem Alptraum des Scottie. Darin tritt der Held an die frisch gegrabene Grube, blickt in das Grab, das ohne Relation ist, und stürzt schließlich in ein schwarzes Loch. Es ist die vermeintliche Schuld am Tod der geliebten Frau, die Scottie verfolgt.
34 *Es war das Töten … Schuldigwerden]* In seiner immensen Schuld ist Johnny dem jungen Jesus der Löwengruben-Legende ähnlich: Beide wurden von einer höheren Macht verleitet, einen Mord zu begehen und große Schuld auf sich zu laden.

169 23 f. *in das Rätsel … hineinverdammt]* Die Frage nach dem Geheim-

nis des Lebendigmachens hatte der Vater unbeantwortet gelassen (JS 141,15 ff.).

170 12 f. *Schlammströme … Highway schlierten]* Das Bild von den rot-schwarzen »Aschenzirren« überm Highway löst die prophetische Vision in der Bar zu Shinbone ein (vgl. JS 94,4 ff.).

15 f. *der Sterndüne am Ende des Tals]* Anspielung auf den Stern von Bethlehem, der die Weisen zum Jesuskind führt: »Und siehe, der Stern, den sie im Morgenland gesehen hatten, ging vor ihnen her, bis er über dem Ort stand, wo das Kindlein war.« (Mt 2,9) Das Rundzelt am Fuß der Sterndüne entspricht der Löwengrube, die ebenfalls mit einem Tuch überspannt ist.

24 f. *Und der löwengleiche König … Jesus]* Löwe und König sind traditionelle Christus-Synonyme; in der Apokalypse des Johannes erscheint Jesus als »Löwe aus dem Stamm Juda« (Offb 5,5).

30 *Drei Stunden Finsternis]* Drei Stunden währte die Finsternis bei der Kreuzigung: »Und zur sechsten Stunde kam eine Finsternis über das ganze Land bis zur neunten Stunde.« (Mk 15,33)

171 3 f. *aus diesen Drei-in-Dunkelheit … neu zu geben]* In den Stunden der Dunkelheit vollzieht sich das Nacherleben der Sünden der Menschheit. Die Notwendigkeit der Anerkennung der dunklen Mächte hebt in der theologischen Tradition insbesondere Paulus hervor, für den kein Mensch ohne Sünde. »Da ist keiner, der gerecht ist, auch nicht einer. Da ist keiner, der verständig ist; da ist keiner, der nach Gott fragt. Alle sind sie abgewichen und allesamt verdorben. Da ist keiner, der Gutes tut, auch nicht einer.« (Röm 3,10-12), vgl. Ps 14,1; 53,1.

9 *Nehmt und eßt]* Anspielung auf das Letzte Abendmahl: »Als sie aber aßen, nahm Jesus das Brot, dankte und brach's und gab's den Jüngern und sprach: Nehmet, esset; das ist mein Leib.« (Mt 26,26 EÜ)

14 f. *legte dessen Leib in sieben Teile]* Das Brechen des Leibes entspricht der »fractio panis« in der Messe und symbolisiert den Vorgang der Separatio, der Operation des Scheidens und Trennens, die der Einverleibung der Teile – dem Verstehen – voraus liegt. Zahlensymbolisch vereint die Sieben die männlich-geistige Drei und die weiblich-irdisch konnotierte Vier, sie signalisiert Ganzwerdung.

17 *war wie er: so Er]* Essen und Trinken ist ein Sinnbild für die Integration eines geistig-seelischen Inhalts, der verdaut, d.h. angenommen und verstanden wird. Die Essens-Metaphorik als Sinnbild für das Leibwerden-Lassen eines abstrakten Wissens erscheint in der Bibel u.a. im Buch Ezechiel, wenn der Prophet die Worte der Offenbarung empfängt: »Und ich sah: Eine Hand war ausgestreckt zu mir; sie hielt eine Buchrolle. Er rollte sie vor mir auf. Sie war innen und außen beschrieben, und auf ihr waren Klagen, Seufzer und Wehrufe geschrieben. Er sagte zu mir: Menschensohn, iß, was du vor dir hast. Iß diese Rolle! Dann geh, und rede zum Haus Israel! Ich öffnete meinen Mund, und er ließ mich die Rolle essen. Er sagte zu mir: Menschensohn, gib deinem Bauch zu essen, fülle dein Inneres

mit dieser Rolle, die ich dir gebe. Ich aß sie, und sie wurde in meinem Mund süß wie Honig.« (Ez 2,9-3,3) Das Verschlingen des Büchleins erscheint auch in Offb 10,8-10. In Träumen ist das Motiv des Essens einer Speise oftmals ein Bild für das Bewusstmachen und Assimilieren eines unbewussten psychischen Inhalts.

19f. *Und Judas … aus dem Jesus]* Zwei gegensätzlich-komplementäre Teile, symbolisiert als Jesus und Judas, bilden eine neue Ganzheit, die als »complexio oppositorum« vorzustellen ist, als geeinte Zweiheit, insofern das dunkle und das helle Prinzip gleichermaßen und gleichberechtigt in der neuen Einheit enthalten sind.

20f. *Da riß das Tuch der Tücher]* Anspielung auf das Zerreißen des Vorhangs im Tempel (Mk 15,38) – dem Parallelereignis zu Jesu Tod am Kreuz. Das mysteriöse Zerreißen des Tuchs, das das Heilige vom Allerheiligsten trennt, deutet auf das Ende eines alten und den Beginn eines neuen Zeitalters.

23f. *Judas war der erste, der in die Welt entkam und der vergaß.]* Das Nicht-Verstehen ist Bedingung für den späteren Verrat, wie Roth erläutert: »When Jesus and Judas meet, one of them becomes conscious of what it will mean, the other runs away, not knowing what it meant. That's why their encounter will have to be repeated« (P. Roth: *Gather at the River*, S. 115).

24f. *Denn daher kannt der Andere ihn]* Die Bezeichnung »der Andere«, die bislang Judas vorbehalten war, ist auf Jesus übergegangen, das in der Wandlung erreichte Prinzip der geeinten Zweiheit auch sprachlich kenntlich zu machen.

26f. *mit einer Fackel … zu küssen kam]* Anspielung auf den Verrat im Garten Gethsemane: »Noch während er redete, kam Judas, einer der Zwölf, mit einer Schar von Männern, die mit Schwertern und Knüppeln bewaffnet waren; sie waren von den Hohenpriestern, den Schriftgelehrten und den Ältesten geschickt worden. Der Verräter hatte mit ihnen ein Zeichen vereinbart und gesagt: Der, den ich küssen werde, der ist es. Nehmt ihn fest, führt ihn ab, und laßt ihn nicht entkommen. Und als er kam, ging er sogleich auf Jesus zu und sagte: Rabbi! Und er küßte ihn. Da ergriffen sie ihn und nahmen ihn fest.« (Mk 14,43-46) Die Fackel, die Judas bei Roth trägt, ist eine Entlehnung aus dem Johannesevangelium: »Als nun Judas die Schar der Soldaten mit sich genommen hatte und Knechte von den Hohenpriestern und Pharisäern, kommt er dahin mit Fackeln, Lampen und mit Waffen.« (Joh 18,3)

172 10f. *Der Retter muß … sich verlieren]* Die Überzeugung, dass die Not, die geheilt werden bzw. die Sünde, die erlöst werden soll, erlebt und durchlitten worden sein muss, liegt u.a. dem Topos des »wounded healer« zugrunde, der in Naturvölkern verbreitet ist. Ihm zufolge entspringt die Fähigkeit zu heilen, einer durchlittenen Verwundung.

14f. *Da ist der Tod des Holers, unverhohlen]* Wortspiel, das auf der etymologischen Verwandtschaft von (*griech.*) »kaleō« (kalein) = rufen und (*dt.*) »holen« beruht. Im Bild des »Holers« enthalten ist das Konzept des »Parakleten« (*griech.*) parakaleō = herbeirufen, auffordern, ermutigen, trösten. Jesus verheißt ihn im Johannesevangelium: »Und ich will den Vater bitten, und er wird euch einen andern Tröster geben, daß er bei euch sei in Ewigkeit: den Geist der Wahrheit, den die Welt nicht empfangen kann, denn sie sieht ihn nicht und kennt ihn nicht. Ihr kennt ihn, denn er bleibt bei euch und wird in euch sein.« (Joh 14,16-17) Der unverhohlene (»verhehlen« = verbergen, versteckt halten), offenbarte Tod des »Holers« am Kreuz ist Ausdruck der Machtlosigkeit Jesu und Bedingung der Möglichkeit, andere zu erlösen.

173 33 f. *Der Mörder … / Der Erlöser sein]* Quintessenz der Löwen-gruben-Legende. Nur der, der Schuld auf sich geladen (zum Mörder geworden ist), Leid getragen und sich seiner selbst bewusst geworden ist, hat die Kraft, zu erlösen. Biblische Parallelen sind Mose, der zum Mörder wurde, indem er den Sklaventreiber erschlug (Ex 2,12), bevor er zum Erlöser seines Volkes wurde und David, der Uriah beseitigen ließ (2 Sam 11,16-17), um mit Bathseba Salomon zu zeugen, den Vorfahren des Erlösers Jesus.

174 8 f. *Da kam er vorwärts … sieben Mal]* Mit Beginn des Ritus wechselt die Erzählperspektive und es spricht die anonyme Erzählstimme des Rahmens, die aus der Überschau berichtet. Zum Ritual des siebenmaligen Zerbrechens vergl. (JS 171,15).

9 f. *fiel hin und hielt ihr Herz … und aß]* Zum Vorgang des Lebendigmachens vgl. JS 171,16 ff. In den *Heidelberger Poetikvorlesungen* spricht Roth unter Berufung auf C.G. Jung vom eucharistischen Mahl als einem symbolischen, innerpsychischen Geschehen: »Man soll – hat Carl Gustav Jung einmal gesagt, ›das Abendmahl mit sich selbst feiern, sein eigen Fleisch und Blut essen‹« (P. Roth: *Zur Stadt am Meer*, S. 28). Zu Jungs Verständnis des Abendmahls vgl. C.G. Jung: *Gesammelte Werke,* Bd. 14/2, S. 119-120.

14 f. *in jener Kindesstille … bauen wollte]* Zum Kindheitswunsch der Stille vgl. (JS 112,1 ff.; 146,8 f.).

10 f. *Da spliß das Zeltdach]* Zum Motiv des reißenden Vorhangs im Tempel vgl. (JS 171,20 f.).

11 f. *fiel der Regen … und wusch ihn]* Anspielung auf die Taufe Jesu: »Und als er aus dem Wasser stieg, sah er, daß der Himmel sich öffnete und der Geist wie eine Taube auf ihn herabkam.« (Mk 1,10)

15 f. *da fuhrs ihn an … Stimme sprach]* Die innere Stimme stellt die Frage, die Gott an Kain richtete, nachdem er den Bruder erschlagen hatte: »Wo ist dein Bruder Abel? Er entgegnete: Ich weiß es nicht. Bin ich der Hüter meines Bruders?« (Gen 4,9)

17 f. *Da war der verlassen … sich bergen wollte]* Parallele zur Situation des jungen Jesus in der *Löwengrube*, die mit der Todesstunde am Kreuz verglichen wird (JS 171,35 f.) Zusammen mit der Schuld ist das verdrängte, abgespaltene Gefühl (vgl. JS 163, 22 f.) wieder angeschlossen.

18 ff. *Und wußte nicht … rannte aus dem Zelt]* Parallele zu Judas' Flucht aus der Löwengrube (vgl. JS 171,23 ff.).

20f. *Und kam dieselbe Nacht ... Stadt seiner Geburt]* Die Handlungsbogen schließt zurück zum Anfang des Romans, der Ankunft Johnnys in Blade (JS 9,14ff.). Blade ist mit Bethlehem assoziiert, in das Joseph und Maria reisen, sich dort zählen und registrieren zu lassen; im Zuge dieser Fixierung ereignet sich Jesu Geburt (Lk 2,1ff.).

175 11ff. *schwarzrote Plaidjacke ... des Panamint Valley gefunden]* Die Jacke ist Indiz für Johnnys faktische Anwesenheit in jenem Predigerzelt in der Wüste, das er als Ort des Verbrechens angegeben hatte (JS 75,34). Dagegen gibt es keine Spuren, die auf eine Bluttat an einer Frau namens Hallie Doniphan deuten.

24f. *die Main Street hinab ... zurückgehen]* Parallele zum Einzug in die Stadt (JS 73,22ff.).

25f. *Shines bog ... Ecke Gibsom Street ab]* An der Gibsom Street lag die Kirche des Vaters (JS 147,2f.), die Johnny einst in der Johannisnacht betrat, die Stimme Gottes zu hören.

26 *Sam's Hardware ... Eisenwarenhandlung]* Der Name des Ladens, der an die Stelle der Kirche getreten ist, ist eine Reminiszenz an Alfred Hitchcocks Filmklassiker *Psycho* (1960). Hier beginnen die Ermittlungen gegen den psychopathischen Motelbesitzer Norman Bates (Anthony Perkins), der im Bann seiner Mutter junge Frauen ermordet.

176 9f. *am Tag der Jahrtausendwende]* Äußerer Anlass der Legendenbildung ist die Jahrtausendwende des Jahres 1999 und die damit verbundene Messiaskonstellation, die die Menschen in Erwartung einer Zeitenwende aus den großen Städten in die Wüste zog.

15 *in einer Serie von Erdbeben]* Der Zusammenhang von Erdbeben, Zeitenwende und Wiederkehr des Messias ist ein biblischer Topos, der u.a. beim Kreuzestod Jesu (Mt 27,51-52) und in der Offenbarung des Johannes erscheint: »Und ich sah: als es [das Lamm] das sechste Siegel auftat, da geschah ein großes Erdbeben, und die Sonne wurde finster wie ein schwarzer Sack, und der ganze Mond wurde wie Blut, und die Sterne des Himmels fielen auf die Erde ...« (Offb 6,12-17).

21 *die Wucht des Bebens wie Halme zerrissen]* Im Leben des Ethan Jaynes zeigte sich die höhere Gewalt in Gestalt von Unheil kündenden zerknickten Strohhalmen auf dem Rücken des Cowboys (JS 94,30f.).

33f. *einer der Särge ... war leer]* Die Entdeckung des leeren Grabes korrespondiert mit dem leeren Jesusgrab und den in der 9. Stunde auferstandenen Toten. »Und die Erde erbebte, und die Felsen zerrissen, und die Gräber taten sich auf, und viele Leiber der entschlafenen Heiligen standen auf und gingen aus den Gräbern nach seiner Auferstehung und kamen in die heilige Stadt und erschienen vielen.« (Mt 27,51-53) Das Motiv des zurückgebliebenen Leichentuchs findet sich im Johannesevangelium: »Er beugte sich vor und sah die Leinenbinden liegen, ging aber nicht hinein. Da kam auch Simon Petrus, der ihm gefolgt war, und ging in das Grab hinein. Er sah die Leinenbinden liegen und das Schweißtuch, das auf dem Kopf Jesu gelegen hatte; es lag aber nicht bei den Leinenbinden, sondern zusammengebunden daneben an einer besonderen Stelle.« (Joh 20,5-7 EÜ)

177 1 *Ein Bündel ... am Fußende des Sargs]* Das Bündel im Sarg entspricht dem Bündel, das der verstummte Vater unmittelbar nach dem Unglück in der Hand hält (JS 167,12).

4 *Sharon – Dec 22, 1956]* Der Tag der Entlassung Johnnys ist zugleich der Geburtstag der Schwester.

Corpus Christi

Inhalt und Konzeption

Der Roman erzählt die Geschichte des aus dem Johannesevangelium bekannten Jüngers Thomas Didymos (»Thomas, der Zwilling«), der an die Auferstehung seines Herrn lange Zeit nicht glauben kann. Der Erkenntnisweg des Zweiflers, der bei Roth nach der apokryphen Tradition Judas Thomas heißt, wird in 33 Kapiteln von ihm selbst erzählt. Im Mittelpunkt seines tagebuchartigen Berichts steht der innere Dialog mit Tirza: Im Austausch mit der am Ostermorgen im offenen Felsengrab aufgegriffenen jungen Frau aus Damaskus geht Thomas seinem Glaubensproblem auf den Grund und empfängt das Geheimnis der Auferstehung, das Tirza im Grab des Herrn offenbar wurde.

Die Handlung versetzt den Leser in die Gleichzeitigkeit der ersten Zeugen: Während die Jünger aus »Furcht vor den Juden« (Joh 20,19) hinter verschlossenen Türen ausharren, verkünden die Frauen die Nachricht vom leeren Grab. Judas Thomas geht als einziger hinaus, sich auf die Suche nach dem Leichnam seines Herrn zu machen, vom dem er glaubt, man habe ihn gestohlen. Das leere Grab ist ihm kein Mysterium, sondern der Ort eines Verbrechens, das er für sein eigenes Seelenheil aufzuklären hofft: den Körper seines Meisters ein letztes Mal sehen und berühren zu können, ist nunmehr sein einziges Lebensziel. Die des Leichenraubs verdächtigte Tirza soll ihm das Versteck preisgeben; von dem Vorhaben, die Fremde aus Damaskus zu befragen, lässt Thomas auch dann nicht ab, als die Nachricht von der Auffindung der Leiche eines gekreuzigten Mannes eintrifft, die als »Corpus Christi« identifiziert wird.

Tirza, die Thomas die Wahrheit verspricht, lenkt die Aufmerksamkeit zunächst auf die Bilder der Kindheit. Thomas erinnert sich an seinen Zwilling Judas, den er bei der Geburt mit der Nabelschnur erstickt haben soll; um dessen Andenken zu sichern, trägt er Judas' Namen im eigenen. Wie schwer die Schuld am Tod des Zwillings auf Thomas lastet, erweist sein Bericht vom Letzten Abendmahl. Die Ankündigung Jesu, von den eigenen Jüngern verraten zu werden, hätte ihn den Bissen beinah in die Schale tauchen lassen – wäre Judas, der Jünger neben ihm, ihm nicht zuvorgekommen. Das Bewusstsein, er hätte den verehrten Meister damals ausliefern können, sitzt ihm wie ein Pfahl im Fleisch.

Tirzas wiederholte Warnung, dem Leichnam des Herrn nachzulaufen, zielt auf Thomas' Neigung, die Welt der Seele zugunsten der äußeren Wirklichkeit zu übersehen. Für die Spiritualität der Botschaft seines Herrn scheint er taub zu sein – das Bedürfnis nach Transzendenz und Teilhabe am Göttlichen vermag er nicht anzuerkennen. Dass ein frommer Jude freiwillig den Giftbecher trinkt und seinen Körper für den Erhalt seines Glaubens kreuzigen lässt, bewirkt vor allem moralische Empörung – Thomas begreift nicht, dass seine eigene Suche nach dem Corpus Christi derselben Gottesliebe entspringt wie das verzweifelte Opfer des Boas, des Sohns des Tempelwächters Samuel.

Indem Tirza den Thomas diskutierend und erzählend im Kreis um das Tempelheiligtum führt, sucht sie ihrem Schützling eine ganzheitliche Sicht auf die Dinge zu vermitteln. Sie setzt ihm auseinander, dass das Problem nicht der verschwundene Leichnam ist, sondern die tiefer liegende Frage nach der Wirklichkeit des Göttlichen, die sich bei Thomas im Zweifel an dem, was man »festhalten« kann, äußert. Für ihn geht es im Kern um die Frage, ob das ›Reich Gottes‹ existiert oder nicht, ob es ein transzendentes Zentrum gibt, auf das der einzelne bezogen sein kann, wenn der Lehrer und Meister nicht mehr auf Erden weilt.

Corpus Christi reflektiert in der Thomas-Figur den neuzeitlichen Konflikt zwischen Glauben und Wissenschaft. Der Protagonist trägt die Spaltung gleichsam stellvertretend für das moderne Subjekt aus, insofern er als Personifikation des Zweifels agiert. Skepsis ist eine Geisteshaltung, die in religiösen Fragen zersetzend wirken kann, während sie in den Wissenschaften die eigentliche Bedingung von Erkenntnis darstellt. Der Zweifel spaltet und prüft, verliert jedoch über der Analyse oft den Zusammenhang aus dem Blick, in den die Einzelphänomene eingebettet sind. Roths Thomas repräsentiert die charakteristische Dissoziation des modernen Menschen, der zerrissen ist zwischen der rationalistisch-empirischen Seite einerseits, für die es keinen Gott gibt, weil er mit ihren Mittel nicht nachgewiesen werden kann und der spiritualistisch-gottsuchenden Seite andererseits. Thomas' Lebensmaxime lautet »Die Wahrheit muß ich *prüfen* können« (CC, 221), zugleich sehnt er sich nach dem religiösen Aspekt des Lebens, zu dem er aufgrund seiner rationalen Attitüde nicht durchdringen kann. Er steht gleichsam zwischen »corpus« und »Christus«. Erfüllte sich sein Wunsch, den Leichnam Jesu zu finden, wäre dies das Ende aller Hoffnung hinsichtlich der *Wirklichkeit* jenes ›Himmelreichs‹, die im Auferstehungsglauben beschlossen liegt und uneingestanden auch in Thomas' Seele einen Ort hat.

Da sich Göttliches mit Argumenten der Logik und Kausalität weder nachweisen noch erfahren lässt, fordert Tirza das »Ende aller Sicherheit«. Der Gottsucher Thomas muss, wenn er die Wahrheit finden will, über die Evidenz des Augenscheins hinaus zu einer persönlichen religiösen Erfahrung gelangen. Nur die kann sein Bewusstsein verwandeln. »Sei machtlos. Sei ausgeliefert, wage dich« (CC, 236,7). Erst das Aushalten von Unsicherheit und Leid, das Durchleben von Kontingenz öffnet für die Erfahrung des Transzendenten. Der Weg, jene Dichotomie von Materie und Geist, von Glauben und Wissen, Ratio und Gefühl zu versöhnen, führt in die Tiefe der eigenen Seele und – in einem weiteren Schritt – wieder zurück in die Wirklichkeit der äußeren Lebenswelt. Tirzas Lehre vom inneren Erkenntnisweg gründet in ihrer persönlichen Begegnung mit Jesus, die sie in der zweiten Hälfte des Dialogs (Kapitel 16 bis 30) enthüllt. Dieser Bericht setzt sich aus einer Serie von Träumen, Visionen und Gesichten zusammen, die sie im Grab empfing – unerhörten apokalyptischen Szenarien von Tod, Wiedererweckung und Auferstehung: eine eschatologische Schau, die in das Bild einer universalen Versöhnung im Zeichen eines endzeitlichen Mahls mündet, bei dem die Ur-Gegensätze in Gestalt von Jesus und Satan vereinigend zusammenkommen.

Thomas begreift, dass die Frau, die von den Römern als Grabräuberin und von ihm selbst als bloße Informantin wahrgenommen wurde, in Wahrheit eine »Sophia« ist, eine göttliche Gefährtin, von Jesus selbst beauftragt, »zusammen[zu]führen die Geteilten« (CC, 266,30f.). Als Zeugin der Auferstehung bewahrt sie das im Grab erfahrene Mysterium gegen die Mächte der Auflösung und Zerstreuung. Indem sie es für Thomas erinnert und überliefert, führt sie ihn zur »Wahrheit«. Der letzte Teil des Romans zeigt Thomas wieder im Getriebe der Stadt, um die Botschaft Tirzas in die Lebenspraxis umzusetzen und das »Eigene« zu essen (CC, 295,5). In der Schlussszene lässt er sich im Strom der Menschenmenge zum Ort der Leichenverbrennung treiben, dem Platz vor der Kaserne. Bereit, die Wahrheit auf sich zu nehmen, springt er auf den Scheiterhaufen mit dem aufgebahrten Leichnam im Zentrum und erhält den ersehnten Beweis, sieht *und* erkennt. Beim Blick ins Angesicht des Toten, der vor ihm im Feuer liegt, wird der Zwilling eins mit sich und weiß: Tirza hat wahr gesprochen, die Auferstehung ist Wirklichkeit.

Bauform und Struktur

Corpus Christi ist im intimen Ton eines Bekenntnisses verfasst, das den Herrn im vertrauten »Du« anspricht. In der Tradition der *Confessiones* des Augustinus handelt der Roman von der rekonstruierenden Vergegenwärtigung einer mystisch religiösen Erfahrung mit dem Ziel, sich rückblickend über die Bedeutung des Geschehnisses bewusst zu werden. Der Schreiber Thomas zeichnet ein Bild der ersten Tage nach der Kreuzigung als einer Zeit grundstürzender Verirrung und Verlorenheit, aus der sich einzig im Traum ein Ausweg eröffnet. Seine Initiation in das Wissen vom Heiligen vollzieht sich im Modus einer innerseelischen Erfahrung, die der Roman als Gespräch mit der Anima vergegenwärtigt. Gemäß antiker weisheitlicher Tradition bedarf jegliche Wahrheit über die Götter mythischer Einkleidung, da Unberufene esoterisches Wissen nicht verstehen können. Auch Jesus redet vor dem Volk in Gleichnissen, die er auslegt, wenn er mit den Jüngern allein ist.

Corpus Christi ist ein moderner Mysterienroman, der, wie schon *Johnny Shines* und *Riverside*, auf zwei Wirklichkeitsebenen spielt, die nach dem Prinzip der Rahmengeschichte ineinander verschränkt werden. Der Hauptteil der Handlung präsentiert sich als innerer, die klassischen Einheiten wahrender Dialog, den Thomas und Tirza miteinander führen, während sie das Heiligtum des Tempels im gemeinsamen Rundgang zwölfmal umschreiten. Jenes 24 Kapitel umspannende Seelengespräch hat seinen äußeren Schauplatz im Jerusalem des Jahres 30 n. Chr. Von der Binnenerzählung des Dialogs aus gesehen, öffnen sich weitere Stufen in die Tiefe, so wenn Tirza die Geschichte des Tempelwärters Samuel ben Pharez und schließlich ihre eigene Begegnung mit Jesus erzählt, in die wiederum Träume und Visionen eingelassen sind. Dieser typischen Traum-im-Traum-Situation, die immer weiter von der äußeren Welt des Bewusstseins wegführt, entspricht der Inhalt der Rede Tirzas: Sie handelt von der Wirklichkeit des Numinosen, das in inneren Bildern vermittelt wird, die aus einer Tiefenschicht stammen, in der die Gesetze der Bewusstseinswelt nicht gelten, weshalb sie menschlicher Vernunft verschlossen sind, wie die Erzählerin in einer selbstreflexiven Wendung einmal anmerkt: »In *den* Bereichen ist kein Sprechen mehr, das überbrücken könnte, und wenn ich sage ›und‹, dann lüg ich schon.« (CC, 289,17) Dennoch vermittelt sie das in der Grabkammer zugeströmte Wissen, und Roth findet ihr die Sprache, Aspekte des Unsagbaren sagbar zu machen.

Es gehört zu den Besonderheiten der *Christus Trilogie*, die Grenze zwischen Außen und Innen, Bewusstsein und Unbewusstem, aufzulösen und den ontologischen Status des Erzählten zu verunsichern. Dass die Tirza-Handlung ein Traumgeschehen darstellt, erweist erst eine spät eingetragene Notiz, welche eine rückwirkende Verschiebung des gesamten Erzählgefüges zur Folge hat. Der Traumstatus wird in Kapitel 31 angezeigt, wenn es heißt: »Ich lag noch immer am Boden im Stall. Meine Kleider waren durchnäßt, das Fieber aber gewichen.« (CC 296,22f.) Der Wechsel der Bewusstseinsebene, der in Kapitel 5 erfolgt (CC 200,16ff.), fällt an dieser Stelle des Erzählverlaufs kaum ins Gewicht, da die Handlung sich nahtlos fortsetzt: Im Traum begibt Thomas sich zur Kaserne, wo Tirza schon fremd-vertraut auf ihn zutritt, um durch die überfüllten Gassen Jerusalems hinauf mit ihm zum Tempel zu ziehen, dort den eigentlichen Dialog zu beginnen.

Die im Alltag geschiedenen Welten des Bewusstseins und des Unbewussten rückt der Roman so eng zusammen, dass die Sphären weniger gegeneinander als vielmehr in ergänzender Beziehung zueinander erkennbar werden. Das eröffnende Motiv der Suche nach dem verschwundenen Leichnam, das ein zunächst äußeres, detektivgeschichtliches Setting etabliert, wandelt sich im Verlauf des Erzählens in eine innere Suche nach Gewissheit um die Auferstehung. Während das Thema der Suche alle Romanebenen gleichermaßen durchzieht, schaffen wiederkehrende Requisiten Brücken zwischen der äußeren und inneren Erzählwelt, wie zum Beispiel der Umhang, den Thomas im Traum aus dem Stall mitnimmt, um ihn wenig später seiner Partnerin umzulegen (CC 201,7; 204,9). Als er viele Kapitel später aus dem Schlaf erwacht, hängt der Umhang über dem Stallgatter (CC 297,5f.) und kennzeichnet die Unterredung mit Tirza als Traumgeschehen.

Die Synchronizität zwischen innerer und äußerer Welt lässt sich auch am Motiv des wellenbandverzierten Krugs zeigen. Aus ihm trinkt der fiebererhitzte Held im Stall »wie ein Tier« (CC 201,1); im Wachzustand ist das Tongefäß jedoch verschwunden – nur eine feuchte Stelle am Boden zeugt noch von seiner Existenz (CC 296,25 f.) . Der geheimnisvolle Krug erweist sich im Erzählverlauf als sinnfälliges Attribut der Anima: Mit ihm schöpft Tirza Wasser aus dem Fluss, er versinkt in den Fluten, wenn sie am Ufer von ihrem Mörder überfallen wird (CC 255,7 ff.) und ist nach ihrer Erweckung wieder an ihrer Seite. Im letzten Teil des Romans glaubt Thomas, die Frau, die er für Tirza hält, vermittels ihres Krugs in den Gassen der Stadt zu erkennen.

Als wichtigstes Bild im Romangefüge fungiert das titelgebende »Corpus Christi«, der eigentliche Ausgangs- und Zielpunkt von Thomas' Suchbewegung. In diesem zentralen Symbol laufen die Fäden der äußeren Handlung zusammen, zugleich verdichtet sich das Glaubensproblem des Helden in ihm. Ein zweiter Leichnam führt zunächst auf die falsche Spur, die sich paradoxerweise als die richtige herausstellt: In der doppelten Anagnorisis des Finales erkennt Thomas im aufgebahrten Leichnam den totgeglaubten Zwilling und durch diesen die Wirklichkeit der Auferstehung.

Quellen und Kontexte

In den Roman eingegangen sind biblische ebenso wie apokryphe Schriften und Legenden, sowie Bilder und Motive der Gnosis. Auf diese Zeugnisse wird nicht explizit Bezug genommen, vielmehr werden jene Quelltexte in einem intensiven, oftmals langjährigen Vorstadium der Auseinandersetzung mit dem Stoff der eigenen Erzählung ›amalgamiert‹. Dabei fließen eigene Traumbilder ebenso in die Darstellung ein wie Erinnerungen an dichterische Lektüren und an eindrückliche Szenen aus geschätzten Filmen oder Stücken.

Neben dem Johannesevangelium ist das apokryphe Thomasevangelium eine wichtige Inspirationsquelle. Elemente der Tirza-Gestalt lassen sich im alttestamentlichen und gnostischen Schrifttum finden, ihren eigentlichen Ursprung hat sie jedoch in einem Traum des Autors, der sich im Vorfeld der Arbeiten an *Corpus Christi* ereignete und nachträglich in den *Frankfurter Poetikvorlesungen* (2002) erzählt wurde: »Im Traum sah ich ein Stück Steinboden vor mir; gemeißeltaufgerauhten Boden […]. Quer über dieses Bodenstück lag ein Schattenstreif … Ich wußte-fühlte […] daß dieser Steinfußboden im Grab des Gekreuzigten lag und ich also mit dieser Sicht schon im Felsengrab stand. Und wußte nicht nur das, sondern wußte=fühlte, daß nicht *ich* diesen Steinboden sah, im Traum sah, sondern daß es eine junge Frau war, die das sah.« (P. Roth: *Ins Tal der Schatten*, S. 128) Aus dem Traumbild entstand die Idee, eine weibliche Heldin ins Jesusgrab zu versetzen, sie mit dem Leichnam dort ›einzuschließen‹ und zur

Zeugin der Ereignisse werden zu lassen, die sich zwischen Karfreitag und Ostern an diesem Ort zutrugen. Auch das szenisch-dialogische Erzählprinzip ist im Bild von der Frau in der Grabkammer schon angelegt: Jene Zeugin ist die Erzählerin, Tirza, und der an der Auferstehung zweifelnde Thomas ihr Zuhörer und Schüler.

1. Johannesevangelium

Corpus Christi knüpft an die am Ende des Johannesevangeliums (Joh 20,24-29) überlieferte Erzählung vom ungläubigen Thomas an und wendet sie in eine moderne Individuationsgeschichte über das Finden des eigenen Wegs. Das bei Johannes entworfene Ostergeschehen in Verbindung mit der bei Matthäus überlieferten Tradition der Grabwache (Mt 27,62-66) gibt den Rahmen für die moderne Umschrift ab, die das Erkennen des Numinosen als Folge einer inneren Erfahrung dramatisiert. Auf die Erkenntnissuche als Paradigma der johanneischen Thomaserzählung weist eines der Motti des Romans: »Herr, wir wissen nicht, wo du hingehst; und wie können wir den Weg wissen?« (Joh 14,5) Ausgangspunkt der Handlung bildet das Ostergeschehen: die Nachricht vom offenen Grab, Maria von Magdalas Behauptung, der Leichnam sei weggenommen worden, sowie die Bestätigung dieses Vorgangs durch die Zeugen Petrus und Johannes (Joh 20,1-10) liegen unerzählt im Hintergrund der Eröffnung. Die biblisch überlieferte Situation der furchtsam im Haus wartenden Jünger bildet den Auftakt; sie wird um die Innensicht ergänzt, wenn Thomas ein genaues Bild der Gedanken und Gefühle zeichnet, die ihn bedrängen, während sein Herr auf Golgota gekreuzigt wird. Auch das Rätsel von Thomas' Abwesenheit am Abend des dritten Tages, wenn Jesus im Haus der Jünger erscheint (Joh 20,19-23), findet bei Roth eine Erklärung: Thomas verbringt den Tag und die Nacht vor der Kaserne, vergeblich auf die Freilassung Tirzas wartend. Aus seiner Nichtanwesenheit entwickelt sich ein Streitgespräch zwischen ihm und den übrigen Jüngern, das die Unvereinbarkeit der Standpunkte – Glaube versus Unglaube – in aller Schärfe vor Augen führt. Mit dem Rauswurf des abtrünnigen Thomas im dritten Kapitel endet die Gemeinschaft der Jünger und mit ihr die Parallelen zur johanneischen Thomaserzählung.

2. Thomasevangelium

Als besonderer Augenzeuge der Auferstehung ist Thomas' Name traditionell mit einer Reihe apokrypher Schriften verbunden, die sich auf seine Verfasserschaft berufen. Mit der berühmtesten, dem koptischen Thomasevangelium, einer Spruchsammlung von 114 Jesusworten, teilt *Corpus Christi* das unbedingte Streben nach Wahrheit und Erkenntnis. Wie Roths Thomas wird auch der anonyme Schreiber des Thomas zugeschriebenen Evangeliums zum Empfänger spezieller Offenbarungen. Der Prolog setzt mit den Worten ein: »Dies sind die geheimen Worte, die Jesus, der Lebendige, sagte und die Didymus Judas Thomas aufgeschrieben hat.« Im 13. Logion spricht Jesus dem Jünger drei geheime Worte zu, die er den anderen nicht sagen kann oder darf. Die Forschung führt einige der Sprüche auf eine bald nach Jesu Tod entstandene Sammlung zurück und rückt das Apokryphon somit in die Nähe zum historischen Jesus. (Vgl. die Datierung Klaus Bergers, der die ältesten Teile der Sammlung auf die Zeit zwischen 70 und 80 n. Chr. zurückführt. In: ders., Christiane Nord: *Das Neue Testament und frühchristliche Schriften*, S. 647.)

Dass der Apostel Thomas in allen Texten der *Christus Trilogie* eine Rolle spielt, gründet in der speziellen Vorliebe des Autors für das Thomasevangelium: In *Johnny Shines* schreitet der Held auf dem Friedhof der »St. Thomas Church« am Namenstag des Heiligen, dem 21. Dezember, zur Erweckung des Toten. In *Riverside* agiert Thomas als unsichtbarer Auftraggeber einer Sammlung von Jesusworten, und die Protagonisten zitieren offen und verdeckt aus dem Evangelium, z. B. beruft sich der Jesuszeuge Diastasimos auf das zweite Logion als Gebot und Rechtfertigung seines mäeutischen Verfahrens der Wissensvermittlung (vgl. RS 49,30-36). Das Suchen und das Fragen als Bedingung der Möglichkeit von Erkenntnis korreliert mit der Lehre Tirzas, für die »Glaube« die zwingende Konsequenz persönlicher Erfahrung ist.

3. Gnostizismus

Der Roman enthält Anklänge an gnostisches Denken, ohne den philosophisch-religiösen Grundannahmen dieser frühchristlichen Strömung zu folgen. Insbesondere die erkenntnisorientierte Einstellung der Thomas-Figur, die von einer weiblichen Mittlerin in die Geheimnisse der christlichen Lehre initiiert wird, trägt gnostische Züge. Das Erkennen der Wahrheit geschieht ganzheitlich, d.h. gerade nicht im Modus reiner Erklärung oder schlichten, blinden Glaubens, sondern im Nach- und Miterleben mythischer Bilder und Visionen. In der Gnosis ist die innere Auseinandersetzung mit mythisch-archetypischen Inhalten der Königsweg zur Selbsterkenntnis. Während das Christentum den gesicherten Kanon heiliger Texte anstrebt und das Kollektiv als Glaubensgemeinde etabliert, leuchtet dem Gnostiker der Funke des Göttlichen in der Seele des einzelnen. Diese göttliche Dimension im Eigenen gilt es mit zu bedenken, mit zu verstehen, wenn der Einzelne, der zur Gemeinschaft der Gläubigen nicht mehr finden kann, weil er zweifelt, Erlösung finden soll. Die in der Gnosis ebenso wie in der späteren christlichen Mystik vorherrschende Idee vom inneren Gottesbild unterliegt nicht nur dem *Corpus Christi*-Roman, sie ist ein Leitgedanke der *Christus Trilogie*.

Der gnostische Mythos vom präkosmischen Fall der himmlischen Sophia aus der Einheit und Harmonie der jenseitigen Sphäre in die Unvollkommenheit des Diesseits hat ebenfalls Spuren im Roman hinterlassen. Für den Gnostiker ist die hiesige Welt ist ein schlechtes Abbild der jenseitig göttlichen Welt, Werk eines untergeordneten Demiurgen, der nicht mit dem Schöpfergott zu verwechseln ist. Der aus diesem Konzept entspringende gnostische Dualismus zwischen der ›guten‹ oberen und der ›bösen‹ unteren Welt, einer strikten Trennung, die den Menschen der Teilhabe am Göttlichen entfremdet, erscheint im Roman in einer interessanten Variante, insofern der Riss in die Psyche des Helden verlegt ist, der zwischen Geist und Materie gespalten ist. Während die Gnostiker die ›weibliche‹ dunkle Materie zugunsten des lichten ›männlichen‹ Geistes abwerten, steht Roths Judas Thomas vor der Herausforderung, die Gegensätze in einem gemeinsamen Dritten zu einen. In dieser Synthese liegt vermutlich die größte Differenz zwischen *Corpus Christi* und dem Weltbild der Gnosis: Während der Gnostizismus das Prinzip der Materie ablehnt, zelebriert der Roman die Präsenz der Physis, die besonders in den Grabszenen evident wird: Den gemarterten, von Wunden übersäten Körper des Gekreuzigten nimmt Tirza zunächst im Glanz kosmischer Bilder vom Sternenhimmel (CC 285, 35-286,3) wahr. Die von Ängsten getriebene Frau glaubt sich in unendlicher Sicherheit, wenn sie sich dem Leib Jesu am nächsten fühlt, dem eine göttliche Qualität zugesprochen ist. Diese numinose geistige Qualität der Materie, ein ebenso unchristliches wie ungnostisches Konzept, erfährt auch Judas Thomas, wenn er im Anblick des Leichnams im Feuer zur Erkenntnis der Wahrheit gelangt.

4. Die Gestalt der Sophia

Im Weltbild der valentinianischen Gnosis verkörpert die Sophia den jüngsten und letzten Spross der Äonen, der am weitesten vom Urvater Bythos (*griech.* = der Abgrund) entfernt liegt. Sie leidet so sehr an Heimweh, dass eine Krise im Pleroma (*griech.* = die Fülle) entsteht, woraufhin Bythos den Äon Christus erschafft, der den Auftrag erhält, die Verirrte zu retten. Das gnostische Narrativ von der Heimholung der in die Unendlichkeit der Materie gefallenen Sophia erscheint im Bericht der Tirza, die ihre Todeserfahrung im Bild eines Sturzes in die grundlosen Tiefen des Weltalls beschreibt. Wie im gnostischen Sophia-Mythos ist es auch hier Jesus, der das gefallene Weibliche in Gestalt einer numinosen Hand »einliest« (sammelt) und zurückzieht ins Leben (CC 261,15 ff).

Die zentrale Funktion der Rothschen Sophia ist die einer religiösen Mittlerin, die den nach Erkenntnis strebenden Helden geistig führt und in die christlichen Mysterien von Tod und Wandlung einweiht. »Freund der Sophia« ist die ursprüngliche Bedeutung von »Philosoph«. Die Sophia (Weisheit) als eigenständige Wesenheit erscheint auch im Judentum u.a. im *Buch der Sprichwörter*, wo sie Gott mit ihrem Spielen erfreute: »Der Herr hat mich schon gehabt im Anfang seiner Wege, ehe er etwas schuf, von Anbeginn her. [...] / Als die Meere noch nicht waren, ward ich geboren, als die Quellen noch nicht waren, die von Wasser fließen. […] / Als er die Himmel bereitete, war ich da, als er den Kreis zog über den Fluten der Tiefe […] / als er dem Meer seine Grenze setzte und den Wassern, dass sie nicht überschreiten seinen Befehl; als er die Grundfesten der Erde legte, / da war ich als sein Liebling bei ihm; ich war seine Lust täglich und spielte vor ihm allezeit; / ich spielte auf seinem Erdkreis und hatte meine Lust an den Menschenkindern.« (Spr 8,22-31) Im jüdischen Mystizismus repräsentiert die Sophia die weibliche Seite der Schöpfung als *(hebr.)* »ḥokhmāh«, Chochmah, eine der göttlichen Emanationen, die Sephiroth genannt werden; sie steht unter Kether (»Krone«) an zweiter Stelle des kabbalistischen Lebensbaums. Das der Sophia traditionell zugeschriebene Wissen um die Schöpfung, die sich in der Materie inkarniert, ist auch Roths Tirza eigen: Im Jesusgrab formt sie spielend und träumend aus Lehm Homunculi, Tiere und andere Figuren (CC 287,7-14) – ein kosmogonischer Akt, der die Auferstehung präfiguriert.

Als Begleiterin Jesu, die über seinem Schlaf wacht (CC 264,18-35), vollends als Zeugin der Auferstehung (CC 294,4-19), die das im Grab Erfahrene an Thomas weitergibt, verkörpert Tirza analog zur jüdischen Chochmah die Doppelrolle der Weisheit, bei Gott *und* beim Menschen zu sein. Wie ihr mythisches Vorbild ist sie Mittlerin und Prophetin essentiellen Wissens, die Thomas in das Geheimnis von Tod und Neugeburt einführt. Ihre Lehre vom inneren Erkenntnisweg lässt Parallelen zum christlichen Mystizismus eines Meister Eckhart und Angelus Silesius erkennen. Silesius' Zeilen aus dem *Cherubinischen Wandersmann* könnten von Tirza gesprochen sein: »Halt an, wo läufst du hin? Der Himmel ist in dir: / Suchst du Gott anderswo, du fehlst ihn für und für.« (A. Silesius, *Kritische Ausgabe*, S. 39) Auch dass die Rothsche Sophia eine Traumgestalt ist, die Thomas mit dem inneren Seelenzentrum verbindet, hat antike Vorlagen. Schon in der im ersten Jahrhundert v. Chr. verfassten Schrift *Weisheit des Salomo* wird die Sophia als innere Frau erfahren: Der königliche Erzähler verliebt sich in die Weisheit und will sie als Braut heimführen, aber eigentlich ist sie die Throngefährtin und Geliebte Gottes (Weish 8,2-3; 8,9; 9,4). Die Vorstellung von der religiösen Mittlerin als der geliebten Frau findet sich auch im Verhältnis von Thomas zu Tirza. Er, der Weisheit Suchende, fasst die ihm fremde Frau im Traum verliebt an der Hand und zieht ausgelassen mit ihr durch die Straßen zum Tempel (CC 202,35 ff.). Literarhistorische Vorbilder weiblicher Gestalten, die dem Helden himmlische Räume eröffnen und in die Mysterien einführen, sind Dantes Beatrice, Hölderlins Diotima und Novalis' Mathilde.

183 10 *Ist es wahr ... den Leichnam hat]* Im Hintergrund der Szene liegt die Auferstehungserzählung, insbesondere die Berichte vom leeren Grab, wie sie im Neuen Testament überliefert sind. Erzähler ist der Jünger Thomas, der in den synoptischen Evangelien in den Apostellisten erwähnt wird (Mt 10,3; Mk 3,18; Lk 6,15; Act 1,13). Das Johannesevangelium, in dem er siebenmal genannt wird (Joh 11,16; 14,5; 20,24.26.27.28; 21,2), zeigt ihn im Kontext des Ostergeschehens als Zweifler, der einen Beweis fordert. Jesus erscheint daraufhin im Haus der Apostel und fordert ihn auf, die Wundmale zu betrachten und zu berühren. Dieses in der Thomas-Perikope (Joh 20,24-29) geschilderte Begebnis deutet der Roman zu einem innerseelischen Geschehen um.

12 *an den Ort ... hingelegt haben]* Thomas spricht wie im Gebet zu seinem Herrn Jesus Christus nach dessen Tod am Kreuz. Die Eingangszeilen spielen auf das Verschwundensein des Leichnams an und etablieren die im Matthäusevangelium (27,64ff.) ventilierte These vom Leichenraub, die im weiteren Erzählverlauf zur Nebenhandlung ausgebaut wird.

14 *das Sehen der Frauen]* Verweis auf die sog. Erscheinungserzählungen der Evangelien, die das Erscheinen Jesu, seine Begegnung mit den Frauen sowie mit Maria von Magdala am dritten Tag schildern (Mk 16,1-8; Mt 28,1-10; Lk 24,36-43; Joh 20,19-23), die zum Grab gekommen waren. Ihr Zeugnis bildet die Basis des neutestamentlichen Osterglaubens.

15f. *den Tatsachen aber nicht entspricht]* Thomas repräsentiert das Weltbild des Rationalismus, das dem neuzeitlichen, auf Beobachtung und Experiment beruhenden Wissenschaftsverständnis zugrunde liegt. Seine Einstellung erinnert an die philosophische Schule des Empirismus: Wahr ist das, was mit physischen Sinnen *erfahren*, was mit eigenen Augen gesehen, mit Händen berührt werden kann.

17 *Dann will ich den Herrn sehen, den Menschen]* Thomas stellt sich gegen das Zeugnis der Frauen. Er glaubt den Leichnam gestohlen, d.h. für ihn ist Jesus vor allem Mensch, an den Gott vermag er nicht zu glauben.

19f. *nicht mutig genug ... draußen zu gehen]* Nach dem Zeugnis der synoptischen Evangelien (Mk, Lk, Mt) sind nur die Frauen unter dem Kreuz anwesend, die Jünger selbst sind geflohen. »Und es waren auch Frauen da, die von ferne zuschauten, unter ihnen Maria von Magdala und Maria, die Mutter Jakobus' des Kleinen und des Joses, und Salome, die ihm nachgefolgt waren, als er in Galiläa war, und ihm gedient hatten, und viele andere Frauen, die mit ihm hinauf nach Jerusalem gegangen waren.« (Mk 15,40-41) Dem Johannesevangelium zufolge war der Jünger Johannes gemeinsam mit der Mutter Jesu, deren Schwester und Maria von Magdala bei der Kreuzigung anwesend (Joh 19,25).

23 *vom Holz der Verdammten]* Die Kreuzigung war eine römische Todesstrafe; im Judentum wurde das Aufhängen an einem Pfahl ohne

Annageln nur in besonderen Fällen praktiziert. Das Kreuzigen galt nicht nur als besonders entehrend, es war zugleich das Zeichen des Ausschlusses aus Gottes erwähltem Volk: »Verflucht ist, wer am Holz hängt« (Dtn 21,22-23).

24ff. *Angst, Dir aus fehlendem Mut … nachsterben zu können]* Im Johannesevangelium ist Thomas derjenige unter den Jüngern, der Jesus mit besonderer Treue anhängt. Als sich Jesus entschloss, nach Betanien zu gehen, um Lazarus wiederzuerwecken, begab er sich in Gefahr, da er sich Jerusalem näherte, einem Ort ständig steigender Feindschaft und Verfolgung. Thomas spricht in dieser Situation zu den anderen Jüngern: »Dann lasst uns mit ihm gehen, um mit ihm zu sterben« (Joh 11,16 EÜ).

28f. *Nach innen, ins verriegelte Haus]* Die Situation der Jünger, die ängstlich im Haus verharren, während Jesus auf Golgota gekreuzigt wird, ereignet sich am dritten Tag nach der Kreuzigung: »Am Abend aber dieses ersten Tages der Woche [Sabbat], als die Jünger versammelt und die Türen verschlossen waren aus Furcht vor den Juden, kam Jesus und trat mitten unter sie …« (Joh 20,19).

184 4f. *der als Gottessohn … führen sollte]* Anspielung auf die ebenso verbreitete wie vielgestaltige Messiaserwartung des Judentums zur Zeit Christi. Seitens des Volkes erhoffte man den »politischen Messias«, der die Fremdherrschaft beenden würde. Für Jesus selbst war die Befreiung von den Römern kein Thema. Er verkündete das Reich Gottes und sah sich in der Tradition Jesajas (Jes 61,1), als Boten, der den Armen die Kunde vom nahen Königtum Gottes bringt: »Der Geist des Herrn ist auf mir, weil er mich gesalbt hat, zu verkündigen das Evangelium den Armen; er hat mich gesandt, zu predigen den Gefangenen, dass sie frei sein sollen, und den Blinden, dass sie sehen sollen, und den Zerschlagenen, dass sie frei und ledig sein sollen, zu verkündigen das Gnadenjahr des Herrn.« (Lk 4,18-19) Das Markusevangelium stellt dar, dass sich Jesus in der letzten Phase seines Wirkens für ein messianisches Verständnis seiner Sendung öffnete (Mk 8,27-30). Jesu Anspruch, der Messias zu sein, bot den jüdischen Behörden den Grund, ihn als angeblichen »König der Juden« verdächtig zu machen. Diese politisch tingierte Version des Messias-Anspruchs hatte Jesus nach Mk 14,61-62 vor dem Hohepriester bejaht. Das Bekenntnis ermöglichte es den Römern, ihn zu verurteilen und zu kreuzigen.

9 *dem Stöhnen des Durchbohrten nachirren mußten]* Der »Durchbohrte« (*lat.*: transfixus) bezeichnet den fixierten, d.h. ans Kreuz geheftten Jesus. Zugleich klingt das Stoßen des Speers in die Seite an (das fünfte Wundmal), worauf Blut und Wasser ausfließen (Joh 19,34). Das Johannesevangelium nimmt für diesen Test, der den Tod des Hingerichteten erweisen soll, eine Prophezeiung des Sacharja (12,10) auf: »Sie werden den sehen, den sie durchbohrt haben« (Joh 19,37; vgl. auch Offb 1,7).

10 *Schrei des von Gott Verlassenen]* Anspielung auf den Verzweiflungsschrei am Kreuz »Eloï, Eloï, lema sabachtani?« (»Mein Gott, mein Gott, warum hast du mich verlassen?«) (Mk 15,34)

12 f. *in die eigene Ohrenherzkammer verriegelt]* Die poetische Metapher »Ohrenherzkammer« verweist auf das Bild des Gefäßes. Das nach außen verschlossene Haus bildet eine Art Retorte für den inneren Prozess, der in den Eingeschlossenen einsetzt.

185 10 *Als am Morgen des ersten Wochentags]* Die Szene greift das Osterszenario des Johannesevangeliums auf: »Am ersten Tag der Woche kommt Maria von Magdala früh, als es noch finster war zum Grab und sieht, daß der Stein vom Grab weg war. Da läuft sie und kommt zu Simon Petrus und zu dem andern Jünger, den Jesus liebhatte, und spricht zu ihnen: Sie haben den Herrn weggenommen aus dem Grab, und wir wissen nicht, wo sie ihn hingelegt haben.« (Joh 20,1-2)

14 *die Wachen davor verschwunden]* Die Grabwache ist ein eigenständiges literarisches Motiv des Matthäusevangeliums (Mt 27,62-66; Mt 28,2-4; Mt 28,11-15); es nimmt auf einen in seiner Zeit verbreiteten Vorwurf Bezug, wonach die Hohenpriester den Soldaten Geld gaben, damit diese behaupteten, die Jünger hätten den Leichnam gestohlen, während die Grabwache schlief.

15 f. *Judas Thomas ... das ist Zwilling]* Der Name Thomas meint im Aramäischen »Zwilling«, was im Griechischen als *Didymos*, lateinisch *Didymus* übersetzt wird. Er war ursprünglich ein Epitheton, das sich in der christlichen Tradition zu einem Personennamen entwickelte. Während der Jünger in den synoptischen Evangelien als Thomas bekannt ist, wird er im Johannesevangelium *Thomas Didymus* genannt (Joh 21,2). Die Kombination »Judas Thomas« ist biblisch nicht belegt, doch in der syrischen Tradition des apokryphen Thomasevangeliums, welches dem gleichnamigen Jünger zugeschrieben ist, stellt der Verfasser sich gleich zu Beginn als »Judas Thomas« vor. Das *Buch des Thomas*, das auch unter dem Namen *Das Buch von Thomas, dem Athleten* bekannt ist, setzt mit einer ähnlichen Angabe ein: Die geheimen Worte, »die der Erlöser zu Judas Thomas sprach« (W. Schneemelcher, *Neutestamentliche Apokryphen*, Bd. 1, S. 198). In gnostischen Kreisen bildete sich die Auffassung, Thomas sei die Zwilling Jesu, ihm in Aussehen und Schicksal ähnlich (so in den *Thomas-Akten*).

19 f. *nah der Kaserne ... Bekanntschaft der Wachen]* Die unter Herodes dem Großen zur Festung um- und ausgebaute ältere Burg, die an die Nordwestecke des Tempelareals angrenzte. Sie wurde nach dem römischen Feldherrn Antonius »Burg Antonia« und beherbergte in der Zeit Jesu eine ständige Wachmannschaft. Die Besetzung des Grabs mit Wachsoldaten schildert das Matthäusevangelium als von den Hohenpriestern veranlasste Vorsichtsmaßnahme (Mt 27,62 ff.) zur Abwehr des Auferstehungsglaubens.

24 *und war eingeschlafen]* Im Matthäusevangelium erscheint der Engel des Herrn am Morgen des dritten Tages, den Stein vorm Grab weg zu wälzen: »Seine Gestalt war wie der Blitz und sein Gewand weiß wie der Schnee. Die Wachen aber erschraken aus Furcht vor ihm und wurden, als wären sie tot.« (Mt 28,3-4)

32 *Unter sich sieht er den Rachen Leviathans]* Der Leviathan, ein

Urmonster mit mehreren Köpfen (Ps 74,13), das am Grund des Meeres wohnt, versinnbildlicht das Chaos vor der Schöpfung. Im Buch Ijob wird der Leviathan als Ausdruck der Macht Gottes über den Menschen angeführt (Ijob 40,25; 41,1). C. G. Jung hält diesen Moment des Hiobschen Sehens und Bewusstwerdens der dunklen Seite Gottes, wie sie im Bild des von Gott geschaffenen Ur-Drachens symbolisch erscheint, für entscheidend: »Seit der Apokalypse wissen wir wieder, daß Gott nicht nur zu lieben, sondern auch zu fürchten ist. *Er erfüllt uns mit Gutem und mit Bösem* [...] und weil er Mensch werden will, muß die Einigung seiner Antinomie im Menschen stattfinden. Das bedeutet für den Menschen eine neue Verantwortlichkeit. Er kann sich jetzt nicht mehr mit seiner Kleinheit und Nichtigkeit ausreden, denn der dunkle Gott hat ihm die Atombombe und die chemischen Kampfstoffe in die Hand gedrückt und ihm damit die Macht gegeben, die apokalyptischen Zornesschalen über seine Mitmenschen auszugießen« (C. G. Jung: *Antwort auf Hiob*, GW 11, S. 462).

186 3 *als sei es ein Brunnenloch]* Grab und Brunnen stellen Schächte dar, die in den Felsen bzw. in die Erde gegraben sind und mittels eines Steins bedeckt werden; es handelt sich um Orte der Wandlung, die mit den Ahnen verbinden. Jesus selbst wird im *Titusbrief* des Paulus metaphorisch als »fons vitae« (Tit 3,5) bezeichnet, der belebt und erneuert.
19 *am zerschlagenen Siegel vorbei]* Die Situation des versiegelten Jesusgrabs überliefert das Matthäusevangelium in Zusammenhang mit der Sorge der Hohenpriester: »Pilatus sprach zu ihnen: Da habt ihr die Wache; geht hin und bewacht es, so gut ihr könnt. Sie gingen hin und sicherten das Grab mit der Wache und versiegelten den Stein.« (Mt 27,65-66) Dem apokryphen Petrusevangelium zufolge schickte Pilatus den Hauptmann Petronius mit Soldaten: »Und alle, die dort waren, wälzten zusammen mit dem Hauptmann und den Soldaten einen großen Stein herbei und legten ihn vor den Eingang des Grabes und legten sieben Siegel an, schlugen ein Zelt auf und hielten Wache.« (Petr 8,31-33)
25 *Die Vorkammer und Bänke leer]* Das Innere des in den Felsen hineingetriebenen Grabs besteht aus einer Vorkammer, an die sich die eigentliche Grabkammer anschließt. Die Toten wurden auf seitlich aus dem Felsen herausgeschlagene Bänke gelegt (Bank- oder Troggrab) oder in Schiebegräbern bestattet, die röhrenartig in den Fels gehauen waren. Zu Grablegen in neutestamentlicher Zeit vgl. Wolfgang Zwickel: *Die Welt des Alten und Neuen Testaments*, S. 47f., 147ff.

187 7 *Ihr Name aber sei Tirza]* »Tirza« ist ein hebräischer weiblicher Vorname, dessen Transliteration »Tirtsah« lautet. Er leitet sich her von *(hebr.)* ratsah = erfreut, angenehm sein und bedeutet die »Anmutige«, »Wohlgefällige«, »Liebliche«. Im *Hohenlied* wird die Geliebte mit Jerusalem und Tirza, der für ihre Schönheit gerühmten alten Residenzstadt des Nordreichs Israel verglichen (Hld 6,4).
27f. *ihnen zu befehlen ... aufzustehn]* Anspielung auf den Auftrag, den Jesus den Jüngern erteilte: »Macht Kranke gesund, weckt Tote

417

auf, macht Aussätzige rein, treibt böse Geister aus. Umsonst habt ihr's empfangen, umsonst gebt es auch.« (Mt10,8)

31 *entmachtete mich ganz]* Die Häufung des Wortes »Macht« in seinen verschiedenen Formen ist ein wiederkehrendes Element in Thomas' Rede und erscheint meist in der Negation (»Machtlosigkeit«, »entmachtet«). Jesu Tod am Kreuz schien den Messias-Anspruch seiner Sendung bloßzustellen. Erst Paulus gelang es, die mit der Idee vom königlichen Messias verbundenen Vorstellungen neu auszurichten, z.B. mit der Behauptung, dass der Messias nicht von den Feinden, sondern von den Sünden befreit.

189 1f. *durchs Raubnetz hinsiebend ... Schütte Sand aufzuschütten]* Die metaphorische Rede basiert auf der Figura etymologica, einer in der hebräischen Bibel oft verwendeten Stilfigur, die entsprechend häufig in der Buber-Rosenzweig-Übersetzung vorkommt. Als im Deutschen seltene, besonders expressive Redefigur verleiht sie der tiefen Hoffnungslosigkeit und Trauer des Thomas gültigen Ausdruck. Die beiden Wendungen – »die Verwesung raubt den Leichnam« und »die Zeit schüttet die Schütte Sand auf«, haben ihr gemeinsames Drittes im übergeordneten Vanitas-Gedanken. Die Zeit erscheint in Thomas' Rede als der eigentliche Räuber – sie »siebt« den Körper durch ihr Sieb und lässt ihn zu Staub werden; sie schickt den Sand durch die Stundenuhr und schüttet ihn im unteren Glas auf. Im Verrinnen der Zeit wird das einzig noch Verbliebene, der Körper des geliebten Herrn, aufgelöst. Im Buch Kohelet heißt es: »Es ist alles aus Staub geworden und wird wieder zu Staub« (Koh 3,20).

16 *von jenseits des Jordans]* Das archetypische Bild der Flussüberquerung, das grundlegend für die Texte der *Christus Trilogie* ist (vgl. den Titel *Riverside* und die Eröffnungsszene von *Johnny Shines* (JS 75,10f.), deutet auf die zentrale Transformations-Thematik, die sich als Bewusstwerdung bzw. als die Entstehung eines neuen Bewusstseins in jedem Werk der *Trilogie* ausprägt. Der Gang über den Jordan ist ein altes Sinnbild für das Sterben und das Erreichen eines neuen Lebensabschnitts. Im Alten Testament erscheint es z.B. im Einzug der Israeliten ins Gelobte Land, der von Osten her, in der Überschreitung des Jordans, erfolgte (Jos 3).

18 *Die waren im Haus geblieben, verriegelt]* Die Szene bezieht sich auf den Ostersonntagabend. Nach biblischem Bericht erschien an jenem Abend Jesus im Haus der Jünger: »Am Abend aber dieses ersten Tages der Woche, als die Jünger versammelt und die Türen verschlossen waren aus Furcht vor den Juden, kam Jesus und trat mitten unter sie und spricht zu ihnen: Friede sei mit euch!« (Joh 20,19)

20 *alle behaupteten ... unter ihnen gesehen]* Joh 20,19-23 beschreibt Jesus, der den Jüngern seine Wunden zeigt. »Und als er das gesagt hatte, zeigte er ihnen die Hände und seine Seite. Da wurden die Jünger froh, daß sie den Herrn sahen.«

24f. *hatten es von den Frauen ... von Simon übernommen]* Simon / Symeon (= Gott hat erhört) ist der ursprüngliche Name des Jüngers

Petrus, der als einer der ersten in den Kreis der Jünger berufen wurde. Alle Evangelien kennen ihn unter dem Namen Simon; Jesus redet ihn bis auf eine Ausnahme (Lk 22,34) immer so an. Jesus selbst soll Simon den Beinamen *Kefa* verliehen haben; ein aramäisches Wort, das »Stein« bzw. Fels bedeutet. »Petrus« ist die latinisierte Form von (*griech.*) petros = Stein; häufig werden Name und Beiname kombiniert (»Simon Petrus«). Die geringschätzige Haltung gegen das Zeugnis der Frauen überliefert u. a. auch der Bericht des Lukasevangeliums: »Und sie kehrten vom Grab in die Stadt zurück und berichteten alles den Elf und den anderen Jüngern. Es waren Maria Magdalena, Johanna und Maria, die Mutter des Jakobus; auch die übrigen Frauen, die bei ihnen waren, erzählten es den Aposteln. Doch die Apostel hielten das alles für Geschwätz und glaubten ihnen nicht. Petrus aber stand auf und lief zum Grab. Er beugte sich vor, sah aber nur die Leinenbinden [dort liegen]. Dann ging er nach Hause, voll Verwunderung über das, was geschehen war.« (Lk 24,9-12)

190 26 *Haltet den Dieb … Verstand geraubt]* Umgangssprachliche Wendung, ein Modernismus in Thomas' Rede (vgl. »forschen«, CC 190,2f.); Wiederaufnahme der Raubmetaphorik (vgl. CC 187,29ff.). Die Bezeichnung »Dieb«, die auf Jesus gemünzt ist, hatte dieser in seiner Mahnung an die Jünger, wachsam zu sein, auf sich selbst angewandt, seine Wiederkunft anzukündigen: »Darum wachet; denn ihr wisst nicht, an welchem Tag euer Herr kommt. Das sollt ihr aber wissen: Wenn ein Hausherr wüsste, zu welcher Stunde in der Nacht der Dieb kommt, so würde er ja wachen und nicht in sein Haus einbrechen lassen. Darum seid auch ihr bereit! Denn der Menschensohn kommt zu einer Stunde, da ihr's nicht meint.« (Mt 24,42-44; vgl. Offb 16,15; 1 Thess 5,2)

32f. *die Zweifel zermalmt … zerbirst uns Phantasten]* Zu dem rhetorischen Stilmittel der Figura etymologica vgl. (CC 189,f.).

34f. *ein neuer Mensch … zu Boden geschlagen]* Versteckte Anspielung auf das sog. Damaskus-Erlebnis des Apostels Paulus, dem einstigen Christenverfolger: »Als ich nun nach Damaskus reiste mit Vollmacht und im Auftrag der Hohenpriester, sah ich mitten am Tage, o König, auf dem Weg ein Licht vom Himmel, heller als der Glanz der Sonne, das mich und die mit mir reisten umleuchtete. Als wir aber alle zu Boden stürzten, hörte ich eine Stimme zu mir reden, die sprach auf hebräisch: Saul, Saul, was verfolgst du mich?« (Apg 26,12-14) Vgl. auch die Charakterisierung der Gotteserfahrung durch C. G. Jung, der das Erlebnis des »Selbst« (Jungs Begriff für das Gottesbild) als »Niederlage für das Ich« bezeichnet (C. G. Jung: *Mysterium Coniunctionis*, GW 14/2, S. 324). Paulus sprach vom »neuen Menschen« als demjenigen, der das Mysterium des auferstandenen Christus erfahren hat. Vgl. zu diesem Vorstellungskomplex 2 Kor 5,17: »Darum: Ist jemand in Christus, so ist er eine neue Kreatur; das Alte ist vergangen, siehe, Neues ist geworden.«

36 *unten am Boden]* Die Wendung basiert auf (*lat.*) humilis = niedrig, das sich von (*lat.*) humus = Erde, Erdboden herleitet. Zu denken

ist auch an die etymologische Verwandschaft zwischen (*lat.*) humus und (*griech.*) keimai = ich liege (am Boden). Das religiöse Bild, das diesen inneren Zustand zum Ausdruck bringt, findet sich in Ps 51,19: »Die Opfer, die Gott gefallen, sind ein geängsteter Geist, / ein geängstetes, zerschlagenes Herz wirst du, Gott, nicht verachten.«

191 2f. *jeden Finger ... in den Kesseln der Wunden]* Anspielung auf die Thomas-Perikope, die Aufforderung Jesu an Thomas, seinen Finger zu reichen und seine Hand in die Seite zu legen (Joh 20,27). Das Bild des Kessels, ein Lehnwort von (*lat.*) catinus = Napf, Schüssel, rekurriert auf die Gefäß-Qualität der Wunden, die Teuerstes enthalten.

4f. *daß ich die Finger mir färbe an ihm]* Zwischen dem Jünger, der den Christus sucht, und dem Schriftsteller, der nach seinem Stoff sucht, besteht Roth zufolge eine Parallele. Der Gottsucher Thomas ist ihm Detektiv und Schriftsteller in einem: »Er [Thomas] sucht nicht für uns, nicht für andere Auftraggeber, Leser. Sich will er schreiben, für sich sucht er, sich liest er zusammen. Wenn man Bilder von ›Thomas, dem Zweifler‹ betrachtet, sieht man, daß ursprünglich das Schreiben des Stoffs und damit die Beschreibung des Funds: eins war mit seiner Findung, mit der Findung des Stoffs. [...] Ja, in diesem Moment – in dieser Thomassekunde, in der er seine Hand in die Seite des Auferstandenen hält (wie die Feder in Tintengrund) – schreibt sich das Gefundene, der gefundene Stoff, das gefundene Corpus, von selbst.« (P. Roth: *Ins Tal der Schatten*, S. 13)

7f. *zeugt euer Zeugnis ... ist ingezüchtet]* Inzucht ist Fortpflanzung unter nahen Verwandten, und als solche versteht Thomas das Zeugnis, das die Jünger von Jesu Erscheinen ablegen können: Es handelt sich um ein Produkt geistig-emotionaler Inzucht – Schuldphantasien und Gerüchte, die die Jünger unter sich erzeugt haben.

192 3f. *der Knecht ... in der Kaserne foltere]* In der Herr-Knecht-Konstellation und in seinem dunklen diabolischen Wesen gleicht der anonyme Knecht vor der Kaserne dem ominösen Berater des römischen Hauptmanns in *Riverside* (RS, 192,12ff.).

31 *Aber wir haben noch nichts aus ihr]* Die Folter wird mit der Prozedur der »extractio« (*lat.*: extrahere = herausziehen) identifiziert; Parallele zum Opus in der Alchemie, bei dem einem Stoffgemisch die gesuchte Substanz entzogen wird.

32f. *am vergangen Rüsttag Jerusalem ... betreten]* Vorbereitungstag (Vortag) zum Sabbat oder zu einem hohen Feiertag (z.B. Pessach). Luther übersetzte (*griech.*:) paraskeuē = Zurüstung als »Rüsttag«. Nach den Synoptikern war der Tag der Kreuzigung zugleich der Rüsttag des Sabbats (Mk, 15,42; Mt 27,62; Lk 23,54); das Johannesevangelium legt den Todestag Jesu auf den Rüsttag des Passahfests (Joh 19,14) – den Tag, an dem die Lämmer geschlachtet wurden: »Weil es aber Rüsttag war und die Leichname nicht am Kreuz bleiben sollten den Sabbat über – denn dieser Sabbat war ein hoher Festtag –, baten die Juden Pilatus, daß ihnen [den drei Gekreuzigten] die Beine gebrochen und sie abgenommen würden.« (Joh 19,31)

35f. *Keiner von uns kennt sie]* Eine Qualität der Fremdheit gehört zur Anima bei ihrem ersten Erscheinen. Entsprechend ist auch in Träumen und Märchen die Unbekanntheit ein wichtiges Charakteristikum der Animafigur. Dieses Merkmal entspricht dem Umstand, dass der Mensch meist keine bewusste Beziehung zu seinem Unbewussten unterhält – es ist ihm zunächst »fremd«. Vgl. auch das Erscheinen der »Erinnerin« in *Johnny Shines*: sie wird als anonyme innere Stimme erfahren, bevor sie die Gestalt der Hallie Doniphan annimmt (vgl. JS 77,15 ff.).

193 4f. *Aus der Gegend von Damaskus]* Im jüdischen Bevölkerungsteil von Damaskus, das seit 64 v. Chr. unter römischer Herrschaft stand, gab es schon früh eine judenchristliche Gruppierung. Die syrische Handelsstadt nordöstlich des Jordan ist insbesondere mit der Bekehrung des Saulus assoziiert, dem Jesus auf der Straße nach Damaskus in einem blendenden Licht erschien (Apg 9,1-9). »Damaskus« impliziert eine lebensverändernde Erfahrung.

9 *was wahr ist, von Unwahrem trennen]* Der Folterknecht versteht sich auf Scheidungsprozesse; im Trennverfahren der »extractio« und »seperatio« wird die vermeintliche Wahrheit aus dem Körper gezogen.

14f. *Da sah ich … meine Angst erkannt]* Vgl. die Parallelsituation in *Riverside*, die Begegnung des Diastasimos mit dem römischen Soldaten im Tempel, der als der »Andere« einen Schattenaspekt des Protagonisten verkörpert (RS 25,11 ff.). Das Spiel des Folterknechts hat eine Entsprechung im Spiel des römischen Hauptmanns und seines Beraters mit den verunsicherten Jüngern (RS 59,23 ff.).

28f. *das Unerhörte … in Schächten gearbeitet]* In dieser Philosophie des Bösen erscheint der Knecht als Teufel im Habitus eines Alchemisten, der die Materie traktiert, die Wahrheit aus ihr zu ziehen. In den Tiefen des Körpers liegt das Gold, das als »grober Klotz« herausgebrochen werden muss, um das Unwerte abzuschmelzen bis die Essenz freiliegt. Als verlängerter Arm der Besatzungsmacht vertritt der Folterknecht die Gegenseite zum Judentum; sein extravertiertes Auftreten und sein materialistisches Weltbild stehen in einem markanten Gegensatz zur religiös-spirituellen Haltung der Juden.

194 19f. *einem der Stadttore … schmerzlich vermißt hat]* Anspielung auf Tirzas Vision von der himmlischen Stadt, die auf der Diskursebene noch in der Zukunft liegt (CC 289,27 ff.).

195 26f. *als er [Jesus] an unserem Pfahl hing]* Die Rede bezieht sich entweder auf die Geißelung, bei der Jesus an eine Säule gebunden war oder auf die Kreuzigung. Bei dieser Hinrichtungsart wurden zunächst die Arme am Querholz angebunden; dieses zog man an einem fest in der Erde verankerten Richtpfahl hoch, zuletzt wurden die Beine daran gebunden oder genagelt.

36 *Wer wars … Besessene, Irre]* Das Erkennen der Göttlichkeit Jesu durch von Geistern Verfolgte ist ein Topos der Exorzismus-Erzählungen im Neuen Testament: »Was willst du von uns, Jesus von Nazareth? Du bist gekommen, uns zu vernichten. Ich weiß, wer du bist: der

Heilige Gottes!« (Mk 1,23-24) Auch der besessene Gerasener erkennt
Jesus schon von weitem: »Als er aber Jesus sah von ferne, lief er hinzu
und fiel vor ihm nieder und schrie laut: Was willst du von mir, Jesus,
du Sohn Gottes, des Allerhöchsten?« (Mk 5,6-7)

196 3 f. *Du aber Judas Thomas … von diesem, jenem]* Anspielung auf die
innere Gespaltenheit des Zwillings, die ihn das übergeordnete Ganze
nicht erkennen lässt. Die Zerrissenheit spiegelt sich in seinen zwei
Namen, Judas und Thomas, wobei letzter die Zweiheit (*aram.*: te' oma
= Zwilling) explizit benennt.

8 f. *Denn bewunderst du … aller Besessenen?]* Im Vergleich mit den
Besessenen, die eins mit sich sind, insofern sie vom Unbewussten beherrscht sind (*es* redet aus ihnen), repräsentiert Thomas das andere
Extrem: Er ist gespalten, nämlich identisch mit dem Ich-Bewusstsein
und ohne Bezug zum Unbewussten – als »Denker« neigt er dazu,
seinen Gefühlen und Phantasien zu misstrauen.

197 10 *Am Morgen des dritten Tags fror ich]* Anspielung auf den Aufer-
stehungsbericht. Jesus wurde am dritten Tag von den Toten erweckt,
wie Paulus verkündet (1 Kor 15,3) und wie es von Jesus selbst angekündigt wurde (Lk 9,22; 18,33). Nach der hebräischen Bibel lässt
Gott den Gerechten nicht länger als drei Tage im Stich: »Er macht
uns lebendig nach zwei Tagen, er wird uns am dritten Tag aufrichten,
daß wir von ihm leben werden.« (Hos 6,2). Die Symbolik des »dritten
Tages« kündet von einer Synthese. In Märchen und Legenden tritt an
diesem Tag die entscheidende Wende ein. Beim dritten Mal erkennt
der Priester Eli, dass die Stimme, die sein Zögling Samuel drei Mal
im Schlaf hörte, von Gott kommt, und erteilt ihm den richtigen Rat
(1 Sam 3,2-9).

18 *man begann mich … zu hänseln]* Anspielung auf die Verleugnung
des Petrus, der sich im Hof des Hohenpriesters am Feuer wärmt, während Jesus verhört und zum Tode verurteilt wird (Mk 14,70-71).

26 *Dich im Nachsterben wiederzufinden]* Thomas' Anhänglichkeit
und Liebe zum Herrn dokumentiert das Johannesevangelium in Kontext der Lazarus-Erweckung (Joh 11,16).

199 6 f. *Mein Fieber … Hitze im Schilde geführt]* Fieber (*lat.*) »febris« =
Hitze tritt im Kontext einer Entzündungsreaktion auf und gehört zum
Heilungsprozess; in der Alchemie wird die Operation der Erhitzung
einer Substanz als »calcinatio« bezeichnet. Sie dient der reinigenden
Wandlung der »prima materia«; im übertragenen Sinn wäre Thomas
selbst der Kessel, in dem das alte Bewusstsein ausgebrannt wird.

31 f. *Nicht weil die Auferstehung am Ende der Zeit]* Die Vorstellung
der Auferstehung als Beginn eines neuen unvergänglichen Lebens war
der alttestamentlichen Überlieferung fremd. Zwischen Leben und Tod
wurde eine unaufhebbare Grenze angenommen, die nur in Ausnahme-
fällen außer Kraft gesetzt werden konnte, etwa im Fall der Entrückung
Henochs (Gen 5,24) oder Elias (2 Kön 2). In der Spätzeit entwickelte
sich der Ansatz einer Auferstehungshoffnung; u.a. wird in Jes 26,19
eine apokalyptische Wiedergeburt der Toten aus der Erde prophe-

zeit. Besonders deutlich kommt die Auferstehungserwartung im *Buch Daniel* (2. Jh. v. Chr.) zum Ausdruck: »Und viele, die unter der Erde schlafen liegen, werden aufwachen, die einen zum ewigen Leben, die andern zu ewiger Schmach und Schande.« (Dan 12,2). In neutestamentlicher Zeit teilten die Pharisäer den Glauben an die Auferstehung, die Sadduzäer dagegen wiesen ihn zurück.

200 18 f. *Ich lag … in einem leeren Stall]* Der Stall ist ein symbolischer, mit der Geburt Jesu assoziierter Ort: »Und sie gebar ihren ersten Sohn und wickelte ihn in Windeln und legte ihn in eine Krippe, denn sie hatten sonst keinen Raum in der Herberge.« (Lk 2,7)

201 4 *Ich trank, bis mich nicht mehr dürstete]* Der geheimnisvolle Krug und der biblische Sprachgebrauch deuten auf die am Jakobsbrunnen spielende Samaritanerin-Erzählung: »Jesus antwortete und sprach zu ihr: Wer von diesem Wasser trinkt, den wird wieder dürsten; wer aber von dem Wasser trinken wird, das ich ihm gebe, den wird in Ewigkeit nicht dürsten, sondern das Wasser, das ich ihm geben werde, das wird in ihm eine Quelle des Wassers werden, das in das ewige Leben quillt.« (Joh 4,13-14) Vgl. auch Offb 22,17: »Und der Geist und die Braut sprechen: Komm! Und wer es hört, der spreche: Komm! Und wen dürstet, der komme; und wer da will, der nehme das Wasser des Lebens umsonst.«

202 26 *Kam. Kam auf mich zu]* Die sechsmalige Wiederholung der lyrischen Wendung kennzeichnet die Begegnung mit der Anima als numinoses Ereignis. Es handelt sich um ein wörtliches Zitat aus Paul Celans Hölderlin-Gedicht *Tübingen. Jänner*, welches das Kommen des Lichtmenschen in Zeiten der Finsternis beschwört: »Käme, / käme ein Mensch, / käme ein Mensch zur Welt, heute, mit / dem Lichtbart der Patriarchen: er dürfte, / spräch er von dieser / Zeit, er / dürfte nur lallen und lallen, / immer-, immer- / zuzu« (P. Celan: *Die Gedichte*, S. 133).

203 5 f. *an ihrer Hand … zurückblicken zu können]* Anspielung auf die Orpheus-Mythe; Orpheus steigt in die Unterwelt hinab, Eurydike von den Toten in die Welt der Lebenden zurückzuholen. Will er die Geliebte nicht für immer an die Unterwelt verlieren, darf er sich auf dem Weg nach oben nicht umschauen. Die in solcher Situation konstellierte Gefahr, das soeben Gewonnene sofort wieder zu verlieren, ist im »Straucheln« (CC 203,7) der Tirza angedeutet.

10 *Bist du verliebt?]* Zur Anima, die den Geliebten adressiert vgl. die Szene aus dem *Hohen Lied*, wo die Geliebte zum Geliebten spricht: »Des Nachts auf meinem Lager suchte ich, den meine Seele liebt. Ich suchte; aber ich fand ihn nicht. Ich will aufstehen und in der Stadt umhergehen auf den Gassen und Straßen und suchen, den meine Seele liebt. Ich suchte; aber ich fand ihn nicht. […] Als ich ein wenig an ihnen vorüber war, da fand ich, den meine Seele liebt. Ich hielt ihn und ließ ihn nicht los, bis ich ihn brachte in meiner Mutter Haus.« (Hld 3,1-4)

22 f. *Und sagst du nicht Liebe, Geliebte und Frau zu mir]* Zum Bild der Anima als Personifikation der weiblichen Seelenanteile im Mann

vgl. JS-Kommentar, Abschnitt »Die Tiefenpsychologie C.G.Jungs«
im Kapitel »Quellen und Kontexte«.

27f. *Und inwendig dort im Körper des Hauses … schaffst Wolken
herbei]* Der Austausch mit der Anima erfordert einen geschlossenen
Raum, dem in *Johnny Shines* die Gefängniszelle als Ort der Unterredung entspricht. Das Haus steht symbolisch für die ganze Person,
in der sich der innere Dialog abspielt. Auch das zu helle Licht des
Bewusstseins muss durch »Wolken« abgeschattet werden, wenn die
Anima sich äußern soll.

204 4 *Ich hatte mich aber verirrt]* Dem Finden und Ankommen geht das
Verirren voraus; die alten Orientierungen müssen aufgegeben werden – dies war schon die Lehre des Diastasimos, der mit Bezug auf das
Thomasevangelium formulierte: »Erst muß verwirrt sein, verworren
sich im Altgelernten nicht mehr kennen, der etwas finden will.« (RS
49,31f.) Das Motiv des Irrens und Rennens deutet im Kern auf das
Bild des Labyrinths, dessen Wege um einen zentralen Punkt herum
angeordnet sind. Diesem inneren Zentrum, das es erst zu finden gilt,
entspricht der Tempel, zu dem Thomas und Tirza unterwegs sind.

10f. *zum Tempel hinaufzusteigen … umschließenden Vorhof]* Der
Tempel liegt auf dem höchsten Punkt Jerusalems (ca. 740 m) und
wurde zumeist von Süden her durch eines der beiden Tore betreten,
die unter der Mauer hindurch zu einer Rampe führten. Von dort ge-
langten die Besucher auf den südlichen Teil des insgesamt ca. 300 m ×
480 m großen Platzes. Dieser sog. Vorhof der Heiden bildete eine Art
Marktplatz und Versammlungsort, zu dem auch Nichtjuden Zutritt
hatten. Das Areal war wie das gesamte Tempelplateau von zweirei-
higen Säulenhallen umgeben, unter deren Dach der Platz umschritten
werden konnte.

13f. *einander beim Rundgang zu befragen]* Das Umschreiten (*lat.*
circumambulatio) eines Heiligtums ist ein sehr altes religiöses Ritual,
das heute noch im Islam praktiziert wird. Das Umkreisen einer Mitte
dient der Ausrichtung auf das Zentrum, das den Rundgehenden in
Einklang mit dem Göttlichen setzt. Im Bezirk des Heiligtums sind
Thomas und Tirza aus der profanen, oberflächlichen Schicht des Lebens herausgenommen und auf das Essenzielle konzentriert.

25ff. *Schon gar nicht zwei von ihnen … gegen uns zu zeugen]* Anspielung auf die Regelung von Zeugenaussagen im jüdischen Gesetz.
Eine Anschuldigung galt, wenn zwei oder drei Zeugen gegen den
Angeklagten aussagten, vgl. Dtn 9,15: »Es soll kein einzelner Zeuge
gegen jemand auftreten wegen irgendeiner Missetat oder Sünde, was
für eine Sünde es auch sei, die man tun kann, sondern durch zweier
oder dreier Zeugen Mund soll eine Sache gültig sein.« Nach diesem
Prinzip hatte man im Synhedrion mehrere Zeugen gegen Jesus vorzu-
führen versucht, deren Aussagen einander aber widersprachen: »Aber
die Hohenpriester und der ganze Hohe Rat suchten Zeugnis gegen
Jesus, dass sie ihn zu Tode brächten, und fanden nichts. Denn viele
gaben falsches Zeugnis ab gegen ihn; aber ihr Zeugnis stimmte nicht

überein.« (Mk 14, 55-57) Für das Motiv des Zirkumambulierens einer Mitte, während Spione das Gespräch mitzuhören suchen, war der Film *The Conversation* (USA 1974, Regie: Francis Ford Coppola) eine Inspirationsquelle. In der langen Eröffnungssequenz versucht eine Gruppe von Abhörspezialisten die Unterhaltung eines jungen Paars aufzuzeichnen, das immer wieder das Zentrum des menschenüberfüllten Union Square in San Francisco umrundet. Der Protagonist (Gene Hackmann), der die fragmentarischen Tonaufnahmen später zusammensetzt, stößt auf eine von Störgeräuschen überlagerte Passage, aus der er den Satz »He'd kill us if he got the chance« herauszuhören glaubt. Auch Thomas fürchtet, mit Tirza von römischen Spitzeln, potentiellen Zeugen, belauscht zu werden.

205 10f. *unterirdischen Torschacht … Maulwurfstor nennen]* Unter der königlichen Säulenhalle des Tempels hindurch führte das östliche, dreiteilige Hulda-Tor der Südmauer. Der Name Hulda (*hebr.*: choled = Maulwurf) weist auf die Konzeption des 80 Meter langen unterirdischen Gangs, der zur Plattform des Tempelplatzes leitete. Vgl. Anm. (RS 24,30f.)

14 *hinauf zu den Stufen des Heiligtums]* Das Tempelgebäude lag hinter einer hohen Mauer und barg das Allerheiligste. Dieser innerste Bezirk durfte nur einmal im Jahr vom Hohenpriester betreten werden.

15 *Tenne des Jebusiters … Berg Morija]* Der Legende nach ruht der Jerusalemer Tempel auf der Tenne des Jebusiters Arauna, die David ihm gegen 50 Lot Silber abgekauft hatte, um einen Altar zu errichten (2 Sam 18-25). Der Ursprungsort des Tempels ist mit dem Land Morija identifiziert, in dem der gleichnamige Berg liegt, auf dem Abraham seinen Sohn Isaak opfern sollte, was durch den Engel verhindert wird: »Da hob Abraham seine Augen auf und sah einen Widder hinter sich in der Hecke mit seinen Hörnern hängen und ging hin und nahm den Widder und opferte ihn zum Brandopfer an seines Sohnes statt. Und Abraham nannte die Stätte ›Der Herr sieht‹.« (Gen 22,13-14) Der Zusammenhang zwischen Tempel und Opferberg ist im zweiten Buch der Könige ausgeführt: »Und Salomo fing an, das Haus des Herrn zu bauen in Jerusalem auf dem Berge Morija, wo der Herr seinem Vater David erschienen war, an der Stätte, die David auf der Tenne Araunas, des Jebusiters, zubereitet hatte.« (2 Chr 3,1) Die Tenne bezeichnet den Platz auf freiem Feld, auf dem das kreisförmig ausgebreitete Getreide im Kreis gehend mit Dreschflegeln gedroschen wird, die Körner aus ihm zu gewinnen.

20f. *um den Dreschboden … Hülse zu trennen]* Der Tempelberg als die »Tenne des Jebusiters« impliziert das Trennen /Unterscheiden von »Spreu und Weizen«, Wertlosem und Wertvollem – Suchbild für das Sich-Neu-Ausrichten auf die Mitte.

21f. *Nach Morgen … begann sie den Kreis]* Nach jüdischer Tradition werden die Himmelsrichtungen mit Tageszeiten angegeben. Der Gang beginnt im Osten (= Morgen) und führt über die Stationen Mitternacht (= Norden), Abend (= Westen) und Mittag (= Süden) zurück

zum Ausgangspunkt, um eine neue Runde zu starten. Die Linksläufig-
keit zeigt dabei eine Bewegung in Richtung des Unbewussten an, d.h.
mit jedem neuen Kreis nehmen Thomas und Tirza eine weitere Stufe
in die Tiefen der Psyche.

23 f. *Zwölfmal gingen wir … vier Seiten des Heiligtums]* Die Figur
des Kreises, dem ein Viereck eingeschrieben ist, entspricht dem Mandala (*sanskr.*: Kreis) – einem von einem Quadrat umgebenen Kreis
bzw. einem von einem Kreis umgebenen Quadrat. Die Kombination
gegensätzlich geometrischer Figuren erhebt das Mandala zum Symbol
kosmischer Ganzheit; es dient der meditativen Versenkung, der Konzentration auf die Mitte. Dieser Aspekt der Totalität ist zusätzlich in
der zwölfmaligen Umkreisung des Allerheiligsten betont. C.G.Jung
hat beobachtet, dass in den Träumen seiner Patienten runde Formen
bzw. Mandala-Figuren verstärkt vorkommen, wenn die äußere Le-
benssituation von Chaos geprägt ist. Der Archetyp der Ganzheit bzw.
die Betonung der Mitte im Mandala stellt eine Kompensation der äußeren »Unordnung« dar und vermittelt in seelischen Krisen Orientierung und Richtung (vgl. C.G.Jung: GW, Bd. 12, Kap II. 3 »Über
Mandala-Symbolik«).

206 4 ff. *mit dem Nazarener … drei Jahre lang]* Die dreijährige Jüngerschaft folgt der Chronologie des Johannesevangeliums, das aufgrund
der drei Jerusalembesuche anlässlich des Passahfests ein zwei- bis drei-
jähriges öffentliches Wirken Jesu voraussetzt.

35 *Ich wollt die Wahrheit hören]* Hinweis auf die in Joh 20,24-29
entfaltete Grundproblematik der Thomas-Figur: Während die übrigen Jünger den Auferstandenen leibhaftig sahen, soll Thomas ihrer
Botschaft: »Wir haben den Herrn gesehen« Glauben schenken; diesen
Glauben verweigert er, indem er einen Beweis fordert.

15 f. *in einen eigenen Glauben übersetzen müssen]* In der kirchlichen
Exegese repräsentiert Thomas das Problem des Glaubens in nachapo-
stolischer Zeit, wenn die Realität des Göttlichen nicht mehr unmittelbar, sondern nur noch durch das überlieferte Zeugnis erfahrbar ist.

20 f. *wilder Haufen von Dreijahreträumern]* Die dreijährige Jüngerschaft in nächster Nähe zum Meister allein bezeichnet noch keine
echte Nachfolge. Zum Problem des Erlangens von wahrer Erkenntnis
vgl. Andreas' und Tabeas' Jüngerschaft in 2. Generation in *Riverside*
(RS 60,8 ff.).

209 36 f. *anfangs hieß es … geraubt]* Die neutestamentliche Überlieferung
vermittelt die Auferstehung als Glaubensaussage und eben nicht als
objektives Faktum. Folglich sind die Erzählungen vom leeren Grab
und von den Erscheinungen Jesu *mythisch* strukturiert, wie z.B. die
Verkündung der Auferweckungsbotschaft durch einen Engel.

210 5 f. *ist ihrem arg geplagten schlechten Gewissen erschienen.]* Thomas
vertritt hinsichtlich der Auferstehung die Projektionsthese (vgl. CC
189,18 ff.); demnach ist das Erscheinen Jesu ein Wunschbild der Jünger, das ihre uneingestandene Schuld an seinem Tod kompensiert.

10 *Wie mir als Kind der Zwilling erschien]* Das Projizieren als das

Hinausverlegen psychischer Inhalte, das Thomas den Jüngern unterstellt (CC 210,5 ff.), hat er als Kind selbst an sich erfahren. Auch er ist von einer unbewussten Schuld getrieben, wie die folgende Kindheitsgeschichte erhellt.

12 *Mein toter Bruder, der erstgeboren starb]* Anspielung auf das archetypische Muster der von Gott beanspruchten Erstgeburt, wie es im Buch Exodus erscheint, wo Jahwe zu Mose spricht: »Heilige mir alle Erstgeburt bei den Israeliten, alles, was zuerst den Mutterschoß durchbricht bei Mensch und Vieh, das ist mein.« (Ex 13,2) Vgl. die Auszugserzählung: »Und zur Mitternacht schlug der Herr alle Erstgeburt in Ägyptenland vom ersten Sohn des Pharao an, der auf seinem Thron saß, bis zum ersten Sohn des Gefangenen im Gefängnis und alle Erstgeburt des Viehs.« (Ex 12,29) Jesus selbst wird im Neuen Testament als Erstgeborener bezeichnet: »Er ist der Anfang, der Erstgeborene von den Toten, damit er in allem der Erste sei« (Kol 1,18; vgl. Offb 1,5).

16 *Ich aber war nur Judas Thomas, war Didymos]* Das Bruderdrama erhellt die Psychologie des Judas Thomas, die von einem Schuldkomplex dominiert wird. Sein Existenzrecht besteht darin, den Toten lebenslang zu erinnern und seinen Namen im eigenen zu tragen.

13 *Ich sah ihn … mir verboten war]* Der Zwilling repräsentiert den Teil in Thomas' Persönlichkeit, den die Tiefenpsychologie als »Schatten« bezeichnet: Anteile und Fähigkeiten, die man sich selbst nicht zugesteht, die Seiten, die man an sich selbst verachtet. Nicht ins Leben einbezogen wirken sie unbewusst im Hintergrund weiter und werden unwillkürlich auf geeignete, gleichgeschlechtliche Personen in der Außenwelt projiziert (vgl. zur Definition des Schattens: E.F.Edinger: *Melville's Moby Dick*, S. 143.).

213 1f. *Garten unseres Nachbarn … vor einen Feigenbaum]* Anspielung auf die biblische Paradieserzählung (Gen 2-3); das Motiv des Feigenbaums knüpft die Episode zudem an die *Bekenntnisse* des Augustinus, dessen Bekehrung sich unter einem Feigenbaum in einem Mailänder Garten zutrug: »Und siehe, da hörte ich eine Stimme aus einem benachbarten Hause in singendem Tone sagen, ein Knabe oder ein Mädchen war es: ›Nimm und lies! Nimm und lies!‹ Ich entfärbte mich und sann nach, ob vielleicht Kinder in irgendeinem Spiele dergleichen Worte zu singen pflegen, konnte mich aber nicht erinnern, jemals davon gehört zu haben. Da drängte ich meine Tränen zurück, stand auf und legte die gehörten Worte nicht anders, als daß ein göttlicher Befehl mir die heilige Schrift zu öffnen heiße und daß ich das erste Kapitel, auf welches mein Auge fallen würde, lesen sollte. Denn ich hatte von Antonius gehört, daß er beim Vorlesen des Evangeliums in der Kirche, zu dem er zufällig gekommen war, das Wort, das da vorgelesen wurde, als eine Ermahnung auf sich bezog: ›Gehe hin und verkaufe alles, was du hast, und gib es den Armen, so wirst du einen Schatz im Himmel haben, und komm und folge mir nach.‹ Durch solche Gottesstimme sei er sogleich bekehrt worden. Und so kehrte ich

eiligst zu dem Orte zurück, wo Alypius saß und wo ich bei meinem
Weggehen die Schriften des Apostels Paulus zurückgelassen hatte.
Ich ergriff das Buch, öffnete es und las still für mich den Abschnitt,
der mir zuerst in die Augen fiel: ›Nicht in Fressen und Saufen, nicht
in Kammern und Unzucht, nicht in Hader und Neid, sondern ziehet
an den Herrn Jesum Christum und wartet des Leibes, doch also, daß
er nicht geil werde.‹ Ich las nicht weiter, es war wahrlich nicht nötig,
denn alsbald am Ende dieser Worte kam das Licht des Friedens über
mein Herz und die Nacht des Zweifels entfloh.« (O. F. Lachmann: *Die
Bekenntnisse des heiligen Augustinus*, 8. Buch, 12. Kapitel).

15 f. *Ich sah … sein Angesicht im Wasserspiegel.]* Die Szene ist inspiriert von einer Wandmalerei aus dem Freskenzyklus der antiken *Villa
dei Misteri* nahe Pompei. Jenes Fresko stellt eine Initiation in den Kult
des Dionysos dar, bei dem jemand dem Kandidaten von hinten einen
Totenschädel über die mit Wasser gefüllte Schale hält, in die er blicken
soll. Die Wasserspiegelmantik war in frühen Kulturen verbreitet; das
Spiegelbild wurde als selbständige, vom Betrachter abgelöste Erscheinung betrachtet, das den unbekannten Doppelgänger vor Augen stellt.

21 ff. *Als hätte der Besitzer … Garten grad betreten]* Das Stehlen
spielt auf das Essen der verbotenen Frucht vom Baum der Erkenntnis
an (Gen 3,6). Es ermöglicht das Erkennen von Gut und Böse und
produziert Schuld. Der »Besitzer des Gartens« erscheint, Adam zur
Rede zu stellen: »Und sie hörten Gott den Herrn, wie er im Garten
ging, als der Tag kühl geworden war. Und Adam versteckte sich mit
seiner Frau vor dem Angesicht Gottes des Herrn unter den Bäumen
im Garten. Und Gott der Herr rief Adam und sprach zu ihm: Wo bist
du?« (Gen 3,8-9) Auch Augustinus erzählt in seinen *Bekenntnissen*
von einem jugendlichen Diebstahl, der aus purer Lust an der Sünde
begangen wird.

28 *so, als gäbe er Befehl, der Bruder?]* Die Vorstellung des Verführt-
werdens zur Sünde liegt auch der bei Augustinus erzählten Geschichte
vom Birnenraub zugrunde. Der Schreiber reflektiert diesen Zusammenhang: »Was also hab ich denn an jenem Diebstahl geliebt? Worin
wollte ich – freilich auf die üble, zerrbildliche Weise der Sünde –
mich ähnlich machen meinem Herrn? War meine Lust, wenigstens
als heimlicher Betrüger gegen Dein Gesetz zu handeln, weil ich es
mit offener Gewalt ja nicht vermochte, – war es die Lust des Sklaven,
im straflosen Treiben des Verbotenen mir Freiheit, eine verkrüppel-
te Freiheit vorzuspielen, als ich nur das schattenschwarze Spottbild
von Allmächtigkeit war? Ja, das ist er, *der Sklave, der seinem Herrn
entläuft und einen Schatten greift*.« (A. Augustinus: *Bekenntnisse*,
übersetzt von J. Bernhart, S. 72)

214 15 f. *Sein Leichnam … der schlösse sicher aus]* Im christlichen Auferstehungsglauben gilt die Vorstellung von der Leibhaftigkeit der Auferstehung, wonach im ›gleichen Fleisch‹ auferstanden wird, in dem auch
gestorben und begraben wurde.

30 *Ich bin ihm fern]* Wenn der Lehrer und Meister nicht mehr auf

Erden wandelt, schwindet die Verbindung zum Zentrum, das er für den Schüler verkörpert. Dieses spirituelle Problem ist schon in *Riverside* angesprochen (RS 46,8 ff.) und wird im Bild des »Zeitenbrunnens« (RS 64,36) – der Idee eines direkten Zugangs zur Quelle –, einer Lösung zugeführt.

215 12 f. *daß er auferstanden wäre, das ist Beunruhigung]* Thomas sehnt sich im Geheimen danach, glauben zu können, vermag es aber nicht, weil er an seine rationale Einstellung gebunden ist, die ihm verbietet, etwas zu akzeptieren, das er nicht selbst erfahren hat. Beunruhigend ist die Vorstellung, gewohnte Überzeugungen aufgeben zu müssen.

21 f. *Warum sonst wärst du zusammengebrochen]* Anspielung auf Thomas' innere Zerrissenheit, die sich im Anschluss an das Gespräch mit dem Folterknecht als Ohnmacht und Fieberschub manifestierte (CC 199,5 ff.).

217 14 f. *hinab nach Jericho ... durch die Wüste]* Der Weg nach Jericho entspricht der Passstraße durch die Gebirgswüste des Wadi el-Kelt, die Jesus benutzte, als er von Jericho kommend nach Jerusalem zog. Es ist derselbe Weg, den Tirza bei ihrer Anreise aus Damaskus nahm, als sie bei Jericho den Jordan überquerte. Abseits jener Straße, der sog. Blutsteige, ist auch die Höhle des Diastasimos in *Riverside* angesiedelt (vgl. RS 17,3).

16 *auf der Suche nach Räubern]* Die Passstraße zwischen Jerusalem und Jericho war ein berüchtigtes, von Räuberbanden frequentiertes Gebiet, wie in der Erzählung vom *Barmherzigen Samariter* berichtet: »Es war ein Mensch, der ging von Jerusalem hinab nach Jericho und fiel unter die Räuber; die zogen ihn aus und schlugen ihn und machten sich davon und ließen ihn halbtot liegen.« (Lk 25,30)

218 16 *Der Kasten aber lag vom Fall wie zerbrochen]* Die Kiste (CC 218,5 f.) ist mit dem Herunterfallen vom Esel zum Kasten geworden (*mhd.*) »kaste«; (*ahd.*) »kasto« = Behälter, vermutlich eine Weiterbildung von (*germ.*) »kaza« = Gefäß. Das hebräische Wort für »Kasten« lautet »tebat«, es wird zur Bezeichnung der Arche Noachs (Gen 6,14) und des Korbs, in dem Mose auf dem Nil ausgesetzt wird (Ex 2,3-5), verwendet.

29 *ins Tuch gehüllt ... eines Menschen lag]* Es entspricht jüdischen Bestattungssitten, den Leichnam in ein Leinentuch einzubinden, das aus einem einzigen Stück Stoff gewebt ist.

219 8 f. *Der Aufrührer ... gekreuzigt wurde]* Noch einmal wird die im Matthäusevangelium (Mt 27,64) überlieferte Betrugshypothese der Hohenpriester exponiert – nun aus der Sicht der Römer, die Jesus als gefährlichen Messiasprätendenten hinrichteten.

10 *behaupten, er sei auferstanden]* Versteckter Hinweis auf den Umstand, dass die Auffindung des Leichnams eines gekreuzigten Mannes den politischen Interessen der jüdischen Autoritäten dient. Ihnen muss daran gelegen sein, den grassierenden Auferstehungsglauben der Jesus-Anhänger abzuwehren.

220 27 *Willst wahrhaft sehen?]* Auch Thomas, der den Jüngern unter-

stellt, ihr Glaube an die Auferstehung basiere auf Schuldgefühlen (CC 189,18ff.; 210,53ff.), projiziert. Gerade dann, wenn er glaubt, einen objektiven Sachverhalt festzustellen, äußert er lediglich Meinungen, die ungeprüft übernommen wurden.

221 10 *Die Wahrheit muß ich prüfen können]* Der Schlüsselsatz, der Thomas' empiristische Einstellung zur Welt charakterisiert. Die Wahrheit ist etwas, das durch die äußeren Sinne erfahren wird. Empirie und Analyse sind seine Leitwerte, während er die Phantasie und das Gefühl unbewusst abwertet.

13 *Dein Kommen muß es sein]* Tirza dreht das Verhältnis um: Nicht Thomas kann die Wahrheit prüfen – die Wahrheit wird vielmehr Thomas prüfen. Mit Freud gesprochen: das Ich ist nicht Herr im Haus, insofern es noch ein Größeres gibt, das stärker ist als das Ego.

14f. *Dein Sterben muß es sein]* Anspielung auf Goethes Gedicht *Selige Sehnsucht* aus dem *West-östlichen Divan* (1819): »Und so lang du das nicht hast / Dieses: Stirb und werde! / Bist du nur ein trüber Gast / Auf der dunklen Erde.« Vgl. die Worte aus dem Johannesevangelium, die im Hintergrund der Idee vom Sterben und Werden wirken: »Wenn das Weizenkorn nicht in die Erde fällt und erstirbt, bleibt es allein; wenn es aber erstirbt, bringt es viel Frucht. Wer sein Leben liebt, wird es verlieren; und wer sein Leben in dieser Welt haßt, wird es zum ewigen Leben bewahren« (Joh 12,24-25, ELB).

222 3f. *jener Leichnam … ist kein Vorbei]* Der Weg der Erkenntnis geht *durch* das Corpus, in dem der Materie-/Geist-Gegensatz repräsentiert ist. Thomas muss durch das »Corpus« (die Materie), um zum »Christus« zu gelangen. In Roths *Frankfurter Poetikvorlesungen* findet sich derselbe Gedanke weiter ausgeführt: »Das heißt, daß gerade zum Unfaßbaren, zum Zeitlosen – zum Tal der Schatten oder zu den Tiefen des Unbewußten – Passage nur über Vergänglich-Konkretes möglich ist. Nur über diese materielle Welt, jetzt und hier. Nur durch den Stoff, nur durch das Konkret-Körperliche, den Ort und sein ›Hier‹ und ›Hierher‹, kommt man ins Untere, die Unterwelt, das Untergegangen-Gestorbene, ewig Bereitliegende, Angelegte, Nicht-mehr-Stoffliche. ›Hier‹ müssen wir durch.« (P. Roth: *Ins Tal der Schatten*, S. 22)

223 13 *den Hof der Heiden]* Der äußere Vorhof des zweiten Jerusalemer Tempels, des sog. Herodianischen Tempels, wurde »Vorhof der Heiden« genannt, weil zu ihm auch Nichtjuden Zugang hatten. In diesem ringsum von Säulengalerien umgebenen Innenhof befand sich der Tempelbezirk mit weiteren Höfen und dem goldenen Tempelhaus im Zentrum. Zur Tempelanlage vgl. die Anm. zu (CC 204,10ff.).

13f. *will nach innen … Hof der Frauen]* Der Tempelwärter ist auf dem Weg zum etwas höher gelegenen inneren Tempelbezirk, der durch neun Tore zugänglich war. Der nächstinnere »Vorhof der Frauen« war vom Vorhof der Heiden durch eine vierzehnstufige Treppenanlage und eine festungsähnliche Mauer abgegrenzt.

15 *auf das Nikanor-Tor zu]* Das Nikanor-Tor bildet den Durchlass

zwischen den streng voneinander getrennten Vorhöfen der Frauen und Männer.

20 *Samuel ben Pharez]* Samuel / Shemuel aus (*hebr.*) »Shem« (= Name) und »el« (= Gott); die volksetymologische Bedeutung überliefert das *Buch Samuel*, das von Hanna erzählt: »Als die Tage um waren, gebar sie einen Sohn und nannte ihn Samuel; denn, so sprach sie: Ich hab ihn von dem Herrn erbeten« (1 Sam 1,20). »Ben« ist die hebräische Bezeichnung für »Sohn«; ben Pharez meint den Sohn des Pharez. »Pharez«, eine Variante von »Perez«, bedeutet »der Durchstoßer«, von (*hebr.*) »paraz« = durchstoßen, brechen, öffnen. »Perez« lautet im Alten Testament der Name des Sohnes von Juda und Tamar, der ein Zwilling war. Gen 38,28-30 schildert den Geburtskampf mit dem Bruder: »Und als sie [Tamar] gebar, tat sich eine Hand heraus. Da nahm die Wehmutter einen roten Faden und band ihn darum und sprach: Der ist zuerst herausgekommen. Als aber der seine Hand wieder hineinzog, kam sein Bruder heraus, und sie sprach: Warum hast du um deinetwillen solchen Riss gerissen? Und man nannte ihn Perez.«

22 *ist Vater Jakins]* Jakin von (*hebr.*) »Jachin« = Ich werde aufrichten; Jachin war der Name des Sohns des Simeon (Gen 46,10) und der Name eines Hohenpriesters, der einen Teil des Tempels geweiht hatte.

23 ff. *des Boas ... in Trotzgewalt]* Der Name Boas bedeutet »In ihm [Gott] ist Stärke«; Martin Buber übersetzt mit »in Trotzgewalt«. Im Alten Testament ist Boas der Name des judäischen Grundbesitzers, der die Witwe und Moabiterin Rut gemäß dem Leviratsgesetz »als ihr Goel« (= Löser, Erlöser) zur Frau nahm. Somit ist Boas der »Löser« der Rut; als solcher wird er Urgroßvater Davids (Rut 4) und Vorfahr Jesu (Mt 1,5).

33 f. *nach den zwei Säulen des alten Tempelhauses Salomons]* Der Tempelwächter benannte seine Söhne nach den beiden freistehenden, den Eingang zur Vorhalle flankierenden Säulen des salomonischen Tempels (vgl. 1 Kön 7,13-22): Jachin (rechte Säule) und Boas (linke Säule). Die erste, »Boas«, repräsentiert Stärke; die zweite, »Jachin«, festen Stand.

224 6 f. *eine große Zahl Gläubiger irregeführt]* Den historischen Beleg für die Berechtigung der Sorge der Juden hinsichtlich der neuartigen Lehren des Rabbi Jesus liefert das Matthäusevangelium, das von der Einrichtung eines Wachpostens für das Grab Jesu als Präventivmaßnahme berichtet (Mt 27,62-66).

14 f. *Da kommt von Mitternacht ... Tors der Finsternis]* Die Tageszeit Mitternacht steht nach jüdischer Tradition für die Himmelsrichtung Norden. In der Nordmauer der Tempelumfassung lag das »Tadi-Tor«, das »Tor der Finsternis«, durch das der Engel sich dem Träumer nähert. Die Forderung des Sohnesopfers stellt den Tempelwärter in eine Schicksalslinie mit Abraham, dem Gott auftrug, ihm seinen Sohn Isaak zum Opfer zu bringen (Gen 22).

20 f. *in Seinem Haus ... gefunden]* Waisenkinder gehören im Volksglauben Gott; auch das Recht Jahwes auf die Erstgeburt (Ex 13,2) klingt in der Forderung des Engels an.

431

30f. *Der Brandopferaltar davor]* Der große Brandopferaltar nahm die größte Fläche der südlichen Hälfte des Priestervorhofs ein. Der ca. fünf Meter hohe, dreifach gestufte Block aus unbehauenen Steinen wies einen Umfang von ca. 15 × 18 Metern auf und diente dem Verbrennen der geschlachteten Opfertiere.

32f. *seine Wurzeln wirr in den Himmel reckt]* Anspielung auf den »Sephiroth-Baum« der Kabbala, der Gott in Form von zehn, in Stamm und Ästen wohnenden Urpotenzen (Sephiroth) repräsentiert; er wurde auch als umgekehrt, von aus dem Himmel zur Erde wachsender Baum, gesehen. Die Vorstellung vom Baum als Sinnbild der Welt findet sich ebenfalls in der germanischen Weltesche »Yggdrasil«. Ihre Wurzeln reichen bis tief in die Erde, der Stamm befindet sich in der Menschenwelt, die Wipfel berühren den Himmel. Der Weltenbaum verbindet das Reich der Götter, die Sphäre der Menschen und die Welt der Toten miteinander. Das Traumbild von dem auf dem Kopf stehenden Baum spielt insbesondere auf den Traum des Nebukadnezar an, den Daniel interpretiert (Daniel 4,7-24).

225 8f. *verloren, was Abrahams Gehorsam Gott abgewonnen]* Abraham war bereit, Isaak zu opfern und wurde reich von Gott belohnt: »Weil du solches getan hast und hast deines einzigen Sohnes nicht verschont, will ich dein Geschlecht segnen und mehren wie die Sterne am Himmel und wie den Sand am Ufer des Meeres, und deine Nachkommen sollen die Tore ihrer Feinde besitzen; und durch dein Geschlecht sollen alle Völker auf Erden gesegnet werden, weil du meiner Stimme gehorcht hast.« (Gen 22,16-18)

12f. *vom Inneren des Tempelhauses ... klagende Stimme]* Das hier geschilderte Tempelinnere entspricht dem Bericht des Historikers und Zeitzeugen Flavius Josephus. Danach hatte das vordere Tor des Heiligtums als Sinnbild des offenen Himmels keine Türen. Die Vorderseite des Tempelhauses war vergoldet, auch das innere Tor war vergoldet, ebenso wie die es umgebende Wand. (vgl. F. Josephus: Der Jüdische Krieg, Bd. II/1, S. 139ff.)

17f. *den mächtigen babylonischen Vorhang]* Der Vorhang im Tempelhaus trennte die offene, höhere Vorhalle vom inneren Tempelraum. Josephus beschreibt den Vorhang als »babylonisches Gewebe, buntgewirkt aus violetter Wolle, weißem Linnen, scharlachroter und purpurner Wolle« (F. Josephus: *Der Jüdische Krieg*, Bd. II/1, S. 139).

21 *die Schranke zum Heiligen]* Das Innere des Tempelhauses gliederte sich in einen vorderen und einen hinteren Bereich. Der Priester betrat zunächst die »Priestervorhalle« und durch eine große Tür das »Heilige«, welches den siebenarmigen Leuchter, den Tisch mit den Schaubroten und den Räucheraltar enthielt. Dahinter lag der Bezirk des »Allerheiligsten« – ein quadratischer, vollkommen leerer Raum von 10 Metern Seitenlänge. Dieser Quader enthielt im ersten, salomonischen Tempel die Bundeslade.

23f. *die Stimme Gottes ... hinter dem Vorhang]* Die Stimme Gottes, die im Traum zu Samuel spricht, hat eine Referenz in der Erzählung von der Berufung Samuels. Samuel hörte als im Tempel unter dem Hohenpriester Eli dienender Knabe eine Stimme im Schlaf, die ihn beim Namen rief. Nach viermaligem Gerufenwerden erkannte er endlich Gott, der sich ihm offenbarte (1 Sam 3).

25 f. *heiligen Vorhangs ... nächtlichen Himmels gewoben]* Der Tempelvorhang, in den die vier Elemente Feuer, Wasser, Luft und Erde eingewebt waren, bildete den Kosmos ab, wie Josephus erläutert: »Denn mit dem Scharlachrot schien das Feuer auf verdeckte Weise angezeigt, mit dem weißen Linnen die Erde, mit dem Violett die Luft, mit dem Purpur das Meer. Dabei war in zwei Fällen der Vergleich auf Grund der Farbe, beim weißen Linnen aber und beim Purpur auf Grund der Herkunft angestellt; denn jenes liefert die Erde, dieser [Purpur, aus der marinen Purpurschnecke gewonnen] stammt aus dem Meer. Auf das Gewebe war das ganze sichtbare Himmelsgewölbe [...] aufgestickt« (F. Josephus: *Der Jüdische Krieg*, Bd. II/1, S. 140f.).

30 *als der Vorhang entzweireißt]* Der Vorhang stand als Symbol für die Trennung zwischen Gott und den Menschen. Er zerriss, als Jesus am Kreuz starb. »Und der Vorhang im Tempel zerriss in zwei Stücke von oben an bis unten aus« (Mk 15,38). Die Vorstellung, dass Jesu Tod den Zugang zum Allerheiligsten eröffnet, greift der *Hebräerbrief* (Hebr 6,19; 9,3; 10,20) auf, wo Christus als wahrer Hohepriester und Vorläufer der Gemeinde den Weg zum Allerheiligsten bahnt.

33 f. *zum Felsengrab niedergerissen]* Nach dem Zeugnis mehrerer spätantiker Autoren wurde im Jahr 325, nach dem Besuch von Helena, Mutter des Kaisers Konstantin, das Grab Jesu unter einem römischen Tempel der Venus aus dem 2. Jahrhundert aufgefunden. Die Anlage war beim Bau der »Aelia Capitolina« errichtet worden, der römischen Kolonie auf dem Gelände der ehemaligen Stadt Jerusalem nach deren Zerstörung 70 n. Chr. Die Wiederentdeckung des Todes- und Auferstehungsortes Jesu führte zu einer Verbreitung von Kreuzreliquien und einem Wiederaufleben der Verehrung des Grabes, die man mit dem Bau des römischen Tempels unterbinden wollte. »Als sich aber statt des beseitigten Fußbodens ein anderer in der Tiefe der Erde zeigte, da zeigte sich auch gegen aller Erwarten das hehre und hochheilige Denkmal der Auferstehung des Heilandes, und der heiligsten Höhle sollte da ein ähnliches Wiederaufleben beschieden sein wie dem Erlöser selber: nachdem sie lange Zeit im Dunkel verborgen gewesen war, kam sie wiederum ans Licht und gab denen, die sie zu sehen herbeigekommen waren, deutliche Kunde von den daselbst geschehenen Wundern; denn sie bezeugte die Auferstehung des Erlösers durch Tatsachen, die lauter sprachen als jeder Mund« (Eusebius von Cäsarea: Vier Bücher über das Leben des Kaisers Konstantin, Buch III, S. 28).

226 3 f. *Rücken des heiligen ... blutbespieenes Leichentuch]* Durch den Riss im Vorhang erblickt Samuel die Rückseite von Gottes Schöpfung, die sich ihm als vernichtende, grausam-blutfordernde Seite der Natur darstellt. Der Vergleich mit dem Leichentuch spielt auf das blutbefleckte Grabtuch Jesu an.

17 f. *Kein Stein bleibt hier auf dem anderen]* Die Prophezeiung vom Ende des Tempels ist in allen vier Evangelien überliefert: »Und als er aus dem Tempel ging, sprach zu ihm einer seiner Jünger: Meister, siehe, was für Steine und was für Bauten! Und Jesus sprach zu ihm: Siehst du diese großen Bauten? Nicht ein Stein wird auf dem anderen bleiben, der nicht zerbrochen werde.« (Mk 13,1-3)

227 14 f. *sein Anfang sei ihm im Sinn dieses Endes erschlossen]* Dem aristotelischen Gedanken, dass sich am Ende eines Lebens das ihm von Beginn an zugrundeliegende verborgene Muster erschließen lässt, hat u. a. Ralph Waldo Emerson Ausdruck verliehen: »Die Befindlichkeit eines jeden Menschen ist eine verschlüsselte Antwort auf jene Fragen, denen er nachzuspüren vermag. Er lebt diese Antwort, bevor er sie als Wahrheit begreift« (R. W. Emerson: *Die Natur*, S. 85).

15 f. *fragte sie, ob einer nicht fehle]* In der Sterbeszene verbinden sich zwei Platon-Reminiszenzen. Neben dem Anfang des *Timaios*, den Worten des Sokrates: »Eins, zwei, drei … aber wo ist der Vierte, lieber Timäos?« ist die Erzählung vom Tod des Sokrates aus dem *Phaidon* in die Episode eingeflossen: »Darauf winkte denn Kriton dem Knaben, der ihm zunächst stand, und der Knabe ging heraus, und nachdem er eine Weile weggeblieben, kam er und führte den herein, der ihm den Trank reichen sollte, welchen er schon zubereitet im Becher brachte.« (*Phaidon* 117a)

20 *sein Spiegelbild … darin erblickend]* Der Blick in die giftgefüllte Schale hat ein Pendant im Blick in die Wasserschale unterm Feigenbaum (CC 213,15 ff.). Wie das Kind Thomas erblickt Boas im Spiegel den Anderen, den dunklen, fremdvertrauten Zwilling und Schatten.

22 f. *den Körper des Boas geißeln und kreuzigen]* Die Zurichtung der Leiche folgt der Hinrichtung Jesu: Geißelung, Kreuzigung, Durchstoßung der Seite, Einbindung ins Grabtuch.

27 f. *Man legte ihn … Hände und Füße]* Im jüdischen Bestattungsritus wurde das Kinn des Verstorbenen hochgebunden, bevor man den Kopf umwickelte. Die Arme wurden seitlich an den Körper gelegt, die Füße an den Gelenken zusammengebunden, so wurde der Körper ins Leichentuch gewickelt.

228 15 f. *von der Küste her … in Jerusalem angekommen]* Laut Bericht der Evangelien war der Rüsttag, der Tag vor Sabbat, der Tag der Kreuzigung Jesu, der heutige Karfreitag. Wie die Reisenden kam auch Tirza am Rüsttag in die Stadt (CC 192,32 ff.) – allerdings vom östlich gelegenen Syrien her, aus der entgegengesetzten Richtung.

17 *vorbeigegangen seien, wo jener gehangen habe]* Nach Matthäus und Markus (Mt 27,39; Mk 15,29) war das außerhalb der Stadtmauern gelegene Golgota ein Ort, den viele Menschen auf ihrem Weg in die Stadt passierten; Golgota lag in der Nähe des Gennattors in der Nordwestecke Jerusalems.

229 22 *Er wolle die Helden retten]* Die Figur des Römers, der die Hingabe der Juden für ihre Religion achtet, hat eine Parallele im römischen

Hauptmann aus *Riverside*, der Jesus umarmt (RS 61,36ff.). Biblische Vorlagen dieses Typs sind der Hauptmann von Kapernaum, der Jesus um Hilfe für seinen kranken Diener bittet (Mt 8,5-13) und der Hauptmann von Cäsarea, der als erster römischer Heidenchrist gilt (Apg 10,1-8).

35-36 *sah den Daumen der Hand ... zur Mitte des Handtellers]* Unter den wenigen visuellen Eindrücken der Zurichtung des Leichnams findet ein anatomisches Detail hinsichtlich der Hand Erwähnung, das aus der Praxis des Kreuzigens herrührt. Der durch das Handnervenbündel im Handgelenk getriebene Eisennagel bewirkt, dass der Daumen nach innen in den Handteller fällt. Das Verfahren der Nagelung der Handgelenke bestätigt das Turiner Grabtuch, das typische, oberhalb der Handwurzel befindliche Blutflecke aufweist, die von Nägelwunden herrühren. Auf fotomechanische Reproduktionen des Grabtuchs sind bei den übereinandergekreuzten Händen je vier Finger zu erkennen; die Daumen sind nicht sichtbar, da diese innen unterhalb der Handfläche liegen.

230 18ff. *Ihr Glaube ließ ihn handeln ... dein Rabbi handelte]* Boas und Jesus werden wie Brüder beschrieben, die einander im Opfer verbunden sind: Boas opfert sich für den Erhalt des Alten Bundes, Jesus für die Sünden der Menschheit, was ihn zum Mittler des Neuen Bundes macht. Vgl. Hebr 9,12-15: »Er [Christus] ist auch nicht durch das Blut von Böcken oder Kälbern, sondern durch sein eigenes Blut ein für allemal in das Heiligtum eingegangen und hat eine ewige Erhöhung erworben. [...] Und darum ist er auch der Mittler des neuen Bundes, damit durch seinen Tod, der geschehen ist zur Erlösung von den Übertretungen unter dem ersten Bund, die Berufenen das verheißene ewige Erbe empfangen.«

21 *dich warten macht ... fiebrig hinfällst]* Anspielung auf das tagelange Warten vor der Kaserne; der Zusammenbruch wurde durch die Nachricht herbeigeführt, dass der Leichnam gefunden war (CC 197,1ff.), Jesus mithin nicht auferstanden sein konnte.

231 25 *daß unser Weg ein Zirkel ist]* Das Rundgehen (Circumambulatio) im gemeinsamen Dialog ist Sinnbild für den Prozess der Gegensatzvereinigung, im Umrunden des Tempelheiligtums als dem inneren Zentrum ordnet sich das Gewirr der widersprüchlichen, uneinheitlichen, abbrechenden Wege zu einem Ganzen, bei dem mit jeder neuen Runde stärker Richtung gebildet wird.

232 15 *Wir lagen zu Tisch im Innern eines Hauses]* Die Szene entspricht den Ereignissen beim Letzten Mahl:»Und am Abend kam er [Jesus] mit den Zwölfen. Und als sie bei Tisch waren und aßen, sprach Jesus: Wahrlich, ich sage euch: Einer unter euch, der mit mir ißt, wird mich verraten. Und sie wurden traurig und fragten ihn, einer nach dem andern: Bin ich's? Er aber sprach zu ihnen: Einer von den Zwölfen, der mit mir seinen Bissen in die Schüssel taucht.« (Mk 14,17-20)

28f. *als hätte man uns die Rücken gebrochen]* Das Bewusstwerden der inneren Bereitschaft zum Verrat wird als unheimlich-numinoses

Erlebnis empfunden. Das Bild vom gebrochenen Rückgrat bezeichnet den Verlust des Ich-Willens.

35 f. *Dieses Chaos ... etwas von Anfang]* Das Ereignis des Verrats wird auf das Urchaos (»tohu wa bohu«) bzw. den Uranfang bezogen, aus dem Gott die Welt hervorgehen ließ: »Im Anfang schuf Gott Himmel und Erde; die Erde aber war wüst und wirr, Finsternis lag über der Urflut, und Gottes Geist schwebte über dem Wasser.« (Gen 1, 1-3) In der Übersetzung von Buber/Rosenzweig lautet der Vers: »Die Erde war Irrsal und Wirrsal.« Das schöpferisch Neue, Schöpfung jeder Art, geht aus immer einem Zustand des Chaos hervor.

233 6 *Hier bist du unsicher ... ohne Meinung]* Vgl. die Lehre des Diastasimos und hinter ihr des Thomasevangeliums: »Erst muß verwirrt sein, verworren sich im Altgelernten nicht mehr kennen, der etwas finden will.« (RS 49,31 ff.).

12 *Dann preise dir die Machtlosigkeit]* Schlüsselsatz der Lehre Tirzas. Er impliziert die willig hingenommene »Niederlage des Ich« (C.G. Jung), den Zusammenbruch bisheriger Überzeugungen, Meinungen, Einstellungen als der eigentlichen Voraussetzung neuer Erkenntnis.

34 f. *wie schon beim Zwilling ... und starb]* Anspielung auf die Legende vom getöteten Zwillingsbruder Judas, der durch die Nabelschnur gestorben sein soll (CC 210,15 ff.).

234 15 f. *Wer die Hand ... die Schale taucht]* Das Wort »Schale« stellt die Verbindung zur kindlichen Phantasie des Spiels mit dem Zwilling her, dessen unbekanntes Gesicht erstmals im Wasserspiegel einer Schale unterm Feigenbaum erschien (CC 210,13 ff.).

26 f. *der andere Judas, der Mann aus Kerioth]* Die Verratsszene lehnt sich an das Johannesevangelium an, in dem Jesus das Geschehen lenkt: »Und er nahm den Bissen, tauchte ihn ein und gab ihn Judas, dem Sohn des Simon Iskariot. Und als er den Bissen nahm, fuhr der Satan in ihn. Da sprach Jesus zu ihm: »Was du tun willst, das tue bald!« (Joh 13,26-27 EÜ)

29 f. *das vergrabene Wort ... mit dem Bissen gegessen hatte wie heilige Schrift.]* Das Bild vom Essen der heiligen Schrift spielt auf das Buch Ezechiel an, in dem Gott befiehlt: »Menschensohn, iß, was du vor dir hast. Iß diese Rolle! Dann geh, und rede zum Haus Israel! Ich öffnete meinen Mund, und er ließ mich die Rolle essen. Er sagt zu mir: Menschensohn, gib deinem Bauch zu essen, fülle dein Inneres mit dieser Rolle, die ich dir gebe. Ich aß sie, und sie wurde in meinem Mund süß wie Honig.« (Ez 3,1-3)

235 17 *dein Versprechen, mit ihm zu sterben]* Anspielung auf das Gelübde, Jesus nachsterben zu wollen (CC 183,25; 214,22). Es ist an die Bedingung geknüpft, den Leichnam Jesu noch einmal sehen und berühren zu können.

236 6 f. *ein Gemachtes bist ... Das sterben muß]* Wiederaufnahme des Diskurses der Wandlung und Erneuerung (CC 221,14 ff.).

8 f. *Den Rückfall fürchtest du]* Der Verlust der Kontrolle und Orientierung wird gefürchtet, das »Chaos«, das eintritt, wenn bisherige

Überzeugungen und Einstellungen aufgegeben werden müssen (vgl. CC 235,21).

18 f. *Was du ... jene Machtlosigkeit]* »Machtlosigkeit« ist in dieser Passage im Gegensatz zu (CC 233,12) »Dann preise dir die Machtlosigkeit«) negativ konnotiert, wie die Umschreibungen nahe legen: »ziellos, dumpf und unbewußt durchs Leben kriechend« (236,21 f.) impliziert das Ausweichen vor der Individuation.

34 *auf das Dritte zu, das Eine]* In Tirzas Lehre von den Gegensätzen erwächst aus dem Ertragen des Konflikts das vermittelnde »Dritte«, ein übergeordnetes Prinzip.

237 5 *War wieder Kind]* Das Kindsein findet sich in einer Reihe von Jesusworten als hilfreiche Einstellung empfohlen: »Amen, das sage ich euch: Wenn ihr nicht umkehrt und wie die Kinder werdet, könnt ihr nicht in das Himmelreich kommen.« (Mt 18,3 EÜ; Mk 10,14-16).

10 f. *Der Mond, der ... zweiten Tag seiner Neuung]* Die Zeitangabe nach dem Stand des Mondes entspricht dem Jüdischen Kalender, der an den Mondphasen ausgerichtet ist. Das Wort »Neuung« ist der Buber/Rosenzweig-Bibelübersetzung entlehnt. Der Neumondtag markiert den Beginn eines neuen Wachstums- und Reifungszyklus und galt als günstiger Termin für Vermählungen.

12 *zogen wir im Jordangraben mittagwärts]* Die Reiseroute verlief entlang des Jordans vom nordöstlich gelegenen Damaskus in Richtung Süden.

238 16 f. *Am dritten Tag ... Mondneuung]* Vgl. (CC, 237,10 f.).

18 f. *Die Steige hinauf durchs Wüstengebirge]* Zur Lage der Passstraße vgl. Anm. zu (CC 217,14-15).

239 1 *Sie war aber schneller als ich]* Anspielung auf den Wettlauf von Petrus und Johannes zum Grab am Ostermorgen: »Es liefen aber die zwei miteinander und der andere Jünger lief voraus, schneller als Petrus, und kam zuerst zum Grab, und schaut hinein und sieht die Leinentücher liegen; er ging aber nicht hinein. Da kam Simon Petrus ihm nach und ging in das Grab hinein und sieht die Leinentücher liegen« (Joh 20,4-6).

4 f. *Da sah ich einen Baum ... die schliefen]* Im Lukasevangelium steigt der Zollpächter Zachäus in den Baum, um Jesus bei seinem Zug durch Jericho zu sehen: »Und er lief voraus und stieg auf einen Maulbeerbaum, um ihn zu sehen; denn dort sollte er durchkommen. Und als Jesus an die Stelle kam, sah er auf und sprach zu ihm: Zachäus, steig eilend herunter; denn ich muß heute in deinem Haus einkehren. Und er stieg eilend herunter und nahm ihn auf mit Freuden.« (Lk 19,4-6) Das Motiv der unterm Baum schlafenden Jünger verbindet die Szene mit der Parabel von den »klugen und törichten Jungfrauen«, die schlafen, als der Bräutigam erscheint (Mt 25,5) und mit den Ereignissen in Gethsemani, als Jesus mit seinem Schicksal ringt, während die Jünger schlafen (Mk 14,32-42).

5 *Zog meine Sandalen aus]* Das Motiv des Abstreifens der Sandalen deutet auf das Betreten heiligen Bodens. Vgl. dazu die Begegnung mit

Gott im Dornbusch: »Als aber der Herr sah, daß er hinging, um zu sehen, rief Gott ihn an aus dem Busch und sprach: Mose, Mose! Er antwortete: Hier bin ich. Gott sprach: Tritt nicht herzu, zieh deine Schuhe von deinen Füßen; denn der Ort, darauf du stehst, ist heiliges Land!« (Ex 3,3-4).

15 *ein Schleifen und raschelndes Zischeln]* Anspielung auf das sog. Baum-Numen, das in Mythen und Sagen vorkommt. Auch die Schlange im Paradiesgarten bewohnt einen Baum (Gen 3,1). Den Gnostikern zufolge ist sie es, die dem Menschen Wissen und Bewusstsein bringt.

29 *da stieß ... der Wind die Seite auf]* Das Bild der aufgestoßenen Seite erinnert an den Lanzenstich des Hauptmanns in die Seite zwischen die Rippen, auf den hin »Blut und Wasser herauslief« (Joh 19,34). Der Wind, der eine der Erscheinungsformen Gottes ist, eröffnet im rechten Augenblick Sicht auf Jesus und stellt eine Blickachse her.

240 18f. *Ich sah sein Auge kommen]* Die Begegnung mit Jesus als numinose Erfahrung im Medium des Blicks, der einen Moment des Erkennens und Erkanntseins darstellt, erinnert an die bekannte Stelle bei Paulus. Dort wird jener Moment auf die Zeit nach Christi Wiederkunft projiziert. »Wir sehen jetzt durch einen Spiegel in einem dunkeln Wort; dann aber von Angesicht zu Angesicht. Jetzt erkenne ich stückweise; dann aber werde ich erkennen, gleichwie ich erkannt bin« (1 Kor 13,12).

28f. *durch das Abgeschnittensein ... mit ungeheurer Gewalt]* Der »abgeschnittene« Blick ist überwältigend, weil er in der Randzone des Unbestimmten bleibt. Folglich ergänzt sich das Subjekt das Fehlende aus dem Eigenen. Die Intensität rührt daher, dass der Aufnehmende den Vorgang des Sehens und Gesehenwerdens aktiv (mit Bewusstsein) miterfasst und schließlich ergänzt, ganz macht.

241 21 *als wenn du deinen Bruder sähst]* Verweis auf das innere Bild vom unbekannten Zwilling, dessen Gesichtszüge unerwartet im Spiegel der Wasserschale erscheinen (CC 213,13ff.).

242 34 *Du ... hast mich geweckt?]* Thomas entdeckt sich in Tirzas Erzählung enthalten. Ein Moment der Rahmenüberschreitung, der an das Motiv vom Betrachter erinnert, der sich im Bild anwesend erkennt.

243 22 *Nicht untreu war ich, sondern treu.]* Gemeint ist ein Die-Treue-Halten und Loyal-Sein hinsichtlich einer inneren Erfahrung, wie es die griechische Bedeutung von »pistis« (Treue, Treusein, Glaube) impliziert. Wer heute von Glauben spricht, meint zu oft »blinden Glauben«, der sich auf keine Erfahrung stützt. Treu will Tirza in Bezug auf ihr Erkanntsein durch Jesus sein, das sie als inneren Auftrag empfindet.

25 *als du mich an der Hand nahmst]* Parallelisierung der Begegnungen Tirza-Jesus und Thomas-Tirza (CC 202,35ff.), die gleichermaßen von einem Erkanntsein geprägt sind, das nach außen hin Züge des Verliebtseins trägt.

32f. *Das Fragen ... beide aus einem]* (griech.) erōtaō = ich frage, befrage und (griech.) erōs = Liebe, Begehren, heftiges Verlangen weisen eine für

Roth signifikante Klangähnlichkeit auf. Semantisch gesehen setzt das »Fragen« wie auch das »Lieben« Beziehung und Bezogenheit voraus.

244 20 f. *Kennst du das ... endlich erwacht]* Das Motiv des Im-Traum-Erwachens verbindet Tirzas Traum am Fluss mit Thomas' Traum im Stall (CC 200, 16).

36 *da plötzlich teilte sichs]* Teilung oder (*lat.*) Separatio ist ein archetypisches Prinzip der Schöpfung und Sinnbild für den Prozess der Neuwerdung. Kosmogonische Mythen schildern die Entstehung von Welt als Teilung einer ungeformten Masse, so z.B. die Genesis: »Und Gott sah, dass das Licht gut war. Da schied Gott das Licht von der Finsternis und nannte das Licht Tag und die Finsternis Nacht. Da ward aus Abend und Morgen der erste Tag. / Und Gott sprach: Es werde eine Feste zwischen den Wassern. Da machte Gott die Feste und schied das Wasser unter der Feste von dem Wasser über der Feste.« (Gen 1,4-6). Die *Metamorphosen* des Ovid lassen auf die Teilung die Vereinigung (Coniunctio) als nächsten Schritt folgen: »[...] ein Gott, eine beßre Kraft der Natur schied Himmel und Erde und Erde und / Wasser, / Und er trennte den heiteren Himmel vom dickeren Luftdunst. / Als er nun alles entwirrt, aus der finsteren Masse entnommen, / Band er das örtlich Getrennte zusammen in friedlicher / Eintracht« (1,21 ff.).

245 4 *floß ein in meinen Krug ... wie festgemauert]* Der in der Erde verankerte, mit Händen nicht zu bewegende Krug kommt auch zu Beginn von Thomas' Traum vor (CC 200,25), der die Begegnung mit Tirza einleitet. Das Bild vom eingemauerten Krug ist eine Reminiszenz an Schillers *Lied von der Glocke* (1799). Das darin geschilderte »Opus« des Glockengießens, ein Gleichnis für den schöpferischen Prozess, wird mit folgenden Versen eröffnet: »Fest gemauert in der Erden / Steht die Form, aus Lehm gebrannt / Heute muß die Glocke werden.«

16 f. *war noch Welt ... schwarzes Schachtgestein]* Die Serie von Brüchen, die immer tiefer in die Erde führen, kommt einem Abstieg in die mythische Unterwelt gleich. Die Vorstellung von einer unterirdischen Stadt erinnert an die phantastische Welt der *Carceri* (1745-50) des Giovanni Battista Piranesi, der in 16 Architekturphantasien eine unheimliche Bilderwelt aus Verliesen schuf.

246 3 *Hier lag das Viereck einer Stadt]* Die als Quadrat angelegte mythische Stadt auf dem Grund der Welt hat ihr Vorbild im »Neuen Jerusalem« der *Offenbarung*: »Und die Stadt ist viereckig angelegt, und ihre Länge ist so groß wie die Breite. Und er maß die Stadt mit dem Rohr: zwölftausend Stadien. Die Länge und die Breite und die Höhe der Stadt sind gleich. Und er maß ihre Mauer: hundertvierundvierzig Ellen nach Menschenmaß, das der Engel gebrauchte. Und ihr Mauerwerk war aus Jaspis und die Stadt aus reinem Gold, gleich reinem Glas.« (Offb 21,16-18)

7 f. *daß mir die Stadt ... Grab aller Zerrissenen]* Wie im Traum des Samuel ben Pharez (CC 224,11-226,4) ist der Tempel mit dem Grab

439

assoziiert (CC 226,15). Die Stadt am Grund der Welt erscheint als Einheit von Ur-Gegensätzen: Das Schwarze und das Goldene sind ebenso verbunden wie der Anfang und das Ende.

18f. *in der Gruft einen Kasten ... ein Licht verschlossen]* Rückverweis auf das von römischen Soldaten bewachte Grab (CC 185,20ff.); der auf den Stufen eingeschlafene Wachposten erblickte beim Erwachen ein Licht in einem Kasten (CC 186,14ff.).

24f. *Was ist in unsere Stadt verschlossen ... der Tempel.]* Anspielung auf den Archetyp des Quadrats bzw. Quaders. Im Tempel zu Jerusalem, dem heiligen Zentrum der Stadt, befindet sich ein innerer Bezirk, in dem das sog. Allerheiligste aufbewahrt wurde. Im Zentrum des Allerheiligsten befand sich ein einfacher rechteckiger Stein – Zeichen für die verlorene Bundeslade, die einst die Steintafeln mit den zehn Geboten barg. Der Stein weist die (Kasten-)Maße 130×80×80 cm auf. Die Lutherbibel von 1912 gibt die Angabe in Ellen, die zahlensymbolisch Sinn ergibt. »Macht eine Lade aus Akazienholz; dritthalb Ellen soll die Länge sein, anderthalb Ellen die Breite und anderthalb Ellen die Höhe« (Ex 25,10).

247 29 *Wie auch ihm damals, dem Bräutigam]* Die Sequenz wird in Parallele zu Thomas' Erzählung vom Zwilling (CC 213,10) mit einer Erinnerung eingeleitet.

36 *Nur einen kleinen Stein]* Der geschenkte, im Schlaf verlorene, eingesammelte ihr kostbare Stein spielt auf den »lapis philosophorum« der Alchemisten an. Dieses als »Stein der Weisen« bezeichnete unscheinbare Relikt ist ein traditionelles Bild für den höchsten Wert.

248 13f. *durch Stimmen ... anderen Seite des Hügels her]* Die heimliche Zeugenschaft des Gesprächs zwischen Jesus und dem Teufel trägt die Züge einer Initiation. Die äußere Situation der geschiedenen Nähe hat eine Parallele zur Anagnorisis-Szene in *Riverside*, wenn Diastasimos aus sicherer Distanz, doch innerlich stark beteiligt zum Zeugen der Begegnung zwischen dem römischen Hauptmann und Jesus wird (RS 70,11ff.).

18 *Es waren aber zwei]* Eine Vorlage zur Konstellation der gegensätzlichen Gottessöhne und zum Motiv der Wette bildet die Hiob-Erzählung (Ijob 1,6). Im Hintergrund der Geschichte des von Gott missachteten Sohns, der auf Rache sinnt, liegt außerdem John Miltons Versepos *Paradise Lost* (1667) über das Drama des Sündenfalls. Weil Gottvater den Menschen vorzieht, schmiedet sein gefallener Sohn ein Komplott und verführt in Gestalt einer Schlange Eva, von der verbotenen Frucht zu essen. Der Topos der Begegnung von Jesus und Satan ist ausgestaltet in der Erzählung vom 40tägigen Aufenthalt Jesu in der Wüste: »Und da er vierzig Tage und vierzig Nächte gefastet hatte, hungerte ihn. Und der Versucher trat zu ihm und sprach: Bist du Gottes Sohn, so sprich, daß diese Steine Brot werden.« (Mt 4,1-11)

30 *hat sie nicht Körper]* Satan argumentiert als Materialist, der Jesus als Repräsentant des spirituellen Prinzips ins konkrete Leben zu ziehen

und zur sinnlichen Liebe zu verführen sucht. Als Herr des weltlichen Prinzips vertritt er die Physis wie schon seine Parallelfigur der Folterknecht, der die Wahrheit allein im Körper sucht (vgl. CC 193,28 ff.). Entsprechend konfrontiert er Jesus mit dem christlichen Gebot der Nächstenliebe (Mk 12,31), das er in einem sinnlich-konkreten Aspekt einfordert.

249 16 f. *Und mich, sein Auge … schweifen ließ]* Zu der fiktiven Legende vom Satan als dem Auge Gottes, das in dessen Auftrag die Welt durchstreift, gibt es Spuren im Alten Testament und im ägyptischen Schöpfungsmythos. Im ägyptischen Mythos findet sich die Vorstellung vom Auge des Hohen Gottes, das in urzeitliche Gewässer ausgesendet wird, um das götterzeugende Paar Shu und Tefnut zum Vater zurückzubringen. Das autonome Auge des Sonnengotts konnte theoretisch von jeder anderen Gottheit übernommen werden. Im Alten Testament kommt das ausgesandte Auge bei Sacharja vor, der von »sieben Augen des Herrn« spricht, die über die ganze Erde schweifen (Sach 4,10). Im Prolog des Buches Ijob erwidert Satan auf die Frage, woher er käme: »Ich habe die Erde hin und her durchzogen« (Ijob 1,7).

22 f. *Ein Menschenauge … im Licht]* Im ägyptischen Mythos entdeckt das ausgesandte Auge bei seiner Rückkehr, dass es durch ein anderes Auge ersetzt wurde. In dieser willentlichen oder unwillentlichen Verstoßung liegt das Motiv Satans für die Rebellion gegen Gott und die Feindschaft zum Menschen.

30 *schlag es tot … finden kann]* Das Auge, das seinen angestammten Platz verliert, wird feindlich und kann nicht mehr befriedet werden. Im ägyptischen Mythos verwandelt es der Hohe Gott in eine sich aufbäumende Kobra, die er zur Abwehr seiner Feinde über der Stirn trägt. In Gestalt der »Uräusschlange« dient das Sonnenauge fortan als Schutzsymbol der Pharaonen. Satan hingegen entwickelt sich zum autonomen Widersacher Gottes und seines Schützlings, des Menschen.

250 9 *Wie diese Frau]* Tirza wird zum Gegenstand einer Wette; vgl. Ijob 2,6: »Der Herr sprach zu dem Satan: Siehe da, er sei in deiner Hand, doch schone sein Leben!« Die Hiobswette wird in Goethes *Faust* prominent im »Prolog im Himmel« aufgegriffen, wenn Gott sich auf eine Wette mit Mephisto einlässt, der Faust verführen will, vom rechten Weg abzuweichen. In der eigentlichen »Teufelswette« (Vers 1675-1705) zwischen Faust und Mephisto erklärt sich Faust einverstanden, dem Teufel seine Seele zu überantworten, falls es diesem gelinge, ihm Erfüllung und Lebensglück zu verschaffen.

11 f. *das meine einschrieb … in Stücke riß]* Der Satan gibt sich als Verursacher der großen Entzweiung zu erkennen, die sich in Tirzas Separatio-Traum (CC 245,1 ff.) ankündigt.

24 *Vermehren soll sie]* Jesus nimmt die Wette an, legt sie aber symbolisch aus.

27 f. *Ich will verwandeln … was du täuschst]* Anspielung auf das Werk des Diabolos (*griech.*) = »Durcheinanderwerfer«, der verdreht und verwirrt.

36 f. *Machtlos war ich ... Schale des Hügels getaucht]* Die Verbindung zu Thomas' Erfahrung der Machtlosigkeit, die ihn im Anblick
des Zwillings im Wasserspiegel der Schale (CC 213,14 ff.) überkam,
wird ausdrücklich hergestellt. Thomas und Tirza teilen die essenzielle
Erfahrung, schicksalhaft durchkreuzt worden zu sein.

252 28 f. *wie der Folterer ... nicht sehen wollte]* Die Wahrheit in Tirzas
Sinne ist ein Mysterium, das Unberufene wie der römische Folterknecht (vgl. CC 192,28 ff.) nicht verstehen können.

253 7 f. *Ich muß sie deshalb wenden ... du fast siehst]* Anspielung auf
das Erlebnis im Baum, die erste Begegnung mit Jesus (CC 240,17 ff.;
240,24 ff.).

12 f. *am dritten Tag ... morgenwärts querte]* Am dritten Tag nach
Neumond und einen Tag nach der Begegnung mit Jesus trifft Tirza
mit dem Bräutigam zusammen, der sich von Westen (Jerusalem) nähert und den Jordan in östlicher Richtung überquert. Am Ostufer des
Jordan spielen die folgenden Ereignisse.

20 *Und den Stein]* Das Symbol der Zusammengehörigkeit seit der
Kindheit (vgl. CC 247,36 ff.).

27 f. *gingen meine Schwester ... wieder zum Jordan]* Zum ersten Mal
ging Tirza nach der Beinahe-Begegnung mit Jesus zum Fluss, Wasser
zu schöpfen (CC 244,14); im Anschluss ereignet sich der große Separatio-Traum, der am Fluss spielt und auf den Umbruch vorausdeutet
(CC 245,1 ff.). Die Szene spielt auf den Gang der Frauen zum Grab an,
der bei Markus erzählt wird und die Auferstehung präludiert: »Und
als der Sabbat vergangen war, kauften Maria von Magdala und Maria,
die Mutter des Jakobus, und Salome wohlriechende Öle, um hinzugehen und ihn zu salben. Und sie kamen zum Grab am ersten Tag der
Woche, sehr früh, als die Sonne aufging.« (Mk 16,1-2)

254 31 f. *aus meinem Körper ... vier Ellen unter mir]* Als »Out-of-Body-
Experience« werden Nahtoderlebnisse beschrieben. Es handelt sich
um einen Zustand zwischen Leben und Tod, bei dem die Hirnfunk-
tionen erloschen sind und dennoch ein Bewusstsein existiert, das die
Ereignisse von außen wahrnimmt.

256 19 f. *Schächte hier im ... einem Schatz zu graben]* Die alchemistisch
konnotierte Schacht-Metaphorik, die den menschlichen Körper als
Bergwerk begreift, aus dem Wertvolles heraufgefördert werden soll,
knüpft an den Diskurs des Folterers an (CC 193,28 ff.), der die »Wahrheit« aus der »prima materia« des Leibes zieht. Der Satan gräbt in diesen Tiefen des Körpers nach Bewusstsein, um den göttlichen Funken
gemäß seiner destruktiven Natur totzuschlagen, wie in der Wette mit
Jesus angekündigt (vgl. CC 249,24 ff.).

23 f. *das Irren, Irrsal ... zu beenden]* Seit seiner Verstoßung aus Gottes Gunst und Ersetzung durch den Menschen, wie in Ijob 2,2 und in
der fiktiven Legende vom ausgesandten Auge erzählt (CC 249,15 ff.),
ist der Satan dazu verdammt, die Welt zu durchstreifen.

257 13 *Da kam ... ein großes Rad]* Das archetypische Bild des Rades ist
ein altes solares Symbol, das den Weg der Sonne durch Raum und Zeit

abbildet; als Kreis ist es ein Ganzheitssymbol, in der Mystik repräsentiert es traditionell die Gottheit.

19 f. *ein Kasten war, achtkant ... achthundert Ellen]* Das archetypische Bild des Kastens impliziert die Bedeutung des Enthaltens, Schützens und Wandelns, wie es in der Arche (*lat.*) »arca« = Kasten, Kiste, Truhe, Sarg gegeben ist, die Noah erbaute, um Menschen und Tiere vor der Sintflut zu retten (Gen 6-9). »Tēvāh« (*hebr.*) = Kasten, die Entsprechung für »Arche«, heißt auch das Behältnis, das den auf dem Nil ausgesetzten Mose-Knaben rettet, das sog. Binsenkästchen (Ex 2,3-5). Die Symbolik der Acht deutet auf den neuen Anfang, der nach dem vollständigen Untergang der alten Ordnung anbricht: Acht Menschen werden in Noachs Arche gerettet; mit dem achten Tag beginnt die neue Woche, am achten Tag ereignet sich die Auferstehung. Die Bedeutung des Neubeginns liegt auch der oktogonalen Form altchristlicher Baptisterien und Taufbecken zugrunde. Die Elle gilt als eines der ältesten Naturmaße; man misst sie vom Ellbogen bis zur Mittelfingerspitze. Die biblische Elle betrug ca. 45 cm.

258 28 *fiel haltlos ... ohne Lot]* Tirzas Sturz in die Tiefe des Weltalls gemahnt an den gnostischen Mythos der verirrten Sophia, die sich auf der Suche nach dem Vater immer weiter vom Ursprung entfernt, bis sie in die Materie fällt, aus der sie errettet werden muss.

259 5 ff. *Nur leere Kastenwand ... vor meinem Schrei zerstäuben]* Wörter erscheinen angesichts des bevorstehenden Untergangs als bloße Hüllen, die auf leere Raster verweisen. Das Bild der leeren Kastenwand erinnert an das Innere mancher Felsengräber, in deren Wände sog. Schachtgräber eingelassen waren – ein Anblick der sich auch in Mausoleen finden lässt. Im übertragenen Sinn entspräche das Bild einer Nekropolis der sinnentleerten Worte und Zeichen.

20 f. *die Welt ein Schein ... Schein des Scheins]* Anspielung auf das Buch Kohelet (Prediger Salomo), Ecc 1,2: »Es ist alles ganz eitel, sprach der Prediger, es ist alles ganz eitel.« In der New International Version (NIV) klingt es stärker: »The words of the Teacher, [a] son of David, king in Jerusalem: Meaningless! Meaningless! says the Teacher. Utterly meaningless! Everything is meaningless.«

29 f. *doch kein Werfer ... mich ausgesondert]* Bildfeld des Dreschens, bei dem die Frucht von der Hülse geschieden wird. Gott erscheint als der große Worfler nach einem Wort aus dem Matthäusevangelium: »Er hat seine Worfschaufel in der Hand; er wird seine Tenne fegen und seinen Weizen in die Scheune sammeln; aber die Spreu wird er verbrennen mit unauslöschlichem Feuer.« (Mt 3,12) Vgl. Micha 4,12: »Aber sie wissen des Herrn Gedanken nicht und merken seinen Ratschlag nicht, daß er sie zuhauf gebracht hat wie Garben auf der Tenne.« »Worfeln« (*mhd.:* »worfen«, gleichbedeutend mit »werfen«) ist eine uralte Praxis der Körnergewinnung, bei der das Getreide nach dem Dreschen mit einer Schaufel gegen den Wind geworfen wird, um die leichtere Spreu von den schwereren Körnern zu trennen.

261 11 f. *Aber in der Nacht ... gelesen haben]* Dem Prozess der Tei-

lung folgt die Wiederzusammensetzung; dies entspricht der Lehre der Apokatastasis (*griech.*) = »Wiederherstellung«. Im Neuen Testament bezeichnet sie die Neuschöpfung der Welt und die Vorstellung von der Wiederherstellung aller Dinge am Ende der Zeiten, die auf den Zustand der Verlorenheit folgt. Tirza schildert ihre Apokatastasis als Vorgang des »Lesens« im Sinne des Zusammenlesens oder Sammelns des Zerstreuten, wie es in (*lat.:*) legere = zusammenlesen, auflesen; auslesen, wählen, lesen zum Ausdruck kommt und dem englischen Wort »to recollect« = zusammensammeln, erinnern zugrunde liegt.

18 f. *der Hand, die holte … Die sprach:* »*Steh auf!*«*]* Zur etymologischen Verwandtschaft der Worte »Holen« und »Rufen« vgl. Anm. zu (JS 172,14 f.). Das Ins-Leben-*Rufen* ist zugleich ein Ins-Leben-*Holen,* womit auf die Macht des Wortes verwiesen ist. Der Imperativ »Steh auf« zählt zur Typologie der neutestamentlichen Wundertradition und steht häufig in Zusammenhang mit der Hand, so bei der Erweckung der Tochter des Synagogenvorstehers Jaïrus: »Er [Jesus] aber trieb sie alle hinaus und nahm mit sich den Vater des Kindes und die Mutter und die bei ihm waren, und ging hinein, wo das Kind lag, und ergriff das Kind bei der Hand und sprach zu ihm: Talita kum! – das heißt übersetzt: Mädchen, ich sage dir, steh auf!« (Mk 5,40) Ähnlich bei der Auferweckung des Jünglings von Nain: »Da ging er zu der Bahre hin und faßte sie an. Die Träger blieben stehen, und er sagte: Ich befehle dir, junger Mann: Steh auf!« (Lk 7,14 EÜ)

21 f. *im weitverstreuten Ausvergessenen]* Das Präfix »aus« deutet eine Bewegung in den Raum an, Tirza wurde ins All hineinverstreut und vergessen.

262 1 f. *die alle Namen schafft mit Hand]* Die Neuschöpfung Tirzas vollzieht sich im Rufen des Namens – die Hand verweist zugleich auf die Töpferlegende der Genesis: »Da machte Gott der Herr den Menschen aus Erde vom Acker.« (Gen 2,7)

2 f. *Der Namennamer las mich … zusammen]* Figura etymologica; ein »Namennamer« ist auch Adam, der im zweiten Schöpfungsbericht den Tieren Namen gibt (Gen 2,19-20). Auf dem Rufen beim Namen beruht das Wunder der Totenerweckung, etwa im Fall des Lazarus, der bereits vier Tage im Grab ruht. Jesus ruft »mit lauter Stimme: Lazarus, komm heraus! Und der Verstorbene kam heraus, gebunden mit Grabtüchern an Füßen und Händen, und sein Gesicht war verhüllt mit einem Schweißtuch.« (Joh 11,43-44) Auch Maria wendet sich erst – erkennt den Auferstandenen erst –, als er sie mit Namen ruft (Joh 20,16; vgl. P. Roth, *Magdalena am Grab*).

7 f. *Himmel, Meere, darinnen das Getier]* Kosmogonische Motive, die Anleihen beim Schöpfungsbericht der *Genesis* (Gen 1-2) machen.

12 f. *in dieser Weltenhöhle]* Insbesondere altorientalische Mythen entwerfen die entstehende Welt als Höhlung, die in den Himmelsozean hinein aufgespannt ist. Tirzas Grab wird zum Ort der Schöpfung, die parallel zur Wiedererlangung ihres Bewusstseins verläuft.

263 16 f. *Ich spüre eine Hand … und Augen streichen]* Das Motiv vom Menschentöpfer aus der Schöpfungsgeschichte klingt an: »Da machte Gott der Herr den Menschen aus Erde vom Acker und blies ihm den Odem des Lebens in seine Nase. Und so ward der Mensch ein lebendiges Wesen.« (Gen 2,7)

23 f. *kommen seine Finger, die … in den Mund eindringen]* Die Erweckung eröffnet mit einem Ritual, das an die altägyptische »Mundöffnung« angelehnt ist. Die an Mumien vorgenommene kultische Handlung diente der Belebung der Sinnesorgane (neben dem Mund auch Augen, Ohren und Nase) und darin der Totenbeseelung mithilfe des Einsatzes spezieller Instrumente, Gesten und zauberischer Sprüches. Die erste Geste innerhalb dieses komplizierten Geburtsrituals ist die Berührung des Mundes durch den kleinen Finger des Priesters.

35 *Die Augen]* Erneut ist es die intensive Blickbegegnung, durch die sich Verbindung zum Göttlichen herstellt (vgl. CC 240,22 ff.; RS 36,32 ff.).

264 6 f. *Sein Körper war … blutverschmiert seine Gewänder]* In der Jesusgestalt ist der Aspekt des Kreatürlichen besonders betont – in Fortsetzung des Jesusbilds aus *Riverside*, wo Jesus abgekämpft, schwitzend und mit verstaubten Kleidern in der Höhle erscheint (vgl. RS 33,25 ff.).

16 f. *Er lag am Boden, völlig kraftlos]* Dass Erweckungen und Heilungen »Energie abziehen«, erhellt auch die Episode von der »blutflüssigen Frau«, die heimlich Jesu Gewand berührt: »Und Jesus spürte sogleich an sich selbst, daß von ihm eine Kraft ausgegangen war, und wandte sich um in der Menge und sprach: Wer hat meine Kleider berührt?« (Mk 5,30)

20 *Woher hätt ich die Macht?]* Die Ohnmacht des Erweckers aktiviert die Lebenskräfte in der Erweckten. Sie zwingt die Erlöste in die Rolle der Helferin und lässt sie auf diese Weise wieder erstarken. Dieser psychologische Zusammenhang ist in Akira Kurosawas Film *Red Beard* (*Akahige*, Japan 1965; dt.: *Rotbart*) dramatisiert, der eine wichtige Inspirationsquelle für diese Szene war. Darin landet ein arroganter Jungarzt in der Armenklinik des Dr. Niide, unter dessen Einfluss sich ihm das Wesen des Arztberufs langsam erschließt. Dazu trägt wesentlich die Heilung eines ihm anvertrauten traumatisierten Mädchens bei, die sich erst einstellt, als der Arzt selbst krank zusammenbricht und die Patientin ihren Heiler umsorgen darf. Die Schwäche des Starken ermöglicht es der Schwachen, zu neuer, eigener Stärke zu finden.

266 21 f. *Ein Dämon hat mir dich gezeigt]* Verweis auf Disput und Wette zwischen Jesus und dem Satan (CC 250, 9 f.).

27 f. *Ich will dir die Erinnerin wecken]* Der Neologismus »Erinnerin« wurde schon in *Johnny Shines* für die Gestalt der Anima geprägt (JS 171,30); im Hintergrund des Worts klingt Hölderlins Gedicht *Mnemosyne* an und darin die im Griechischen weiblich personifizierte Erinnerung. Mit dem Auftrag des Erinnerns wird Tirza (ähnlich

wie Hallie Doniphan in *Johnny Shines*) in den Rang einer Mittlerin erhoben, die Kunde von geheimem, göttlichem Wissen bringt, das sie selbst an sich erfahren hat.

29 *Vermehren soll sie]* Fast wörtliche Wiederholung der Worte Jesu (CC 252, 10ff.), die Tirzas eigentlichen Auftrag beschreiben.

268 2f. *Es war ein erstes Licht ... teilte das Jordantal]* Das Licht ist das Licht des ersten Tags der Schöpfung. Tirza ist wieder in der Welt und damit in den Gegensätzen.

269 12 *Die, die führt ... das Verlorene sammelt]* Neben dem Erinnern ist das Führen die zentrale Funktion einer reifen Anima. »Das Verlorene« kann das Vergessene sein, das Verdrängte oder das bisher noch nicht Beachtete im Inneren eines Menschen. Ein Mann träumt z.B., dass ihn eine Unbekannte auf einem Fest ein Kind halten lässt, dann verschwindet. Den Rest des Traums sucht er nach ihr, der er das Kind zurückgeben will. Er versteht nicht, dass es in einem Traum immer *sein* Kind ist, seine Anima, die zu ihm kommt und das Kind anvertraut. Er versteht auch noch nicht, was für ein »Potential« er da in Händen hält, welche »Zukunft« die Unbekannte in seine Hände gelegt hat. Sie verschwindet, weil er noch keine Augen für sie hat, die Innere Frau noch nicht erkennt. Thomas ist auf dem richtigen Weg, er lässt sich führen und folgt.

270 6 *höhnend, enttäuscht]* Vgl. die Schilderung des gekreuzigten Messias im Markusevangelium: »Und die vorübergingen, lästerten ihn und schüttelten ihre Köpfe und sprachen: Ha, der du den Tempel abbrichst und baust ihn auf in drei Tagen, hilf dir nun selber und steig herab vom Kreuz! Desgleichen verspotteten ihn auch die Hohenpriester untereinander samt den Schriftgelehrten und sprachen: Er hat andern geholfen und kann sich selber nicht helfen. Ist er der Christus, der König von Israel, so steige er nun vom Kreuz, damit wir sehen und glauben. Und die mit ihm gekreuzigt waren, schmähten ihn auch.« (Mk 15,29-32)

16f. *ohne daß sie ihm die Beine brachen]* Nach dem Bericht des Johannesevangeliums (Joh 19,31-33) beeilte man sich, Jesus vom Kreuz zu nehmen, damit er noch vor Beginn des Sabbat bestattet werden konnte. Das Brechen der Beine sollte den Tod durch Ersticken beschleunigen, was bei Jesus unterblieb, da er bereits tot war.

31 *Du nimmst ... dir nicht geben]* Im Traum wird das aktive Sich-Nehmen eines für die psychische Entwicklung notwendigen Guts häufig durch das archetypische Motiv des »Diebs« und des »Diebstahls« dargestellt. Zum Beispiel träumt jemand von sich als »Dieb«, wenn in seinem realen Leben ein Schritt ansteht, der eine Reifung mit sich brächte, der aber passiv verzögert wird oder gänzlich versäumt zu werden droht: Etwa weil sich dieser Mensch für »zu gut« hält, um aktiv zu werden. Diese Haltung kann ein Traum – in der typisch schroff-direkten Weise des Unbewussten – durch das Bild vom »Dieb« kompensieren, der sich einfach »nimmt«, was er benötigt. Auch die Mythen dramatisieren dieses Motiv, z.B. in der Erzählung

von Prometheus, der den Göttern das Feuer raubt. Auch im Märchen ist das Stehlen eines notwendigen Guts häufig anzutreffen, z.B. im *Eisenhans*, wo der Sohn den Schlüssel unter dem Kopfkissen der Mutter stehlen muss (KHM 136). Auf ein ganzes Volk bezogen findet sich das Bild vom notwendigen Raub u.a. in der Bibel: »Das Gelobte Land« war Israel zwar von Gott verheißen, es wurde ihm aber keineswegs geschenkt – sondern musste erobert werden (vgl. Buch Josua, Kap. 1-12).

271 7 *Du bindest mich aufs Rad]* Die Redensart spielt auf den Mythos des Ixion an, der an ein rotierendes Rad gebunden wurde, das zunächst an den Himmel, später in den Tartarus versetzt wurde. Ixion wollte das Göttliche berühren (er begehrte, Hera zu verführen) und wurde seiner Überschreitung entsprechend mit endlos brennender Begierde, dem »Feuerrad«, bestraft.

8 *Das Rad ... ist unterschlächtig]* Der Rundgang um das Heiligtum fördert im Gespräch »das Untere« zutage. Das Gehen selbst verläuft linkswärts, entgegen dem Uhrzeigersinn. Die Richtung nach »links« deutet in der Interpretation von Träumen auf eine Bewegung ins Unbewusste. Psychologisch betrachtet hieße das, dass der Dialog zu immer tiefer liegenden Inhalten ins Unbewusste hinabführt. Der Vergleich selbst spielt auf das Mühlrad an, das von unten her angetrieben wird; es bringt die untere Welt – d.h. »das Wasser« der Träume und Visionen – nach oben ins Bewusstsein. In der gnostischen Strömung des Manichäismus findet sich das Bild einer kosmischen Circulatio in Form eines »Lichtrads«: Der gesamte Zodiakalkreis wurde als ein riesiges Schaufelrad vorgestellt, wobei jedes Tierkreiszeichen, jedes »Haus« als Schaufel diente, mit deren Hilfe das in der Materie verlorene »Licht« wieder nach oben gefördert wurde.

16f. *warum niemand ... bei ihm war]* Tirzas Begegnung mit Jesus ereignete sich im Schatten der biblischen Überlieferung, abseits der bekannten Stationen des Jesuswegs. Das Muster des in den Quellen nicht verzeichneten unerhörten Begebnisses teilt der Roman mit der *Riverside*-Novelle, in der sich die Begegnung zwischen Diastasimos und Jesus auf einem Nebenweg ereignet (vgl. die Anm. zu RS 11,11 ff.).

21f. *Mit manchem ist ... im Schlaf beizukommen]* Wahres Erkennen ereignet sich im Traum. Die Unterredung mit Tirza scheint ein Traumgeschehen zu sein, das einsetzt, nachdem Thomas im Stall eingeschlafen ist (CC 200,16ff.).

22 *Es ist das Schlafen nach dem Schlaf]* Metaphorische Umschreibung für das Vergessen dessen, was im Traum gehört wurde. Wenn das Geträumte nicht erinnert, ins Bewusstsein gezogen und in Lebenspraxis umgesetzt wird, fällt es wieder ins Unbewusste zurück.

272 26 *Dann glaubst du ... vor dir steht]* Anspielung auf den ungläubigen Thomas (Joh 20,24-29).

273 2f. *Dann laß mich ... zum Ganzen finden]* Durch den Abdruck der Materie, eines Konkretums, das berührt werden kann, will Thomas mittels der Sinne zur Erfahrung der Wahrheit kommen. In dem

447

Aspekt, nicht einfach »blind« glauben zu können, gleicht Thomas dem modernen Individuum.

15 *Dort ist Berührung … ist Eingang]* Roth erläutert diesen Gedanken in den *Frankfurter Poetikvorlesungen* am Beispiel des Abstiegs von Orpheus, der durch den Durchlaß in Aornum in Thesprotis die Unterwelt betritt: »Das heißt, daß gerade zum Unfaßbaren, zum Zeitlosen – zum Tal der Schatten oder zu den Tiefen des Unbewußten – Passage nur über Vergänglich-Konkretes möglich ist. Nur über diese materielle Welt, jetzt und hier. Nur über diesen Körper, an den ich Hand anlege jetzt und hier. Nur durch den Stoff, nur durch das Konkret-Körperliche, den Ort und sein ›Hier‹ und ›Hierher‹, kommt man ins Untere, die Unterwelt, das Untergegangen-Gestorbene, ewig Bereitliegende, Angelegte, Nicht-mehr-Stoffliche. ›Hier‹ müssen wir durch.« (P. Roth: *Ins Tal der Schatten*, S. 22)

274 23 f. *Denn ohne dieses Fragen wär kein Leben]* Vgl. Platons Sentenz aus der *Apologie*: »Das ungeprüfte Leben ist für den Menschen nicht lebenswert« (38a, 5-6).

27 f. *Denn durch das Feuer müssen wir]* In der Alchemie symbolisiert Feuer u. a. Läuterung. Man verbrennt z. B. eine Substanz, unterzieht sie der »Calcinatio«, um sie zu »Asche« werden zu lassen, d. h. auf eine nicht weiter zerstörbare und daher für »inkorruptibel« (unzerstörbar, unverwesbar) geltende Substanz zurückzuführen. Im Buch Daniel findet sich in der Erzählung von den *Drei jungen Männern im Feuerofen* eine typische Straf- bzw. Prüfsituation, bei der die Jünglinge dem Feuer – dem »glühenden Zorn« des Königs – standhalten. Als Auf-Gott-Bezogene sind sie kraft der Reinheit ihres Glaubens »inkorruptibel« – kein von Menschen entzündetes Feuer kann sie weiter »läutern«, sie bleiben daher »unversehrt«. Die vierte Gestalt, die im Feuer zu den Dreien hinzutritt, scheint dem König auf die Anwesenheit Gottes zu deuten (Dan 3,15-26).

28 f. *brennt die Flamme aus dem Schwert]* Anspielung auf das flammende Schwert des Erzengels, der den Paradieseingang bewacht: »Da wies ihn Gott der Herr aus dem Garten Eden, daß er die Erde bebaute, von der er genommen war. Und er trieb den Menschen hinaus und ließ lagern vor dem Garten Eden die Cherubim mit dem flammenden, blitzenden Schwert, zu bewachen den Weg zu dem Baum des Lebens.« (Gen 3,23-24) Der versperrte Eingang kann als Verbot der Rückkehr in das ungeteilte Einssein des Paradieses gelesen werden, psychologisch gesehen: in den vorbewussten Zustand der Kindheit.

31 f. *ist das Tauchen … nicht schon das Ziel]* Erneute Warnung vor dem Hängenbleiben im Diesseits der sinnlichen Welt, den »Staben« (CC 274,33 f.) – ein Wortspiel aus »Buchstabe« und »Gitterstab«.

276 1 *Neun Tage habe ich gesucht]* Neun Tage und Nächte lang sucht die Muttergöttin Demeter nach ihrer Tochter Kore (Persephone), die von Hades in die Unterwelt entführt wurde. Als Zahl der Reifung (vgl. die neun Monate der Schwangerschaft) symbolisiert die Neun das Ende einer langen Phase der Anstrengung und Entwicklung, mit der ein Zyklus zum Abschluss kommt. Die Neun als potenzierte Drei ist Inbegriff höchster Vollendung und hat erlösende Qualität; Jesus stirbt in der neunten Stunde am Kreuz.

18f. *am Tag des Frühlingsvollmonds ... war Rüsttag]* Die Ereignisse folgen der Chronologie des Johannesevangeliums; zum Rüsttag vgl. (CC 192,33).

20f. *»Sie sucht nach ihrem Liebsten«]* Doppeldeutige Anspielung auf Tirza als Personifikation der geliebten Frau des *Hohen Lieds* (Hld 3,1-4); im Kontext der von Pilgern überfüllten Stadt könnte in der Frau, die in der Öffentlichkeit nach ihrem Mann sucht, auch die Prostituierte gesehen werden.

22f. *Jesus Barabbas oder Jesus von Nazareth]* Anspielung auf ein interessantes Faktum aus der Überlieferungsgeschichte der *Passion Christi*, die Gegenfigur zu Jesus, Barrabas, betreffend. Barabbas, von (*aram.*): »bar abbas« bedeutet Sohn des Abbas / Sohn des Herrn. Die entsprechende Stelle lautet bei Matthäus: »Damals war gerade ein berüchtigter Mann namens Barabbas im Gefängnis. Pilatus fragte nun die Menge, die zusammengekommen war: Was wollt ihr? Wen soll ich freilassen, Barabbas oder Jesus, den man den Messias nennt?« (Mt 27,16-17) Einige Codices enthalten an den Stellen 27,17 den Doppelnamen »Jesoûs (hò) Barabbâs« = Jesus Barabbas.

29f. *beim Schall der Posaunen ... Tore im Westen]* Der Posaunenschall, der das Ende der Schlachtungen im Tempel ankündigte, zeigt an, dass Jesus bereits tot ist, als Tirza das Gennath-Tor im Westen der Stadt durchschreitet. Parallel zu jenem »Gartentor« setzte die zweite Mauer an, die in Richtung Norden führte; ihr entlang verlief der Weg außerhalb nah am felsig-hügeligen Gelände des Golgota. Das Johannesevangelium erwähnt die Nähe der Schädelstätte zur Stadt, als Passant konnte man sie leicht erreichen und die Aufschrift auf der Tafel über dem Verurteilten lesen (Joh 19,20).

30f. *Die sinkende Sonne ... nicht sehen]* Die Kreuzigung ereignet sich im Schatten der »Steinbruchwand« (CC 277,24), hinter der die Sonne versinkt und die den Schauplatz nach Westen abschließt. Geblendet vom Gegenlicht vermag Tirza die Hinrichtung im Vordergrund zunächst nur in Umrissen zu erkennen.

35f. *Richtholz ... den Gott verflucht]* Die besonders qualvolle Kreuzesstrafe wurde vor allem über flüchtige Sklaven und Aufständische verhängt und sollte möglichst abschreckende Wirkung haben. Kein Römer durfte sie erleiden; den Juden galt sie als anstößig und schändlich (vgl. Anm. zu CC 183,23).

277 5f. *die um den Hügel standen]* Unter dem Kreuz standen dem Johannesevangelium zufolge Jesu »Mutter und seiner Mutter Schwester, Maria, die Frau des Klopas, und Maria von Magdala«, sowie, als einziger von den Jüngern, Johannes (Joh 19,25-26).

9f. *daß sich der Richtpfahl teilte]* Während Tirza auf das Kreuz zugeht, realisiert sie, dass hinter ihm zwei weitere Kreuze hervortreten. Das Eine faltet sich aus und wird »drei« bzw. erweist sich als »immer

449

schon drei«. Dieser Vorgang, der zunächst als äußeres Phänomen beschrieben wird, bezieht sich auf Joh 19,18: »Dort kreuzigten sie ihn
und mit ihm zwei andere zu beiden Seiten, Jesus aber in der Mitte.«
Roth ist jene visuelle Abfolge (aus Einem werden Drei) auch aus dem
Film bekannt, u. a. erscheint sie in *Where Chimneys are seen* (Japan
1953, Regie: Heinosuke Gosho), wo mit wechselnder Perspektive des
Betrachters aus eigentlich vier Schornsteinen, drei, zwei oder sogar
nur einer wird. Dasselbe optische Phänomen schildert Marcel Proust
in der Episode über die Kirchtürme von Martinville in *Du côté de chez
Swann* (1913) – je nach Perspektive scheinen die Kirchtürme vor- und
zurück-, in- und auseinander zu treten: »Einsam über die Ebene und
wie auf weiter Fläche verloren stiegen die beiden Türme von Martinville zum Himmel empor. Bald sahen wir ihrer drei: mit einer kühnen
Wendung sich ihnen gegenüberstellend hatte ein Säumiger, der Kirch-
turm von Vieuxvicq, sich zu ihnen gesellt. […] Manchmal trat einer
zurück, damit die anderen uns noch einmal sehen könnten; aber nun
wendete sich der Weg nach einer anderen Richtung, sie kreisten noch
einmal im Abendlicht wie drei goldene Zapfen und entzogen sich
meinem Blick. […] während wir uns im Galopp entfernten, sah ich sie
verschüchtert ihren Weg suchen, […] die edlen Silhouetten aneinan-
derdrängen, die eine hinter die andere gleiten und schließlich auf dem
noch rosigen Himmel nur mehr eine einzige anmutige, in ihr Schicksal
ergebene schwarze Gruppe bilden, um dann in der Nacht zu verschwinden.« (M. Proust: *Unterwegs zu Swann*, Werke II/1, S. 264-265)

12 *drei Gehängte an Pfählen*] Die Evangelien schildern, dass Jesus bei der Kreuzigung in der Mitte zwischen »zwei Räubern, einer
zu seiner Rechten und einen zu seiner Linken« aufgehängt war (Mk
15,27parr), ihre Namen werden nicht genannt. Johannes erwähnt die
Geschichte der beiden Schächer überhaupt nicht, während bei Matthäus (Mt 27,44) und Markus (Mk 15,32) beide Diebe Jesus ver-
spotten. Die Geschichte vom »guten« Schächer Dysmas wird nur im
Lukasevangelium (Lk 23,39–43 EU) erzählt. Während Gestas Jesus
am Kreuz verhöhnt, bittet Dysmas Jesus um Beistand, wofür dieser
ihm verspricht, dass er mit ihm im Paradies sein werde. Der Name der
beiden Schächer findet sich zum ersten Mal in den *Acta Pilati* 9,4, dem
ersten Teil des Nikodemusevangeliums aus dem 4. Jahrhundert nach
Christus. Hier werden sie Dysmas und Gestas genannt.

25 *sah dort eingehauen … das Grab*] Nur das Johannesevangelium
gibt Auskunft über die Lage des Jesusgrabs, das sich unweit Golgota
in einem ehemaligen Steinbruch befunden haben soll: » Es war aber
an der Stätte, wo er gekreuzigt wurde, ein Garten und im Garten ein
neues Grab, in das noch nie jemand gelegt worden war. Dahin legten
sie Jesus wegen des Rüsttags der Juden, weil das Grab nahe war.« (Joh
19,41-42)

27 f. *Die Frauen … verschwanden in der Gruft*] Nach jüdischer Sitte
wurde der Leichnam mit wohlriechenden Ölen gesalbt, bevor er in
Leinentücher gebunden in der Grabnische beigesetzt wurde.

33 f. *Da sah ich einen Römer]* Das Johannesevangelium berichtet von einem Soldaten, der Jesus mit einem Speer die Seite öffnete (Joh 19,34); apokryphe Schriften bezeichnen ihn als »Longinus« und geben ihm den Rang eines Hauptmanns. Die Heilige Lanze, seit dem frühen Mittelalter ein Herrschaftsinsignium des Heiligen Römischen Reiches Deutscher Nation, wurde im frühen 13. Jahrhundert mit der Lanze des Longinus identifiziert. In der christlichen Ikonographie bildet Longinus zusammen mit dem Schwammträger Stephaton häufig ein Paar zu beiden Seiten des Kreuzes.

278 3 f. *sah den Römer ... des Gekreuzigten stoßen]* Um den Tod zu beschleunigen und die Körper noch vor dem Einsetzen des hohen Feiertags vom Kreuz zu bekommen, wurde es erlaubt, den Hingerichteten die Beine zu zerschlagen. Bei Jesus fand das »crurifragium« nicht statt, weil er bereits tot war; stattdessen stieß ein Soldat die Lanze in seinen Brustkorb – um sicher zu gehen, dass er wirklich tot war. Im apokryphen Petrusevangelium bittet Josef von Arimatäa Pilatus um den Leichnam Jesu, ihn rechtzeitig vor Sonnenuntergang bestatten zu können. »Und Herodes sprach: ,Bruder Pilatus, auch wenn niemand um ihn gebeten hätte, würden wir ihn begraben, da ja auch der Sabbat aufleuchtet. Denn es steht im Gesetz geschrieben, die Sonne dürfe nicht über einem Getöteten untergehen.« (Petr 2,3) Flavius Josephus bestätigt im sechsten Buch seines *Jüdischen Kriegs*, daß die Juden die Leichen der zum Kreuzestod Verurteilten noch vor Sonnenuntergang abzunehmen pflegten, um sie vor Einbruch der Nacht bestatten zu können.

5 f. *Gesicht des Toten .... am Jordan lebendig gemacht]* Vgl. (CC 261,11 ff.; 263,3 ff.) Tirzas Wiedererkennen ihres Erlösers fällt zusammen mit dem Akt der Öffnung der Seite. Dieses Muster erscheint schon bei der ersten Begegnung mit Jesus im Baum, als der Wind die Seite aufstößt (vgl. CC 239,28 f.).

32 f. *Gibt es ein drittes?]* Ein »Drittes«, das die Gegensätze eint. Tirzas Situation gleicht derjenigen des Thomas, der ohnmächtig zusammenbrach, als die Nachricht vom wiedergefundenen Leichnam eintraf (CC 199,21 ff.).

12 f. *am Ende der Treppe ... ein Licht]* Das im Vorraum des Grabesinneren leuchtende Licht einer Öllampe, von den Frauen bereitgestellt. Vgl. Joh 1,4-5: »In ihm war das Leben, und das Leben war das Licht der Menschen. Und das Licht scheint in der Finsternis, und die Finsternis hat's nicht ergriffen.«

280 10 *Du gingst ins Grab]* Zur Lage des Felsengrabs vgl. Anm. (CC 277,25 f.).

2 *Ich stieg hinab]* Der Eingang zum Vorraum mancher Grabhöhlen lag wenige Stufen unterhalb des Bodens; man stieg zu ihm hinab und bückte sich dann hinein.

17 f. *die Stelle dort ... Hand berühren]* Der psychisch-emotionale Kontext dieser Geste wird in der thematisch verwandten Erzählung *Magdalena am Grab* näher ausgeführt. »[...] die Trauer geht den Weg

nochmals, wird ihn immer wieder gehen, zurück an die Stelle des Verlusts, das wurde mir klar. ›Hier‹ wurde etwas verloren, ›hier‹… Man deutet darauf, steht auf der Stelle, sucht sie ab, wartet dort, weint. Denn wenn überhaupt – fühlt man, ohne Worte zu finden, wird sich ›hier‹ etwas wenden.« (P. Roth: *Magdalena am Grab,* S. 22)

21 f. *Ich sah den Staub … dunkel färben wollte]* Die Einverleibung stellt eine Form der »assimilatio« (Anverwandlung) oder »coagulatio« (Wiederverfestigung) bzw. der »coniunctio« (Vereinigung) dar.

281 8 ff. *Ich stand vor … stand in der Gruft]* Das Hineinbücken spielt in Roths Erzählung *Magdalena am Grab* eine wichtige Rolle; die Geste wird in der dort zitierten Luther-Übersetzung so wiedergegeben: »Maria aber stand vor dem Grabe und weinete draußen. Als sie nun weinete, guckete sie in das Grab und siehet dort zween Engel in weißen Kleidern sitzen …« (Joh 20,11) Der Moment des Eintretens durch den engen, niedrigen Eingang ist als Grenzüberschreitung (»Schwelle«) markiert. Tirza steht im Vorraum der Anlage, an den sich die innere Grabkammer anschließt. In jener Vorkammer, deren Decke höher ausgeschlagen war, versammelte sich die Familie zur Andacht; hier stand Maria von Magdala, als sie ins Grab schaute.

11 *Als sei ich … hochgestiegen]* Die Situation im dunklen Grab ist mit dem Inneren des Baums assoziiert, in den Tirza stieg (CC 239,4 ff.). Beide Szenen sind über das Moment der Dunkelheit, Unsicherheit und Desorientiertheit miteinander verknüpft; es kommt im Erscheinen der Schlange, die sowohl als Baum- wie auch als Grabnumen agiert, zum Ausdruck.

30 f. *Die Kammer selbst … vier Ellen eng]* Der Vorkammer schließt sich über einen kurzen Gang verbunden die eigentliche Grabkammer an. Wie viele historische Gräber der Zeit ist sie quadratisch, von einer Größe von ca. 2 × 2 Metern. Die Architektur entspricht den spärlichen Angaben der Evangelien; es handelt sich um den im ersten nachchristlichen Jahrhundert in Jerusalem und Umgebung üblichen Standard eines kleineren Felsengrabs. Vgl. zum quadratischen Grundriss des Grabs die Maße des Allerheiligsten Anm. zu (CC 246,24 f.).

36 f. *Ein niederes Bogendach … über sie hin]* Die innere Grabkammer weist rechterhand eine Steinbank auf, die auf Hüfthöhe aus dem Fels herausgeschlagen ist, den Leichnam aufzunehmen. Das Bankgrab ist in der Mitte vertieft und entspricht dem Typus des Troggrabs, das in römischer Zeit in Israel aufkam. Ein aus der Wand gemeißelter Bogen zieht sich als symbolischer Himmel über die gesamte Länge der Grabwand hin.

10 *genauso hatte er vor meinem Grab gestanden]* Die Höhle am Jordan, in der Tirza begraben war (CC 263,3 ff.).

15 f. *Ich hätte drei Tage … den Frauen nicht geglaubt]* Am dritten Tag nach der Kreuzigung kamen die Frauen ans Grab und entdeckten, dass es leer war (Mk 16,1-8; Mt 28,1-10; Lk 24,36-43; Joh 20,19-23).

18 *ihn gefunden … er sei gefunden]* Vgl. (CC 198,12 ff.)

284 13 *Es waren Schiebegräber]* Das Schiebestollen- oder Schachtgrab

besteht aus einer tunnelartig in den Fels getriebenen Röhre von ca.
1,75 × 0,5 × 0,5 Metern Größe, in die die Toten in Leintücher gewickelt hineingeschoben werden konnten. Auch Sarkophage und Ossu-
arien konnten in einem Schiebegrab platziert werden.

14f. *stand ein Kasten ... die Gebeine legt]* Mussten die Gebeine aus
Platzgründen aus dem Schiebegrab entfernt werden, sammelte man
sie in einem besonderen, oftmals mit Inschriften versehenen Gebein-
kasten aus Stein, dem Ossuarium.

21ff. *Zwei Frauen hört ich ... Zwei Männerstimmen]* Das Markusevangelium erwähnt zwei Frauen im Kontext der Grablegung: »Aber
Maria von Magdala und Maria, die Mutter des Joses, sahen, wo er hingelegt wurde.« (Mk 15,47) Auch die Verfasser des Matthäusevangeliums nennen zwei Frauen als Zeuginnen: »Es waren aber dort Maria
von Magdala und die andere Maria; die saßen dem Grab gegenüber.«
(Mt, 27,61) Die beiden Männer sind wohl zu denken als Helfer des
Joseph von Arimathäa, der den Leichnam Jesu ins Grab legen ließ
(Mk 15,43parr); nach dem Bericht des Johannesevangeliums sind es
Nikodemus und Joseph von Arimathäa selbst, die Jesus bestatten (Joh
19,39-42).

26f. *Ein Ziehen ... von Rauhem über Stein]* Wohl das Umbetten des
ins Leichentuch gehüllten Toten von der Bahre ins Troggrab. Die synoptischen Evangelien berichten überstimmend, dass die Frauen früh
am übernächsten Morgen wiederkehrten, Jesu Leichnam zu salben
oder nach dem Grab zu sehen, dieses aber leer fanden (vgl. Mk 16,1;
Lk 23,56; Mt. 28,1).

28 *Den Duft von Salben roch ich]* Kräuter und Öle waren von den
Frauen bei der Bestattung bereits mit ins Grab gebracht worden. Bei
Johannes wird die Salbung unmittelbar im Kontext der Bestattung
vollzogen: »Da nahmen sie den Leichnam Jesu und banden ihn in
Leinentücher mit wohlriechenden Ölen, wie die Juden zu begraben
pflegen.« (Joh 19,40)

29 *Die Augen. Die Augen]* Wie E.T.A. Hoffmanns Held Nathanael
aus der Erzählung *Der Sandmann* (1816), der hinter dem Vorhang verbotene alchemistische Experimente beobachtet, bezieht auch die im
Schachtgrab versteckte Tirza den Ausruf auf das verbotene Betrachten
eines Geheimnisses. Auf dem »Turiner Grabtuch« sollen Münzen, auf
geschlossenen Lidern aufliegend, zu erkennen sein. Es soll sich dabei
um den »Lepton« handeln, eine Münze im Jahr 29 unter Pontius Pilatus in Palaestina geprägt.

32f. *Ich hörte den Stein ... sie schlossen]* Sowohl das Markus- wie
das Matthäusevangelium berichten, dass Joseph von Arimathäa einen
Stein vor die Tür des Grabes wälzte, als er es verließ (Mk15,46; Mt
27,60). Der im Durchmesser knapp ein Meter große, runde Stein wurde seitlich des Eingangs in einer Vertiefung untergebracht und mittels
einer aus dem Fels herausgeschlagenen Rinne zum Grabeingang ge-
rollt.

285 5f. *die dunkle Mandelbucht der Lampe]* Das Kompositum bezieht sich auf die ovale Form des Schattenwurfs der Lampe. Die Mandel von (*hebr.*) »shaqed« bzw. der Verbform »shaqad« = wach sein, achtsam sein – spielt auf die übergreifende Thematik des Erwachens, Wachens, Wachseins an – im übertragenen Sinn: »bewusst sein«. Der Mandelbaum gilt als erste blühende Frucht im Jahr, in Palästina blüht er im Januar und trägt Früchte im März. Sein Name bedeutet »der Wachsame«, vgl. (Jer 1,11 ELB): »Und das Wort des Herrn geschah zu mir: Was siehst du, Jeremia? Und ich sagte: Ich sehe einen Mandelzweig«; die Lutherbibel übersetzt die Antwort des Propheten so: »Ich sehe einen erwachenden Zweig.« Bei Buber-Rosenzweig lautet die ganze Stelle: »SEINE Rede geschah zu mir, es sprach: Was siehst du, Jirmejahu? Ich sprach: Eine Rute vom Zeitigreg, der Mandel, sehe ich.«

7 *Hier hält die Zeit]* Dieses Anhalten der Zeit, hier am Ort des Todes – findet sich auch im Gegenbild, dem Moment der Geburt, etwa im Protevangelium des Jakobus, wenn während Josephs Suche nach einer Hebamme die Zeit hält: »Und ich schaute hinauf zum Gewölbe des Himmels und sah es stillstehen, und in die Luft und sah sie erstarrt und die Vögel des Himmels nicht weiterfliegen.« (ProtEvJak 18,2) Auch auf der Erde hält das Leben für einen Moment: »Ich sah, wie Schafe getrieben wurden und die Schafe stehen blieben, und der Hirte erhob seine Hand, sie zu schlagen, und seine Hand blieb oben.« (ProtEvJak 18,3)

9f. *Er lag verhüllt … auf ein Tuch gelegt]* Aus dem Anblick des Toten lassen sich die Verrichtungen der Grablegung erschließen: Das Leinentuch wurde zur Hälfte seiner Länge auf dem Boden des Troggrabs ausgebreitet, der Leichnam wurde auf das Tuch, das Tuchende um die Füße gelegt. Myrrhe, Aloe und Salböl wurden um den Leichnam herum verteilt, die Kinnbinde um den Kopf gebunden, die Haltebinden um die Fußgelenke und die gekreuzten Hände gewickelt. Die Münzen wurden auf die Augenlider gelegt und die zweite Tuchhälfte über Kopf und Vorderkörper geschlagen.

12 *Das Tuch war frisch gewoben]* In der Annäherung an den Toten spielt das ebenso legendäre wie in seiner Echtheit umstrittene Grabtuch von Turin eine wichtige Rolle – ein für Roth faszinierender Gegenstand, mit dessen Geschichte er sich in den achtziger Jahren zu beschäftigen begann. Es handelt sich um eine Stoffbahn von 4,42 m Länge, 1,13 m Breite plus einem 8 cm breiten, angenähten Seitenstreifen; das Tuch ist gewebt aus Leinen in der Art eines Fischgrätenmusters.

18f. *Ich fühle plötzlich … wie heiß der Körper ist]* Körperhitze strömt aus, die von der Folterung herrührt und noch Stunden über den Tod hinaus anhält.

29 *Wach über mir!]* Die Formel, die Jesus an Tirza richtete, nachdem er sie erweckt hatte (CC 264,18).

35 *Auf einen dunklen, sternbespieenen Himmel]* Der gefolterte Körper erscheint Tirza im ersten Schock als Sternenkosmos; ein Bild, das schon in Samuels Traum vom entweihten Tempel begegnete, dessen Vorhang er als »blutbespieenes Leichentuch« schaute (CC 226,4).

286 2 *Himmel und Erde noch verschmolzen]* Der wundengezeichnete Leib wird zum sternenübersäten All, als wäre Jesus ein »filius macrocosmi« (Erlöser des Kosmos). Die Gleichsetzung von Leib und Kosmos ist urmythisches Gedankengut, insofern die Welt in vielen Schöpfungserzählungen aus einem überdimensionierten Leib hervorging. Die Ungetrenntheit von Himmel und Erde spielt auf den griechischen Mythos von Uranos und Gaia an. Gaia (= Erde) brachte den Uranos (= Himmelsgewölbe) im Schlaf aus sich selbst hervor.

6f. *geronnenes Blut ... über den Körper netzte]* Der Schilderung des Leichnams zugrunde liegt das Negativ-Bild eines gekreuzigten Mannes, das sich als Abdruck im Turiner Grabtuch erhalten hat. Die fotografische Reproduktion bildet die Verletzungen auf der Vorder- und Rückseite des Körpers bis in kleinere Spuren hinein ab. Diese aufgesprengt-eingepeitschten Stellen gehen auf das »flagellum« bzw. »flagrum« zurück, die römische Bleikugelpeitsche, die ca. 4 cm große, zu Dreiergruppen angeordnete Wundmale in der Haut hinterließ; ihre Anzahl wird mit 90 bis 120 angegeben, was zwischen 30 und 40 Hieben entspricht.

11f. *zwischen steingehauenem Himmel und steingehauener Erde]* Bezieht sich auf den Steintrog des Grabes, das ebenso aus dem Fels »gehauen« wurde wie die Nische über ihm, deren Bogen (*lat.*: arcosolium) den Himmel nachbildet.

13f. *war der Kasten seiner Brust ganz hochgezogen]* Das Turiner Grabtuch zeigt den Brustkorb in unnatürlich weit heraus- bzw. hochgepresster Stellung. Dieses anatomische Detail ist typisch für die Erstickung als der üblichen Todesursache bei Kreuzigungen, die aufgrund der hängenden Stellung des Körpers eintritt.

17f. *die offene Seite ... nah am Steinrand lag]* Besonders deutlich zeichnet sich im Turiner Grabtuch der große, blutige Fleck der Seitenwunde ab, der zwischen der fünften und sechsten Rippe der rechten Körperseite angesiedelt ist und vom Stich einer römischen Lanze herrühren könnte (Joh 19,34).

287 9f. *Ich fühlte Formen ... auffächerte und teilte]* Das Kneten von Figuren aus Lehm ist ein schöpfungsmythisches Motiv, das sich u.a. in der *Genesis* findet: Gott töpfert aus Lehm den Menschen: »[...] ein Nebel stieg auf von der Erde und feuchtete alles Land. Da machte Gott der Herr den Menschen aus Erde vom Acker und blies ihm den Odem des Lebens in seiner Nase.« (Gen 2,6-7) Im Kindheitsevangelium des Thomas (KThom 2,1-5) formt der fünfjährige Jesus am Schabbat zwölf Spatzen aus Lehm und erweckt sie zum Leben (vgl. Anm. JS 73,25ff.). Im Koran wird in Sure 5, Vers 110 darauf Bezug genommen: »[Damals] als Gott sagte: Jesus, Sohn der Maria! Gedenke meiner Gnade, die ich dir und deiner Mutter erwiesen habe, [...] und [damals] als du mit meiner Erlaubnis aus Lehm etwas schufst, was so aussah wie Vögel, und in sie hineinbliesest, so daß sie mit meiner Erlaubnis [schließlich wirkliche] Vögel waren.«

11f. *mit den Händen ... war nur Spiel]* Im alttestamentlichen Buch der Sprichwörter spricht die personifizierte Weisheit, die bei der Erschaffung der Welt an Gottes Seite ist: »Als er dem Meer seine Grenze setzte und den Wassern […]; als er die Grundfesten der Erde legte, da war ich als sein Liebling [Luther übersetzt »Werkmeister«] bei ihm; ich war seine Lust täglich und spielte vor ihm allezeit; ich spielte auf seinem Erdkreis und hatte meine Lust an den Menschenkindern.« (Spr 8,29-31)

21f. *jener Kasten fürs Gebein jetzt riesengroß]* Vgl. (CC 246,3ff.)

7f. *zog mit letzter Kraft … der Kante hoch]* Das Motiv erscheint ähnlich in Thomas' Traum, in dem er seinen ganzen Körper an jenem mysteriösen, im Boden verankerten Krug hochzieht, um aus ihm zu trinken (CC 200,35ff.).

10f. *Mit einem Schlag … Angst wie ausgelöscht]* Das Grab wird mit einem Brautbett parallelisiert. In seinem Vortrag *Von der not-wendigen Macht der Bilder – Erfahrungen beim Schreiben* führt Roth zu diesem dem Augustinus zugeschriebenen Vergleich aus: »Gleichsam als ein Bräutigam ging Christus aus seiner Kammer hervor, er ging mit der Vorherverkündigung seiner Hochzeit in das Feld der Welt hinaus. Er gelangte bis zum Bette des Kreuzes, und da hat er, indem er hinaufstieg, die Ehe bestätigt [›firmavit ascendendo coniugium‹]. Und als er die schweren Seufzer der Kreatur fühlte, hat er sich in frommer Selbsthingabe für die Gattin zur Sühne hergegeben, und hat mit ewiger Geltung sich die Frau anverlobt. – Die Frau, ›matrona‹, das ist die Kirche.«

18 *Ich wandte mich, sein Gesicht zu sehen]* Vgl. (CC 240,21ff.; 263,31f.)

289 26 *Hinabgefallen … der Dunkelheit liegen]* Die von einem Fall in die Tiefe (CC 288,19) eingeleitete Vision stellt ein Parallelgeschehen zu Jesu Abstieg in die Hölle dar, wie er im dritten nachträglich angefügten Teil des Nikodemusevangeliums (um 320 n. Chr.) erzählt wird und im Mittelalter zu reicher Blüte kam. Demnach steigt Jesus in der Nacht nach seiner Kreuzigung in das Reich des Todes bzw. in die Hölle hinab, die Seelen der Ahnen zu befreien.

290 1 *Da kam einer. Kam aus der Dunkelheit]* Vgl. dazu das Bild vom Kommen der Anima zu Beginn von Thomas' Traum (CC 202,22); in beiden Fällen kündet die lyrische Wortfigur eine grundlegende Veränderung an.

13 *Ich sah das Messer]* Das Messer als Schneideinstrument repräsentiert das Unterteilen und Differenzieren als Erkenntnisvorgang; auch das Licht, das auf das Messerblatt fällt (CC 290,18), steht für das Prinzip des unterscheidenden Geistes.

11 *meinen Mörder … herbeigerufen]* Wiederkehr des Satans und »Töters« Vgl. (CC 254,9ff.).

291 25f. *Von seinen Augen nimmt er eines]* Variation der Legende vom Auge Gottes, das ausgesandt wird, die Welt zu durchstreifen; vgl. (CC 249,15f.).

292 10 *hinterm Tor … Ausmaß einer Stadt]* Anspielung auf das »Neue Jerusalem« der Offenbarung. Nachdem der letzte Kampf Gottes ge-

gen den Satan geschlagen und das Endgericht gehalten ist, erneuern sich Himmel und Erde. Eine neue Stadt, als Quader angelegt und von hohen Mauern umgeben, fährt aus dem Himmel herab: »Die hatte die Herrlichkeit Gottes; ihr Licht war gleich dem alleredelsten Stein, einem Jaspis, klar wie Kristall; sie hatte eine hohe Mauer und hatte zwölf Tore und auf den Toren zwölf Engel und Namen darauf geschrieben, nämlich die Namen der zwölf Stämme der Israeliten: von Osten drei Tore, von Norden drei Tore, von Süden drei Tore, von Westen drei Tore. Und die Mauer der Stadt hatte zwölf Grundsteine und auf ihnen die zwölf Namen der zwölf Apostel des Lammes. Und der mit mir redete, hatte einen Messstab, ein goldenes Rohr, um die Stadt zu messen und ihre Tore und ihre Mauer. Und die Stadt ist viereckig angelegt, und ihre Länge ist so groß wie die Breite. Und er maß die Stadt mit dem Rohr: zwölftausend Stadien. Die Länge und die Breite und die Höhe der Stadt sind gleich. Und er maß ihre Mauer: hundertvierundvierzig Ellen nach Menschenmaß, das der Engel gebrauchte. Und ihr Mauerwerk war aus Jaspis und die Stadt aus reinem Gold, gleich reinem Glas. Und die Grundsteine der Mauer um die Stadt waren geschmückt mit allerlei Edelsteinen.« (Offb 21,11-20)

13 f. *Ich seh das Fest am Ende aller Zeiten]* Zugrunde liegt die Vorstellung vom »messianischen Festmahl«, wie es u. a. die jüdische Legende kennt. Nach der Auferstehung der Toten und nach dem letzten Gericht lädt der Messias die Gerechten zum Bankett und lässt ihnen das Fleisch der beiden Urmonster, Behemoth und Leviathan, zur Speise geben: »In jener Stunde wird der Heilige, Gesegnet sei Er, den Tisch bereiten und schlachten Behemoth und Leviathan [...] und zubereiten den Frommen ein großes Festmahl. Und Er wird einen Platz anweisen einem jeden von ihnen seiner Ehre gemäß [...] Und der Heilige, Gesegnet sei Er, wird ihnen Wein auftischen, der aufbewahrt war in seinen Trauben seit den sechs Tagen der Schöpfung [...] Und Er erfüllt die Wünsche der Frommen, erhebt sich vom Thron der Herrlichkeit und gesellt sich zu ihnen [...] Und Er tischt auf alle Schönheit des Gartens Eden.« (R. Patai: *The Messiah Texts*, S. 238-239, Übers. M. K.-M.) Im Alten Testament findet sich das Bild vom endzeitlichen Mahl bei Jesaja: »Und der Herr Zebaoth wird auf diesem Berge allen Völkern ein fettes Mahl machen, ein Mahl von reinem Wein, von Fett, von Mark, von Wein, darin keine Hefe ist. Und er wird auf diesem Berge die Hülle wegnehmen, mit der alle Völker verhüllt sind, und die Decke, mit der alle Heiden zugedeckt sind. Er wird den Tod verschlingen auf ewig. Und Gott der Herr wird die Tränen von allen Angesichtern abwischen und wird aufheben die Schmach seines Volks in allen Landen.« (Jes 25,6-8; vgl. 4 Esra 6,25 u. Ps 74,14) Diese Tradition der endzeitlichen Versöhnung wird im Jesuswort vom Kommen der »Fernen« zum endzeitlichen Mahl aufgegriffen: »Viele werden kommen von Osten und von Westen und mit Abraham und Isaak und Jakob im Himmelreich zu Tisch sitzen.« (Mt 8,11; Lk, 13,29) Vermutlich näher als die theologischen Kontexte liegen in diesem Fall die literarischen

Bezüge. Vor allem der von Roth besonders geschätzte Friedrich Hölderlin wirkte mit seiner Hymne *Friedensfeier* (1801) in die Ausgestaltung der Vision vom »Fest am Ende aller Zeiten« hinein – einer »apokatastasis pantōn« (»Wiederherstellung aller«). Das zentrale Bild der Hymne ist ein endzeitliches Friedensmahl, die Versammlung aller großen Gestalten, die in der Geschichte gewirkt haben, um den »Fürsten des Festes«, der den »allversammelnden« Festtag mit ihnen feiert. »Wo aber bei Gesang gastfreundlich untereinander / In Chören gegenwärtig, eine heilige Zahl / Die Seeligen in jeglicher Weise / Beisammen sind, und ihr Geliebtestes auch, / An dem sie hängen, nicht fehlt; denn darum rief ich / Zum Gastmahl, das bereitet ist, / Dich, Unvergeßlicher, dich, zum Abend der Zeit, / O Jüngling, dich zum Fürsten des Festes« (*Friedensfeier*, V 109-118).

18f. *Was wir für Licht ... Finsternis gewesen]* Gleißendes Licht ist ein Element des »Neuen Jerusalem«: »Und die Stadt bedarf keiner Sonne noch des Mondes, daß sie in ihr scheinen; denn die Herrlichkeit Gottes erleuchtet sie, und ihre Leuchte ist das Lamm.« (Offb 21,23) Die Vorstellung einer alles sprengenden Licht-Kraft kennt die Hebräische Bibel als »Kabod«, Herrlichkeit Gottes – heilig-blendendes Feuer, das vom Menschen nicht ertragen werden kann. Vgl. Ex 33,18: »Und Mose sprach: Lass mich deine Herrlichkeit sehen!« und Ex 33,22: »Wenn dann meine Herrlichkeit vorübergeht, will ich dich in die Felskluft stellen und meine Hand über dir halten, bis ich vorübergegangen bin.«

23f. *Hier saßen Hasser und Gehaßte ... beisammen am Tisch]* Nicht nur die Rechtschaffenen wie im Vorbild der jüdischen Legende sitzen in der Vision der Tirza beieinander – es sind auch die Verdammten, Sünder, Verbrecher und Mörder anwesend. Roth wurde zu diesem Bild von einer jüdischen Legende angeregt, die in Louis Ginzbergs Sammlung *The Legends of the Jews* (1913, Bd. 4, S. 114-116) enthalten ist. Roth zitiert und kommentiert die Legende in seinem Essay *Abrahams Erbarmen* (2016): »Wie alles letztlich von Einem abhängt, auch einem Menschen vielleicht, wohl weil er letztlich um seinen Wert als Individuum weiß, noch im Angesicht Gottes, das bekräftigt eine jüdische Legende, die vom Tag des Großen Gerichts handelt – und dem letzten Erbarmen. Da heißt es, daß David am Ende aller Zeiten an einem großen Bankett-Tisch sitzen wird mit allen Gerechten im Paradies. Gott selbst sitzt am anderen Ende auf Seinem Thron. Zum Abschluß des Mahls wird Gott den Weinkelch, über den der Segen gesprochen werden soll, an Abraham reichen mit den Worten: ›Sprich den Segen über den Wein, Du Vater aller in der Welt, die treuen Glaubens sind‹. Abraham wird antworten: ›Ich bin es nicht wert, den Segen zu sprechen, denn ich bin auch der Vater der Ismailiten, die Gottes Zorn entzünden‹. Gott bietet daraufhin den Kelch der Reihe nach Isaak, Jakob, Mose und Josua an, von denen ein jeder sich für unwürdig hält. Schließlich wird Gott sich an David wenden mit den Worten: ›Nimm den Kelch und sprich den Segen, du herrlichster Sänger in

Israel und Israels König.‹ Und David wird antworten: ›Ja, ich werde den Segen sprechen, denn ich bin der Ehre würdig.‹ Dann wird Gott zur Torah greifen und verschiedene Passagen daraus lesen, und David wird einen Psalm singen, auf den hin die Gläubigen im Paradies und die Sünder in der Hölle zusammt laut ausrufen: Amen. Dann wird Gott seinen Engeln befehlen, die Sünder aus der Hölle zu führen ins Paradies.«(*Diakonia* 47/2016, S. 46f.)

292 35 f. *Fäden meines Rauchs … all das sehend zog]* Das Netz aus Rauch versinnbildlicht parallel zum »Strahlennetz« (CC 262,13) und zum ›Stimmennetz‹ Jesu (CC 263,9) den Vorgang des Einsammelns und Erinnerns.

293 5 f. *die Hand des Menschen … einst am Fluß getrennt]* Tirza erkennt sich mit dem Bräutigam vereint, den sie im großen Separatio-Traum ziehen lassen musste (CC 245,13 ff.).

12 *Vor dem Entzweier sah ich sie erschauern]* d.h. vor dem Satan, den Origenes in seiner Schrift *De principiis* (212-215) als erster visionär in die »endzeitliche Versöhnung aller« (Apokatastasis) einschloss. »Das Ende der Welt wird kommen, wenn jeder seinen Sünden entsprechend gestraft werden wird […] Die Güte Gottes […] wird seine gesamte Schöpfung zur Einheit der Zwecke wiederherstellen, selbst seine besiegten und unterworfenen Feinde.« (Origenes: *De principii*, 1,6.1)

17 *Und er stieg … ins schwärzende Licht]* Anspielung auf das aus der Alchemie bekannte Symbol des »Sol niger« (*lat.*: schwarze Sonne). Es impliziert, dass es nicht nur helle Sonnenstrahlen, sondern auch dunkle Sonnenstrahlen gibt. Ein alchemistischer Text spricht davon, man müsse »den Sonnenstrahl aus seinem Schatten extrahieren«. Das Bild von der »schwarzen Sonne« findet auch heute noch Ausdruck, z. B. in der Popkultur. Auf dem Album *Superunknown* (1994) der amerikanischen Grunge-Band *Soundgarden* findet sich der Titel *Black Hole Sun*, der zu einem der bekanntesten Stücke der Band wurde und von Traumbildern inspiriert ist. Der Refrain lautet »Black Hole Sun / won't you come / and wash away the rain«.

19 *Die Torportale aber ließ man offen]* Ein weiteres Kennzeichen des »Neuen Jerusalem«, das in ewigem Frieden und Sicherheit lebt: »Und ihre Tore werden nicht verschlossen am Tage; denn da wird keine Nacht sein.« (Offb 21,25)

23 ff. *Ihr Zittern … dem Lügner, Versucher und Satan]* Wiederkehr des dämonischen Mannes, mit dem Jesus im Hügel spricht (CC 248,28 ff.) und der Tirza später am Jordanufer erschlägt (254,22 ff.). Anspielung auf die Versuchung Jesu in der Wüste, die in den synoptischen Evangelien erzählt wird. »Da wurde Jesus vom Geist in die Wüste geführt, damit er von dem Teufel versucht würde. Und da er vierzig Tage und vierzig Nächte gefastet hatte, hungerte ihn. Und der Versucher trat zu ihm und sprach: Bist du Gottes Sohn, so sprich, dass diese Steine Brot werden.« (Mt 4,1-3)

28 *Da kommt aus ihrer Mitte der Herr des Fests]* Die Wendung »Herr des Fests« ist eine Reminiszenz an Hölderlins Hymne *Friedensfeier*,

eine Anspielung auf den »Fürsten des Fests«, eine Gestalt, die Jochen Schmidt als »Epiphanie endzeitlicher Sinnvollkommenheit« (J. Schmidt, *Hölderlins geschichtsphilosophische Hymnen*, S. 82) deutet. »Und dämmernden Auges denk' ich schon, / Vom ernsten Tagwerk lächelnd, / Ihn selbst zu sehn, den Fürsten des Fests« (V 109-118). Die »Mitte« entspricht der Konstellation bei der Kreuzigung: dem Jesus-Kreuz in der Mitte zwischen den Kreuzen der Schächer – des reuigen Dysmas (zur Rechten) und des Gestas, der Jesus verspottete (zur Linken). Zur Figuration der Kreuzigung vgl. Anm. (CC 277,12). Zum Motiv des Hervortretens aus der Mitte s. auch Anm.(RS 33,25).

30 f. *dem öffnet die Arme der Herr des Fests]* Vgl. die Umarmung zwischen Jesus und dem römischen Hauptmann in *Riverside* (RS 61,36 ff.).

31 f. *Als Bruder, als den verlorenen Sohn]* Anspielung auf das Gleichnis vom verlorenen Sohn (Lk 15,11–32), insbesondere die Missgunst des älteren Sohns, der nicht akzeptieren kann, dass der »große Sünder« wieder aufgenommen wird: »Er antwortete aber und sprach zu seinem Vater: Siehe, so viele Jahre diene ich dir und habe dein Gebot noch nie übertreten, und du hast mir nie einen Bock gegeben, dass ich mit meinen Freunden fröhlich gewesen wäre. Nun aber, da dieser dein Sohn gekommen ist, der dein Hab und Gut mit Huren verprasst hat, hast du ihm das gemästete Kalb geschlachtet.« (Lk 29-30) Hier hinein spielt auch die Vorstellung von Satan als einem der Gottessöhne, wie in Hiob 1,6 dargestellt: »Es begab sich aber eines Tages, da die Gottessöhne kamen und vor den Herrn traten, kam auch der Satan unter ihnen.«

294 1 f. *in der Umarmung erweckt ... nie verloren ist]* Die Umarmung ist ein Emblem der Gegensatzvereinigung (»coniunctio oppositorum«, bzw. »complexio oppositorum« = Umarmung der Gegensätze), die erlösend wirkt. »Aus solcher Einung (»coniunctio«) kommt neuer Sinn, denn das Getrennt-Gegensätzliche ist auf neuer Ebene ganz geworden.« (P. Roth: *Zur Stadt am Meer*, S. 81)

9 f. *Und eingesammelt ... aus seiner Seite]* In Anlehnung an die *Genesiserzählung* schafft Jesus den neuen Menschen aus seiner Seite. »Da ließ Gott der Herr einen tiefen Schlaf fallen auf den Menschen, und er schlief ein. Und er nahm eine seiner Rippen und schloss die Stelle mit Fleisch.« (Gen 2,21) Als Zeugin der Auferstehung verkündet Tirza den neuen Anfang und folgt darin der personifizierten »Weisheit«, die bei der Erschaffung der Welt an Gottes Seite war: »Der Herr hat mich schon gehabt im Anfang seiner Wege, ehe er etwas schuf, von Anbeginn her. Ich bin eingesetzt von Ewigkeit her, im Anfang, ehe die Erde war.« (Spr 8,22-23)

18 *Und ging durchs offene Felsengrab hinaus]* Die Situation des offenen Felsengrabs schlägt den Bogen zurück zur Entdeckung des leeren Grabs am Morgen des ersten Wochentags, mit dem Thomas seinen Bericht beginnt (CC 185,10 f.).

20 f. *nahm ich die Grabtücher ... und faltete das Linnentuch]* Laut Bericht des Johannesevangeliums sahen der Lieblingsjünger und Simon Petrus die Leinentücher im leeren Grab liegen »aber das Schweißtuch,

das Jesus um das Haupt gebunden war, [sah er] nicht bei den Leinentüchern liegen, sondern daneben, zusammengewickelt an einem besonderen Ort.« (Joh 20,7)

27 f. *Kastendach darübergezogen … im engen Dunkel verbrenne]* Das Motiv des Licht-Löschens endet Tirzas Bericht und bindet die Handlung zurück an das Sehen eines Lichts im Grab (vgl. CC 186,13 ff.).

29 *war neues Licht]* Anspielung auf den Johannesprolog: »In ihm war das Leben, und das Leben war das Licht der Menschen. Und das Licht scheint in der Finsternis, und die Finsternis hat's nicht ergriffen.« (Joh 1,4-5)

33 *Aber zu dir haben sie mich geführt]* Vgl. Tirzas Auftrag, »Erinnerin« zu sein (CC 250,26).

295 17 *Sondern jetzt und in dir ist Er]* Vgl. das Thomasevangelium: »Die Jünger fragten Jesus: Wann wird die Herrschaft Gottes offenbar werden? [Jesus antwortete]: / Nicht dann, wenn man es erwartet. Man wird auch nicht sagen können: Hier ist es! oder ‚Dort ist es!‘ / Sondern die Herrschaft des Vaters ist [jetzt schon] ausgebreitet über die Erde, und die Menschen sehen sie nicht.« (ThomEv 113) Im Lukasevangelium heißt es entsprechend: »Als er aber von den Pharisäern gefragt wurde: Wann kommt das Reich Gottes? antwortete er ihnen und sprach: Das Reich Gottes kommt nicht mit äußerlichen Gebärden […] sehet, das Reich Gottes ist inwendig in euch.« (Lk 17,20-21, Lutherbibel 1912).

18 f. *Wo nicht in dir, da mordet der Mörder]* Der Verlorene ist im eigenen Inneren. Wird er außen, d.h. in Projektion auf andere – stets nur bei den anderen gesucht –, dann werden die »Morde«, die man im eigenen Inneren begeht nicht erkannt; die (unbewusste) Unterdrückung psychischer Inhalte in der eigenen Seele wird in diesem Fall vom Ich nicht als solche wahrgenommen. Die Thematik der Annahme des Schattens (des »Verlorenen«) ist schon in der *Riverside*-Novelle ausgestaltet. So deutet Diastasimos die unerhörte Umarmung zwischen Jesus und dem römischen Hauptmann ganz im Sinne Tirzas: »Denn, sagte Er [Jesus] nicht von dort unten: ›Diastasimos, finde Deinen Mörder […]. Deinen Mörder umarme, und befreie den Attentäter, der auf dich lauern muß, und entlaß ihn in deiner Umarmung, und wo ich nicht bin mehr leibhaftig und in Person, da bin ich dein Feind, dem du nicht vergeben hast, den du unumarmt und vergessen gelassen hast in dir.‹« (RS 65,3 ff.)

24 *Durch zwei aber ist Eingang]* Vgl. (CC 223,35 f.; 236,27 f.); das Passieren der einander gegenüberstehenden Säulen Boas und Jakin beim Eintritt in den Tempel versinnbildlicht das Ertragen der Gegensätze. Aus ihm entsteht das Dritte – »Deo concedente«, d.h. so Gott will, es zulässt, es gewährt. Das Dritte verweist auf ein Nicht-Menschengemachtes, Göttliches, das die Gegensätze vereint. Religiös gesehen verweist es auf ein Mysterium, psychologisch gesehen: auf das Unbewusste, das den Menschen trägt, über das er nicht Herr ist und auf das er sich also beziehen sollte.

296 11f. *im Kreis … im Viereck der Tempelmauern]* Die Linksläufig-
keit der Bewegung beider im Gespräch bedeutete eine Bewegung in
Richtung des Unbewussten, die nun abgeschlossen ist. Die Zwölf
symbolisiert, wie die Figur des Kreises, den Tirza und Thomas beim
Gang innerhalb des Tempelgevierts beschreiben, selbst Ganzheit (vgl.
CC 205,21 ff.). Aus der Vogelperspektive betrachtet liegt folgendes
Gesamtbild vor: Der »Mittelpunkt« des Tempelheiligtums, das Gott
bewohnt – also der »Eine«, der durch »Kreis« oder »Sphäre« symbolisiert wird –, ist vom exakt quadratischen Grundriss des Allerheiligsten umgeben, einem Quader, der wiederum vom Kreis der beiden
Gehenden umschrieben (zirkumambuliert) wird, einem weiteren Zirkel mithin, der dem großen Viereck des Vorhofs der Heiden bzw.
dem Geviert der Tempelmauern eingeschrieben ist. Angesprochen ist
hier das Problem der Quadratur des Zirkels, das die Alchemisten als
Symbol ihres Opus betrachteten. Das »Opus« entspräche hier der Arbeit des Gesprächsverlaufs selbst, die zur Gewinnung eines höchsten
Werts führen soll: Thomas' Bewusstwerdung. Die Quadratur des Zirkels, wie C.G. Jung sie im Kapitel über *Mandala-Symbolik* im Band
Psychologie und Alchemie beschreibt, löst die anfängliche, chaotische
Einheit [dem entsprächen Vorstellungen wie die *griech.:* »arche« =
der Anfang der Schöpfung, das noch Ungetrennt-Eine, die »Mitte«,
der Ursprung, das Paradies, M.K.-M.] in die vier Elemente auf [die
entsprächen den vier Eckpunkten des gleichsam aus dem Kreis der
Tempelmitte ›extrahierten‹ Quadrats des Allerheiligsten, M.K.-M.],
die dann wiederum zu einer *höheren Einheit* zusammengesetzt werden [diese würde einerseits durch den Zirkel symbolisiert, den die
Gesprächspartner beim Gang ums Allerheiligste beschreiben, andererseits durch die aus solchem Gespräch gewonnene umfassendere Sicht,
die Bewusstwerdung = die neugewonnene Essenz, M.K.-M.]. Jung
erläutert: »Die Einheit ist dargestellt durch den Zirkel, die vier Elemente durch das Quadrat. Die Herstellung des Einen aus den Vier
erfolgte durch einen Destillations- respektive Sublimationsgeprozess
[= der ›Gang‹ des Gesprächs mit Tirza], welcher in ›zirkulärer‹ Form
verlief: das heißt das Destillat [der Gesprächs-›Stoff‹] wurde verschiedenen Destillationen unterworfen, damit die ›Seele‹ oder der ›Geist‹ in
reinster Gestalt herausgezogen wurde. In der Regel wird das Resultat
als Quintessenz bezeichnet, was aber durchaus nicht der einzige Name
des stets erhofften und nie geglückten ›Einen‹ ist.« (C.G. Jung: *Über
die Mandala-Symbolik,* in: ders. GW, Bd. 12, S. 150) Der im alche-
mischen Opus symbolisierte Prozess ist, psychologisch betrachtet:
die Individuation – hier komprimiert und dramatisiert in der Umkreisung der Mitte des Tempels. Das »Herausziehen« der »vier Elemente« entspräche psychologisch den vier psychischen Funktionen
(des Denkens, der Fühlens, der Intuition, der Empfindung), die im
Laufe eines Lebens mehr oder weniger differenziert werden. Ziel der
Individuation ist die von solcher Differenzierung beförderte psychische »Ganzwerdung«, die jenem zweiten umfassenden Kreis, jener

»höheren Einheit« entspräche. – Eine Parallelstelle zu dieser Vorstellung einer durch Individuation wiedergewonnenen, nun aber bewusst gelebten Einheit (im Unterschied zur ursprünglich unbewussten Einheit des »Paradieses«) findet sich in Kleists Schrift *Über das Marionettentheater* (1810)*; die Stelle bezieht sich auf Gen 3,23-24: »›Solche Mißgriffe‹, setzte er abbrechend hinzu, ›sind unvermeidlich, seitdem wir von dem Baum der Erkenntnis gegessen haben. Doch das Paradies ist verriegelt und der Cherub hinter uns; wir müssen die Reise um die Welt machen, und sehen, ob es vielleicht von hinten irgendwo wieder offen ist.‹« Die Reise um die Welt entspricht der Zirkumambulation des Tempels, der Mitte, und ist Symbol der Individuation. Roth findet es bedeutsam, dass in der Bemerkung der kleistschen Figur das »Paradies« nur bewusst, d.h. durch das Wissen vom Unbewussten, mithin: durch die »Hintertür«, als wiedererreichbar vorgestellt wird.

14f. *sie reichte mirs … daß ich esse]* Biblische Wendung, die auf Assimilierung eines Inhalts, auf »coagulatio« bzw. Konkretisierung hindeutet, vgl. Anm. zu (CC 234,29f.). Spirituelles Wissen soll kein Abstraktum bleiben, sondern soll ins konkrete Leben umgesetzt und realisiert werden. Diesen Zusammenhang erläutert Roth in den *Frankfurter Poetikvorlesungen*: »›Zerreißt eure Bücher, damit eure Herzen nicht brechen‹, sagt der Alchemist, der bis dahin doch immer gesagt hatte: ›Ein Buch öffnet das andere.‹ Und warum sagt er jetzt, im letzten: ›Zerreißt eure Bücher, damit eure Herzen nicht brechen‹? Weil im letzten nur das individuell Gelebte entscheidend ist – nicht das in Büchern Gelesene [oder das im Lehrgespräch Empfangene, M. K.-M.]. Die eigene Erfahrung, die ich selbst, ohne die Hilfe der anderen, zu erfahren habe, die ist der Abgrund – der Abgrund, der hinter dem Buch wartet und noch nicht beschrieben ist, nicht geschrieben, zunächst nur gelebt werden kann.« (P. Roth: *Ins Tal der Schatten*, S. 146)

16ff. *Und das Auge … mein linkes dafür zu tauschen]* Die Metapher des Augentauschs versinnbildlicht eine Bewusstseinserweiterung.

27 *Ich lag … am Boden im Stall]* Die gesamte Tirza-Handlung erweist sich als mögliches Traumgeschehen. Die Frage erhebt sich: »War das von Thomas Erlebte ein Traum oder war der Traum Wirklichkeit?« Man könnte auch fragen: »Inwiefern ist der Traum auch Wirklichkeit?«

30f. *Ich hatte wohl … hier durchschlafen]* Wie Tirza in der Grabhöhle am Fluss (CC 261,15ff.) und Jesus im Felsengrab erwacht Thomas am dritten Tag.

297 5 *Über einem Stecken … lag der Umhang]* Der Umhang ist wie der Krug (CC 296,25) ein weiteres mit Tirza verbundenes Relikt, vgl. (CC 255,7ff.).

22 *Weil ich mich abgesondert hatte]* Das Schuldgefühl kehrt wieder; vgl. Joh 20,24: »Thomas aber, der Zwilling genannt wird, einer der Zwölf, war nicht bei ihnen, als Jesus kam.«

298 22f. *das Gesicht … war abgewandt]* Variation des Motivs vom »abgeschnittenen Blick« im Baum, vgl. (CC 240,23ff.).

30f. *Ein Wasserkrug ... geht sie weiter]* Tirzas Erkennungszeichen vgl. (CC 200,25; 245,4;255,7; 265,1 f.). Wasser ist ein zentrales Symbol für das Unbewusste, das in jener fremd-vertrauten Wasserkrugträgerin ein äußeres Pendant gefunden hat; vgl. das Bild des Sternzeichens »kommender-noch fremder-Zeit«: der Wasserträger« / Aquarius.

299 19 *Er kommt. Kommt auf die zu ... für Tirza hielt]* Die wiederkehrende Formel (CC 202,22 ff.), die der Begegnung von Liebenden vorbehalten ist.

300 16 *Wir kamen auf den Platz vor der Kaserne]* Der Ort, an dem die Suche nach dem Leichnam sechs Tage zuvor begann (CC 189,12).

17 f. *In der Mittagshitze standen schon viele]* Die Mitte ist auch tageszeitlich betont; das Licht – psychologisch gelesen: das Bewusstsein bzw. das Bewusstwerdungspotential – hat seine höchste Intensität, die höchste Stufe erreicht: die Gegensätze treffen aufeinander. Im Räumlichen entspricht dieser Vorstellung, die sich auch im Bild des »High Noon« vermittelt, die Entscheidung auf der Bergspitze – die hier im Bild des Scheiterhaufens erscheint.

31 f. *der Knecht ... im Hohn den besten Platz geboten]* Anspielung auf die zynische Offerte des Folterknechts (CC 198,19 ff.).

301 11 *der Ring der Soldaten]* In der Mandala-Konstellation kehrt der Rundgang (Zirkumambulation) von Thomas und Tirza wieder (CC 205,19), die ebenfalls ein Viereck-im-Geviert, den Tempel, umkreist.

35 *ein großes Schleifen, Reiben, Kriechen]* Im Bild vom schlangenartigen Reptil in der Sonnenhitze ist der »Ouroboros« angesprochen, *(griech.)* »ourá« = Schwanz und »bóros« = verzehrend. In der altägyptischen Ikonographie kommt das Bildsymbol einer Schlange vor, die sich in den eigenen Schwanz beißt und so mit ihrem Körper einen geschlossenen Kreis bildet. In der Alchemie weist der »Schwanzfresser« auf den geschlossenen, wiederholt ablaufenden Wandlungsprozesse der Materie; zugleich steht er für die »prima materia« selbst, den Urstoff, der gewandelt wird. In der Tiefenpsycholgie steht der »Ouroboros« für die undifferenzierte Phase frühester Entwicklung, in der sich noch kein Ich-Bewusstsein herausgebildet hat. Das Bild des Drachens ist mit großer Energie assoziiert, die Funken zündet; psychologisch betrachtet kann es auf ein mächtiges – potentiell gefährliches – Potential gänzlich undifferenzierter Libido (Seelenenergie) hinweisen, auf »psychisches Dynamit«. Das Schleif- und Kriechgeräusch spielt auf das Baum- und Grabnumen an, das traditionell als Schlange vorgestellt wurde, vgl. (CC 239,15; 281,17 ff.).

302 20 ff. *In hellen Schäften schossen Blitze ... zu mir herab]* Das Bild von den Blitzschäften mag an den lanzenwerfenden St. Georg erinnern, der den Drachen besiegt. Die Licht-Lanze versinnblicht das Bewusstsein, das den bedrohlichen, überwältigenden psychischen Inhalt durchbohrend »fixiert« bzw. verwandelt.

303 3f. *den hergeglaubten Bruder ... Vergibst du mir?]* Dieselbe Frage, die Thomas dem Zwilling stellte (CC 211,34f.).

9 *Daß ich dich in den Tod geschickt]* Die Antwort identifiziert den alten Mann als Samuel ben Pharez, den Tempelwächter aus Tirzas Erzählung (CC 223,20ff.).

11f. *als läg ich tot ... Bauch der Menge]* Anspielung auf den Propheten Jona, der seine Sendung floh, ins Meer geworfen und von einem riesigen Fisch verschlungen wurde, aus dem er zu Gott betete. »Und Jona war im Leibe des Fischs drei Tage und drei Nächte.« (Jona 2,1) Vgl. die bildhaften Wendungen aus dem Amerikanischen: »in the belly of the whale« = Im Bauch des Wals bzw. »in the belly of the beast« = im Bauch des Ungeheuers.

19f. *Und geb die Antwort für den Bruder]* Die Vergebung, die Thomas vom Zwilling nie vernahm (CC 211,34ff.).

304 1f. *sah ich den Johannes]* Erste Begegnung mit einem der Jünger, seit er das Haus verließ (CC 191,9ff.).

11f. *Auf dem Weg nach Jericho ... Leiche gefunden]* Vgl. (CC 227,22ff.) und (CC 229,15).

21 *»Seht euren König!«]* Im Johannesevangelium wird Jesus wiederholt als »König der Juden« tituliert, insbesondere während der Befragung durch Pilatus: »Da ging Pilatus wieder hinein ins Prätorium und rief Jesus und fragte ihn: Bist du der König der Juden?« (Joh 18,33), woraufhin Jesus ihm antwortet: »Mein Reich ist nicht von dieser Welt« (Joh 18,36) und dennoch bestätigt: »Ich bin ein König.« (Joh 18,37). Auch bei der Geißelung und Verurteilung wird die Formel »König der Juden« wiederholt eingeflochten, und die Aufschrift auf dem Kreuz lautet »Jesus von Nazareth, der König der Juden« (Joh 18,39; 19,3; 19,14-15; 19,19).

306 1ff. *Bedeutungslos ... Machtlos]* Vgl. (CC 236,19ff.; 236,27ff.)

32 *Ich laufe, frei ... mit vollem Willen]* Der Agonie folgt die entschlossene Tat, ein Muster, das auch Tirzas Bewusstwerdungsprozess kennzeichnet; vgl. (CC 279,12ff.).

33f. *Erreich die Seite des holzgefügten Quaders]* Im Quader wird das Bild des »Kastens«, »Allerheiligsten« bzw. »Neuen Jerusalems« (Offb 21) wiederaufgegriffen, ebenso wie der Traum vom »Viereck« der Stadt und dem in sie »hineinverschlossenen« Tempel (CC 246,3ff.; 246,22ff.).

308 9f. *Hin durchs gespaltene Gestrüpp der Äste]* Der Scheiterhaufen mit den hochschlagenden Flammen wird zum Baum; Parallele zur Baum-Episode Tirzas (CC 234,4ff.).

15f. *Als spielte ich ... in einem Flammengarten.]* Anspielung auf den vom Flammenschwert verschlossenen Paradiesgarten (Gen 3,24); auch die Vergangenheit des Kindheitsgartens ist assoziiert – der Anblick des fremden Zwillings im Spiegel der Wasserschale (CC 213,15ff.).

26ff. *Hier liegt einer wie ich ... in mir den Boas sah]* Moment der

Wiedererkennung; Parallele zur Wiedererkennung des Tempelwärters Samuel ben Pharez (CC 302,23 ff.).

34 *Bevor, in Trotzgewalt, er überlebte]* Anspielung auf den
zweiten Namen des Zwillings »Boas«, vgl. (CC 223,26 ff.).

309 8 f. *Wie Du uns ... den Körper gabst]* Vgl. die Einsetzungsworte
zum Abendmahl: »Der Herr Jesus, in der Nacht, da er verraten
ward, nahm er das Brot, dankte, brach's und sprach: Das ist mein
Leib, der für euch gegeben wird; das tut zu meinem Gedächtnis.«
(1 Kor 11,23-24)

11 f. *Und ich berührte seine Seite ... den ich gefunden]* Vgl. Joh
20,27: »Reiche deinen Finger her und sieh meine Hände, und
reiche deine Hand her und lege sie in meine Seite und sei nicht
ungläubig, sondern gläubig!«

13 f. *der dir nachzusterben suchte, war gestorben]* Der Wunsch
des Nachsterbens war eigentlicher Anlass für den Aufbruch, vgl.
(CC 183,25; 187,25 f.; 199,14). Paulus äußert im *Galaterbrief*:
»Denn ich bin durchs Gesetz dem Gesetz gestorben, damit ich
Gott lebe. Ich bin mit Christus gekreuzigt. Ich lebe, doch nun
nicht ich, sondern Christus lebt in mir. Denn was ich jetzt lebe
im Fleisch, das lebe ich im Glauben an den Sohn Gottes, der mich
geliebt hat und sich selbst für mich dahingegeben.« (Gal 2,19-20)

16 f. *mein Bruder, Herr und Gott]* Vgl. Joh 20,28: »Mein Herr
und mein Gott!«

18 *Hier]* Dieses »Hier«, ohne schließenden Punkt, öffnet. Sein
letzter Buchstabe bildet als »Vierter« zusammen mit den drei Ini-
tialen der Trilogie ein auf Jesus bezogenes Tetragramm.

Literarische Werke und Quellen

Aurelius Augustinus: Die Bekenntnisse. Übersetzt von Otto F. Lachmann. Leipzig: Reclam, 1881.

Aurelius Augustinus: Bekenntnisse. Aus dem Lateinischen übersetzt von Joseph Bernhart. Frankfurt a.M.: Insel, 1987.

Paul Celan: Die Gedichte. Kommentierte Gesamtausgabe in einem Band. Hrsg. von Barbara Wiedemann. Frankfurt a.M.: Suhrkamp, 2003.

Meister Eckhart: Deutsche Predigten. Ausgewählt und übersetzt von Louise Gnädiger. Zürich: Manesse, 1999.

Ralph Waldo Emerson: Die Natur. Ausgewählte Essays. Hrsg. von Manfred Pütz. Stuttgart: Reclam, 1982.

Johann Wolfgang von Goethe: Sämtliche Werke. Frankfurt a.M.: Deutscher Klassiker Verlag.

Jacob Grimm, Wilhelm Grimm: Grimms Märchen. Hrsg. von Heinz Röllecke. Frankfurt a.M.: Deutscher Klassiker Verlag, 1994.

Gerhart Hauptmann: Einsichten und Ausblicke, in: ders.: Das Gesammelte Werk. Berlin: Suhrkamp, 1943. Abt. 1, Bd. XVII.

Friedrich Hölderlin: Sämtliche Werke und Briefe. Hg. von Jochen Schmidt. Frankfurt a.M.: Klassiker Verlag, 1992. Bd. 1 [= Gedichte].

Flavius Josephus: De Bello Judaico. Der Jüdische Krieg. Zweisprachige Ausgabe der sieben Bücher, Bd. II,1. Hrsg. von Otto Michel und Otto Bauernfeind. Darmstadt: Wissenschaftliche Buchgesellschaft, 1963.

Heinrich von Kleist: Sämtliche Werke und Briefe, Bd. 4 [= Erzählungen, Anekdoten, Gedichte, Schriften]. Frankfurt a.M.: Deutscher Klassiker Verlag, 1990.

Friedrich Nietzsche: Ecce Homo. Wie man wird, was man ist. In: ders.: Sämtliche Werke. Kritische Studienausgabe in 15 Bänden, Bd. 6. Hrsg. von Giorgio Colli und Mazzino Montinari. München: dtv/de Gruyter, 1980.

Origenes: Vier Bücher von den Prinzipien. Hrsg. von Herwig Görgemanns, Heinrich Karpp. Darmstadt: Wissenschaftliche Buchgesellschaft, 1976.

Ovid: Metamorphosen. Hrsg. von Hermann Breitenbach. Stuttgart: Reclam, 2008.

Platon: Sämtliche Werke in zehn Bänden. Nach der Übersetzung Friedrich Schleiermachers. Frankfurt a.M.: Insel, 1991.

Plutarch: De Iside et Osiride, in: ders.: Drei religionsphilosophische Schriften. Hrsg. von Herwig Görgemans. Düsseldorf, Zürich: Artemis & Winkler, 2003. S. 136-274.

Marcel Proust: Werke. Frankfurter Ausgabe. Hrsg. von Luzius Keller [Werke II/1]. Frankfurt a.M.: Suhrkamp, 1994.

Rainer Maria Rilke: Werke. Kommentierte Ausgabe in vier Bänden. Hrsg. von Manfred Engel, Bd. 2 [= Gedichte 1910 bis 1926]. Frankfurt a.M., Leipzig: Insel, 1996.

Patrick Roth: Ins Tal der Schatten. Frankfurter Poetikvorlesungen. Frankfurt a.M.: Suhrkamp, 2002.

–: Magdalena am Grab. Frankfurt a.M., Leipzig: Insel, 2003.

–: Zur Stadt am Meer. Heidelberger Poetikvorlesungen. Frankfurt a.M: Suhrkamp, 2005.

–: (Hrsg.): Edgar Allan Poe: Shadow/Schatten. Frankfurt a.M., Leipzig: Insel, 2006.

–: »Von der not-wendigen Macht der Bilder« – Erfahrungen beim Schreiben. (Unveröffentlichter Vortrag, Universität Frankfurt, 11.6.2014)

–: Abrahams Erbarmen. Diakonia 47/2016, S. 45-49. Wiederabgedr. in: Holger Zaborowski, Martin R. Ramb: Jenseits der Ironie. Dialoge der Barmherzigkeit. Göttingen: Wallstein, 2016, S. 21-29.

»Der Autor, der aus Kurosawas Regen kam«. Patrick Roth im Gespräch mit Rainer Weiss (1993), in: Patrick Roth: Riverside. Christusnovelle. Mit einem Kommentar von Grete Lübbe-Grothues. Frankfurt a.M.: 2005 [= Suhrkamp Basis Bibliothek 62], S. 81-101.

»Gather at the River«. Patrick Roth Interview mit John Kluempers. In: Focus on Literature. Journal for German-Language Literature. Bd.1, H. 2/1995, S. 113-119.

Angelus Silesius (Johannes Scheffler): Cherubinischer Wandersmann. Kritische Ausgabe. Hrsg. von Louise Gnädinger. Stuttgart 1985.

Ludwig Wittgenstein: Philosophische Untersuchungen, Schriften Bd. 1, Frankfurt a.M.: Suhrkamp, 1969.

Wissenschaftliche Literatur

Assmann, Jan: Tod und Jenseits im alten Ägypten. München: C.H.Beck, 2001.

Bachmann, Manuel, Hofmeier, Thomas: Geheimnisse der Alchemie. Basel: Schwabe, 1999 (Ausst.-Kat.).

Berger, Klaus, Nord, Christiane (Hgg.): Das Neue Testament und Frühchristliche Schriften [1999]. Frankfurt a.M., Leipzig: Insel, 2005.

Bibliothek der Kirchenväter (BKV) Online Ressource: https://www.unifr.ch/bkv

Campbell, Joseph: Die Kraft der Mythen. Bilder der Seele im Leben des Menschen [1988]. Düsseldorf, München: Patmos, 1994.

Edinger, Edward F.: Melville's Moby Dick. An American Nekyia. Toronto: Inner City Books, 1995.

Jonas, Hans: Gnosis. Die Botschaft des fremden Gottes. Frankfurt a.M., Leipzig: Insel, 1999.

Jung, Carl Gustav: Symbole der Wandlung. In: ders.: Gesammelte Werke, Bd. 5. Düsseldorf: Walter, 1995.

–: Die Mandala-Symbolik, in: ders.: Gesammelte Werke, Bd. 12 [= Psychologie und Alchemie], Düsseldorf: Walter, 1995.

–: Das Wandlungssymbol in der Messe. In: ders.: Gesammelte Werke. Bd. 11 [= Zur Psychologie westlicher und östlicher Religion], Olten: Walter, 1971.

–: Antwort auf Hiob. In: ders. Gesammelte Werke. Bd. 11 [= Zur Psychologie westlicher und östlicher Religion], Olten: Walter, 1971.

–: Mysterium Coniunctionis. Untersuchungen über die Trennung und Zusammensetzung der seelischen Gegensätze in der Alchemie. In: ders.: Gesammelte Werke. Bd. 14/2, Solothurn, Düsseldorf: Walter, 1995.

Kopp-Marx, Michaela: Die Seelen-Dialoge. Ein Commentary Track zu Patrick Roths »Christus Trilogie«. Würzburg: Königshausen & Neumann, 2013.

Otto, Rudolf: Das Heilige. Über das Irrationale in seinem Verhältnis zum Göttlichen und sein Verhältnis zum Rationalen [1917]. München: C.H.Beck, 2004.

Pagels, Elaine: Das Geheimnis des fünften Evangeliums. Warum die Bibel nur die halbe Wahrheit sagt. München: C.H.Beck, 2004.

Patai, Raphael: The Messiah Texts. Jewish Legends of Three Thousand Years. Detroit: Wayne State University Press, 1979.

Jochen Schmidt: Hölderlins geschichtsphilosophische Hymnen. »Friedensfeier«, »Der Einzige«, »Patmos«. Darmstadt: Wissenschaftliche Buchgesellschaft, 1990.

Schneemelcher, Wilhelm (Hrsg.): Neutestamentliche Apokryphen. Tübingen: Mohr, ⁶1990. Bd. 1 [= Evangelien].

–: Neutestamentliche Apokryphen. Tübingen: Mohr, ⁵1989. Bd. II [= Apostolisches, Apokalypsen und Verwandtes].

Scholem, Gershom: Zur Kabbala und ihrer Symbolik. Frankfurt a.M.:
    Suhrkamp, 1973.
Silberer, Herbert: Probleme der Mystik und ihrer Symbolik. Wien,
    Leipzig: Hugo Heller, 1914.
Zwickel, Wolfgang: Die Welt des Alten und Neuen Testaments. Stutt-
    gart: Calwer Verlag, 1997.

Soweit nicht anders vermerkt, wurden die Bibelstellen nach der
Lutherbibel in der revidierten Fassung von 1984 zitiert. Zitate nach
der Einheitsübersetzung sind mit (EÜ), solche nach der Elberfelder
Bibel mit (ELB) gekennzeichnet.

Inhalt

Bibliografische Information der Deutschen Nationalbibliothek
Die Deutsche Nationalbibliothek verzeichnet diese Publikation
in der Deutschen Nationalbibliografie; detaillierte bibliografische
Daten sind im Internet über http://dnb.d-nb.de abrufbar.

© Wallstein Verlag, Göttingen 2017
www.wallstein-verlag.de
Vom Verlag gesetzt aus der Stempel Garamond
Druck und Verarbeitung: Pustet, Regensburg
ISBN 978-3-8353-3065-8